WELTWISSEN
WISSENSWELT

D1942352

DAS GLOBALE NETZ
VON TEXT UND BILD

# WELTWISSEN WISSENSWELT

Herausgegeben von
Christa Maar,
Hans Ulrich Obrist
und Ernst Pöppel

DuMont

Die Texte des Buches basieren auf Vorträgen der Tagung »Envisioning Knowledge – Die Wissensgesellschaft und die neuen Medien«, die von der Burda Akademie zum Dritten Jahrtausend am 3. und 4. Februar 1999 in München veranstaltet wurde.

Die Beiträge von John Bock, Thomas Hettche, Bruce Mau, Armin Nassehi, Gabi Reinmann-Rothmeier/Heinz Mandl, Elisabeth Schweeger, Tom Sperlich, Peter Weibel, Cornel Windlin/MM und die Interviews mit Michael Conrad, Bob Greenberg, Joseph Grigely, Josh Kimberg, Marney Morris und Helga Nowotny wurden als Originalbeiträge für das Buch verfasst.

Die Burda Akademie zum Dritten Jahrtausend ist ein internationales Forum für Experten aller Disziplinen, Denkrichtungen und Tätigkeitsbereiche, die die Vernetzung der verschiedenen gesellschaftlichen Bereiche vorantreiben. Die Akademie identifiziert Themen und diskutiert fachübergreifend wichtige Zukunftsfragen.

Sponsoren der Tagung waren: Daimler Chrysler, Deutsche Bank, Deutsche Post, FOCUS, Siemens und Silicon Graphics. Die Tagung wurde außerdem unterstützt von: B/S/H/Bosch Siemens Hausgeräte, BUNTE, Burda Systems, BurdaCom, Civitas, Cyberlab, KPMG, MGM Media Gruppe, Philips Speech Processing, Red Bull, RWE, sd&m, Sixt Autovermietung, SUN Microsystems, Think Tools sowie vom Bayerischen Staatsministerium für Wirtschaft, Verkehr und Technologie.

Burda Akademie zum Dritten Jahrtausend
Arabellastr. 17
81925 München
E-Mail: akademie3000@burda.com
Internet: www.akademie3000.de

**Erste Auflage 2000**
© 2000 für die deutsche Ausgabe: DuMont Buchverlag, Köln
Alle Rechte vorbehalten
Ausstattung und Umschlag: Groothuis & Consorten
Gesetzt aus der DTL Documenta und der DIN
Gedruckt auf säurefreiem und chlorfrei gebleichtem Papier
Satz: Greiner und Reichel, Köln
Druck und Verarbeitung: Clausen & Bosse, Leck
Printed in Germany
ISBN 3-7701-5307-3

# INHALTSVERZEICHNIS

KAPITEL 3

# EINFÜHRUNG

# ENVISIONING KNOWLEDGE – DIE WISSENSGESELLSCHAFT VON MORGEN

Christa Maar

»Technische Erfindungen haben nur deshalb Epoche gemacht, weil sie jeweils die Freiheit des Individuums vergrößerten. Die letzte dieser Revolutionen, das Internet, emanzipiert uns nun auch von den institutionellen Meinungsführern und professionellen Informationsvermittlern.«

Diese Sätze aus dem Mund des ehemaligen Internet-Beraters des Weißen Hauses, Ira Magaziner, die dieser kürzlich auf dem Internet Content Summit in München auch an die Adresse seines Co-Referenten, des deutschen Innenministers Otto Schily, richtete, wirken erfrischend in einem Land, in dem sich Politik und Gesellschaft schwer tun, die durch die neuen Medien entstehenden gesellschaftlichen Veränderungen zu begreifen und offensiv darauf zu reagieren. Für einen Moment schien es, als seien die Fenster zum 21. Jahrhundert weit geöffnet und ließen die schlechte Luft entweichen, die sich unter den Talaren der Verwalter öffentlicher Einrichtungen und Bildungsanstalten unseres Landes über Jahrzehnte angestaut hat. Verstaubte Folianten in wohl behüteten Magazinen, Schmutzecken in Büchern vom millionenfachen Umblättern durch schwitzende Prüflinge, der Geruch von Bleisatz und Fotodruck, Probleme der Zensur und der Zulassungsbeschränkung – würde all dies bald endgültig der Vergangenheit angehören, wenn es uns gelänge, die neuen Medien als das zu begreifen, was sie sind: eine Chance für die dringend notwendigen gesellschaftlichen Veränderungen? Der Garten Eden der Erkenntnis, den Ira Magaziner da vor den Augen der aufmerksam lauschenden Zuhörer ausbreitete, hat nur einen kleinen Haken: Man braucht zuerst einmal den Schlüssel für das Tor, das Gut und Böse, Richtig und Falsch voneinander trennt und das den Weg weist für das Erstellen neuer Orientierungskoordinaten, die – so viel ist bereits abzusehen – mehr mit assoziativer, bildhafter Vorstellung als mit mühseliger, konzeptueller Textarbeit zu tun haben werden.

Nachdem sich die zweite Medien-Biennale der Burda Akademie zum Dritten Jahrtausend unter dem Titel »Internet & Politik« vornehmlich mit der Rolle der Politik bei der Entwicklung der Informationsgesellschaft befasste,[1] haben wir bei der dritten Biennale im Februar 1999 die Rolle des Paradigmenwechsels von der schrift- zur bildorientierten Wissensvermittlung in den Mittelpunkt gestellt. Da sich die Mehrheit der Beobachter darin einig ist, dass wir es tatsächlich mit dem von W. J. T. Mitchell diagnostizierten »Pictorial

Turn«[2] in der Wissensvermittlung zu tun haben, war der passende Titel bald gefunden: »Envisioning Knowledge – Die Wissensgesellschaft und die neuen Medien«. Die Tagung sollte aufzeigen, wie und wo der »Umschwung zum Bild« im Alltag manifest wird und auf welche Weise er sich auf Kommunikations-, Geschäfts- und Bildungsprozesse, Politik, Verwaltung, Kunst, Wissenschaft und Alltag auswirkt. Wir haben Fachleute und Vordenker aus aller Welt eingeladen, mit uns gemeinsam die Konturen der heraufziehenden Zeit zu entdecken, und haben einen spannenden Kongress über die Wissensgesellschaft von morgen erlebt.[3]

Das vorliegende Buch ist eine Sammlung der überarbeiteten Vortragsmanuskripte, ergänzt um Interviews mit einer Reihe herausragender Persönlichkeiten aus dem Bereich des Designs. Neu hinzugekommen ist auch die Beschreibung einer Reihe konkreter Anwendungsbeispiele aus Wirtschaft, Wissenschaft, Medizin, Medien und Kunst. Sie sind die Speerspitze dessen, was in den technologischen Think Tanks der wissenschaftlichen Institute zur Zeit ausgedacht und entwickelt wird. Die Qualität der Tools und Anwendungen, wie sie auf der die Tagung begleitenden Ausstellung sichtbar wurde, zeigt darüber hinaus, dass Deutschland in diesem Bereich der Technologie den internationalen Vergleich nicht zu scheuen braucht.

Die Beiträge des Buches geben einen breiten Querschnitt des gegenwärtigen »state of the art« wieder und sind darüber hinaus ein lebendiger Beweis für die Vielfalt der Ansätze, Methoden und Visionen, die möglich sind. Das Thema ist in seiner gesamtgesellschaftlichen Tragweite bisher wenig begriffen. So muss beispielsweise gefragt werden, auf welche Weise sich durch die neuen Technologien menschliche Informations- und Kommunikationsprozesse verändern und welche Auswirkungen das auf die Struktur von Organisationen, auf Bildung, Arbeit und Forschung sowie auf Geschäfts- und Verwaltungsprozesse hat. Zu fragen ist auch nach den biologischen Voraussetzungen von Wissen, wie also beispielsweise Information im menschlichen Gehirn zu Wissen verarbeitet wird und welche Rolle Bilder, Informationsdesign und Wissensmanagement dabei spielen.

Besonders hervorheben möchte ich die Gespräche mit den Designern, die wir geführt und in diesem Band abgedruckt haben. Sie sind ja diejenigen, die mit den neuen Werkzeugen innovativ und erfolgreich arbeiten und deshalb eine wichtige Brückenfunktion zwischen Softwareentwicklern und -anwendern haben: Sie schaffen das Klima, in dem gekauft und verkauft, angewandt und verworfen wird. Der Tenor, der die Gespräche durchzieht, ist – wie könnte es auch anders sein – optimistisch. Was darüber hinaus noch auffällt, ist die mitreißende Freude an den neuen Möglichkeiten der Verdichtung und Verwandlung, die die »Kreativen« in den neuen Werkzeugen erkennen. Sie empfinden sich als »Alchimisten«, »Lyriker«, »Verkäuferpoeten«. Die neuen Medien dienen ihnen dazu, die Anstrengung des Lernens mit Spaß zu paaren und Information als Lustgewinn zu verkaufen. Den interaktiven Charakter der Medien nutzen sie, um »Communities« zu bilden, in denen die Mitglieder sich mit ihren Bedürfnissen und Interessen in guter Gesellschaft befinden und in denen sie sich aufgehoben fühlen.

Aber ist die hier beschriebene Gesellschaft bereits eine »Wissensgesellschaft«?

Eine unübersehbare Eigenschaft, die uns als Menschen auszeichnet, ist, dass wir Gemeinschaften bilden. Deren primäre Funktion ist, das Überleben der Spezies sicherzustellen, indem Informationen generiert, bewertet, in Zusammenhänge gestellt und weitergegeben werden. Diese Primäreigenschaft ist es, die Politik und Gesellschaft zu Grunde liegt, wobei die Vorstellung hilft, jeder Einzelne könne durch seinen Beitrag im Rahmen gewisser persönlicher und sozialer Voraussetzungen zum eigenen Nutzen am Gemeinwohl teilhaben.

Bis heute gilt jeder Lernprozess als hart und konfliktreich. Der Gedanke, es könnte auch anders sein, weil man mit den interaktiven digitalen Medien nun pausenlos und ohne Ende am heimischen PC das Wissen der ganzen Welt zur Verfügung hat, ist verführerisch. Bedeutet aber die Tatsache, dass wir Informationen in unbeschränkter Fülle in »real time« zur Verfügung haben und neu zusammensetzen können, wirklich ein Mehr an Wissen? Diese Frage wird in unserem Buch nicht beantwortet, da sie so wohl auch nicht zu beantworten ist. Aber eines zeichnet sich jetzt bereits ab: Spaß und das Lebensgefühl einer fast grenzenlosen Freiheit – auch beim Erleben von Gemeinschaft – sind quasi das Gleitmittel, das der neuen Technologie den Weg zum Massenmedium bereitet. Allerdings muss auch hier – wie im richtigen Leben – die »Chemie« stimmen.

Ein gutes Beispiel ist der Internet-Boom für Finanzdienstleistungen. Das Ein- oder Ausschlusskriterium für die hier entstandenen Communities hängt mit ihrem Bildungsgrad zusammen. Es sind nur 35 Prozent der US-Amerikaner, die einen Hochschulabschluss vorweisen können; bei den Anwendern von Finanzdienstleistungen beträgt der Prozentsatz der Hochschulabsolventen hingegen 80 Prozent. Es ist also die gesellschaftliche Gruppe, die über eine überdurchschnittliche Bildung und ein entsprechend höheres Einkommen verfügt, die sich von den neuen Diensten angesprochen fühlt und neugierig neue Pfade beschreitet. Und da Geld seinem Wesen nach ein stoffloses Gut ist, bietet es nahezu ideale Voraussetzungen für elektronische Transaktionen. Der Internet-Boom für Finanzdienstleistungen erklärt sich also daraus, dass man eine besser gebildete Gruppe als wirtschaftlich interessante Nutzergruppe identifiziert und für einen neuen Dienstleistungsbereich erschlossen hat. Obwohl es zunächst so aussah, als hinge die Akzeptanz des Dienstes hauptsächlich von der spielerischen Perfektion des Zugangs ab, stellte sich bald heraus, dass es die persönliche, inhaltsbezogene Betreuung war, die darüber entschied, ob die Kunden zufrieden waren oder nicht. Mit anderen Worten – der gemeinschaftsbildende Faktor ist der ausschlaggebende für den Erfolg des Anbieters, womit sich auch in diesem Fall der Slogan bewahrheitet: »You're only as good as your last customer interaction.«

Bleibt also doch alles beim Alten? Ändert sich zwar das Medium, aber nicht die Message?

Abschließendes lässt sich dazu nicht sagen, da die Entwicklung der Werkzeuge wie der Anwendungen noch in den Kinderschuhen steckt. Doch lässt sich mit unserem heutigen Wissen bereits erkennen: Mit den Werkzeugen wandeln sich die Institutionen und verändert sich das, was wir als Wirklichkeit begreifen. Es sind nicht nur die schiere Menge an Informationen und die weltweite simultane Verfügbarkeit, die faszinieren, es ist vor allem die Fähigkeit der neuen Medien, komplexe Daten in Form dreidimensionaler Simulationen abbilden zu können, die maßgeblich an dem neuen Wirklichkeitsverständnis beteiligt ist. Und in der Tat liegt hier eines der großen Potenziale der neuen Medien: Mit ihrer Hilfe stoßen wir in verborgene Wissensschichten vor, von deren Sichtbarmachung man bis vor kurzem nicht einmal zu träumen wagte.

Die Medien nutzen die Fähigkeit des Menschen, sich mit Hilfe seines Gesichtssinns räumlich in der Welt orientieren und sinnvolle Zusammenhänge herstellen zu können. Die neue Generation von Suchwerkzeugen schichtet Daten deshalb nicht mehr linear in die Tiefe, sondern versucht, durch eine dreidimensionale räumliche Anordnung der Daten die natürlichen menschlichen Wahrnehmungsfähigkeiten zu berücksichtigen. So lässt sich beispielsweise mit Hilfe eines dreidimensionalen Suchwerkzeugs wie dem »Hyperbolic Tree« der kalifornischen Firma Inxight,[4] das der komplexen Struktur eines weit verzweigten Baumes nachgebildet ist, sehr viel schneller und effektiver durch große Datenmengen navigieren als mit herkömmlichen Suchmaschinen.

Die neuen Medien geben uns darüber hinaus die Möglichkeit, in Schichten vorzudringen, die eigentlich gar nicht zu sehen sind. Ein Arzt kann beispielsweise auf dem Bildschirm in das (virtuelle) Innere eines Organs vordringen, ohne den Patienten aufschneiden zu müssen.[5] Und ein Mechaniker kann mit Hilfe eines simulierten Modells Schrauben im Innern einer Autotür festziehen, ohne diese zuvor auseinandernehmen zu müssen.[6]

Allein die unglaublichen Datenmengen, die mit Hilfe der vernetzten Informations- und Kommunikationsmedien generiert werden, tragen bereits zur Veränderung unseres Wirklichkeitsverständnisses bei. Musste man sich früher erst Seite um Seite durch dicke Bücher lesen, um eine bestimmte Information zu finden, so kann man diese Aufgaben heute an ein intelligentes dreidimensionales Suchsystem delegieren, das riesige Datenbestände in Sekundenschnelle durchblättern, miteinander vergleichen und sehr schnell Antworten auf Fragen geben kann, die darüber hinaus auch noch dreidimensional und animiert dargestellt werden.

Der Wechsel vom text- zum bildvermittelten Wissen wird die Rahmenbedingungen für Lernen, Forschen und Arbeiten gründlich verändern. Er hat dies in Teilen schon jetzt getan. Wenn Schüler mit Hilfe von Grafiken, Animationen und Interaktion nachweislich leichter und schneller lernen, dann muss sich das Bildungswesen darauf einstellen und seine Angebote anpassen. Und wenn Lernende das Material, mit dem sie lernen wollen, auf ihre individuellen Bedürfnisse zuschneiden, indem sie es sich aus der ganzen Welt zusammenholen, dann ist der Schule ein Großteil ihrer klassischen Autorität genommen und sie wird spätestens an diesem Punkt über ein neues Rollenverständnis nachdenken müssen. Denn vernetzte Bildungsangebote richten ihre Aufmerksamkeit mehr auf Lernende und Lernziele als auf Lehrer und Curricula. »Distant« oder »contextual learning« sind griffige Vokabeln, um einen Prozess zu umschreiben, der in den Ländern Nordamerikas, in Australien und den nordeuropäischen Ländern bereits in vollem Gange ist.

Was für die Schulen zutrifft, gilt auch für die Universitäten. Und es betrifft selbstverständlich auch die Wirtschaft, die Politik und die öffentliche Verwaltung. In jeder Institution und in jedem Unternehmen schlummern große Mengen unentdeckten Wissens. Man schätzt, dass das in Unternehmen vorhandene Wissen heute nur zu maximal 40 Prozent genutzt wird. Mehr und mehr Unternehmen sind allerdings inzwischen davon überzeugt, dass Wissen Vorteile im globalen Wettbewerb mit sich bringt, und suchen nun nach geeigneten Methoden, um ihre Wissensschätze zu heben. Da Wissen aber mit Menschen zu tun hat, die bisher wenig dazu tendieren, ihr Wissen mitzuteilen, ist es sicher nicht einfach, die richtige Methode dafür zu finden. Doch anders als noch vor ein oder zwei Jahren wird die Knowledge Economy inzwischen von vielen Unternehmen wenigstens als wichtiger Bereich wirtschaftlicher Wertsteigerung begriffen, vorausgesetzt, es gelingt, das im Unternehmen vorhandene Wissen intelligent zu »managen«. Für die nachwachsenden Generationen unternehmerisch denkender junger Leute scheint das kein großes Problem zu sein. Schneller und effizienter Informationstransfer ist für sie bereits jetzt selbstverständlicher Bestandteil ihres täglichen Lebens und der wichtigste »Asset« ihrer wirtschaftlichen und persönlichen Selbstständigkeit. Die Schwierigkeiten liegen hier eher bei den großen und mittleren Unternehmen, deren Strukturen seit langer Zeit fest gezurrt sind und sich nicht so leicht verändern lassen.

Während die technologischen Entwicklungen sich in Quantensprüngen vollziehen, haben die Menschen, für die sie gedacht sind, einige Mühe, mit dem Tempo mitzuhalten. Wenn Faktenwissen, wovon wir heute ausgehen können, im Laufe eines Menschenlebens mindestens zweimal museumsreif wird, dann müssen wir uns in die Lage versetzen, auf diese Herausforderung angemessen zu reagieren. Dazu gehört dann beispielsweise auch, dass wir die nötige Medienkompetenz erwerben und die Technik selbst so nutzerfreundlich wird, dass wir uns nicht in einem Hase&Igel-Rennen zu Tode hetzen.

Um die neuen Medien effizient für den Erwerb von Wissen einsetzen zu können, benötigen wir einen neuen »Alphabetismus«. Er setzt auf Eigeninitiative und Eigenverantwortlichkeit und hat sehr viel mehr mit dem Erlernen des effektiven »Managens« von Wissen und mit dem sinnvollen Strukturieren, Sortieren, Bewerten und Verknüpfen von Informationen zu tun als mit Schreiben- und Lesenlernen. Hierfür muss schon heute in der Schule der Grundstein gelegt werden.

Wissensmanagement ist weit mehr als die effiziente Generierung und Verteilung von Wissen, und Wissenstransfer ist kein reiner Austauschprozess, sondern ist immer an die Reflexion des Bedeutungskontextes gebunden. Die Frage ist also nicht, welches Wissen richtig oder falsch ist. Unser Wissen von der Welt wird heute, im Gegensatz zu wissenschaftsgläubigen Vermutungen vergangener Epochen, mehr und mehr als standpunktgebunden und beobachterabhängig erkannt. Die Aufgabe der Wissensgesellschaft besteht nicht darin, Wissen einfach anzuhäufen und zu übertragen, sondern den reflektierten Umgang mit verschiedenen Wissensformen zu üben. Es macht dementsprechend wenig Sinn, den Verlust der »Einheit der Wissenschaften« zu beklagen, da es eine solche Einheit nie gegeben hat, wenngleich die Erfolgsgeschichte der Moderne auf dem Glauben beruht, man könne die Dinge im Prinzip durch Berechnung beherrschbar machen. Die neuen Technologien mit ihren immer raffinierteren Werkzeugen stellen uns im Gegenteil eine Möglichkeit zur Verfügung, uns von den Allmachtsfantasien einer hypothetisch allwissenden Gesellschaft zu verabschieden und stattdessen lieber zu lernen, wie man aus dem Überfluss an Information ein Destillat gewinnt, mit dem es sich gut leben lässt.

Dabei stoßen wir naturgemäß auf viele ungeklärte Fragen, da wir bereits mit Forschungsergebnissen arbeiten, die wir noch gar nicht hinreichend erklären können. So ist zwar die Tatsache, dass wir über immer bessere Einsichten in die Funktionsweise einzelner Zellen und Zellverbände des Gehirns verfügen – bis hin zu der Möglichkeit, bestimmte Tätigkeiten genau lokalisieren zu können – an sich atemberaubend. Und auch die Analogie zwischen der Welt des Gehirns und der Welt der Computerarchitekturen hat durchaus etwas Faszinierendes. Doch können alle erstaunlichen Einzelentdeckungen der Gehirnforschung nicht darüber hinwegtäuschen, dass wir bisher keinen hinreichenden Begriff von der Funktion des Ganzen haben. Weder wissen wir, wie regionale Teilaktivitäten sich auf das Gesamtsystem des Gehirns auswirken, noch, wie das Gesamtsystem zurückwirkt auf einzelne Teilaktivitäten. Das heißt, nach wie vor sind wir bei der Beurteilung dessen, was eigentlich das Individuum ausmacht, auf bloße Vermutungen angewiesen.

Nicht anders ist es bei vielen anderen komplexen Strukturen, mit denen wir es im Alltag zunehmend zu tun haben. Lokale Wirtschaftsaktivitäten sind beispielsweise immer mehr in globale Zusammenhänge eingebettet, ohne dass sich der Kontext, in dem sie stehen, genauer definieren ließe. Es lässt sich lediglich feststellen, dass sich mit der zunehmenden Globalisierung von Wirtschafts- und Transaktionsprozessen auch die lokalen wirtschaftlichen Aktivitäten aus gewohnten Zusammenhängen emanzipieren und hierarchische Strukturen (von lokal zu regional zu national zu transnational) ihre Wirksamkeit verlieren. Welchen Stellenwert lokale Wirtschaftsaktivitäten im globalen Kontext haben, entzieht sich allerdings bisher weitgehend unserer Kenntnis. Eine rein virtuelle Wirtschaftstätigkeit kann es aber wohl nicht geben, es gibt sie nicht einmal im Finanzsektor, obwohl Geld als flüchtigstes aller Güter die weitaus größte natürliche Affinität zu den elektronischen Medien hat. Im Zeitalter der Globalisierung bleiben lokale Einzelaktivitäten auch weiterhin an die topografische Verortung gebunden. Das heißt aber auch, dass es trotz mancher extremer wissenschaftlicher und künstlerischer Experimente heute klarer ist als je zuvor, dass es zwischen dem digitalen und dem wirklichen Raum bis auf weiteres räumliche Schnittstellen geben wird.

Die elektronische Revolution hat ihre Kinder bereits entlassen. Mit den Instrumenten des Data-Mining suchen sie in ihrer Brainware nach den Schätzen der Augmented Reality. Sie schuften sich durch den Technostress hindurch, den die Infosociety ihnen aufbürdet. Sie lassen sich nicht abschrecken von der Gefahr, man könne sich im Infosmog verlieren und womöglich als Vidiotic den »Pictorial Turn« verpassen. Ihnen reicht der pure Kick, gepaart mit der Hoffnung auf den für das Kerngeschäft der Zukunft unabdingbaren permanenten Knowledge-Loop. Gleichzeitig fühlen sich mönchische Naturen dazu berufen, auch im Netz nach dem göttlichen Licht zu suchen. Sie setzen dem Cybercultural Overload den Cybermonastic Overload entgegen und meinen damit, dass man von der Bedeutungslosigkeit der Information nicht erschlagen werden müsse, wenn es gelänge, eine Überfülle an Sinn zu destillieren. Während besorgte Wissenseliten noch nach Filtern suchen, damit die Menschen nicht durch ein Zuviel an Information überfordert werden und Schaden nehmen, basteln die Enkel der elektronischen Revolution bereits an immer raffinierteren neuen Anwendungen zur Überschreitung der Grenzen und kümmern sich ganz einfach nicht um die Sorgen der Altvorderen, getreu einem Motto des eingangs erwähnten Clinton-Beraters Ira Magaziner: »Man kann das Internet nicht zensieren oder durch Gesetze regulieren.«

Wie dem auch sei, und wie man dem vorliegenden Buch entnehmen kann: Der Paradigmenwechsel vom geschriebenen Wort zum Bild als demjenigen Medium, über das Wissenswertes kommuniziert wird, ist bereits vollzogen und lässt sich weder per Gesetz noch per Vermeidungsstrategie verhindern – ebenso wenig wie die Ausbreitung der Schrift und des Buchdrucks oder die Verbreitung des Telefons und des Fernsehens aufgehalten werden konnten.

Ich möchte mich bei allen, die an der inhaltlichen Vorbereitung des Kongresses und des Buches mitgearbeitet und mich nach Kräften inhaltlich und organisatorisch unterstützt haben, bedanken. Insbesondere gilt mein Dank dem Beraterteam Wolfgang Coy, Herbert Franke, Detlef Krömker, Ulrich Lange, Heinz Mandl, Erika Mann und Manfred Schneider.

Die Tagung wäre nicht zustande gekommen ohne das großzügige Engagement von Firmen, die sie finanziell unterstützt und damit die hochkarätige Besetzung und inhaltliche Qualität ermöglicht haben. Mein besonderer Dank gilt in diesem Zusammenhang den Firmen Daimler Chrysler, Deutsche Bank, Deutsche Post, FOCUS, Siemens und Silicon Graphics. Für ihre Unterstützung danken möchte ich auch B/H/S/Bosch Siemens Hausgeräte, BUNTE, Burda Systems, BurdaCom, Civitas, Cyberlab, KPMG, MGM Media Gruppe, Philips Speech Processing, Red Bull, RWE, sd&m, Sixt Autovermietung, SUN Microsystems, Think Tools sowie dem Bayerischen Staatsministerium für Wirtschaft, Verkehr und Technologie.

1 Claus Leggewie. Christa Maar (Hg.): *Internet & Politik*. Köln 1998.
2 William J. T. Mitchell: *Picture Theory*. Chicago 1994. Siehe auch Mitchells Beitrag in diesem Buch.
3 Siehe Website der Akademie zum Dritten Jahrtausend (www.akademie3000.de)
4 Vgl. den Beitrag von Ramana Rao in diesem Band: *Der ›Hyperbolic Tree‹ und seine Verwandten – 3D-Interfaces erleichtern den Umgang mit großen Datenmengen.*
5 Vgl. den Beitrag von Karl-Hans Englmeier: *Virtual Reality in der Medizin – 3D-Techniken revolutionieren die Mensch/Maschine-Interaktion.*
6 Vgl. den Beitrag von Michael Krämer: *Vision Telematik – Das Auto als begehrenswertes Stück Lebensraum.*

# KAPITEL 1
# DIE NEUE KULTUR DER VISUELLEN KOMMUNIKATION

## DREI WELTEN DES WISSENS – KOORDINATEN EINER WISSENSWELT

**Ernst Pöppel**

Die Bibel beginnt nach der Übersetzung von Martin Luther mit den Worten:
»1 Am Anfang schuf Gott Himmel und Erde.
2 Und die Erde war wüst und leer, und es war finster auf der Tiefe; und der Geist Gottes schwebte auf dem Wasser.
3 Und Gott sprach: Es werde Licht! Und es ward Licht.
4 Und Gott sah, daß das Licht gut war. Da schied Gott das Licht von der Finsternis
5 und nannte das Licht Tag und die Finsternis Nacht. Da ward aus Abend und Morgen der erste Tag.«

Dieser Text der Genesis bezieht sich auf drei Formen des Wissens, nämlich begriffliches oder explizites Wissen (Nennen, Sagen), implizites oder Handlungs-Wissen (Schaffen, Tun) und bildliches oder Anschauungs-Wissen (Sehen, Erkennen). Der Anfang unserer geistigen und geistlichen Geschichte ist somit durch einen Text ausgezeichnet, in dem auf jene Formen des Wissens Bezug genommen wird, die wir heute in den Wissenschaften, insbesondere in der Hirnforschung, auf ganz anderem Wege entdecken.

Die dreifache Begründung des Wissens liegt in unserer Natur; sie wird von der Art, wie wir die Welt erfahren, vorgegeben. Diese resultiert aus den Verarbeitungsprinzipien unserer Sinnessysteme und unseres Gehirns. Obwohl diese dreifache Begründung des Wissens ein Wesensmerkmal des Menschen ist, müssen wir uns dieser Tatsache dennoch immer wieder versichern. Was selbstverständlich ist, wird in seiner Bedeutung oft verkannt, an was wir gewöhnt sind, wird leicht übersehen; erst, wenn das Selbstverständliche verloren geht, wird es als Wesentliches erkannt. Geschehnisse, die wir mühelos vollbringen – jemanden erkennen, auf ihn zugehen, ihm die Hand reichen, mit ihm sprechen –, sind in einer Weise selbstverständlich, dass die Tatsache, dass wir dazu fähig sind, im Hintergrund unserer Aufmerksamkeit bleibt.

Erst wenn sich auf Grund besonderer Ereignisse, wie sie bestimmte Störungen im Gehirn darstellen, das Sehen eingeschränkt hat, die Bewegung stockend geworden ist oder die Sprache verloren ging, merken wir, dass all das, was uns selbstverständlich ist – das Erkennen anderer Menschen, das Unterscheiden von Gegenständen, die Wahrnehmung der Welt, die Bewegungen des Körpers, das Gespräch mit anderen Menschen – ein Geschenk ist. Es sind spezifische, im Laufe der Evolution entstandene Mechanismen des Gehirns, die für das mühelose Wirken der Grundfunktionen unseres Erlebens verantwortlich sind.

Die drei Formen menschlichen Wissens sind derart stabile Koordinaten unserer Erfahrung und unseres Handelns, dass ich behaupten möchte, eine Wissensgesellschaft ist nur dann wohl verortet und eine Wissenswelt ist nur dann fest gefügt, wenn die Bewohner dieser Wissenswelt ihr Wissen auch gemäß ihrer naturgegebenen Ausstattung dreifach gestalten, also als explizites, implizites und bildliches Wissen. Wie kann man nun die drei Formen oder Welten des Wissens genauer kennzeichnen, die den Raum einer Wissenswelt bestimmen? Ich möchte keine einschränkenden Definitionen geben, sondern mit Umschreibungen auf das jeweils Gemeinte hinweisen.

Explizites Wissen bedeutet, Bescheid zu wissen, Auskunft erteilen zu können. Explizites Wissen ist Information mit Bedeutung. Explizites Wissen ist einem bewußt, und wenn man es vergessen hat, dann kann man es sich zurückholen. Explizites Wissen ist katalogisiert und katalogisierbar; es steht in Enzyklopädien und Lehrbüchern; man eignet es sich als Kenntnisse an, die man dann besitzt. Es ist jenes Wissen, das uns in der Geschichte der Neuzeit dominiert hat und das manche als das eigentliche Wissen ansehen. Der Besitz expliziten Wissens, insbesondere der des Orientierungswissens über historische Sachverhalte, wird gerne mit der Idee von Bildung gleichgesetzt – eine Auffassung, der ich mich ungern anschließe, wenn damit gemeint ist, dass Bildung sich auf diese Form des Wissens beschränken sollte. Goethe drückt das Unbehagen, das er im Zusammenhang mit der Dominanz begrifflichen Wissens verspürt, im Dialog zwischen Faust und Wagner aus, indem er Wagner sagen lässt:

»Wie schwer sind nicht die Mittel zu erwerben,
Durch die man zu den Quellen steigt!
Und eh man nur den halben Weg erreicht,
Muß wohl ein armer Teufel sterben.«

Worauf Faust antwortet:

»Das Pergament, ist das der heil'ge Bronnen,
Woraus ein Trunk den Durst auf ewig stillt?«

Die Bedeutung expliziten Wissens ist besonders von der Tradition des rationalistischen Denkens herausgehoben worden. René Descartes' *Discours de la méthode (Von der Methode)* ist hierfür ein herausragendes Beispiel. Mit explizitem Wissen als Orientierung wird der Anspruch erhoben, jedes Problem klar und deutlich formulieren und damit auch lösen zu können. Wenn Sokrates sagt: »Ich weiß, daß ich nichts weiß«, dann bezieht er sich auf dieses Wissen.

Die veröffentlichten Erkenntnisse der Wissenschaften, insbesondere der Naturwissenschaften, sind die Repräsentationen expliziten Wissens. Der Versuch, menschliches Wissen ausschließlich als explizites Wissen zu begreifen, führt die Wissenschaften aber auch manchmal in die Irre. Beispielsweise geht die »Künstliche Intelligenz«-Forschung von der Vorstellung aus, explizites Wissen stehe für die Gesamtheit menschlichen Wissens, und da es sich präzise in der Sprache abbilde, ließe es sich auch mit formalen Mitteln erfassen und mathematisch beschreiben. Der Versuch der »Künstliche-Intelligenz«-Forschung, Algorithmen zu entwickeln, die den menschlichen Geist als Programmablauf im Computer festhalten, ist meiner Auffassung nach zum Scheitern verurteilt, auch wenn manche Wissenschaftler noch immer davon träumen, er könne doch noch irgendwann gelingen. Zu groß ist die Komplexität unseres Gehirns, als dass einzelne neuronale Zustände, die für bestimmte subjektive Zustände stehen, berechenbar wären und menschliches Wissen und menschlicher Geist sich in Algorithmen abbilden ließen.

Das explizite Wissen kann mit einem Bild der Hirnforscher auch als »linkshemisphärisches« Wissen bezeichnet werden. Dieses Bild rührt daher, dass nach neuronalen Störungen in der linken Gehirnhälfte, wie sie beispielsweise in der Folge eines Schlaganfalls auftreten, die Fähigkeit zu sprechen verloren gehen kann und es dann so wirkt, als habe der Patient sein explizites Wissen verloren. Ein solcher Sprachverlust kann allerdings auch bedeuten, dass die Ankoppelung des expliziten Wissens an die begriffliche Repräsentation in der Sprache unterbrochen ist. Manche solcher Patienten berichten, es sei so, als fänden die Gedanken die Worte nicht mehr.

Die zweite Form des Wissens, das implizite, nicht-sprachliche Wissen, bezieht sich auf das, was wir können, ohne dass es uns möglich ist, dafür exakte sprachliche Entsprechungen zu finden. Wenn das explizite Wissen mit dem sokratischen Satz »Ich weiß, daß ich nichts weiß« gekennzeichnet werden kann, so gilt für das implizite Wissen der Satz »Ich weiß nicht, daß ich weiß.« Der Unterschied zwischen explizitem und implizitem Wissen lässt sich auch an einem klassischen Zitat von Augustinus erläutern. In den *Bekenntnissen* schreibt Augustinus: »Was also ist Zeit? Wenn mich niemand danach fragt, weiß ich es; will ich es einem Fragenden erklären, weiß ich es nicht.« Hier wird Wissen in zwei Bedeutungen verwendet, nämlich zuerst als implizites Wissen und dann als explizites Wissen.

Wenn wir etwas tun, beispielsweise mit den Händen etwas formen oder kreativ gestalten, wenn wir kochen oder ein Blumenbeet anlegen, dann verwirklicht sich in diesen Tätigkeiten die implizite Form unseres Wissens, was uns aber erst im Rückblick auf das Geschaffene bewusst wird. Implizites Wissen ist auch körperliches Wissen; dazu gehört beispielsweise das Wissen über bestimmte Bewegungsabläufe wie das Spielen eines Musikinstruments oder das Schreiben mit dem Federhalter, das wir als Kind gelernt haben und das nun selbstverständlich geworden ist. Heinrich von Kleist bezieht sich in seinem Essay *Das Marionettentheater* auf dieses motorische Wissen, wenn er den Fechtkampf mit dem Bären beschreibt, den der Bär auf Grund seines besseren Bewegungswissens immer gewinnt.

Nie können wir explizit im Detail beschreiben, wie wir etwas machen, welches die Komponenten waren, die eine Bewegung als gelungen oder eine Handlung als erfolgreich erscheinen lassen. Wenn ein japanischer Mönch einen Bogen schießt, wenn wir einen Golfschwung beherrschen, dann geschieht die Bewegung mit uns, sie ist ein Teil von uns, die unreflektiert aus uns heraus entsteht. Wenn wir etwas wirklich können, dann beherrschen wir anstrengungslos den Ablauf einer Bewegung oder einer Handlung, ohne dass wir uns darauf konzentrieren müssen. Im Alltag bestehen wir im Wesentlichen durch Einsatz des impliziten, nicht-sprachlichen Wissens. Implizites Wissen ist das Gewohnheitswissen des Tages, das Eingebettetsein in Rituale und Abläufe, die nicht mehr hinterfragt werden. Entscheidungen fallen meist intuitiv, sie erfolgen »aus dem Bauch heraus«. Entscheidungen sind emotional gefärbt oder begründet, auch wenn diese emotionale Tönung nicht bewusst ist. Das implizite und intuitive Wissen ist jedoch nicht irrational, denn retrospektiv können wir uns in der Reflexion der Sinnhaftigkeit des Handelns versichern. Wenn Goethe darauf hinweist, dass sein künstlerisches Schaffen »mit einer gewissen Bewusstlosigkeit und gleichsam instinktmäßig« ablaufe, bezieht er sich auf implizites Wissen. Ebenso ist das Können des Experten, der ohne Reflexion und dennoch richtig handelt, von implizitem Wissen geprägt.

Im impliziten Wissen drücken sich unsere Intuitionen aus, ohne die ein Künstler, ein Wissenschaftler, ein Handwerker, ein Politiker, ein Unternehmer, ein Sportler, eine Hausfrau nicht wirken und nichts erreichen kann. Die Fülle und der Reichtum des impliziten Wissens jedes Einzelnen sind explizit nicht berechenbar, weil zu viele Faktoren zu berücksichtigen wären, die zum größten Teil nicht bekannt sind, und die auch nicht bekannt sein können. Diese Tatsache der Nichtberechenbarkeit unserer Innenzustände kann sich in Unberechenbarkeit äußern; niemand kann das Handeln eines anderen oder sein eigenes Handeln voraussagen. Diese Offenheit des impliziten Wissens garantiert absolute Individualität; wir können nie kopiert werden, denn selbst wenn wir Klone wären, würden uns einzelne Prozesse in unserer impliziten Wissensbasis hinreichend verschieden machen.

Dass es sich beim impliziten Wissen um eine eigenständige Wissensform handelt, lernen wir von Patienten mit bestimmten Hirnschädigungen. An einem speziellen Beispiel sei dies erläutert. Nach einer selektiven Störung im Gehirn kann es geschehen, dass ein Patient blind ist für bestimmte Bereiche des Gesichtsfeldes. Wenn man ihn fragt, was er sieht, wird er stets angeben, nichts erkennen zu können. Dennoch »sieht« er. Er kann sich beispielsweise in der Welt zurechtfinden, ohne dass ihm das bewusst wird. Dieses als »Blindsehen« (blindsight) bezeichnete Phänomen, bei dem Patienten Objekte unterscheiden und lokalisieren können, ohne dass ihnen dies bewusst wird, ist ein unmittelbarer Beleg dafür, dass unser begriffliches und bildliches Wissen vom impliziten Handlungswissen abgekoppelt werden kann: Es ist bei diesen Patienten intakt geblieben, obwohl das explizite und bildliche Wissen verloren ging.

Die dritte Form des Wissens ist bildliches Wissen, und dieses erscheint uns seinerseits in dreifacher Form, nämlich als Anschauungswissen, als Erinnerungswissen und als Vorstellungswissen. Das sinnliche Anschauungswissen ist so selbstverständlich, dass wir es erst erkennen, wenn es verloren gegangen ist. Wir brauchen nur die Augen zu öffnen, um vom Anschauungswissen Kenntnis zu nehmen. Die Welt stellt sich uns bildlich vor in Formen und Gegenständen, in ruhenden und bewegten Gestalten. Diese Konstruktion der visuellen Welt erfolgt völlig mühelos, indem unser Auge die Umrisse von Objekten wahrnimmt und sie als Figuren und Muster vom Hintergrund abtrennt. Das Bewusstsein erhält dadurch das Signal, dass wir die betreffenden Objekte sehen. Es ist immer etwas Bestimmtes, was wir sehen, und in diesem Wahrnehmungsakt wird das Gesehene für wahr genommen. Beim Aufbau des visuellen Wissens unterliegen wir einem kategorialen Zwang; das Gehirn mit seinen Sinnessystemen kann gar nicht anders als gestaltend zu wirken, d. h. etwas Bestimmtes zu erkennen. Dass es sich hier um eine aktive

Leistung des Gehirns handelt, die konstitutiv für unser Anschauungswissen ist, erkennt man an Patienten mit Agnosien, die zwar noch etwas erkennen, aber nicht mehr wissen, was es ist. Das Wahrnehmen von Gegenständen, die Gliederung des Sehraumes und die Gestaltung der visuellen Welt, an der etwa die Hälfte des ganzen Gehirns beteiligt ist, ist ein Ausdruck unseres bildlichen Wissens, das vor allem unser gegenwärtiges Erleben bestimmt.

Eine weitere Form des bildlichen Wissens spiegelt sich in den sinnlichen Erfahrungen und den Episoden wider, die wir als Erinnerungen in uns tragen. Erinnerungswissen aus der Vergangenheit ist mit Orten verbunden, die sich bleibend in unser Gedächtnis eingeprägt haben. Die Bilder dieser Orte beziehen sich auf entscheidende, beglückende oder verletzende Episoden unserer Lebensgeschichte. Diese Bilder bestimmen unser Selbst, und sie lassen uns in der Welt heimisch werden. Wenn wir uns fragen, welches unsere erste Erinnerung ist, dann tritt in unsere Vorstellung ein Bild, und dieses Bild bezieht sich auf einen bestimmten Ort und ein bedeutsames Ereignis, das uns nicht mehr loslässt. Damit sich unser Selbstwissen, unsere Identität, ausprägen kann, müssen wir uns bis an die Grenzen möglicher Erfahrungen vorwagen. Wer Schmerz- und Lusterfahrungen vermeidet und niemals Risiken eingeht, dessen Identität bleibt blass. Erst an den Grenzen erkennen wir uns, und diese Grenzerfahrungen in Lust und Schmerz, Liebe und Verzweiflung sind es, die für immer als Bilder in unseren Erinnerungen bleiben. Bildliches Wissen als Erinnerungswissen ist also grundlegend für das Selbstwissen.

Bildliches Wissen ist uns aber noch in einer dritten Form gegeben, nämlich als Vorstellungswissen. Während das Erinnerungswissen aus der persönlichen Vergangenheit durch große Ich-Nähe und individuelle Bedeutung geprägt ist und sich jeweils nur durch ein einziges einmaliges Erlebnis in uns einprägt, bezieht sich bildliches Wissen als Vorstellungswissen auf topologische Strukturen, die wir aus der Distanz betrachten. Auf Vorstellungswissen bezieht sich Ludwig Wittgenstein in seinem *Tractatus Logico-Philosophicus*, wenn er schreibt: »Wir machen uns Bilder der Tatsachen … Das Bild ist ein Modell der Wirklichkeit.«

Diese Form des bildlichen Wissens ist Gegenstand der Geometrie, wie sie in der Antike durch Euklid begründet und als analytische Geometrie von René Descartes weiterentwickelt wurde. Wenn wir eine einfache funktionelle Beziehung veranschaulichen, dann wird in einem zweidimensionalen Koordinatensystem die Abhängigkeit einer Variablen y (Ordinate) von einer unabhängigen Variablen x (Abszisse) ins Bild gesetzt. Über den im Bild veranschaulichten Zusammenhang kann dann deutlich werden, dass in verschiedenen Bereichen menschlicher Erfahrung funktionelle Zusammenhänge identisch erscheinen, obwohl die Variablen aus verschiedenen Kontexten stammen. Ein typisches Beispiel ist die sigmoide oder S-förmige Beziehung zwischen zwei Variablen, die charakteristisch ist für Phänomene in der Mathematik, Physik, Chemie, Biologie, Ökologie oder Psychologie (Abb. 1). Hier wird uns erst durch das Bild deutlich, dass es in der Natur einheitliche und sehr einfache Prinzipien gibt, die uns nicht »ins Auge fallen«, beschriebe man diese Phänomene nur mit Worten. Beschreibt man sie hingegen in Bildern, kann unser Vorstellungswissen uns mühelos über die Welt und ihre Gesetze informieren.

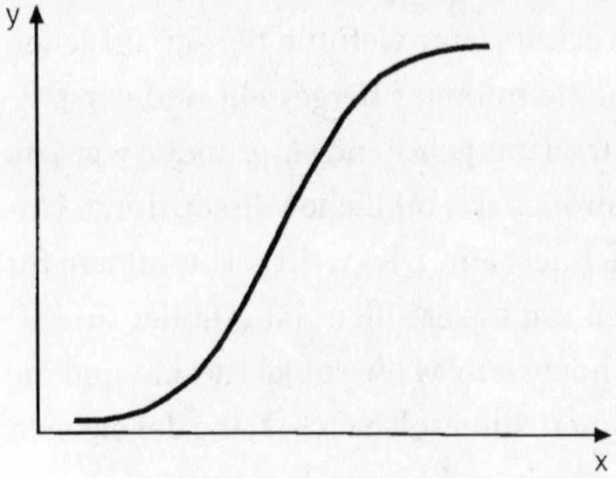


**Abb. 1**
Funktionale Prinzipien, wie sie Phänomenen in der Natur und der menschlichen Erfahrung gleichermaßen zu Grunde liegen, werden für uns erst dann erkennbar, wenn man die Variablen als geometrische Form visualisiert. Die so genannte sigmoide Kurve ist hierfür ein typisches Beispiel.

Die drei Formen des Wissens, das explizite, das implizite und das bildliche Wissen, sind an unterschiedliche Mechanismen des Gehirns gebunden, was aber nicht bedeutet, dass sie voneinander unabhängig sind. Es gibt in unserem Erleben keine einzige Funktion, die jeweils unabhängig von anderen Funktionen ist, und dies trifft auch auf die drei Formen des Wissens zu. Sie bilden ein gemeinsames Wirkungsgefüge, in dem jeweils nur unterschiedliche Orientierungen unseres Wissens deutlicher betont werden. Diese Orientierungen spiegeln sich beispielsweise in der Ich-Nähe oder der Ich-Ferne des Wissens. Explizites Wissen, das Wissen über Sachverhalte, das uns in den Stand setzt, andere zu informieren, ist Ich-fernes Wissen; es bezieht sich auf Informationen, die allen bekannt sind oder bekannt sein könnten. Was wir heute mit »Wissensmanagement« meinen, betrifft ausnahmslos dieses ich-ferne Wissen, das verbal ist und zwischen Trägern von Information ausgetauscht werden kann. Nur weil man sich davon distanzieren kann, wird explizites Wissen überhaupt austauschbar.

Das implizite Wissen ist hingegen eine ich-nahe Wissensform. Wenn wir uns intuitiv zu einer Handlung entscheiden oder alltägliche Rituale völlig selbstverständlich vollziehen, dann geschieht dies gleichsam automatisch aus uns selbst heraus. Es geschieht mit uns, doch wird das Handeln nicht als ich-fremd, sondern als ein Geschehnis erlebt, das ein Teil von uns ist. Auch hier können wiederum Beobachtungen an Patienten weiterhelfen. Bei bestimmten Störungen im Gehirn kann es beispielsweise geschehen, dass einzelne Körperteile, z. B. eine Hand, als Fremdkörper und nicht mehr zum Selbst zugehörig empfunden werden. Solche Beobachtungen zeigen, dass die Ich-Nähe des impliziten Wissens keine Selbstverständlichkeit ist, sondern durch spezifische neuronale Prozesse bereitgestellt wird. Die Ich-Nähe des impliziten Wissens zeigt sich auch in unseren Ausdrucksbewegungen, die sich uns manchmal instinktiv aufdrängen. Der Ausdruck unserer Gefühle beruht auf jenen uns mitgegebenen Bewegungsformen, die mühelos hergestellt und verstanden werden können und als unmittelbar zu uns gehörend empfunden werden.

Wie das implizite Wissen, so kann auch das bildliche Wissen durch Unmittelbarkeit und Ich-Nähe gekennzeichnet sein. Dies trifft insbesondere für das Erinnerungswissen zu. Das Wissen um unsere Identität gründet auf Bildern unserer Lebensgeschichte, die in höchstem Maße subjektiv sind und die wir deshalb mit niemandem teilen können. Eine solche Ich-Nähe der eigenen Bilder könnte zu innerer Abgeschlossenheit und Einsamkeit führen, gäbe es nicht gleichzeitig eine gemeinsame Grundlage gegenwärtigen Erlebens, durch die sich die Distanz zum anderen, zum Du, überwinden lässt.

Auch das gegenwärtige Anschauungswissen ist durch Ich-Nähe gekennzeichnet, denn sinnliche Wahrnehmung ist unmittelbar, und es ist immer nur meine Wahrnehmung, um die es dabei geht. Die Ich-Nähe des Anschauungswissens können wir aber aufheben, wenn wir uns in den Zustand des Inspizierens versetzen. Man kann in den sternenklaren Himmel schauen und sich als Teil des Universums empfinden, oder man kann den Himmel betrachten und die Sterne zählen.

Bildliches Wissen ist aber auch Vorstellungswissen. Als solches ist es distanziertes Wissen über Sachverhalte, das Wissen ins Bild setzt, damit wir im Bilde sind. Doch erweist sich Vorstellungswissen auch als ich-nahes Wissen, wenn ein weiterer Gesichtspunkt berücksichtigt wird, der für alle visuelle Erfahrung gilt. Bildlich vermittelte Zusammenhänge müssen eine ästhetische Qualität haben, und nur wenn diese vorhanden sind, wird auch Information durch das Bild vermittelt. Die Ästhetik der sigmoiden Kurve gibt den funktionellen Beziehungen, die zum Ausdruck gebracht werden sollen, ein stärkeres Gewicht. Offenbar nur, wenn ein Sachverhalt in einfacher Weise zum Ausdruck gebracht wird, kann dieser im Vorstellungswissen des Betrachters nachhaltig verankert werden. Hier verbirgt sich ein fundamentales Prinzip unseres Wahrnehmens und Erkennens, nämlich nur dann etwas als richtig oder wahr begreifen zu können, wenn es in einfacher Form, sei es in einem einfachen Bild oder in einer einfachen Formel, dargestellt werden kann. Die Schönheit einer Lösung gilt in den Naturwissenschaften geradezu als ein Kriterium für Richtigkeit.

Hier stellt sich die Frage, ob das ästhetische Prinzip nicht nur für das Vorstellungswissen, um Sachverhalte in möglichst klarer Weise grafisch zu veranschaulichen, sondern ganz allgemein für alle Wissensformen gelten könnte und damit eine innere Verbindung zwischen den verschiedenen Formen des Wissens hergestellt würde. Ich bin in der Tat der Meinung, dass man vom ästhetischen Wissen als einem Grundprinzip ausgehen kann und dass alle drei Wissensformen nur dann gut in uns verankert sind, wenn dem ästhetischen Prinzip bei jedem Wissen Rechnung getragen wird.

Explizites Wissen strebt immer nach Ordnung, um in das Chaos der uns umgebenden Information ein System zu bringen. Wenn explizites Wissen nicht selbstverständlich klassifiziert ist, entwickeln wir unser eigenes Schema, um dies zu tun. Stimmigkeit und Klarheit, die Kriterien, nach denen eine Klassifikation als gelungen oder nicht gelungen betrachtet wird, sind ästhetischer Natur. Auch für die Stimmigkeit des impliziten Wissens gilt wiederum ein ästhetisches Kriterium: Wenn Handlungs- oder Bewegungsabläufe harmonisch sind, wenn sie eine Gestalt bilden, dann werden sie als richtig empfunden.

Die Frage ist nun, inwieweit dieses Prinzip auch auf das Anschauungswissen und das Erinnerungswissen übertragbar ist. Der Begriff Ästhetik leitet sich aus dem griechischen »aisthesis« ab und meint ursprünglich Wahrnehmung, Gefühl und auch Erkenntnis. An diese Bedeutung des Begriffs lehnt sich Immanuel Kant an, wenn er die Ästhetik als die »Wissenschaft von den Regeln der Sinnlichkeit überhaupt« bezeichnet. Wenn Ästhetik in diesem ursprünglichen Sinne verstanden und nicht auf die Philosophie der Kunst oder die Theorie des Schönen eingegrenzt wird, dann gilt in der Tat das ästhetische Prinzip auch für das Anschauungs- und das Erinnerungswissen. Ein Kennzeichen des inneren Theaters (Anschauungswissen) oder des inneren Museums (Erinnerungswissen) ist der Rahmen. Bildliches Wissen ist immer begrenzt. In dem Rahmen, der durch die Begrenzung vorgegeben ist, repräsentiert sich eine vergangene oder gegenwärtige Wirklichkeit. Für diese Repräsentationsform des Wissens gilt nicht das Kriterium der Schönheit, sondern das Kriterium der Bedeutung. Wie im Bild eines Künstlers muss diese Bedeutung in unserem inneren Museum erkennbar sein, auch wenn sie vielleicht verzerrt erscheint oder durch Symmetriebrüche verfremdet ist. Nichts wird in unserer Erinnerung aufbewahrt, was langweilig ist und was wir schon kennen. Für die Bilder, die wir in uns tragen und die wir von Augenblick zu Augenblick neu erschaffen, gilt das ästhetische Prinzip also in seinem ursprünglichen Sinn: Es drückt die Art unserer Erfahrung aus, wie sie vom Gehirn und den Sinnesorganen vorgegeben wird.

Alle drei Wissensformen zeichnen sich durch Ich-Nähe als Innenperspektive und Ich-Ferne als Außenperspektive unseres Erlebens und Handelns aus. Welche der Perspektiven dominiert, ist abhängig von kulturgeschichtlichen Befindlichkeiten. Wenn wir explizites Wissen ins Zentrum stellen – wie das mit Eintritt unseres Kulturkreises in die Neuzeit geschehen ist –, dann werden die Außenperspektive und das gesprochene Wort entscheidend. Tonangebend ist dann derjenige, der am besten Bescheid weiß und am überzeugendsten argumentieren kann. Im Vordergrund stehen die Analyse und monokausale Betrachtung von Problemen. Die Mitglieder einer Gesellschaft, in der explizites Wissen dominiert, werden in eine Rolle hineingedrängt, in der Besitz von Wissen und verbale Kompetenz mehr zählen als andere Fähigkeiten. Verbunden mit Schnelligkeit ermöglichte die Dominanz expliziten Wissens den Fortschritt der Moderne. Betrachtet man die Entwicklung der modernen Wissenschaften und Technologien, wie sie begründet wurden vom Rationalismus René Descartes', vom funktionellen Denken Galileo Galileis und vom wissenschaftlichen Induktionsprinzip Francis Bacons, so ist diese ich-ferne Welt der analytischen Bewertung außerordentlich erfolgreich gewesen. Doch auch wenn das explizite Wissen die Tradition unserer westlichen Welt begründet hat, sollte dies kein Grund sein, es zur alleinigen Richtschnur einer zukünftigen Wissensgesellschaft oder einer neuen Wissenswelt zu machen. Eine Wissenswelt, in der zu leben wünschenswert ist, verlangt nach einer ausgewogenen Verwirklichung aller Möglichkeiten menschlichen Wissens.

In einer Gesellschaft, in der vornehmlich das Wort, zumal das schnelle Wort, gilt, können Wissensformen, die sich durch Ich-Nähe auszeichnen, naturgemäß schwerer erkannt und verwirklicht werden als ich-ferne Wissensformen. Wie sollte es möglich sein, jemandem seine subjektiven, inneren Bilder mitzuteilen, sodass er sie sieht wie man selbst? Wie könnte man anderen sein implizites Handlungswissen beschreiben? Da wir unserem Wesen nach kommunikativ sind, werden wir genau dies zwar immer wieder versuchen, doch sind solche Versuche von vorneherein zum Scheitern verurteilt, wenn wir die Beschreibung unseres Handlungswissens darauf beschränken, es zu analysieren und in Begriffe zu fassen. Was bildliches oder implizites Wissen ausmacht, lässt sich nur bildlich oder handelnd vermitteln. Handlungswissen, wie es etwa die Fähigkeit des Chirurgen bei der Operation darstellt, ist sprachlich im Detail nicht zu beschreiben. Wie man einen Golfball schlägt oder ein Boot segelt, ist nur durch motorische Übung erlernbar. Bewegungswissen ist implizit. Wenn wir etwas gelernt haben, wie das Schreiben mit dem Federhalter in der Kindheit, wird es zu einem selbstverständlichen Teil unserer selbst.

Vor allem aber sind es die Bilder, die unsere Innenperspektive bestimmen, die explizit nicht vermittelbar, sondern allenfalls skizzenhaft andeutbar sind. Manchmal vermitteln uns Kunstwerke eine Ahnung davon, welche Bilder wir in uns tragen. Wir erkennen dann gleichsam ein fremdes Bild in uns wieder. Ein Dichter mag in unserer Vorstellung Bilder entstehen lassen, die eine neue Welt gestalten, doch sind auch diese wiederum nur unsere eigenen Bilder, die aus der Welt der verborgenen Bilder aufgetaucht sind. Aus der Einsamkeit dieser inneren Bilder herauszutreten und sie anderen vorzustellen, mag die Geburtsstunde der Kunst gewesen sein: Das Bild stellt eine Weise der Kommunikation dar, die einen Ich-Bezug zwischen verschiedenen Menschen vermittelt.

Jede der drei Formen des Wissens ist wesentlich, doch keine Form des Wissens kann für sich alleine stehen. Würden wir nur explizites Wissen kultivieren, dann würden wir uns genauso zu Karikaturen unserer selbst machen, wie wenn es für uns nur implizites oder bildliches Wissen gäbe. Nur-explizites oder nur-begriffliches Wortwissen ist unfruchtbar. Nur-implizites oder nur-intuitives Wissen ist ziellos. Nur-individuelles Bildwissen ist unverbindlich. Auf keine Form des Wissens können wir als Einzelne oder als Gemeinschaft verzichten. Alle drei Koordinaten des Wissens müssen in einer Wissenswelt bestimmt sein: Wenn explizites oder begriffliches Wissen fehlt, dann fehlt die Klarheit; wenn implizites Wissen oder Handlungswissen fehlt, dann fehlt die Tat; wenn bildliches Wissen, wie es sich im Selbstwissen zeigt, fehlt, dann fehlt die Menschlichkeit. Ich meine, dass alle drei Koordinaten die moderne Wissensgesellschaft bestimmen. Sie kann nur dann entstehen, wenn sie sich in jedem Einzelnen von uns verwirklicht.

Die drei Welten des Wissens stehen auch in einem wesentlichen Bezug zu unserer Zeiterfahrung. Damit wird noch einmal in anderem Zusammenhang deutlich, wie grundlegend die dreifache Begründung des Wissens ist. Explizites Wissen geht über den Einzelnen hinaus und fasst Kenntnisse von früher für später zusammen. Der Inhalt dieses Wissens kommt aus der Vergangenheit und wird bestimmt von dem, was andere vor uns gedacht und schriftlich niedergelegt haben. Implizites Wissen, das sich im Willen und in der Entscheidung zur Tat äußert, wird hingegen erst in der Zukunft wirksam. Bildliches Wissen, das sich in den jetzigen und vergangenen Bildern manifestiert, ist Wissen für die Gegenwart. In das Gegenwartsfenster hinein wird Erinnertes und Erwartetes projiziert, d. h. unsere Gegenwart ist von vergangenheits- und zukunftsorientiertem Wissen umschlossen.

Welches sind nun die Charakteristika für das zeitliche Fenster der Gegenwart, in dem sich unsere persönlichen Bilder und die unmittelbare sinnliche Erfahrung verwirklichen? Analysiert man Gegenwart mit ich-fernem Wissen als abstrakte Situation, dann hat sie den Charakter einer ausdehnungslosen Grenze zwischen Vergangenheit und Zukunft. Gegenwart ist dann nichts weiter als ein flüchtiger Punkt, der eine abstrakte Wirklichkeit allein auf der Grundlage einer mathematischen Konstruktion erhält. Orientiert man sich hingegen am ich-nahen, impliziten und bildlichen Wissen, dann wird das, was wir als Gegenwart bezeichnen, mit Leben erfüllt, und die erlebte Gegenwart erhält eine bestimmte Dauer. Die Bedeutung von Gegenwart ist also abhängig vom gewählten Wissenshorizont.

Die moderne Forschung hat herausgefunden, dass die unmittelbar erlebte, subjektive Gegenwärtigkeit auf etwa zwei bis drei Sekunden beschränkt ist und dass dieses »Fenster der Gegenwart« durch einen eigenständigen Mechanismus des Gehirns bereitgestelltwird. Dies zeigt sich in vielen unserer Lebensäußerungen. Wenn wir etwas behalten wollen, dann haftet die Information fehlerlos nur bis etwa drei Sekunden im Kurzzeitgedächtnis, danach hat sie den Gegenwartsspeicher schon wieder verlassen. Wenn wir eine intentionale Bewegung ausführen und beispielsweise jemandem zur Begrüßung die Hand reichen, dann dauert diese Bewegung in allen Kulturen der Welt etwa drei Sekunden. Die präzise Vorausplanung einer Bewegung beim Tennis oder Fußball gelingt nur in einem Zeitraum von bis zu drei Sekunden. Alle Versuche, Bewegungen weiter vorauszuplanen, enden in größerer Ungenauigkeit der Bewegungsabläufe. Wenn wir miteinander sprechen, dann programmiert unser Gehirn Satzeinheiten von etwa drei Sekunden voraus, die dann mit Wortketten, die zehn bis zwölf Silben umfassen, abgearbeitet werden. Dies gilt für alle Sprachen der Welt, ist also unabhängig von der jeweiligen Grammatik. Diese rhythmische Gliederung unserer Sprache findet sich auch wieder in der zeitlichen Struktur von Gedichten. In allen Sprachen dauert eine gesprochene Verszeile bis zu drei Sekunden. Das Gehirn gibt dem Dichter ohne dessen Wissen eine zeitliche Arbeitsplattform vor, innerhalb derer er seine Aussage verwirklicht. Die Universalität der Gegenwart von drei Sekunden findet sich auch in der Musik, wo musikalische Motive ebenfalls bevorzugt in einem Zeitfenster von drei Sekunden abgebildet werden.

Wir finden diesen Drei-Sekunden-Rhythmus aber nicht nur als anthropologische Konstante im Sprechen, Erinnern, Sich-Bewegen sowie in Dichtung und Musik, wir finden ihn auch in den Bildern unserer Anschauung. Wenn wir etwas betrachten, dann wird nach wenigen Sekunden der Blick fortgezogen, um etwas anderes in den Blick zu nehmen. Der Rhythmus von etwa drei Sekunden bestimmt die Art, wie wir visuelles Wissen aufbauen, um die Welt um uns herum zu vereinnahmen. Das Gehirn fragt gleichsam alle drei Sekunden: Gibt es etwas Neues in der Welt, und wenn ja, was ist es? In regelmäßigen Intervallen wird eine Bestätigung dessen vorgenommen, was in unserem wahrnehmenden Bewusstsein repräsentiert ist, und erst wenn diese Bestätigung nicht gelingt, wird das Neue zugelassen.

Wie das Gehirn arbeitet, wenn es Neues sucht und bestätigt, kann man anhand doppeldeutiger Figuren, wie sie beispielsweise von Malern des Kubismus verwendet werden, veranschaulichen. Auch wenn uns bewusst ist, dass es sich um eine einzige, aus unterschiedlichen Perspektiven gesehene Figur handelt, zwingt sich automatisch nach wenigen Sekunden eine neue Perspektive in das Zentrum des Bewusstseins. Abstrakte Bilder, in denen unklar ist, was Vordergrund und was Hintergrund ist (Abb. 2), zwingen dem Betrachter eine eigene Dynamik auf, sodass das Bild im rhythmischen Wechsel von drei Sekunden seine Bedeutung wechselt.

Abb. 2

Die Perspektive unseres Blicks auf die Außenwelt wechselt im Rhythmus von drei Sekunden. Entsprechend erkennen wir in diesem Bild abwechselnd eine Maus oder den Kopf eines glatzköpfigen Mannes.

Die empfundene Gegenwart von wenigen Sekunden ist auch der zeitliche Hintergrund, auf dem sich unser soziales Leben verwirklicht. Wenn wir jemanden ansehen und mit ihm sprechen, dann geschieht dies in der jeweiligen individuellen Gegenwart beider Personen, wobei die Gegenwarten aber miteinander synchronisiert sind. Ich befinde mich mit dem Gesprächspartner in derselben Zeit, wir teilen die gleichen Worte, betrachten gemeinsam ein Bild oder einen Berggipfel und erkennen im Ausdruck des anderen seine Gefühle. In dieser Vergleichzeitigung erlangt der andere eine unmittelbare Evidenz und wird ein Teil von mir. Durch die mühelose Verbindung des gegenwärtigen Erlebens, die getragen ist von identischen Bewusstseinsinhalten, treten wir für Momente aus der Einsamkeit unserer Innenwelt heraus und erkennen uns im Angesicht des anderen Selbst.

Um die drei Wissenswelten besser zu verstehen, ist es angebracht, die Arbeitsweise des Gehirns in einem bestimmten Detail etwas genauer zu beschreiben. Zunächst mag die Feststellung erstaunen, dass die Gehirne aller Lebewesen, die im Laufe der Evolution auf dieser Erde in knapp einer Milliarde Jahren entstanden sind, im Prinzip die gleiche Bauweise zeigen. Für die Fragen, die ich hier erörtere, sind die folgenden Sachverhalte, die mit dem Aufbau von Gehirnen zu tun haben, von besonderer Bedeutung. Jede einzelne Nervenzelle des Gehirns sendet ihre Information an etwa 10 000 andere Nervenzellen, sodass Information, die an einem eng umschriebenen Ort in einer Nervenzelle repräsentiert ist, auf Grund der spezifischen Weise der Informationsverarbeitung im Gehirn räumlich weit verteilt wird. Die Architektur des Gehirns ist auf Grund dieser Tatsache prinzipiell von Rechnerarchitekturen unterschieden, in denen Information sequenziell verarbeitet wird.

Auf Grund der spezifischen Architektur und der räumlichen Verteilung von Information hat das Gehirn nun bei der zeitlichen Verarbeitung ein Problem der Synchronisation. Die Frage ist, wie die neuronalen Ereignisse an den verschiedenen Stellen im Gehirn wieder so zusammengefasst werden, dass zu einem bestimmten Zeitpunkt gestalthaftes Erleben möglich ist. Um diese Synchronisation zu erreichen, schafft das Gehirn sich offenbar Systemzustände, innerhalb derer räumlich verteilte und zeitlich ungenaue Information wieder zusammengebunden wird. Die Systemzustände werden mit Hilfe neuronaler Oszillationen oder periodischer Prozesse in Populationen von Nervenzellen bereitgestellt. Ein unmittelbarer Beleg für die Bedeutung solcher Systemzustände ergibt sich aus Beobachtungen an Patienten in Narkose: Der Patient befindet sich genau dann im Zustand allgemeiner Anästhesie, wenn die neuronalen Oszillationen nicht mehr erkennbar sind, d. h. wenn keine Information mehr verarbeitet wird. Daraus kann man den Umkehrschluss ziehen, dass derartige Systemzustände Voraussetzung für die geregelte Informationsverarbeitung im Normalzustand sind und dass alle drei Wissensformen nur dann in Aktion treten können, wenn diese Grundbedingungen im Gehirn erfüllt sind.

Noch ein weiterer Sachverhalt ist im Zusammenhang mit der Architektur des Gehirns von Bedeutung. Obwohl das menschliche Gehirn weit über hundert Milliarden Nervenzellen besitzt, die theoretisch in die Informationsverarbeitung eingeschaltet sein könnten, liegen die an diesem Prozess beteiligten Zellen räumlich sehr nah beieinander. Es sind nur vier Zwischenschritte, d. h. vier zwischengeschaltete Nervenzellen, erforderlich, damit sich die Aktivität einer einzelnen Nervenzelle an irgendeiner Stelle im menschlichen Gehirn auswirken kann. Das bedeutet, dass alles, was in unserem Gehirn geschieht, aufs Engste miteinander vernetzt ist und nichts geschieht, was nicht durch Prozesse an anderen Stellen beeinflusst wird. Daraus ergibt sich eine These, die für unser Selbstverständnis wichtig ist und auch philosophische Implikationen hat: Es gibt keine Wahrnehmung, kein Sehen, Hören oder Fühlen, die nicht gleichzeitig auch Erinnerung oder emotionale Bewertung sind. Jedes Gefühl bezieht sich auf Erinnerungen, jede Handlungsabsicht taucht in Erinnerungen ein und ist durch Gefühle gefärbt und durch Wahrnehmungsereignisse bestimmt.

Diese Schlussfolgerung, die sich aus der biologischen Architektur unseres Gehirns ergibt, steht im Widerspruch zur gängigen Alltagspsychologie, die von der Unabhängigkeit der verschiedenen subjektiven Dimensionen ausgeht und sie in Rationalität und Emotionalität unterteilt. Unsere an Vernunft und expliziter Begrifflichkeit orientierte Sprache verleitet uns zu dem Fehlschluss, dass es voneinander unabhängige Funktionen gibt. Wir belegen sie mit Begriffen wie »Bewusstsein«, »Vernunft«, »Gefühl«, doch spiegeln diese Begriffe keinesfalls die Wirklichkeit des gegenwärtigen Erlebens wider, in dem alle Funktionen aufeinander bezogen und voneinander abhängig sind. Eine Trennung in Rationalität und Emotionalität kann nur retrospektiv vorgenommen werden, wenn über das Erlebte reflektiert wird und man versucht, virtuelle Erlebensbereiche als etwas Eigenständiges zu definieren und abzugrenzen.

Eine der für mich erstaunlichsten Aussagen in unserer philosophischen Tradition, die für uns selbstverständlich geworden ist und die meines Wissens selten in Frage gestellt wird, ist Descartes' berühmter Satz: »Cogito ergo sum« (Ich denke, also bin ich). Geht man von der Beobachtung der zeitlichen Strukturierung unseres Erlebens und der intensiven Vernetzung der neuronalen Prozesse aus, die die Grundlage unseres Erlebens bestimmen, dann könnte man allenfalls sagen: »Ich dachte, also war ich und bin wohl noch«, denn ich kann mich im Augenblick des Denkens nicht auf mich selbst beziehen. Oder man könnte auch sagen: »Es dachte, und wenn jenes ES als ICH bezeichnet wird, dann bin ich wohl noch.« Die explizite Frage nach dem spezifischen bewussten Geschehen oder dem Sein stellt sich erst retrospektiv. Nur durch die vorherrschende Orientierung an der rationalistischen Selbsterklärung kann eine solche Frage als Fundamentalfrage auftauchen und in der Weise von Descartes beantwortet werden. Dem Erlebenden stellt sich im Augenblick des Erlebens diese Frage nicht, weder die nach dem Prozess des Denkens noch die nach der Begründung der eigenen Existenz. In der Gegenwart des Erlebens gibt es nur unmittelbare Anschauung, die immer auch Absicht, Gefühl, Erinnerung umschließt.

Obwohl das gegenwärtige Erleben in dieser Weise zu kennzeichnen ist, muss dennoch geklärt werden, wie in diesem neuronalen System das explizite oder begriffliche Wissen implementiert ist. Hiermit komme ich zu dem Punkt, dass unser gegenwärtiges Bewusstsein durch zwei qualitativ verschiedene Inhalte gekennzeichnet sein kann. Im zeitlichen Fenster der subjektiven Gegenwart mit einer ungefähren Dauer von drei Sekunden wird die unmittelbare Anschauung verwirklicht. Dies ist gleichsam der Normalzustand unseres Seelenlebens. Er leitet sich daraus her, dass wir als soziale Wesen fast immer im Kontakt mit anderen stehen, sei es in Wirklichkeit oder sei es in der potenziellen Wirklichkeit wie beim Lesen, wenn wir uns in einer Welt der Fantasie bewegen. Diesen Normalzustand der unmittelbaren und gegenwärtigen Anschauung verlassen wir gelegentlich, wenn wir uns von der Welt des Erlebens abwenden und in den Zustand der Reflexion oder des Nachdenkens begeben. Im *Theaitetos* bezeichnet Plato dieses Nachdenken als das Gespräch der Seele mit sich selbst.

Besondere Mechanismen, die den Zugang zur Tätigkeit des Bewusstseins regulieren, können uns aus der Welt der unmittelbaren Anschauung herausnehmen. Mit fokussierter Aufmerksamkeit können wir uns Teilmengen unseres vergangenen oder beabsichtigten Erlebens vergegenwärtigen und analysieren. Dieses Nach-Denken, in dem wir uns von uns selbst distanzieren, ist retrospektiv orientiert, greift sich Teile aus den Erinnerungen heraus und versucht diese zu ordnen, zu verstehen und zu deuten. Dieser Prozess des distanzierten Nachdenkens läuft wie jener der unmittelbaren Anschauung in aufeinander folgenden Zeitfenstern der jeweils gegenwärtigen Arbeitsplattform ab, nur sind die Inhalte verschieden. In der Reflexion werden jeweils nur Teilmengen früherer Repräsentationen herausgegriffen. Um welche es sich dabei handelt, bestimmt sich aus den Themen, die in einer historischen Situation als interessant empfunden oder als wichtig angesehen werden, oder sie erklären sich aus der persönlichen Biografie des Einzelnen. Daraus zu schließen, die Themen des retrospektiven Nachdenkens umfassten alles das, was sich im gegenwärtigen Erleben vollzog, ist unrichtig, da es sich ja nur um Teilmengen von Erlebtem handelt. Ebenso ist es irreführend, die Inhalte der retrospektiven Reflexion mit dem gegenwärtigen Erleben gleichzusetzen. Gegenwärtige Anschauung und retrospektive Reflexion in der Gegenwart sind qualitativ verschiedene Prozesse; sie sind beide Ausdruck unserer Denkwerkzeuge, stehen aber für jeweils verschiedene Wissenswelten.

Bei der Erörterung der verschiedenen Wissenswelten, die wir potenziell in uns tragen, kann man einer Kontroverse nicht aus dem Wege gehen, die seit langem die Gemüter bewegt; es handelt sich um die Frage, was an unserer Wissenskompetenz oder an unserer Intelligenz angeboren und was durch Erfahrung erworben ist. Erkenntnisse aus der modernen Hirnforschung legen nahe, dass diese Kontroverse neu interpretiert werden muss. Wenn wir in die Welt eintreten, dann sind wir mit einem breiten genetischen Repertoire von Möglichkeiten ausgestattet. Im Gehirn drückt sich dies darin aus, dass zwischen den vielen Milliarden Nervenzellen ein Übermaß von Kontakten besteht. Diese potenziellen Kontakte werden erst endgültig festgelegt und damit zur Wirklichkeit, wenn sie durch Informationsverarbeitung genutzt und bestätigt werden. Die Informationsverarbeitung im Gehirn wird getragen von der Produktion und Ausschüttung chemischer Botenstoffe oder Transmitter, die Nervenzellen in ihrer Aktivität erregen oder hemmen können. Die Struktur des menschlichen Gehirns wird also erst dadurch endgültig bestimmt, dass die verschiedenen Areale angemessen an der für sie genetisch vorgesehenen Verarbeitung von Information beteiligt werden. Diese Prägung des Gehirns erfolgt in frühen Phasen unserer Biografie. Was nicht genutzt wird, wird abgeschaltet und ist ohne Anstrengung später nicht mehr aktivierbar. In dem Augenblick, in dem Kontakte durch die Ausschüttung chemischer Botenstoffe zwischen Nervenzellen etabliert und damit genetisch vorgegebene Möglichkeiten bestätigt worden sind, macht es keinen Sinn mehr, zwischen angeborenen und erworbenen Wissenskompetenzen zu unterscheiden. Die festgelegte Matrix des Gehirns ist dann beides, genetisch vorgegeben und erfahrungsbestimmt. Unbestritten ist hierbei, dass ein genetisch größeres Potenzial auch mehr Möglichkeiten der Bestätigung durch Erfahrung eröffnet. Aber nach den frühen Phasen der funktionellen Bestätigung sind die genetischen Potenziale vermutlich erschöpft, sodass sich auch noch so große Potenziale, die einmal vorhanden waren, später entweder gar nicht mehr oder nur noch mit Mühe aktvieren lassen. Das ist beispielsweise der Grund, warum Kinder eine fremde Sprache oder eine neue Sportart so viel müheloser erlernen als Erwachsene.

Dieses Prinzip der Prägung des Gehirns hat unmittelbare Bedeutung für die Ausgestaltung der drei Wissenssysteme. Wenn in den frühen Phasen der Prägung, also im Kindes- oder Jugendalter, nur Wert darauf gelegt wird, das explizite Wissen auszubilden, dann kommt es zu einer folgenschweren Vernachlässigung des impliziten Handlungswissens und des bildlichen Wissens. Eine Gesellschaft, die es wie die unsere darauf abgesehen hat, vornehmlich sprachliche und begriffliche Kompetenz zu pflegen, erfasst nur eine Teilmenge menschlicher Möglichkeiten. Das Gleiche gilt aber auch umgekehrt für Gesellschaften, in denen Handlungswissen oder bildliches Wissen bevorzugt gefördert werden. Wenn alle tätig sind, aber Handlungsziele nicht definiert wurden, weil explizites Wissen fehlt, dann verliert sich Tätigkeit in unübersichtlicher Geschäftigkeit. Wenn nur das bildliche Wissen als grundlegend angesehen wird und es vornehmlich um die Pflege von Selbstwissen und um persönliche Selbstverwirklichung geht, statt diese in den Dienst übergeordneter Ziele für das bonum commune zu stellen, dann versinkt man in Ziellosigkeit, Unverbindlichkeit und Selbstbezogenheit.

Will man eine Wissenswelt gestalten, dann ist es erforderlich, dass sich die drei Welten des Wissens, die wir als Möglichkeit in uns tragen, auch tatsächlich entfalten können, und dass nicht nur einzelne Trajektorien, die sich aus unseren Erfahrungsmöglichkeiten herleiten lassen, verfolgt werden. Dabei ist es besonders wichtig, in den frühen Phasen des Lebens Bedingungen zu schaffen, die die Entwicklung des dreifachen Wissenspotenzials ermöglichen.

Wenn ich hier versucht habe, die drei Formen des Wissens zu kennzeichnen und die Implikationen für die Gestaltung einer Wissenswelt aufzuzeigen, so habe ich damit gleichzeitig Randbedingungen beschrieben, die beim Einsatz neuer Technologien zu berücksichtigen sind. Die Schnittstelle zwischen Mensch und Maschine bei der Nutzung des Internet kann beispielsweise erst dann als gelungen betrachtet werden, wenn die Technik sich an die Weise, wie Menschen mit Wissen umgehen, anpasst und Werkzeuge zur Verfügung stellt, die uns gemäß sind.

Mit den Multimedia-Technologien erschließt sich die Möglichkeit, Wissen multimodal, d. h. explizit und bildlich in komplementärer Weise darzustellen. Hierdurch wird erreicht, strukturelles Wissen über Sachverhalte bildlich und deshalb mit größerer Ich-Nähe beim Rezipienten zu verankern, was eine größere Nachhaltigkeit bewirkt. Um dieses Ziel zu erreichen, muss frühzeitig der selbstverständliche Umgang mit den neuen Medien gelernt werden, d. h. es muss Handlungswissen aufgebaut werden, um sich mühelos auf Benutzerplattformen bewegen zu können. Die Möglichkeiten sind aber noch längst nicht verwirklicht. Ich habe darauf hingewiesen, dass menschlicher Umgang mit Wissen einer definierten zeitlichen Dynamik gehorcht. Für die Optimierung der Schnittstelle zwischen Maschine und Mensch, zwischen jener Welt, in der Informationen vorgehalten werden, und jener, in der Wissen gestaltet wird, müssen Algorithmen entwickelt werden, die den mühelosen Zugriff auf Information gestatten. Hierzu müssen auf der Seite der Technik zeitliche Dynamiken verwirklicht werden, die jenen des Menschen entsprechen. Eine derartige Aufbereitung von Information, die der menschlichen Informationsverarbeitung gemäß wäre, gibt es bisher noch nicht. Für die Gestaltung einer Wissenswelt muss von der Technologie konsequent eingefordert werden, sich daran zu orientieren, wie Menschen ihr Weltwissen aufbauen.

## DAZWISCHEN ENTSTEHT DAS WISSEN
### Joseph Grigely im Gespräch mit Hans Ulrich Obrist

Gesprochene Sprache hat nicht notwendig etwas mit Hören und mit dem Aussprechen von Vokalen und Konsonanten zu tun. Auf welche Weise gesprochene Wörter im Gegenteil eine ganz eigenständige, neue Aussagekraft erhalten können, wenn der Prozess des Sprechens mit Bleistift und Papier dokumentiert wird, zeigt das Werk des amerikanischen Künstlers Joseph Grigely. Seit er mit elf Jahren das Gehör verlor, hat Grigely sich für eine eigenwillige Methode der Verständigung mit seiner Umwelt entschieden: Er selbst spricht zu seinen Gesprächspartnern, während diese das, was sie ihm sagen wollen, während des Sprechens auf Notizzettel aufschreiben. Die auf diese Weise entstehenden Gesprächslandkarten, die angesiedelt sind im Dazwischen von geschriebener und gesprochener Sprache, sind faszinierende, poetische und höchst lebendige Zeugnisse für die Erkundung des Raums zwischen Kunst und Wissenschaft.

*Ich habe dir die Fragen, die ich dir heute stelle, schon einmal in einem New Yorker Restaurant gestellt. Damals war es so laut, dass ich deine Antworten auf dem Band nachher nicht verstehen konnte. Seither hat mich aber die Idee nicht mehr losgelassen, mit dir über den Zwischenraum zwischen Kunst und Wissenschaft zu sprechen.*

Ein ganz wichtiger Aspekt, wenn man Kunst und Wissenschaft zusammenfassen und das Dazwischen untersuchen will, hat mit den jeweiligen Vorstellungen von Reproduktion und Replikation zu tun. Die Ausbreitung von Kunst hängt unmittelbar davon ab, auf welche Art und Weise sich ein Textkörper reproduziert. Für die Ausbreitung der menschlichen Bevölkerung gilt das Gleiche, nur dass es dabei um den biologischen Körper geht. Zwei anscheinend vollkommen unterschiedliche Forschungsbereiche, die Textkritik und die Biologie, sind also beide damit beschäftigt herauszufinden, welche verborgenen Kräfte ihre Reproduktion steuern.

Walter Benjamin nahm an, dass durch die »mechanische Reproduktion« das Individuelle verschwinden und durch Typisierungen ersetzt werden würde. Was er nicht bedacht hat und was meiner Meinung nach sehr wichtig ist, ist die Tatsache, dass bei der Herstellung von Typen unvorhergesehene Veränderungen entstehen. Ein Gedicht verändert seine Lesart, je nachdem, in welcher textlichen Umgebung es sich wiederfindet. Das Gleiche gilt für Bilder und den Kontext, in dem sie gezeigt werden. Entsprechend ist es in einer

Flucht von Ausstellungsräumen dann auch möglich, unendlich viele Varianten der gleichen Ausstellung zu präsentieren. Hier liegt einer der Gründe, warum die gegenwärtige Kultur so vom Gedanken des Klonens und des Alles-Kontrollieren-Wollens besessen ist. An sich ist diese Vorstellung ja nicht neu. In der Enzyklopädie von Diderot findet sich beispielsweise die Feststellung, dass die Technik der Artenmanipulation durch Pfropfen einen Sieg der Kunst über die Natur darstelle. Aber erst heute, mit den jüngsten Entwicklungen in der Biotechnologie, ist die Technik des Pfropfens und Transplantierens komplex genug geworden, um die Idee von der »Reproduktionstechnologie« konsequent verfolgen zu können.

*Du hast schon länger die Idee für ein interdisziplinäres Institut und sprichst in diesem Zusammenhang von »Post-Geisteswissenschaft«. Was meinst du damit genau?*

Der Begriff »Post-Geisteswissenschaft« (posthumanities) wurde erstmals konsequent in dem 1995 von Ira Livingston und Judith Halberstam herausgegebenen Buch *Posthuman Bodies* verwendet, auch wenn der Begriff schon vorher in der Diskussion war. Von seiner historisch gewachsenen Bedeutung her hat das typische geisteswissenschaftliche Institut einer Universität die Aufgabe, die verschiedenen Künste, inklusive Musik und Literatur, zu erforschen, wobei die Künste immer als Teil der Gesamtheit des »natürlichen« menschlichen Körpers gesehen werden. Die Frage ist nun, was das eigentlich ist, ein »natürlicher« menschlicher Körper. Es besteht beispielsweise ein gravierender Unterschied zwischen dem, was Darwin als ›natürliche Welt‹ bezeichnet, und dem, was in einer Boulevardzeitung wie *Weekly World News* als »natürliche Welt« erscheint. Dort sind es Bat boy, Frog boy und ein Pferd mit menschlichen Gesichtszügen, die die »natürliche« Welt ausmachen und interdisziplinär erforscht werden. Mutation ist ja nicht so sehr als biologische Tatsache interessant, sondern weil es dabei um eine etymologische Vorstellung geht, die unseren Blick auf Veränderungszustände lenkt. Absurderweise ist es heutzutage die Welt der konstruierten Körper, die uns als die natürliche erscheint. Verpflanzen, Transplantieren, genetisch Manipulieren, alle diese Dinge geschehen ja nicht einfach willkürlich, sondern weil sie menschliche Wünsche und Bedürfnisse treffen und weil Menschen sie wollen.

*Deckt sich das, wovon du sprichst, in etwa mit den Thesen der amerikanischen Wissenschaftssoziologin Donna Haraway?*

Haraway arbeitet in ihren Büchern *Primate Visions* und *Modest Witness* die These heraus, dass der postmoderne Körper ein von Grund auf konstruierter Körper ist. Ein Charakteristikum des postmodernen Körpers ist, dass er sich auf nicht-linearem Weg fortpflanzt und dass die Genealogie keine geraden Linien aufweist. Was für uns heute die »natürliche« Welt ist, hätten wir in früheren Zeiten als »künstlich« bezeichnet. Es ist heute viel eher das Wort »natürlich«, das uns Angst macht. Der Begriff »natürlich« riecht nach Garten-Eden-Mystik und unverdorbener Reinheit. In ihm laufen unsere nostalgischen Sehnsüchte nach einer reinen Welt zusammen, die es in Wahrheit nie gegeben hat. Haraways Welt hingegen ist ein komplexes Universum aus transgenen Lebensmitteln, genmanipulierten Krebsmäusen und ähnlichen Artefakten. Frankensteins Monster war dagegen ein relativ simpler Verschnitt existierender Phänotypen. Auch die genetisch gezüchtete Krebsmaus ist ein Verschnitt aus Phänotypen. Aber die Vorstellungen, die den beiden Manipulationen zu Grunde liegen, trennen Welten. Um deren Unterschiede herauszuarbeiten, brauchen wir dringend mehr kritische Diskussionsansätze wie den von Haraway. Das ist der Grund, warum ich für ein post-geisteswissenschaftliches Forschungsinstitut plädiere.

*Denkst du, man könnte ein solches interdisziplinäres Institut in die bestehenden Universitätsstrukturen integrieren? Oder braucht man vielleicht ganz neue Strukturen, um die überall spürbare Angst gegenüber der Interdisziplinarität zu überwinden?*

Das Problem ist komplex. Es hat sehr viel mit administrativen Gesichtspunkten zu tun. Es gibt ja sowohl in Europa wie in den USA bereits eine ganze Reihe von institutionalisierten Think Tanks, die interdisziplinär arbeiten. Aber auch dort findet Interdisziplinarität bisher nur in einem engen Rahmen statt. Was du die »überall spürbare Angst« nennst, ist eine ganz reale Angst, denn Interdisziplinarität richtet sich natürlich gegen die historisch gewachsenen Funktionen traditioneller Institutionen. Bisher bestand die Aufgabe der Universitäten darin, Wissen zu systematisieren und zu kategorisieren und es dem Diskurs einzelner Disziplinen zuzuordnen. Es macht Angst, mit dieser historischen Kontinuität zu brechen.

Die Menschen sind gewöhnlich zurückhaltend, wenn es darum geht, gedankliche Konzepte zu akzeptieren, die nicht eindeutig von einer positivistischen Grundhaltung geprägt sind. Der Umgang mit Dekonstruktion ist hierfür ein gutes Beispiel. Dekonstruktion ist insofern interdisziplinär, als sie die unterschiedlichen Praktiken des Lesens erforscht. Das betrifft das Lesen von Gedichten und Romanen ebenso wie das Lesen von Bildern oder das Lesen der unterschiedlichen Möglichkeiten menschlicher Kommunikation. Ähnlich wie der amerikanische Philosoph Nelson Goodman hat der französische Philosoph Jacques Derrida für die Dekonstruktion ein eigenes Fachvokabular entwickelt. Es ist ein sprachwissenschaftliches Vokabular, ohne sprachwissenschaftlich zu sein, und es ist anthropologisch, ohne der Anthropologie verpflichtet zu sein. Genau darin liegt der Grund, warum Derridas Denken viele Menschen irritiert: dass seine Vorstellung von Differenz ganz offensichtlich Spaß am Spiel mit der bloßen Idee von Differenz hat.

*Welche Vorteile hat Interdisziplinarität, bzw. welche Gefahren siehst du?*

Eine Gefahr sehe ich beispielsweise darin, dass Menschen dazu neigen, andere Menschen und ihre Arbeit in irgendwelche Schubladen zu stecken, und dass sie solche Menschen, die sie nicht ohne weiteres sofort einsortieren können, ignorieren oder zumindest unterschätzen. Beim interdisziplinären Arbeiten besteht andererseits aber der große Reiz gerade darin, dass alles im Fluss ist und sich dauernd neue Fragestellungen ergeben. Interdisziplinäre Arbeit ist nicht per se besser als monodisziplinäre. Tatsächlich gibt es ja auch eine ganze Menge an interdisziplinärem Schrott. Aber wenn sie gut ist wie im Falle von Haraway, dann ist sie packend, anregend, intelligent und auch immer nachvollziehbar.

*Wie kann man vermeiden, dass sich in interdisziplinären Projekten die Unterschiede zwischen den Disziplinen verwischen? Oder anders gefragt, wie lässt sich eine interdisziplinäre Situation herstellen, in der genügend Raum bleibt für den komplexen fachspezifischen Diskurs?*

Ich kann das Dilemma, in dem wir uns befinden, am besten mit einer kleinen Geschichte illustrieren. Ich habe vor einiger Zeit einige Kollegen, die an einem Seminar an der geisteswissenschaftlichen Fakultät der Universität Michigan teilnahmen, gebeten, ein Kapitel aus Richard Lepperts Buch *The Sight of Sound* zu lesen. Das Buch beschäftigt sich aus dem Blickwinkel der Geschichte, Musikwissenschaft, Kunstgeschichte und Sozialanthropologie mit der Darstellung von Hausmusik in der bildenden Kunst des 18. Jahrhunderts. Was mich an dem Buch fasziniert hat, war die Vielfalt der Klangerfahrungen – sei es in der Musik oder in Gesprächen –, die in Zeichnungen und Gemälden des

18. Jahrhunderts dargestellt sind. Es ist wirklich erstaunlich, wie verschieden sich akustische Erfahrungen in Bildern wiedergeben lassen. Meine Kollegen schien das wenig zu beeindrucken. Einer, ein Historiker, kritisierte Lepperts Verwendung des Begriffes ›Mittelalter‹. Ein Komponist monierte die Art, wie Leppert Musikstücke beschrieb. Jeder von ihnen hatte Leppert durch die Brille des eigenen Fachdiskurses gelesen. Kulturkritik hat eben hauptsächlich mit der Verteidigung von Territorien zu tun. Es ist ganz wichtig, dass wir solche Gefühle von Widerstand entwickeln, auch wenn das manchmal zu Unstimmigkeiten führt. Ohne Konflikte, ohne die Spannung des Nicht-Übereinstimmens würde Kulturkritik implodieren.

*Du hast mir einmal davon erzählt, wie sehr dich das Beispiel der Bibliothek von Alexandria fasziniert.*

In der Bibliothek von Alexandria wurden die ersten Versuche unternommen, die Verbreitung und Reproduktion von Texten zu erforschen. Im Mittelpunkt der Anstrengungen standen die verlorenen Texte Homers. Man hat die homerschen Texte anhand von Fragmenten und Sekundärtexten rekonstruiert. Das heißt, der Homer, den wir heute kennen, ist ein Text, der aus Bruchstücken zusammengefügt, überschrieben und rekonstruiert wurde. Wir lesen also heute Texte, die nicht deshalb lebendig geblieben sind, weil sie sich in einer unveränderbaren Form erhalten haben. Was sie lebendig gehalten hat, ist die Tatsache, dass sie bei aller Formbarkeit im Detail offenbar eine Qualität und Essenz hatten, die alle Manipulationen und Veränderungen, die sie durchliefen, überstanden.

*Wie definierst du den Begriff »Text(u)alterität«?*

Ich verstehe den Begriff wörtlich, als textuelle Veränderung, das heißt, dass Texte viele unterschiedliche Formen annehmen können. Jede dieser Formen drückt einen Grad an Veränderung aus. Solche Veränderungen sind nur in seltenen Fällen rein willkürlich, sie spiegeln vielmehr die ganze Bandbreite menschlicher Vorstellungen wider. Eines meiner Lieblingsbeispiele ist die Familienausgabe von Shakespeares Stücken von Thomas Bowdler aus dem Jahre 1807. Die Geschichtsschreibung hält Bowdler für einen Bösewicht, weil er, wie er selbst sagt, in seiner Familienausgabe alle Wörter und Wendungen weggelassen hat, die man seiner Meinung nach nicht mit Anstand im Kreis der Familie vorlesen konnte. Als Mann von hoher moralischer Integrität dachte Bowdler, er würde der Öffentlichkeit damit einen Dienst erweisen. Alle

Herausgeber denken so. Auch solche, die Texte zensieren. Es geht mir hier nicht um die Frage, ob Bowdler ›Recht‹ oder ›Unrecht‹ hatte mit dem, was er tat, sondern auf welche Weise sich sein persönliches, moralisches Interesse in seinem Tun widerspiegelt und wie ernst ihm die Sache war. Sein Text ist nicht der Text von Shakespeare, sondern eine Shakespeare-Version von Bowdler, die eine kulturell motivierte Veränderung des shakespeareschen Textes darstellt. Die dem Begriff Textalterität zu Grunde liegende Idee ist, dass man bei Textveränderungen nicht danach fragt, ob sie ›gut‹ oder ›schlecht‹ sind, sondern sie als etwas ansieht, mit dem ein zur menschlichen Natur zugehöriger Teil sich Ausdruck verschafft.

*Wie muss man sich das vorstellen? Als ein komplexes, dynamisches System, als einen Text, der dauernd weiterwächst und aus lauter nicht-linearen Zwischenbedeutungen besteht?*

Es ist schwer, sich überhaupt eine andere Existenzform für Texte vorzustellen. Das bringt mich auf Marc Augés Buch *Supermodernity* und auf die Tatsache, dass unser alltägliches Leben heutzutage aus einer andauernden räumlichen Verschiebung besteht. Die Transiträume und Wartesäle waren früher Orte der Ruhe. Heute sind sie Orte der Bewegung. Früher machten die Leute Ferien, heute nehmen sie Arbeitsurlaub. Wir bauen dauernd weiter an einer technologischen Architektur, die diese Dynamik noch fördert. Insbesondere die drahtlose Kommunikation ist es, die uns davon befreit hat, an einem physischen Ort verankert sein zu müssen. Für mich ist die ganze Idee von interaktiver Dynamik etwas, was zutiefst zur menschlichen Existenz gehört. Auf fast jeder Stufe der Evolution wurde das menschliche Denken durch irgendeine Art dynamischer Reibung herausgefordert, die bewirkte, dass wir einen Schritt weitergingen und uns noch etwas mehr anstrengten. Was ich an der gegenwärtigen Situation besonders spannend finde, ist, dass wir überhaupt nicht abschätzen können, wohin uns die Drehungen und Windungen dieses Abenteuers schlussendlich bringen werden.

*In der gegenwärtigen Diskussion über den Ursprung der Sprache wird dem strukturalistischen Ansatz, wie ihn der Sprachforscher Noam Chomsky vertritt, widersprochen, und zwar von Forschern, die – wie der »Künstliche Intelligenz«-Forscher Luc Steels – von einem kontextuellen, evolutiven Ansatz der Sprachentwicklung ausgehen.*

Chomskys Thesen haben die Forschung jetzt eine lange Zeit dominiert. Dafür gibt es auch gute Gründe. Aber jetzt ist es an der Zeit, dass die Evolutions- und Sprachtheoretiker ihre Pflicht tun und Chomskys Thesen modifizieren. Nichts anderes tut Steels. Chomsky geht davon aus, dass menschliche Sprachfähigkeit in der Hauptsache etwas Angeborenes ist. Steels hält dagegen, dass nur ein Minimum angeboren ist und sich die menschliche Sprachfähigkeit durch ein hohes Maß an Interaktivität mit der Umgebung entwickelt. Steels stellt damit einige sehr interessante Aufklärungspositionen auf den Prüfstand. Rousseau und Condillac waren beispielsweise davon überzeugt, dass gehörlose Menschen nicht Sprechen lernen können, weil sie ohne akustischen Input nicht an dem gesellschaftlichen ›Sprachspiel‹ teilnehmen können, das Steels und andere als für die menschliche Sprachentwicklung entscheidend ansehen. Das Problem ist nur, dass Rousseau und Condillac Sprechen mit Sprache gleichsetzten und dass sie die Bedeutung der visuellen Sprache, wie sie z. B. die Zeichensprache darstellt, negierten. Es brauchte einen weiteren Aufklärer, den Abbé de L'Epée, um Mitte des 18. Jahrhunderts die Bedeutung der visuellen Sprache zu erkennen. Der Abbé beobachtete zwei taubstumme Geschwister, die sich mit Zeichen verständigten, und erkannte, dass sie eine eigene Zeichensprache entwickelt hatten. Davon ausgehend entstand dann in Paris die erste Zeichensprachenschule für Taubstumme. Die Erfahrung des Abbé mit den taubstummen Geschwistern hat gewisse Parallelen mit den jüngsten Experimenten von Steels. Die These ist, dass ein menschliches Gehirn, wenn es einen sinnvollen sprachlichen Input erhält, damit spielen, den Inhalt weiterentwickeln und ihn zu etwas anderem umformen wird. Auf welche Weise das Gehirn seinen Input erhält, ob durch Sprache, Zeichen oder Bilder, ist dabei unwesentlich. Das Erstaunliche am Gehirn ist seine große Formbarkeit. Wenn es auf angemessene Weise stimuliert wird, wird das Gehirn sich ein Kommunikationssystem oder sogar eine Sprache erfinden. So gesehen widersprechen sich Chomsky und Steels nicht einmal. Im Gegenteil ergänzen sich ihre Ansätze sogar in einigen ganz grundlegenden Aspekten.

*Wann hast du erstmals Textfragmente in einer Ausstellung gezeigt?*

Ich begann Anfang der 90er Jahre an meinen *Gesprächen mit Hörenden (Conversations with the Hearing)* zu arbeiten. 1994 wurden sie erstmals bei White Columns in New York ausgestellt. Das Paradoxe ist nur, dass ich erst so spät damit begonnen habe. Ich wurde taub, als ich zehn Jahre alt war. Plötzlich war ich mit dem Problem konfrontiert, dass ich lernen musste, Gesprochenes von den Lippen der Leute abzulesen. Ich bin schrecklich schlecht im Lippenablesen, auch noch heute. Deshalb bat ich die Leute, wann immer es ging, Sachen für mich aufzuschreiben. Die meisten Menschen taten das gern. Es war eine ziemlich simple Sache, die aber sehr effektiv war. Irgendwann war ich dann mit einem Freund beim Abendessen, und am Schluss lagen alle diese vollgekritzelten Papiere auf dem Tisch mit den Bruchstücken unseres Gesprächs. Sie waren völlig durcheinander, ohne Reihenfolge und ohne einen inhaltlichen Zusammenhang, was sie in meinen Augen nur umso interessanter machte. Es war, als würden sie eine Geschichte erzählen, ohne allzu viel von der wirklichen Geschichte zu verraten. Nach diesem Essen – das war Anfang der 90er Jahre – begann ich, die Zettel zu sammeln, die die Leute im Gespräch mit mir vollschrieben. Eines Tages breitete ich mein Zettelarchiv dann einmal auf dem Fußboden meines Ateliers aus. Ich hatte eigentlich erwartet, dass ich viel Geschriebenes vorfinden würde. Stattdessen fand ich auf den Zetteln viel Gesprochenes. Es war eine große Menge von Wörtern, die sich über die Papiere ausbreiteten. Manchmal stand auch nur ein einzelnes Wort da. Manchmal waren Wörter mit anderen Wörtern überschrieben. Am interessantesten waren seltsamerweise die ganz banalen Sachen, das, was man normalerweise niemals aufschreibt. Was aber das Wichtigste für mich war, war die Tatsache, dass ich damit einen Weg entdeckt hatte, wie ich meine spezifischen kommunikativen Erfahrungen mit anderen teilen konnte, statt sie lediglich zu beschreiben. Für mich ist das Teil eines Prozesses, der immer weitergeht.

*Wie kannst du diesen Prozess überhaupt jemals unterbrechen? Wo sind die Grenzen deiner Textstücke?*

Ich glaube nicht, dass es da überhaupt Grenzen gibt. Abgesehen davon, dass der Druck, meine kommunikativen Erfahrungen dauernd auf immer komplexere – oder manchmal auch alltägliche – Weise erforschen zu wollen, natürlich eine Grenze darstellt. Im Zwischenraum zwischen der Kommunikation mit Papier und Bleistift und der Kommunikation mit modernen Spracherkennungstechnologien gibt es vieles zu erforschen. Kannst du dir beispielsweise vorstellen, dass Nokia ein multisprachliches Mobiltelefon entwickelt, das mehrere Sprachen erkennt, und die Sprache des Telefonpartners erscheint dann geschrieben im Display? Das ist eine Grenze, die in sehr weiter Ferne liegt. Vordringlicher ist, denke ich, die Frage, welche Auswirkungen die verkörperte und die ent-körperlichte Kommunikation auf unsere Gespräche haben: Was bewirkt beispielsweise die körperliche Anwesenheit der Teilnehmer in einem Gespräch, welchen Einfluss auf das Gespräch haben die Gesichter der Sprecher und ihre Gesten, und welche Rolle spielt die Intonation des Gesprochenen? Das sind Fragen, die mich sehr interessieren.

**Wir danken der EVN-Elektrizitätsvereinigung Niederösterreich für ihre Unterstützung beim Zustandekommen des Interviews.**

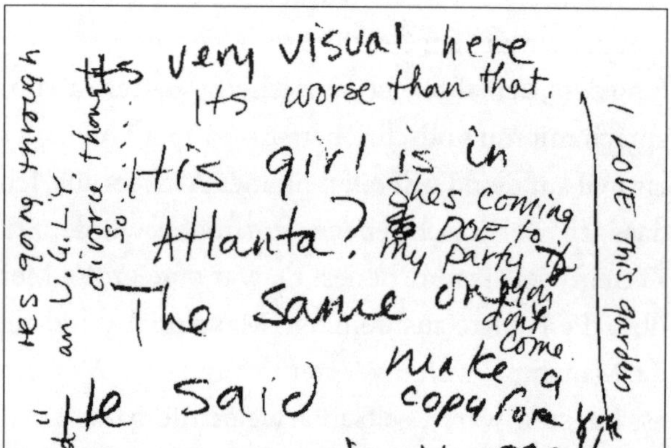


**Abb. 3**

Joseph Grigely: *Untitled Conversation* 1999. Tinte und Bleistift auf Papier

# MEDIEN DES WISSENS – WISSENSHERSTELLUNG AUF PAPIER, AUF DEM BILDSCHIRM UND ONLINE

**Derrick de Kerckhove**

Der Film *Being There* von Milos Forman erzählt die Geschichte des Einfaltspinsels Chance Gardiner, der den größten Teil seines Lebens vor dem Fernseher verbrachte. Nach dem Tod seines Betreuers wird der mittlerweile Vierzigjährige völlig unvorbereitet mit der ›Welt da draußen‹ konfrontiert. Als er in den Straßen von Washington von einer Jugendgang mit dem Messer bedroht wird, zieht er in dem Moment, da seine Lage aussichtslos erscheint, die Fernbedienung aus der Tasche und versucht, das Programm zu wechseln. Er glaubt, dass er sich aus einer gefährlichen Situation in der Wirklichkeit genauso herauszappen kann wie aus einem schlechten Fernsehfilm. Gardiner erinnert an die Figur des Don Quixote, der ebenfalls in einer Art virtueller Realität lebte. Nur dass sie nicht wie bei Gardiner das Resultat von extremem Fernsehkonsum war, sondern mit dem Lesen von zu vielen Büchern zu tun hatte.

## I. ENVISIONING KNOWLEDGE: DIE BEZIEHUNG VON MEDIEN UND WISSEN

Unsere mentalen Strategien und ein Teil unserer sozialen Verhaltensweisen sind durch »Denkzwänge« konditioniert, die informationsverarbeitende Medien unseren Gehirnen einpflanzen. Form, Inhalt und die Wiedergabe von Wissen werden gleichermaßen von den Medien beeinflusst. Weil Hypertexte beispielsweise nicht gespeichert sind und dementsprechend auch nicht auf die gleiche Weise benutzt werden können wie Buchtexte, bringen beide Textformen absolut unterschiedliche Arten der Beschreibung und Klassifizierung von Wissen sowie auch eine unterschiedliche Auswahl der Wissensgegenstände hervor. In einer CD-ROM etwa können wesentlich mehr Grafiken und Illustrationen integriert werden als in einer großen Büchersammlung – selbst Film und Ton lassen sich darin unterbringen –, was zu einem rapiden Wachstum bildbasierter Beschreibungen und Simulationen komplexer wissenschaftlicher Zusammenhänge führt. Ein anderes Beispiel ist das computergestützte Lernen, mit dem sich auf Grund der Interaktivität des Mediums ganz andere Strategien für die Aufbereitung und Distribution von Wissen entwickeln als im Bereich Printmedien. Eine Geschichtsstunde im World Wide Web kann weitaus lehrreicher und abwechslungsreicher sein als das Lernen aus Geschichtsbüchern. Das Internet verändert nicht nur die Praxis des Lernens und der journalistischen Recherche. Wenn alle Professoren und Studenten das Internet erst einmal völlig selbstverständlich nutzen, wird dies zu großen Veränderungen führen, wie Geschichte überhaupt dargestellt wird. Denn die Art, wie Wissensinhalte ausgewählt und dargestellt werden, hängt unmittelbar mit dem Medium zusammen, das wir zur Repräsentation des Wissens benutzen.

Die »Visualisierung von Wissen« begann in der abendländischen Kultur bereits in der griechischen Antike. Das hängt mit den Bedingungen zusammen, durch die Wissen Geltung erhält. Wissen muss sichtbar gemacht werden, um überhaupt bemerkt zu werden und anwendbar zu sein. Natürlich ist Wissen viel mehr als das, was wir über die Augen wahrnehmen. Aber diese Vereinheitlichung von Wissen auf das Visuelle hin scheint in der abendländischen Kultur herausgebildet worden zu sein, da wir uns leichter über Dinge verständigen können, die wir sehen, als über solche, die wir fühlen oder hören. Taktiles und Akustisches scheinen im Vergleich zum Sehen subjektiv zu sein. Zwar ist die Dominanz des Visuellen in der abendländischen Kultur signifikant. Das konkrete Erscheinungsbild des Wissens und die Art seiner Distribution wurden aber seit der Erfindung der Höhlenmalerei durch die zahlreichen Veränderungen der visuellen Medien immer wieder modifiziert. Nur eines ist sicher: Unser Wissen hat niemals aufgehört zu wachsen. Seit der Erfindung des Alphabets in der abendländischen Kultur haben alle Medien, die jeweils zur Darstellung von Wissen benutzt wurden, dazu beigetragen, dass Wissen sich vermehrt, schneller verteilt wird und in alltägliche Arbeitsabläufe integriert wird. Dieser Beschleunigungsprozess lässt sich in fünf Phasen unterteilen:

1. Durch die *alphabetische Schrift* wurde es zum ersten Mal in der Geschichte der Menschheit möglich, Sprache zu externalisieren, zu kodifizieren, zu klassifizieren und zu speichern. Damit wurde Sprache dem einzelnen Benutzer als Mittel zur Herstellung von Wissen verfügbar gemacht. Die Einführung einer derart exakten, demokratischen Form von Sprachvisualisierung, wie sie das Alphabet darstellt, macht Wissen potenziell allen Mitgliedern einer Sprachgemeinschaft zugänglich und stellt darüber hinaus ein auch für längere Zeiträume verlässliches Speichermedium dar. Diejenigen Kulturen, die das alphabetische System adoptierten, vergrößerten dadurch entscheidend ihr kulturelles Kapital.

2. Durch die *Druckerpresse* verstärkte sich dann der Einfluss der geschriebenen Sprache auf die Menschen noch einmal, da das Geschriebene einer noch größeren Anzahl von Menschen zugänglich wurde. In der Folge kippte das bis dahin bestehende Gleichgewicht zwischen Gesellschaften mit oraler Tradition und Gesellschaften, die die Schriftsprache übernahmen. Ausgelöst durch die Druckerkunst brachte die Renaissance eine Wiederbelebung der frühen Textzeugnisse der Griechen und Römer und führte zu unzähligen enzyklopädischen Abhandlungen, in denen Wissen gesammelt und illustriert wurde. Im Gegensatz zu der mehr von der oralen und taktilen Tradition bestimmten mittelalterlichen Handschriftenkultur verstärkte sich durch die Drucktechnik die Tendenz zur visuellen Repräsentation und Verbreitung von Wissen. Das in der Kunst des Barock und auch später noch vorherrschende Prinzip der perspektivischen Darstellung drückt sich in einem visuellen Grundgerüst aus, in das alle Erfahrungen und alles Wissen von der Welt eingebettet werden.

3. Mit der Erfindung der *Telegrafie* fügte die Elektrizität zu den bestehenden ein neues Informationsmedium hinzu, das sich durch die Möglichkeit der sofortigen Weitergabe von Information auszeichnete. Die Schnelligkeit der Übermittlung hat im Internet seinen vorläufigen Höhepunkt gefunden. Außerdem wurden durch die Elektrizität auch Projektion und Bildschirm möglich, wodurch die Visualisierung von Information in den Vordergrund rückte. Obwohl die multimedialen Technologien in Zukunft mehr Sinne als nur das Sehen mit einbeziehen könnten,[1] wird Visualisierung vermutlich immer die größte Rolle spielen. Schon heute werden die unterschiedlichen Projektionstechnologien, angefangen von der Leinwand im Kino bis hin zum Computerbildschirm zu Hause, für unterschiedliche Formen des öffentlichen und privaten Wissensmanagements verwendet.

4. Mit dem *Computer* wurde dann das Moment der Simulation und Interaktivität in die dynamische, grafische Darstellung von Wissen eingeführt. Immer, wenn wir das Programm am Bildschirm manipulieren, werden wir »interaktiv«, das heißt, wir teilen unsere mentalen Fähigkeiten zwischen Kopf und Computer auf und delegieren einen Teil der Verantwortung für die Verarbeitung von Information an den Computer. Derjenige Teil des Verarbeitungsprozesses, der auf den Computer übertragen wird, beschleu-

nigt mentale Grundfunktionen wie Rechnen, Strukturieren und Entwerfen. Derjenige Teil, der in unserem Kopf stattfindet, stellt die Kontexte von Information her. Es ist anzunehmen, dass sich diese Verbindung zwischen Mensch und Maschine in Zukunft noch mehr beschleunigen und erst dann zu Ende kommen wird, wenn es uns gelungen ist, eine zufrieden stellende Technologie für die direkte Verbindung von Mensch und Maschine zu entwickeln.

5. Mit den *vernetzten Medien* ist ein weiterer Multiplikationseffekt des Wissens hinzugekommen: Diese Medien vernetzen nicht nur die mentalen Fähigkeiten vieler Köpfe miteinander, sie eröffnen darüber hinaus in »real time« den Zugang zu ganz unterschiedlichen Formen von Erinnerungs- und Wissensspeichern. Mit dem Internet ist Wissen tatsächlich für alle zugänglich geworden und breitet sich mit großer Geschwindigkeit aus. Nur wenn es zu der Entwicklung kommt, dass die Rechte am Eigentum von Inhalten und Software drastisch zunehmen, könnte der Akzelerationsprozess der Wissensvermehrung gestoppt werden. In diese Richtung zielen die zahlreichen Versuche der Industrie, virtuelle Räume mit Eigentumsansprüchen zu belegen und damit die Kontrolle über den globalen Informationsmarkt zu übernehmen.

## II. WISSEN AUF PAPIER: DIE TRENNUNG VON WISSEN UND WISSENDEM

In *L'Aventure Ambiguë* beschreibt der von der Elfenbeinküste stammende Schriftsteller Cheikh Hamidou Kane die Vorstellungen, die die Alphabetisierung bei ihm zunächst auslöste. Es ist vielleicht wichtig zu wissen, dass Kane der Sohn des Stammesführers der Diallobe ist und erst als Vierzehnjähriger Lesen und Schreiben lernte. Für ihn waren die Buchstaben des Alphabets magisch, denn sie konnten Töne in visuelle Darstellungen übertragen und diese anschließend sogar wieder zu Tönen werden lassen. Kane genoss die Macht, die er plötzlich über Wörter hatte.

Wie lässt sich dieser Effekt nun erklären? In Kulturen, die keine Schrift kennen, wird Wissen zumeist durch Einzelpersonen überliefert und ist nur wenigen Mitgliedern der Gemeinschaft zugänglich. Diejenigen, die über Wissen verfügen, sind Weise. Ein Weiser wird dies durch Erfahrung, denn nur Erfahrung verleiht Wissen, es sei denn, man erhält Wissen durch Inspiration oder weil man ein Seher ist. Dies sind ganz individuelle und letzten Endes private Wissensformen. Es gibt keinen theoretischen Unterbau für das, was Wissen ist. Es ist die Schrift, die Theoriebildung und -verbreitung überhaupt erst möglich macht. Nur wenn Theorien in eine schriftliche Form gegossen sind, erlangen Worte und Sätze die Einheitlichkeit und Glaubwürdigkeit, um sie über die unmittelbare mündliche Mitteilung hinaus auch in andere Zusammenhänge stellen zu können.

*Schrift als Software für eine Kultur der Innovation*

Erst seit wir zunehmend Erfahrungen mit Computern machen, sind wir in der Lage, die Wirkungen des Alphabets und anderer Schriftsysteme richtig einzuschätzen und miteinander zu vergleichen. Der Umgang mit dem Computer hat uns gelehrt, die Leistungsfähigkeit von Programmen nicht nur nach ihrem Nutzwert, sondern nach ihrer Integrationsfähigkeit in bestehende Plattformen zu beurteilen. Ähnlich ist es mit dem Alphabet. Im Unterschied zum Computer ist das Alphabet aber viel leistungsfähiger, präziser, vielseitiger und gleichzeitig umfassender als jede bisher geschriebene Computersoftware. Anders als die weniger fein modulierte Silbenschrift stellt das Alphabet durch die große Genauigkeit und Flexibilität der Übertragung von Worten in visuelle Zeichen jedem Autor ein fast unbegrenztes Potenzial an Möglichkeiten zur Verfügung, Wissen zu gestalten und dabei alle Ressourcen der gesprochenen Sprache zu nutzen. Wir verfügen heute dank der Schrift über ein Wissenskapital, das im Verlauf der abendländischen Kulturgeschichte unter Einbeziehung von Grammatik, Lexikon, Philosophie und Rhetorik beständig gewachsen ist. Es wurde von allen, die lesen konnten, zusammengetragen und war allen, die lesen wollten, zugänglich.

Der amerikanische Antikenforscher Eric Havelock vertritt die These, dass Schrift durch die Differenzierungen, die das Alphabet bei den Griechen erfuhr, von einer bloßen Gedächtnisstütze zu einem regelrechten Denkwerkzeug wurde.[2] Die menschliche Intelligenz sei dadurch von der Last befreit worden, Erinnerung aufbewahren zu müssen, um sie in gesellschaftliche Innovation umzusetzen. Das Geheimnis von Erfindung und Innovation liegt in der Fähigkeit, Information aus einem bestimmten Kontext in einen anderen übertragen zu können. Das ist der Grund, warum es dem Alphabet als dem einzigen Schriftsystem gelang, bald nach seinem Erscheinen die gesamte Richtung der menschlichen Kultur zu verändern und sie von einer vergangenheitsbezogenen Kultur, die sich an früheren Verhaltensmodellen orientierte, zu einer zukunftsorientierten Kultur zu machen, die innovativ an der Lösung der Menschheitsprobleme mitwirkt.

*Theorie*

Der Begriff »Theorie«, der in der griechischen Antike ein Gegenstand des Wissens war, ist aufs Engste mit der Vorstellung von Visualisierung verbunden. Der Begriff geht auf den griechischen Wortstamm *thea-ein, thea-ma* zurück und auf die Doppelbedeutung von Sehen als »Sehen« oder »Geschautwerden«. Hannah Arendt hat darauf hingewiesen, dass dieser Wortstamm im fünften Jahrhundert vor Christus eine wahre Blütezeit erlebte und dass sich beispielsweise auch das Wort »Theater« aus diesem Wortstamm entwickelte. Diese Doppeldeutigkeit des Wortes »Sehen« setzt eine Trennung voraus zwischen dem, was angeschaut wird, und der Person, die anschaut. Havelock behauptet, dass einer der wesentlichen Effekte der Wissensspeicherung durch das Alphabet darin bestand, den Wissenden vom Wissen zu trennen. Dadurch wurde Wissen objektiviert und theoretisiert. Der Begriff »Objektivität« verdankt seine Erfindung einer späteren Entwicklung innerhalb der antiken Philosophie. Er macht Reflexion und Distanz vom Objekt der Betrachtung zur Bedingung von Erkenntnis und Wissen. Jegliche Form von Schrift – von den archaischen Piktogrammen über frühe Silbenschriften bis hin zu den Avataren der neuen digitalen Sprache – dient dazu, Wissen und Information zu veräußern und der kritischen Analyse und Beurteilung zugänglich zu machen. Die visuelle Darstellung objektiviert Wissen: Zwei oder mehr Menschen haben nun die Möglichkeit, sich darauf zu einigen, dass sie das Gleiche sehen, auch wenn sie sich möglicherweise nicht darauf einigen können, wie das Gesehene zu interpretieren ist. Entgegen der landläufigen Vorstellung handelt es sich bei Lesen und Schreiben um keine kommunikativen Tätigkeiten, sondern um eine vollkommen private und gänzlich individuelle Beschäftigung mit Text. Text ist visualisierte Sprache und etwas, das für sich selbst steht, eine eigene Autorität besitzt und verbindlich für alle ist. Das ist die Erklärung dafür, warum Texte, sei es in Religion oder Wissenschaft, als etwas auf eine bestimmte Weise Heiliges angesehen werden.

*Theater*

Theorie ist die formale Reflexion der Wissensvisualisierung durch Schrift. Theater ist das Spiegelbild mentaler Vorgänge beim Lesen, oder anders ausgedrückt: Theater ist Imagination. Als Fähigkeit, Wörter oder Ideen in Bilder umzusetzen, ist der Vorgang der Imagination ebenfalls ein Visualisierungsprozess. Allerdings handelt es sich dabei nicht um Darstellungen, sondern um innere Bilder. Imagination spielt sich nicht vor, sondern hinter den Augen in den Gehirnen der Menschen ab, auf einer Art ›inneren Bühne‹. Wahrscheinlich wurde das Theater erfunden, um ein Modell für die inneren Vorstellungen desjenigen, der einen Text liest, nach außen zu transponieren.

Das Theater ist insoweit eine unmittelbare Konsequenz aus der alphabetischen Schrift, als man traditionellerweise einen Text benötigt, damit Schauspieler ihre Rollen lernen können. Doch wahrscheinlich gibt es noch sehr viel tiefer greifende Gründe dafür, dass sich zwischen dem 6. und 4. Jahrhundert vor Christus in Griechenland das Theater herausbildete und sich ziemlich schnell ein strenges formales Gerüst ergab. Nach McLuhan ist Theater eine Technologie, die die Verbreitung des Alphabets unterstützen sollte. Die Bühne sei das Bild eines Denkmodells, das den Inhalt eines Textes abbilde. Der Bühnenraum ist wie der Raum der Gedanken kein realer, sondern ein experimenteller virtueller Raum, in dem Handlungen und Gespräche simuliert werden, ähnlich wie der Leser eines Buches sich den Inhalt in einem inneren theatralischen Raum vorstellt. So gesehen, kann man die Erfindung des Theaters tatsächlich als unmittelbares Resultat des Externalisierungseffekts von Schrift verstehen, wobei es sich allerdings ebenso an Analphabeten wendet wie an Schriftkundige.

*Zentralperspektive*

Die Erfindung der Zentralperspektive, die eine rein rationale Darstellung des Raumes ist, war eine radikale Abkehr von der symbolischen Darstellung räumlicher Beziehungen, wie sie davor üblich gewesen war. Auch die Griechen kannten bereits eine Perspektive in Form räumlicher Verkürzung. Zur Darstellungsnorm wurde Perspektive allerdings erst mit der Erfindung des Buchdrucks in der Renaissance. Auch wenn sich Perspektive erst in dieser späteren Epoche voll entfaltete, ist sie doch eine direkte Folge der griechischen Schriftkultur und der von ihr erwirkten phonemischen Analyse von Sprache. Mit der Erfindung der Vokale durch die Griechen, die sie in die von den Phöniziern übernommene Konsonantenschrift einführten, änderte sich in der phonemischen Schrift die Schreibrichtung: Die Griechen begannen nun von links nach rechts zu schreiben. Das heißt, aus einer nach links ausgerichteten

Konsonantenschrift wurde eine nach rechts ausgerichtete Vokalschrift. Diese Modifizierung der Schreibrichtung entsteht nun keineswegs aus stilistischen Erwägungen. Sie wird vielmehr wegen der Anatomie des Auges zwingend notwendig. Ich habe eine entsprechende Theorie zur Beziehung von Schreibrichtung und anatomischen, neurophysiologischen Voraussetzungen zur Verarbeitung von Schrift bereits an anderer Stelle ausführlich dargelegt und möchte sie deshalb in diesem Kontext nur sehr knapp noch einmal zusammenfassen.[3]

Meine zentrale These ist, dass die Veränderung der Schreibrichtung eine biologische Notwendigkeit war, damit die Sehfelder der Augen die lineare Anordnung der phonemischen Schrift überhaupt erkennen können. Dies hängt aufs Engste mit den Bedingungen unseres visuellen Wahrnehmungsapparats zusammen. Die Sehvorgänge in den jeweils linken Gesichtsfeldern der Augen werden in einem Bereich der rechten Gehirnhälfte verarbeitet, der visueller Cortex genannt wird. Dieser ist gewöhnlich mehr auf das räumliche und gestalthafte Erfassen des Gesehenen spezialisiert, während der linke visuelle Cortex eher die Funktion hat, den Inhalt des Gesehenen zu analysieren. Diese Arbeitsteilung der Informationsverarbeitung zwischen Augen und Gehirn ist bei allen Menschen gleich. Was durch das Alphabet hinzukommt, ist die Betonung der zeitlichen vor den räumlichen Koordinaten. Die Perspektive entsteht also aus diesem speziellen Training der visuellen Informationsverarbeitung durch ein voll mit Vokalen und Konsonanten ausgebildetes Schriftsystem. Ist das visuelle Wahrnehmungssystem erst einmal in der beschriebenen Weise trainiert, dann wird es die gleichen Analyse-Prinzipien auch auf andere Informationen übertragen wollen. Der Zwang, alle Räume perspektivisch darzustellen, könnte also eine Folge der Verschiebung der Gewichtung vom Sehen zum Analysieren von Gesehenem sein.

Das Bedürfnis nach perspektivischem Sehen und perspektivischer Darstellung wurde immer stärker, je mehr sich die Schriftkultur seit der Erfindung des Buchdrucks verbreitete. Eine regelrechte Euphorisierung für die Perspektive zeichnet sich in den Gemälden der abendländischen Kultur vom späten 13. Jahrhundert bis zum Ende des 19. Jahrhunderts und den Bildern von Cézanne ab. Einen wahren Höhepunkt erlebte dieser »Perspektivwahn« im Barock mit der Begeisterung für in Trompe-l'œil-Manier gemalte Deckenbilder. Der perspektivische Genuss von damals war vermutlich der heutigen Freude an Special Effects im Kino ähnlich, wie sie etwa die komplexen Simulationen von *Jurassic Parc* oder das Durchwandern lebensgroßer virtueller Räume mit sich bringen. Das berühmte Shakespeare-Zitat »Die ganze Welt ist ein Theater« hat somit nicht, wie viele meinen, nur eine moralische Implikation, mit der List und Verstellung als Motor menschlicher Verhaltensweisen kritisiert werden sollen. Es sollte vielmehr ganz wörtlich verstanden werden als die Beschreibung einer spezialisierten Wahrnehmungsform. Sobald wir das Alphabet erlernt haben, beginnen wir quasi automatisch, die Welt als Bühne räumlicher Beziehungen zu erleben, die bestimmte Proportionen und Abmessungen haben.[4]

*Objektivität/Subjektivität*
Die Einführung der Perspektive in die abendländische Kunst führte sehr bald auch zur Entwicklung eines einheitlichen Betrachterstandpunktes. Er wird bestimmend für die Wahrnehmung sowohl von räumlichen Gegebenheiten wie für die Logik und Genauigkeit des Wissens. Vor allem aber führt er zur Ausbildung von Subjektivität. Die perspektivische Wahrnehmung der Welt bringt den Beobachter dazu, nicht nur die Proportionen von Gegenständen und die Beziehungen zu reflektieren, die sie in seinem visuellen Gesichtsfeld zueinander haben, sondern auch die Beziehung zwischen dem Beobachter und der beobachteten Umgebung.

Raum mittels Perspektive darzustellen bedeutet, die Welt anzuhalten, zu fixieren und zu objektivieren. Perspektivischer Raum ist unbeweglich und objektiv, nur das Subjekt, der Beobachter, bewegt sich. Sein Blickpunkt ist immer ein einzigartiger, auch wenn er noch so banal ist. Mit Perspektive erfahren wir die Welt als einen sich nicht bewegenden Fixpunkt, während wir, die Betrachter, diejenigen sind, die sich bewegen. Der französische Philosoph und Psychoanalytiker Jacques Lacan beobachtete, dass das »Subjekt« im sogenannten »Spiegelstadium« entsteht. Wenn das Kleinkind bemerkt, dass die Bewegungen im Spiegel seiner körperlichen Eigenwahrnehmung entsprechen, identifiziert es das Spiegelbild als Abbild seiner eigenen Bewegungen und erkennt sich darin erstmals als ein von der Welt getrenntes Selbst. Die Autonomie der privaten, sozialen, psychologischen und politischen Person hängt also allein vom objektiven Status der Außenwelt ab. Subjektivität ist das Komplement zur objektiven Realität. Das Bild vom Selbst stellt sich durch Perspektivität und die Mobilität des Blickpunkts her. Die Folge ist, dass das Bewusstsein des Subjekts in der abendländischen Psychologie dazu verurteilt ist, etwas im Kopf Eingeschlossenes, vollkommen Privates zu sein, das abgeschirmt ist von den Einflüssen der Außenwelt.

### III. WISSEN AUF DEM BILDSCHIRM: OBJEKTIVIERUNG VON IMAGINATION

Mit der Allgegenwart von Fernseh- und Computerbildschirmen scheint unser Bewusstsein allerdings aus unseren Köpfen herauszutreten und sich auf diese Bildschirme zu verlagern. Von der Fotografie bis zu Virtual Reality haben die Repräsentationstechnologien dazu beigetragen, dass Wissen und die Verarbeitungsprozesse von Wissen sich aus dem Kopf heraus nach außen verlagern. Wenn ich lese, ist der Ort, wo Information verarbeitet bzw. sinnlich wahrgenommen und visualisiert wird, mein eigenes Bewusstsein. Wenn ich fernsehe, stellt sich der Prozess der sinnlichen Wahrnehmung und seiner Übersetzung in Bilder auf dem Bildschirm her. Schaut eine ganze Nation fern, produziert sie in diesem Moment gewissermaßen ein allen Zuschauern gemeinsames öffentliches Bewusstsein. Der Bildschirm wird damit zum Ort kollektiven Denkens. Fernsehen stimuliert unsere rezeptiven Fähigkeiten und wirkt – entgegen der landläufigen Meinung – damit unmittelbar auf unseren Körper ein. Das Wesen des Fernsehens ist Verführung. Es verführt uns beispielsweise dazu, lieber mehr Zeit in die Fernsehrealität und das vom Fernsehen repräsentierte »öffentliche Bewusstsein« als in die Realität des wirklichen Lebens und in unsere Privatheit zu investieren.

Wenn wir auf einen Bildschirm schauen, sogar auch wenn wir eine Fotografie betrachten, schauen wir nicht wie beim Lesen in uns hinein, sondern wir orientieren uns nach außen. Anders ausgedrückt: Die Informationsverarbeitung via Bildschirm ist der Herstellung von Zusammenhängen im realen Leben sehr ähnlich. Doch je mehr Aufmerksamkeit wir der Information auf dem Bildschirm zuwenden, desto weniger eigenständig ist das Denken, das gleichzeitig in unserem Kopf entsteht. Der Bildschirm ist also der Ort, an dem Information verarbeitet wird, und zwar nicht nur meine Information, sondern exakt zur gleichen Zeit auch die von allen anderen Bildschirmbenutzern. Ich habe dieses Phänomen »objektives Imaginieren« genannt. Dieser Effekt tritt im Umgang mit Virtual Reality insofern noch deutlicher hervor, als hier sofort jede Bewegung, die wir machen, als Bewegung des computergenerierten Raums wahrgenommen wird, so als ob unsere Imagination selbst in die virtuelle Umgebung ausgewandert, objektiviert und nun auch von anderen Menschen erfahrbar geworden wäre. Diese Veräußerung von inneren Vorgängen wird auf lange Sicht sicherlich Konsequenzen haben für das, was wir unter Identität, Privatsphäre und öffentlicher Sphäre verstehen, ja, es wird vermutlich sogar unsere Vorstellungen vom zukünftigen Menschen mitprägen.

Fotografie, Film und Fernsehen haben alle davon profitiert, dass sie eine »Illusion von Wirklichkeit« mit sich brachten. Fotografie hat unser Verständnis von Bildern so sehr verändert, dass die meisten Menschen Fotografien für objektive Abbildungen der Wirklichkeit halten. Dabei weiß man, dass die Objektivität der Fotografie zum Teil allein deshalb eine Illusion ist, weil jedes Foto von einem Subjekt gemacht wird, das mit dem Werkzeug, dem Fotoapparat, Blickwinkel, Blickpunkt und Bildausschnitt des Gesehenen festlegt. Dennoch wird dem Fotojournalismus noch immer die Autorität des Objektiven zugeschrieben, und auch im privaten Gebrauch gilt Fotografie als das verlässlichste Medium, um persönliches Leben und kulturelles Allgemeingut auf ewig festzuhalten.

Die Tatsache, dass Wissensverbreitung sich zunehmend digitalisiert, verändert auch das Wissen selbst. Zum einen stützt es sich sehr viel mehr auf Visualisierungstechniken, als das bei Printmedien der Fall ist, zum anderen werden die Repräsentationsformen des Wissens mit dem Entstehen unterschiedlicher Interfaces multisensorisch. Dabei sind Zeichen, Bilder und Simulationen nicht länger Illustrationen, und Symbole beschränken sich nicht mehr darauf, auf etwas anderes zu verweisen. Computer-Icons sind dynamisch aktive Werkzeuge, die den Benutzer zu den Quellen des Wissens hinführen. Vergleicht man sie mit dem Medium Schrift, haben sie eher die Funktion von Satzbau und Grammatik als die von Wörtern und Illustrationen. Man könnte auch sagen, Computer-Icons sind die Syntax unseres ausgelagerten Denkens. Das Gleiche gilt für die Computersimulation, die im Gegensatz zu anderen Formen der Repräsentation dynamisch-aktiv ist und sich in Echtzeit verändern lässt. Sie hat weniger mit der Darstellung von Wissen als mit der Darstellung von Erfahrungen zu tun, und sie ist nicht einfach nur Repräsentation eines Inhaltes, sondern gestaltet diesen neu. Mit Virtual Reality wird die Visualisierung von Wissen Teil eines objektiven Erfahrungsprozesses, der von allen Menschen geteilt werden kann wie das Lesen von Büchern. Wissen interaktiv zu machen, bedeutet bereits, den Wissenstransfer von der inhaltlichen auf die prozessuale Seite zu verlagern. Wenn Wissen darüber hinaus dann auch noch in Echtzeit für alle verfügbar ist, dann verlagert sich der

Schwerpunkt nahezu völlig auf die Erfahrungsseite. Dabei besteht dann allerdings die Gefahr, dass wir die kritische Distanz zum Wissen verlieren.

Digitalisierung zerlegt die Wissensgegenstände und die Strategien der Wissensaneignung buchstäblich in Bits. Damit wird es möglich, sie in beliebigen Konfigurationen neu zusammenzusetzen. Die Bits können gescannt, gespeichert, neu kombiniert und miteinander vertauscht und gekreuzt werden. Jeder, der schon einmal mit Textverarbeitung zu tun hatte, wird den Eindruck bestätigen können, dass das Schreiben auf dem Bildschirm den Verfahrensweisen des Denkens in unserem Kopf ähnelt, obwohl sich die Worte auf dem Bildschirm weitaus langsamer bewegen als in unserem Kopf. Der Computer kann die einzelnen Worte aber besser speichern als der Kopf und sie außerdem analysieren, tabellieren und in Statistiken einsortieren etc. sowie einfärben und animieren. Wir sind Zeuge des Wiederherstellens einer Sprache, in der Gesprochenes, Geschriebenes, individuelle und kollektive Imagination sowie private und öffentliche Denkstrukturen zusammenwachsen. Wir könnten dadurch eine ganz neue Beziehung zur Sprache gewinnen.

Virtual Reality ist ein weiterer Schritt, um unser Denken nach außen zu verlagern. Sie ist eigentlich die Umkehrung der Voraussetzung von Schriftkultur: statt dass der Körper das Bewusstsein umhüllt, wird er umgekehrt bei Virtual Reality in eine Art veräußertes Bewusstsein, eine zum Environment gewordene Fernsehwelt, eingeschlossen.

*»Massen«-Medien*

Die Massenmedien Kino und Fernsehen haben im Allgemeinen wenig mit Wissen zu tun. Anders der Computer. Als individualisiertes Massenmedium lässt er sich sehr gut auch für Bildungszwecke einsetzen. Warum ist das so?

Um einen Film zu sehen, müssen sich die Besucher ins Kino begeben und Eintritt bezahlen. Kino ist ein kommerzielles Unternehmen, das heißt, es muss rentabel sein. Entsprechend richtet sich das Angebot nach den Bedürfnissen des Publikums.

Das Fernsehen auf der anderen Seite bringt Information als 24-Stunden-Service direkt in die Wohnung des Verbrauchers, der zwischen konkurrierenden Kanälen wählen kann. Die Fernsehsender haben verschiedene Arten der Fernsehunterhaltung entwickelt, darunter auch Bildungsprogramme und Wissenschaftssendungen. Dennoch ist der Bildungseffekt des Fernsehens eher gering. Als typisches »Einweg-Kommunikationsmedium« kann es Wissen nur hierarchisch vermitteln, d. h. der Zuschauer erhält ein Programm, auf dessen Inhalt er keinen Einfluss nehmen kann.

Der Vorteil des Schreibstiftes ist, dass der Schreiber selbst den Inhalt dessen, was er schreibt, bestimmen kann, was beim Fernsehen nicht der Fall ist. Durch den Computer – und mehr noch durch die interaktiven, vernetzten Medien – haben wir nun die Möglichkeit zurückgewonnen, eigene Inhalte zu kreieren und damit die Allmacht des Fernsehens zu durchbrechen.

*Interaktivität*

Alle visuellen Reproduktionstechnologien, angefangen von den frühen Serienfotografien von Muybridge bis hin zu den vernetzten Computern von heute, haben eines gemeinsam: Je personalisierter der Zugang zu dem jeweiligen Medium ist, desto mehr Raum gibt es, um Wissen zu verbreiten, da das Medium dann besser auf die Bedürfnisse kleinerer Gruppen eingehen kann.

Die Fernbedienung ermächtigte den Zuschauer, sich den zeitlichen Aufwand für einzelne Programmangebote selbst einzuteilen. Dadurch waren die Produzenten gezwungen, eine größere Programmvielfalt anzubieten und auch Nischenmärkte zu berücksichtigen. Kanäle mit Spezialangeboten gewinnen entsprechend rasch Marktanteile. Aber erst mit dem PC hat sich so etwas wie eine durchgehende Interaktivität entwickelt. Entsprechend steigt die Nachfrage nach interaktiven Lern- und Bildungsinhalten. Das am meisten auf Wissen aufbauende und gleichzeitig am höchsten personalisierte Medium ist das Internet. Ein- und ausgehende Information kann vom Nutzer in beliebig viele Richtungen personalisiert und an eine riesige Anzahl von Knotenpunkten verteilt werden. Als Hypertext aufbereitet ist das online zur Verfügung stehende Wissen außerdem auch schnell auffindbar und leicht verstehbar.

## IV. Wissen online: Vernetzte Intelligenz

Unsere Computer sind über Telefonkabel weltweit mit Millionen anderer Computer vernetzt. Überall auf der Welt sitzen Menschen zur gleichen Zeit vor dem Bildschirm wie wir, und einige von ihnen sind vielleicht sogar direkt mit unserem Computer verbunden. Das, was als Information auf dem Computerbildschirm erscheint, wäre dann das Ergebnis sowohl ihres wie unseres Denkens. Durch die vernetzten Medien erfahren wir momentan einen tiefgreifenden Wandel unserer Kultur und Psyche. Wissen wird über Telefonkabel direkt in unser Wohnzimmer transportiert. Mit der drahtlosen Technologie der Palmtops und Mobiltelefone wird es zudem immer mobiler. Entsprechend werden wir Wissen bald überall zu jeder Zeit und in Echtzeit abrufen können. Mit dem Internet ist die Wissenserzeugung und -verarbeitung zu einem kollektiven Vorgang geworden. Auch wenn durch die Entstehung von Intranets, Extranets und anderen privaten Netzwerken nicht alle Wissensbereiche im Internet für jeden zugänglich sind, so ist doch abzusehen, dass das Netz als Ganzes ein Allgemeingut bleiben wird.

*Die Welt als Hypertext*

Das World Wide Web hat die Tendenz, sich sehr schnell selbst zu organisieren und all die Bits, von denen jedes für sich genommen bedeutungslos ist, so zu speichern und abzulegen, dass sie miteinander verknüpft und in inhaltliche Beziehungen gesetzt werden können. Hypertext ist im Gegensatz zu den höchst persönlichen Vorstellungen und Erinnerungen unserer Gedankenwelt allgemein verständlich. Unter rein quantitativen Gesichtspunkten ist Hypertext sehr viel effizienter als der vergleichsweise unsystematische Informationsverarbeitungsprozess im menschlichen Gehirn, da sich theoretisch in den Hypertexten eines bestimmten Suchumfeldes alle für dieses Feld relevanten Daten systematisch miteinander verknüpfen lassen. Man könnte auch sagen, ein Hypertext repräsentiert die Welt im Kleinen.

*Das Entstehen von Denken und Geist*

Hypertext funktioniert ähnlich wie die Produktion von Gedanken. Denken Sie an etwas – und es wird umgehend in visueller, akustischer, verbaler oder imaginärer Gestalt vor Ihrem geistigen Auge auftauchen. Suchen Sie mit oder ohne Hilfe einer Suchmaschine im World Wide Web nach Informationen zu einem bestimmten Thema, sie wird in Sekundenschnelle auf dem Bildschirm erscheinen. Die Tatsache, dass wir das Entstehen von Wissen auf dem Bildschirm beobachten können, lässt uns auch das Entstehen menschlichen Denkens in einem anderen Licht sehen. Biologisch gesehen geht das menschliche Denken aus der Anzahl synaptischer Nervenverbindungen hervor, die von den Funktionen eines menschlichen Körpers und Gehirns zur Verfügung gestellt, nachgefragt und bestätigt werden. Wenn eine kritische Anzahl verknüpfbarer Punkte oder Verzweigungen von Interaktionen erreicht wäre, würde daraus so etwas wie Denken entstehen. Damit wäre das Wie des Entstehens beschrieben. Die synaptischen Nervenverbindungen müssen nun natürlich einen Zweck haben. Das bringt uns zu der Frage nach dem Warum. Um den vorgegebenen Zweck zu erfüllen, würde sich die Zahl der miteinander verknüpften Punkte sehr schnell multiplizieren, und es würde durch die schiere Beschleunigung ein Wissensvolumen entstehen, das wir ebenso gut mit »Denken« oder »Geist« umschreiben könnten.

Online-Umgebungen mit ihren virtuellen Landschaften, Städten, Spielzimmern, Avataren und intelligenten Agenten sind für diejenigen, die sie bevölkern, stabile und verlässliche Orte, die sich selbstständig aus dem technischen System heraus entwickeln. Sie entstehen ähnlich wie Gedanken, können aber anders als diese dauerhaft gespeichert und von allen Menschen geteilt werden. Aus der Verknüpfung von subjektiven Erfahrungen und Darstellungen, die Millionen von Internet-Benutzern in das Netz einspeisen, entsteht eine unglaubliche Menge an objektiven Inhalten, die zunehmend besser aufgefunden und akkurat verarbeitet werden können. Die Aufgabe des Web im gegenwärtigen Stadium der menschlichen Evolution könnte es sein, Inhalte des individuellen Gedächtnisses und des im Inneren des Individuums eingeschlossenen privaten Denkens zumindest teilweise für alle Menschen zugänglich zu machen.

Wie kann man nun die Inhalte des ins Netz ausgewanderten Gedächtnisses mit annähernd gleicher Genauigkeit, Treffsicherheit und Geschwindigkeit auffindbar und zugänglich machen, wie wir sie von unserem biologischen Gedächtnis her gewöhnt sind?

Hypertext ist, was das Wiederauffinden von Inhalten anbetrifft, ähnlich strukturiert wie menschliches Denken, nur dass das ausgelagerte Gedächtnis momentan noch sehr viel langsamer funktioniert als das biologische, da langsame Übertragungsgeschwindigkeiten zu langen Download-Zeiten führen und Internet-Versionen komplexer Virtual Reality-Umgebungen bisher eher rohen Entwurfsskizzen gleichen als ausgefeilten Darstellungen.

*E-volution*

Wenn der erste Schritt der Evolution durch elektronische Systeme (E-volution) das Auswandern von Teilen des Denkens und Geistes in den Computer und die Beschleunigung von Denkvorgängen durch die Maschine ist, dann wäre der zweite Schritt der, dass sich Denken durch Vernetzung mit dem Denken anderer multipliziert. Mit vernetzten Medien kann Wissen leicht einer großen Zahl von Menschen zugänglich gemacht werden, die online zeitgleich die gleichen interaktiven Erfahrungen machen können. Dabei helfen immer intelligentere interaktive Werkzeuge wie Agenten, Suchprogramme und Navigationssysteme, das gespeicherte Wissen aufzufinden. Wenn der Prozess des Wissenstransfers sich durch Erfahrung und Teilhabe dynamisiert, spielt Intelligenz und Vernetzung eine entscheidende Rolle.

*Multiplikation von Intelligenz*

Jeder intelligenten menschlichen Handlung liegt eine problemlösende Aktivität zu Grunde, aus der eine hochkomplexe Verschaltung von Millionen von Nervenzellen entsteht, die ihrerseits wieder mit Millionen Verschaltungen in anderen Körperteilen kooperieren. In dem Moment, in dem Intelligenz entsteht, sind also organische Verarbeitungsprozesse, die miteinander koordiniert sind, auf unterschiedlichen Ebenen beteiligt. Bemerkenswert an diesem Vorgang ist, dass er getragen ist von der Zusammenarbeit höchst unterschiedlicher Funktionen und Zellen, die sich in diesem speziellen Augenblick für diese spezifische Aktivität zur Verfügung stellen. Dabei haben die für die aktuelle Problemlösung aktivierten Zellen die Fähigkeit, sich parallel auch noch an anderen Aktivitäten zu beteiligen, die nicht unbedingt mit der ersten Aktivität zusammenhängen. Die Qualität und Komplexität der Verschaltung von Nervenzellen, die sich im menschlichen Körper herausgebildet hat, um die unglaubliche Vielzahl von Inputs zu verarbeiten, ist einzigartig. Was das Gehirn an simultaner Koordination von individuell unterschiedenen, heterogenen Elementen leistet, um etwa ein einzelnes mentales Bild oder den Plan für eine einzelne Geste herzustellen, liegt im Komplexitätsniveau weit über dem, was Computer heute leisten können.

*Vernetzte Intelligenz*

Meine Hypothese von vernetzter Intelligenz ist, dass sie nicht unabhängig von individueller Intelligenz existiert, dass es aber möglich ist, durch zeitgleiches Zusammenschalten der Intelligenz vieler Menschen ein höheres Kommunikationsniveau zu erreichen. Einige der Prozesse, wie sie bei der Kooperation menschlicher Nervenzellen entstehen, können auch zwischen Menschen stattfinden. Prozesse des Verstehens und der Entscheidungsfindung entwickeln sich, indem Menschen miteinander sprechen und sich umeinander bewegen.

Vernetzte Intelligenz entsteht als Prozess aus der Koordination physischer und mentaler Aktivitäten einer Gruppe von Menschen, die gemeinsam an einem Projekt arbeiten oder die Lösung eines bestimmten Problems finden wollen. Ein großer Teil der Arbeiten innerhalb der wissenschaftlichen Community findet bereits in solchen vernetzten Strukturen statt. Merkwürdigerweise will nur die wissenschaftliche Community selbst das nicht wahrhaben und hält vernetzte Intelligenz eher für eine Eigenschaft der Tierwelt.[5]

Seit der Erfindung von Telegraf und Telefon sind die Menschen in der Lage, sich miteinander zu verschalten und, unterstützt von vernetzten Technologien, Intelligenzprozesse zu beschleunigen. Während intelligent vernetztes Verhalten schon immer ein Wesenszug menschlicher Gruppenbildung war, ist der Begriff vernetzte Intelligenz erst mit den neuen Medien entstanden. Warum dieser Begriff unsere Vorstellung heutzutage besonders beschäftigt, hat damit zu tun, dass sich durch das Internet und insbesondere durch die Verlinkungstechnik des Web erstmals in der Geschichte der Menschheit so etwas wie eine vorsätzlich hergestellte Vernetzung von individueller Intelligenz abzeichnet. Wenn Tausende von Menschen, die in Echtzeit miteinander verschaltet sind, den gleichen Gegenstand fokussieren, dann führt der Druck, der durch die Selbstorganisation des Netzes entsteht, dazu, dass das Potenzial für vernetzte Intelligenz dauerhaft wächst.

*Intelligenz programmieren*

Gedanken und Vorstellungen, die uns aus der Welt der multimedialen Computervernetzung erreichen, können unser Denken weitaus mehr beeinflussen als das Fernsehen. In dem Maße, wie unsere technischen Hilfsmittel der Wissensgenerierung virtuelle, dynamische, bildschirmgestützte Multimediawerkzeuge werden, wird sich der Prozess der Wissensgenerierung vom erinnerten Wissen zur vernetzten Intelligenz verlagern.

1 Am Forschungszentrum für angewandte Technologie (Adaptive Technology Center) an der Universität Toronto entstand ein außergewöhnliches Projekt, das »Tactile Web«, das die Taktilität des Internet untersucht. Das System erlaubt es, mit einer Art von »Feedback-Fingerhut« die Konturen im Netz zu erspüren. Damit wäre es für Blinde möglich, im Internet mit Blindenschrift zu lesen.

2 Vgl. Eric A. Havelock: *Prologue to Greek Literacy.* Cincinnati 1973.

3 Vgl. Derrick de Kerckhove, Charles J. Lumsden: *The Alphabet and the Brain: The Lateralization of Writing.* New York 1988.

4 Vgl. Derrick de Kerckhove: *Schriftgeburten.* München 1995, S. 64–68.

5 Vgl. die Arbeiten der Soziobiologen Edward O. Wilson und Charles J. Lumsden.

## WISSEN UND VISION – NEUE SCHNITTSTELLENTECHNOLOGIEN DER WAHRNEHMUNG

Peter Weibel

Der Fortschritt der modernen Technologie hat auch einen Fortschritt in der Bildtechnologie bewirkt. Diesem ist es zuzuschreiben, dass Wissensmanagement nicht mehr nur textbasiert, sondern in zunehmendem Maße auch bildbasiert ist. Alle Formen der visuellen Repräsentation durchdringen alle Bereiche der Gesellschaft, die einer visuellen Repräsentation zugänglich sind, von den Kultur- bis zu den Naturwissenschaften. Auf diese Weise sind zwischen Kognition und Vision, Logik und Bild, Realität und Repräsentation neue interdisziplinäre Gleichungen entstanden. Für das Entstehen dieser neuen Zone zwischen der Geschichte der modernen Wissenschaft und der Geschichte der modernen Künste, zwischen der Berechenbarkeit und der Visualisierung von Daten, war insbesondere die Entwicklung der Computertechnologie ausschlaggebend. Heute finden sich auf der Basis computergestützter Simulation in einem neuen Feld jenseits des »Science War« wissenschaftliche und ästhetische Repräsentationstechniken vereint. Das Regime der Zeichen gleicht in einer zunehmend medienbasierten, künstlichen Wirklichkeit die historischen Unterschiede zwischen Natur und Kultur, zwischen Naturwissenschaft und Kulturtechnik, aus. Die Wissensgesellschaft der Zukunft wird von der neuen Logik des Bildes revolutioniert.

### I. DIE ZUKUNFT DER BILDTECHNOLOGIE

Die erste Frage, die gestellt werden muss, ist die nach den Zielen der Bildtechnologien. Wenn es uns gelingt, diese Frage zu beantworten, können wir auch die Frage nach der Zukunft dieser Technologien beantworten. Eine allgemeine Übereinkunft darüber, was die Funktion eines Bildes sei, sagt: Ein Bild soll so perfekt wie möglich die Realität simulieren bzw. repräsentieren. Die bisherigen Bildtechnologien haben die Aufgabe der Repräsentation von Realität so erfüllt, dass sie die natürliche Technologie des Auges imitiert haben. Der kinematographische Apparat simulierte das natürliche Organ des Auges. Möglich wurde das mit Hilfe einer ausgeklügelten Technologie zur Simulation von Bewegung, die Ende des 19. Jahrhunderts erfunden wurde, aber erst zu Beginn des 20. Jahrhunderts standardisiert und massenfähig gemacht werden konnte. Mit der Simulation von Bewegung, dem Motionpicture, gelang der entscheidende Sprung von der Malerei zum Film. Die nächste Stufe des Fortschritts in der Entwicklung der Bildtechnologien, die Simulation der Belebtheit des Bildes, wurde durch die Computertechnologie möglich. Im Computer ist Information nicht mehr magnetisch auf einem Videoband oder chemisch auf einem Filmstreifen, sondern virtuell als elektronische Konfiguration gespeichert. Durch die virtuelle Informationsspeicherung wurde Information frei und variabel. Das Bild wurde zu einem Bildfeld mit variablen Punkten, die jederzeit und in Echtzeit verändert werden können. Auch der Bildinhalt wurde variabel. Wenn man eine Schnittstellentechnologie zwischen Bild und Betrachter einfügt, lässt sich das Verhalten eines Bildes bis zu einem gewissen Ausmaß vom Verhalten des Betrachters steuern, womit das Bildfeld zu einem System wurde, das auf die Bewegungen des Betrachters reagiert. Das bewegte Bild und der bewegte Betrachter steuern auf eine neue Synthese von Bild und Betrachter, das interaktive Bild, zu, das die radikalste Transformation des Bildes seit seiner Entstehung ist.

Nachdem künstliche Systeme, die sich ähnlich reaktiv verhalten wie lebende Systeme, von der konstruktivistischen Philosophie als »viabel« bezeichnet werden, können die neuen Bildsysteme, die auf das Verhalten des Betrachters interaktiv reagieren, mit Recht ebenfalls »viabel« genannt werden. Die Viabilität des Bildverhaltens macht aus dem bewegten ein belebtes Bild. Der Computer ist damit ein zentrales Medium, um Realität zu simulieren.

Die Frage ist nun, ob die gegenwärtigen Computer ausreichen, um künstlerischen Anforderungen gerecht zu werden, oder ob wir nicht vielleicht ganz neue Formen von Computern, wie sie z. B. der optische Computer oder der Quantencomputer darstellen, bedürfen.

Ich möchte hierauf mit einigen Thesen antworten.

1. These: Künstler der Bildkonstruktion werden in einer revolutionären Situation von Künstlern der Bildtechnologie abgelöst. Aus der Revolution der Bildtechnologie folgt,

2. These, die technische und soziale Dekonstruktion des Bild-Dispositivs. Bei der Dekonstruktion des technischen Dispositivs des Bildes kommt den Künstlern eine Materialrevolution zu Hilfe, welche,

3. These, eine neue Physik des Bildes ermöglicht. Die bedeutende Rolle des Index und des Abdrucks in der modernen Kunst seit den 60er Jahren, die

bereits eine Folge der materialbasierten künstlerischen Recherche ist, liefert Hinweise darauf, dass,

4. These, das indexikalische Bild, das durch eine materielle bzw. physische Beziehung zwischen Zeichen und Gegenstand definiert wird (z. B. Rauch und Feuer), als post-digitales Bild die Scheinwelt der computergestützten 3D-Simulationen ablösen wird, die sich augenblicklich auf ihrem ekstatischen Höhepunkt befinden. Das indexikalische Bild ist der Beginn einer neuen Materialkultur des Bildes. Diese neue Materialkultur wird besonders,

5. These, durch den Übergang von der Elektronentechnologie zur Photonentechnologie gekennzeichnet sein. Dieser Übergang wird von drei Phasen der Computerentwicklung getragen. In der »Main Frame«-Ära des Computers wurde ein zimmergroßer Computer von vielen Menschen benutzt. In der Ära des PC wurde jeder Computer nur von einem Menschen benutzt, daher der Ausdruck Personal Computer. In der kommenden Ära der »Calm Technology« und des »Ubiquitous Computing« wird jeder Mensch eine größere Anzahl von Mikrocomputern mit sich herumtragen und benutzen. Die Quantencomputer werden die elektronischen Computer ersetzen. Diese neue Computertechnologie wird,

6. These, die Entwicklung des kinematographischen Codes von der 1:1 Beziehung (1 Betrachter – 1 Film? 1 Ort? 1 Zeit) zum »Multi User Environment« (x Betrachter? x Filme? x Orte? x Zeiten) ermöglichen. In dieser verteilten Virtual Reality werden 100 Betrachter nicht mehr vor dem Schirm, sondern auch hinter dem Schirm agieren. Die Netztechnologie ist bereits jetzt ein neuer Schauplatz der visuellen Kommunikation. Pulsbasierte temporale Codes, die auf neuesten Erkenntnissen der Kognitionsforschung basieren, stimulieren das Gehirn, wodurch,

7. These, Wahrnehmung ohne Sinne und Sehen ohne Augen möglich wird. Als Schnittstelle der Bildtechnologie dient nicht mehr wie bisher der fremde Körper, sondern der eigene Körper. Dadurch entsteht,

8. These, ein Kovarianz-Modell zwischen realen und simulierten Welten. Diese werden zu Modellen, zwischen denen es zu variablen Verbindungen und Übergängen kommt, die sich gegenseitig angleichen (siehe den Film *The Matrix*, 1999).

## II. NEUE BILDTECHNOLOGIEN

Künstler haben in revolutionären Momenten immer wieder die materielle Basis visueller Repräsentation analysiert. Sie sind in solchen Momenten nicht allein an der formalen Konstruktion und Komposition, sondern vor allem auch am technischen Trägermedium des Bildes interessiert. Zum Beispiel hat Richard Hamilton 1959 in dem berühmten Vortrag »Glorious Technicolor, Breathtaking Cinemascope and Stereophonic Sound« en détail die technischen Innovationen der Bildtechnologie seiner Zeit untersucht. In den 60er Jahren gehörte die Dekonstruktion des technischen Dispositivs zu den Kennzeichen der Film- und Videoavantgarde, deren Strategien dann von jungen Künstlern in den 90er Jahren wieder aufgenommen wurden. Diese revolutionäre Ausdehnung des kinematographischen Codes auf den Computer hat dann zu den netzbasierten Bildtechnologien geführt, die das statische, stumme Bild von Fotografie und Malerei radikal transformiert haben. Herausragende Merkmale der neuen Bildtechnologien sind Interaktivität und Dislokation. Der interaktive Aspekt des digitalen Bildes, der auf der virtuellen Speicherung, der Veränderbarkeit der Bildinhalte und der Beweglichkeit des Bildverhaltens aufbaut, hat zur Entwicklung eines neuen Forschungszweiges geführt, der in der klassischen Beziehung zwischen Bild und Betrachter vernachlässigt oder übersehen worden war. Das gilt sowohl für den technischen wie den subjektiven Aspekt, denn weder wurden die materiellen Eigenschaften von Bildern noch die materiellen Eigenschaften des Auges ausreichend berücksichtigt. Die Beziehung zwischen Bild und Betrachter wurde als eine »natürliche« angesehen und deshalb nicht in Frage gestellt. In dem Augenblick allerdings, wo das Bild einer technischen Apparatur (z.B. Videogerät oder Computertastatur) bedurfte, um überhaupt gesehen zu werden, war es unumgänglich festzustellen, dass es zwischen Bild und Betrachter eine manipulierbare Schnittstelle gibt. An die Stelle des natürlichen Horizonts der Bilderzeugung und -betrachtung trat ein von Schnittstellentechnologien dominierter künstlicher Horizont. Die Peripheriegeräte des klassischen Bildsystems wie Palette, Pinsel usw. emanzipierten sich und wurden als Tastaturen und Sensoren integraler Bestandteil des Bildsystems. Da der Zugang zum Bild durch die technische Schnittstelle verschlüsselt war, verlagerte sich die künstlerische Tätigkeit auf die Entwicklung von Schnittstellentechnologien. Das führte dazu, dass die Bildtechnologie zu einer Schnittstellentechnologie transformierte. Entsprechend befasst sich ein neuer Zweig der Bildforschung mit dieser Schnittstellentechnologie.

Der historische kinematographische Apparat – wozu Kamera und Projektor so gut gehören wie Leinwand und Bildschirm – steht an der Schwelle zu einer Materialrevolution, die die historischen Trägermedien und -materialien des Bildes durch neue Medien ersetzen wird. Durch Ubiquitous Computing, Quantum Computing, Polymere und fluid-flexible Mikro-Aktanten findet aber nicht nur eine Revolution auf der Materialebene statt. Auch die subjektive Ebene der Wahrnehmung des Betrachters wird sich entscheidend verändern.

### III. Neue Wahrnehmungstechnologien

Sehr avancierte Wahrnehmungstechnologien, wie sie beispielsweise die Umgehung des Auges durch eine spezielle Sensoren-Technologie darstellt, blieben bisher dem Science Fiction-Bereich vorbehalten. In dem Film *Strange Days* (1995) von Kathryn Bigelow, nach einem Drehbuch von James Cameron, gibt es eine neue Bildmaschine »Squid«, die, als netzartige Bedeckung auf dem Kopf getragen, radikal-subjektive Bilder erzeugt, wie sie nie zuvor gesehen wurden. Diese Bildmaschine »Squid« (Abkürzung für Supraconductive Quantum Interference Device), die alle anderen kinematographischen Apparate ersetzt, ist ein Vorgriff auf das Quantum-Kino. Der Drehbuchautor Cameron hat einen bestehenden wissenschaftlichen Begriff verwendet, um das »Neuro-Cinema« der Zukunft zu demonstrieren, das mit Hilfe von Brainchips oder Neurochips ohne den Umweg über das Auge direkt mit dem Gehirn verdrahtet ist. Momentan beschränken sich Brainchips allerdings noch darauf, Gehirnwellen von außen anzuzapfen, um damit beipielsweise einen Cursor auf dem Computerbildschirm bewegen zu können. In Zukunft geht es darum, diese klassischen elektronischen Schnittstellen zu umgehen und das Gehirn so direkt wie möglich mit dem Reich der virtuellen Bilder zu verknüpfen, um Bewegungen in einer virtuellen Umgebung steuern zu können. Die Medien der Zukunft werden das Gehirn also direkt stimulieren. Jüngste Ergebnisse der Neuro-Wissenschaft belegen, dass dies möglich ist, da Neuronen, um Signale über lange Distanzen zu senden, elektrische Aktionspotenziale benutzen. Information wird dabei nicht durch Größe oder Form, sondern durch Präsenz oder Abwesenheit kodiert. In diesem Sinne kann man elektrische Aktionspotenziale als Puls betrachten. Unsere Wahrnehmung der Welt wird vom Input sensorischer Nerven angetrieben. Dieser Input gelangt, verschlüsselt als Sequenzen identischer Nervenfeuerungen, zum Gehirn. Der Großteil der Berechnung sensorischer Daten durch das Gehirn besteht aus der

Verarbeitung dieser Feuerungen von Nervenzellen, d.h. Information wird durch das Feuern von Neuronen kodiert und dekodiert, und die sinnliche Welt ist nichts anderes als die Repräsentation sensorischer Signale in neuronalen Feuerungssequenzen (Spike Trains) wobei das Timing der Feuerungssequenzen die Information kodiert. Entsprechend diesen Ergebnissen der Hirnforschung ist Wahrnehmung also nicht, wie bisher angenommen, die Repräsentation räumlicher Beziehungen im Gehirn, sondern die Verarbeitung bzw. Berechnung zeitlicher Muster. Diese durch pulsbasiertes neuronales Kodieren in den Netzwerken entstehenden zeitlichen Muster bilden die Basis unserer Wahrnehmung.[1]

Die Wahrnehmung der Welt ist demnach auf einem zeitlichen und nicht auf einem räumlichen Code aufgebaut. Das Auge als Quelle visueller Information liefert nicht mehr als zehn bis 20 Prozent der Wahrnehmung. 80 bis 90 Prozent der Wahrnehmung sind Zusatzleistungen des Gehirns. Wenn das Auge aber ohnehin nur Basisinformationen liefert, weil das Gehirn die Repräsentationsleistung erbringt, ist die Frage, ob man das Gehirn nicht auch direkt und ohne Umweg über das Auge stimulieren kann, um Bilder zu erhalten. Der kinematographische Apparat war bisher darauf ausgerichtet, das Defizit des Auges zu nützen, um das Gehirn zu täuschen. Statt einer Technologie des Trompe-l'œuil könnte man nun eine Technologie des Trompe-le cerveau entwickeln, die das Gehirn direkt beschwindelt. Mit dieser Technologie werden wir Bilder ohne Auge, ohne Sehen, ohne Licht erschaffen. Das wird in dem Augenblick möglich, wo uns die Nanotechnologie und das Quantum Computing präzise Mikrocomputer liefern, welche die pulsbasierten neuronalen Netzwerke auf dem Skalierungsniveau von einzelnen Nervenzellen steuern können. Die Bildtechnologie der Zukunft wird durch Pulskodierung neuronaler Netzwerke darauf abzielen, eine temporale Repräsentation im Gehirn selbst zu erzeugen.

## IV. ANYBODY, ANYWHERE, ANYTIME

So wie das 20. Jahrhundert die Erfindungen der Bildtechnologie des 19. Jahrhunderts standardisierte und normierte und sie damit in eine Massenindustrie verwandelte, so wird es die Aufgabe des 21. Jahrhunderts sein, die computergestützte, interaktive Virtual Reality-Technologie des ausgehenden 20. Jahrhunderts massenfähig zu machen.

Die VR-Technologie der Gegenwart erinnert stark an die Geburtsstunde des Kinos im 19. Jahrhundert, deren Kennzeichen die singuläre Rezeption war. Mit dem Phenakistoskop des 19. Jahrhunderts konnte eine Person an einem bestimmten Ort einen Film ansehen. Die Erfindung des Projektors ermöglichte dem Kino dann die simultane kollektive Wahrnehmung, d. h. x Personen konnten einen Film an einem bestimmten Ort zur gleichen Zeit ansehen. Der nächste Schritt kam mit dem Fernsehen, mit dem x Personen einen Film an x verschiedenen Orten zur gleichen Zeit ansehen können. Der Höhepunkt dieser Entwicklung waren Video und CD-ROM, die singuläre und kollektive Wahrnehmung simultan und nicht-simultan erlauben. Mit diesen Medien können eine oder x Person(en) an einem oder x Ort(en) einen oder x Film(e) zu einer oder x Zeit(en) ansehen.

Das digitale Bild am Ende des 20. Jahrhunderts geht demgegenüber wieder einen Schritt zurück zu den Erfahrungen des frühen Kinos. Beim »Head Mounted Display« der Virtual Reality-Systeme kann nur eine Person an einem Ort einen Film sehen. Wenn sie überleben will, wird die VR-Technologie die Wahrnehmungsformen, die wir von Fernsehen, Radio, Schallplatte und CD, Film, Video etc. kennen, übernehmen und sich zu einer kollektiven, nicht-simultanen, nicht-lokalen Rezeptionstechnologie entwickeln müssen. Techniken wie »Wearable Ubiquitous Computing« arbeiten bereits heute mit der Teletechnologie des Tons, wie wir sie vom mobilen Telefon her kennen.

»Anybody, anywhere, anytime« ist die Formel für die digitale Bildtechnologie der Zukunft: Jedermann wird zu jeder Zeit an jedem Ort jeden Film sehen können. Voraussetzung ist allerdings, dass der Betrachter bei dieser kollektiven Interaktion zum internen Beobachter der Welt wird statt wie beim Film externer Beobachter zu sein. Als interner Beobachter wird er selbst in den Bildwelten mitspielen und sie verändern. Er wird aber nicht nur Reaktionen in multiplen parallelen Bildwelten, sondern auch in der realen Welt auslösen und damit selbst zur Schnittstelle zwischen der künstlichen virtuellen Welt und der realen Welt werden. Die vom internen Beobachter gesteuerten Ereignisse in der realen Welt werden Effekte in der virtuellen Welt haben und umgekehrt. Im »Neuro-Cinema« wird der Betrachter gleichzeitig interner und externer Beobachter neuer Bildwelten sein.

Im 19. Jahrhundert waren es in der Hauptsache drei Gruppen von Wissenschaftlern, die mit ihren theoretischen Überlegungen und praktischen Erfahrungen die Konstruktion kinematographischer Maschinen und des Kinos vorangetrieben haben: die Physiologen, die Physiker und die Mathematiker. 100 Jahre später, im ausgehenden 20. Jahrhundert, sind es ebenfalls wieder diese drei Wissenschaftsbereiche, die die Entwicklung der Bildtechnologien der Zukunft bestimmen: die Neurophysiologen, die Quantenphysiker und die Informatiker. Die Ergebnisse ihrer Forschungen werden in den nächsten Jahrzehnten von den Ingenieuren in Maschinen implementiert werden, um das Neuro-Cinema der Zukunft zu gestalten.

## V. NACHTRAG

Das ZKM/Zentrum für Kunst und Medientechnologie in Karlsruhe versteht sich als museologisches Leitmodell von internationaler Bedeutung. Es hat für die Kunst der Moderne in Deutschland nicht nur erstmals das Konzept des »Museums aller Gattungen« (ZKM-Gründer Heinrich Klotz) etabliert, das es in anderen Ländern bereits seit langem gibt.[2] Das ZKM ist darüber hinaus auch ein Ort der Forschung und der Produktion und geht damit weit über andere Konzepte hinaus.

War die moderne Kunst eine Reaktion auf die maschinengestützte industrielle Revolution, so ist die Kunst der Nach-Moderne eine Reaktion auf die computergestützte Informationsrevolution des postindustriellen Zeitalters. Entsprechend sieht das ZKM seine Aufgabe darin, die Entwicklung der oben skizzierten Bild- und Kommunikationstechnologien voranzutreiben und die Zukunft von Kunst und Medien mitzugestalten in einer Gesellschaft, die zunehmend global vernetzt ist und online kommuniziert.

1 Vgl. Wolfgang Maas und Christopher M. Bishop (Hg.): *Pulsed Neural Networks*. Boston 1999.
2 Vgl. das Museum of Modern Art in New York, das Stedelijk Museum in Amsterdam, das Moderna Museet in Stockholm oder das Centre Georges Pompidou in Paris.

## WISSENSGESELLSCHAFT UND KUNST – DAS NETZ ALS CHANCE FÜR KULTURELLE VIELFALT UND TOLERANZ

**Elisabeth Schweeger**

*»Kunst ist für mich genauso wichtig wie Essen, Trinken, Schlafen, Einkaufengehen, Geldverdienen.« (E. Schweeger)*

Georges Bataille hat Kunst als »opération«, als Handlung definiert, die ihrem Wesen nach kontrovers ist und sich von Grund auf im Gegensatz zum Bestehenden befindet. Wenn ich Kunst im Sinne Batailles verstehe – was ich tue –, was heißt es dann, wenn Kunst- und Kulturvermittler heute als Contentanbieter gesehen werden?

Sieht man einmal vom ökonomischen Gehalt dieses aus dem Vokabular des E-Commerce entlehnten Begriffes ab, dann bleibt als Wesen des Kunstvermittlers übrig: Er ist jemand, der Inhalte anbietet. Dabei geht es darum, dass der jeweilige Inhalt eines Kunstwerks betont und hervorgehoben und Kunst als eine Sprache definiert wird, die jenseits des traditionellen Kunstbegriffes angesiedelt ist. Kunst kann es sich in der komplexen Welt des 21. Jahrhunderts nicht mehr leisten, allein für sich zu sein. Sie wird zum Bestandteil eines komplizierten Netzwerks aus Medien, Wissenschaft, Wirtschaft, Architektur, Theater, Literatur und Hip-Hop, an dem sie sich messen und reiben und mit dem sie in einen kritischen ästhetischen Diskurs treten kann, um daraus künstlerische Visionen und neue Modelle zu entwickeln.

So verstanden, definiert sich Kunst als Arbeit, die sich einmischt, eine Haltung einnimmt und ihre Positionen aus dem Umgang mit Menschen und ihren Problemen bezieht.

Für Max Weber war das Signum der Moderne die ›Entzauberung der Welt‹, wie sie in der Folge der Aufklärung entstand. Er sah voraus, dass die Zuspitzung des cartesianischen Denkens dazu führen würde, dass die Wertsphären sich ausdifferenzieren und Wissenschaften und Kunst extrem arbeitsteilig würden. Die entstehende Expertenkultur würde entsprechend nur noch ihren jeweils eigenen Bereich kennen und erforschen, sodass die Experten irgendwann nicht mehr miteinander sprechen könnten.

In der Literatur wurde naturgemäß bereits sehr früh die Gefahr beschworen, dass mit wachsender Arbeitsteilung die Bedeutung der Sprache und des Dialogs als Medium menschlicher Kommunikation abnehmen würde. Herausragendes Beispiel für die tiefe Beunruhigung, die solche Überlegungen auslösten, ist der berühmte »Brief des Lord Chandos« von Hugo von Hofmannsthal aus dem Jahre 1902. Hofmannsthal wählte paradoxerweise die Form des brieflichen Dialogs, um als Lord Chandos (= Pseudonym für Hofmannsthal selbst) seinem Freund, dem Naturwissenschaftler Francis Bacon, die Gründe für sein literarisches Verstummen zu erklären. Er beklagt die Unfähigkeit, noch »über irgendetwas zusammenhängend denken oder sprechen« zu können, und erklärt daraus seinen »gänzlichen Verzicht auf literarische Tätigkeit«.

In der bildenden Kunst hat dann Marcel Duchamp im Jahre 1917 die hofmannsthalsche Diagnose noch einmal zugespitzt, indem er auf einer Ausstellung in New York ein industriell gefertigtes Pissoir mit dem Titel »Fontain« (Brunnen) als Kunstwerk präsentierte. Provokativ in Frage gestellt wurde damit nicht nur die Notwendigkeit des handwerklichen Könnens, das bis dahin als unabdingbare Voraussetzung jedes Kunstwerks galt. In Frage gestellt wurden auch andere akademische Regeln, denen Kunstwerke bis zu diesem Zeitpunkt gehorchten. Im Endeffekt bedeutete das ausgestellte Pissoir, dass der Dialog zwischen Kunstwerk und Betrachter aufgehoben war. An seine Stelle war das Spiel mit den Grenzen zwischen Kunst und Alltag getreten. Nach dem zweiten Weltkrieg war es der Dichter Samuel Beckett, der in seinem Theaterstück *Warten auf Godot* 1953 noch einmal so etwas wie einen Dialog mit dem Publikum versuchte. Doch ist die Interaktion hier auf den Zustand des Wartens und des Stillstands reduziert, und die Ankunft des Dritten (Godot) bleibt im Ungewissen.

Solche Sprach- und Denkkritik war noch tief in den Gedankengebäuden des 19. Jahrhunderts verwurzelt. Am Ende des 20. Jahrhunderts liegen bisher keine wirklich neuen Ergebnisse vor. Es liegt jedoch auf der Hand, dass etwas Drittes gefunden werden muss und dass dieses Dritte nicht im Rückgriff auf Gott, die Metaphysik oder Godot bestehen kann. Es sollte vielmehr ein Medium sein, das die Möglichkeit bietet, vorhandene wie vergessene Ressourcen miteinander zu verknüpfen, damit daraus etwas Neues entsteht.

Das Dritte bietet sich heute in Form des weltweiten Netzes an. Dieses ist allerdings nicht geeignet, die direkte Kommunikation zwischen Menschen zu ersetzen. Wenn ich jemandem gegenübersitze, entfalten sich andere Gedanken und Konzepte, als wenn ich sie im virtuellen Raum entwickle und auf die Antwort einer ebenfalls nur virtuell anwesenden Person warte. Das weltweite Netz macht aber etwas anderes möglich, das frühere Medien in der Form nicht leisten konnten: Es entsteht Intertextualität, indem unterschiedliche Ebenen,

Disziplinen und Kulturen sich miteinander verknüpfen lassen. Es geht dabei nicht um eine quantitative Verknüpfung, um das Aneinanderreihen von Daten, ethnographische Aufzeichnungen oder die Akkumulation von Wissen. Worum es geht, ist, dass Daten und Wissen auf intelligente Weise miteinander verknüpft werden.

Ein gutes Beispiel für das, was ich damit meine, ist das »Perseus«-Projekt der amerikanischen Tufts University. Dieses Internet-Projekt zur Klassischen Antike zeigt einen antiken Tempel nicht losgelöst von gesellschaftlichen Bezügen einfach als Architektur. Der Tempel ist als Zentrum eines gesellschaftlichen Kontextes gesehen, in dem Philosophie, Religion, Sprache, Wirtschaft und Politik eine ebenso wichtige Rolle spielen wie die Ästhetik. Das Netz übernimmt in diesem Falle die Rolle des Universalgelehrten, der vorhandene Ressourcen durch intelligente Strukturen miteinander verknüpft und auf diese Weise eine lebendige, sich ständig aktualisierende, nutzerfreundliche Enzyklopädie erstellt.

Intelligente Vernetzung wie die oben beschriebene setzt eine Kooperation sämtlicher beteiligter Bereiche voraus. Hier müssen Kunst, Wirtschafts-, Sozial-, Politik-, Rechts- und Religionswissenschaften zusammenarbeiten. Die Kooperation von Geistes- und Naturwissenschaften ist ebenso gefragt wie die von Kunst, Politik, Wirtschaft, Philosophie, Musik, Theater und Medien.

Es scheint mir offensichtlich zu sein, dass der multidisziplinäre Dialog der einzige Weg ist, um mit dem sich rasant vermehrenden Wissen der Welt umzugehen. Innerhalb des globalen Gefüges von kultureller Arbeit und Produktion ist die Kommunikation mit interaktiven elektronischen Medien ein hilfreiches Werkzeug, um die Komplexität gesellschaftlicher Zusammenhänge zu erfassen. Sie ermöglicht uns, unterschiedliche Sprachen kennen zu lernen, künstlerische Arbeiten in lokalen und translokalen Geflechten zu verorten, Debatten über regionale Unterschiede zu führen und sie in einen Kontext zu stellen und miteinander zu verknüpfen. Die neuen Medien leisten also einerseits die Dokumentation und Archivierung kultureller Differenzen und eröffnen andererseits die Chance für die grenzüberschreitende kulturelle Reflexion und eine künstlerische Arbeit, die die Vielfalt und Unterschiedlichkeit in einem »angstfreien« Raum zur Diskussion stellt. Dies ist bisher allerdings nicht mehr als eine Vision.

Visionen erzeugen immer auch Angst. In Europa fürchtet man sich davor, das globale Netz könne die regionalen Identitäten und Differenzen und die schützenden nationalen Grenzen einebnen. Doch, wie es der amerikanische Soziologe Richard Sennett in seinem Buch *Verfall und Ende des öffentlichen Lebens – Die Tyrannei der Intimität* ironisch ausdrückt, kann es eine »Rückkehr ins Stammesleben« nicht geben, oder, wie es ein anderer, der romantische Dichter Novalis, formuliert: »Heimat ist der Ort, an dem noch niemand angekommen ist.« Die Stadtforscherin Saskia Sassen hat in ihren Untersuchungen zur Entwicklung der Städte unter dem Einfluss der Informations- und Kommunikationstechnologien dagegen festgestellt, dass die globale Vernetzung einen neuen Typ von Gemeinsamkeit schafft, der über nationale und kulturelle Grenzen hinausreicht und zur Bildung »virtueller Gemeinschaften« führt.

Wenn Europa zusammenwachsen soll, müssen Länder über ihre nationalen und kulturellen Grenzen hinaus miteinander kommunizieren. Wir müssen uns vor allem untereinander besser kennen lernen und uns darauf besinnen, was Europa ausmacht. Dies ist Voraussetzung, um so etwas wie ein gemeinsames europäisches Bewusstsein zu entwickeln, das mit der übrigen Welt in einen multidisziplinären, multinationalen Dialog treten kann, wie ich ihn oben beschrieben habe. Ziel müsste sein, durch bessere Kenntnis ein Bewusstsein für die Differenz der Kulturen zu entwickeln und dadurch zu mehr Toleranz zu gelangen.

Was den Informationsstand anbetrifft, befinden wir uns in Europa gegenwärtig generell im Rückstand. In der Kultur macht sich das in der Weise bemerkbar, dass wir auf Entwicklungen, die andere vorantreiben, lediglich reagieren anstatt sie aktiv mitzugestalten.

Der Communication Highway könnte dies verändern. Er ist nicht nur ein Medium, das für die intelligente Archivierung der kulturellen Güter Europas genutzt werden kann. Er kann darüber hinaus auch einen Dialog mit anderen Kulturen herstellen, der aus dem europäischen Bürger einen Weltbürger macht. Dabei ist es weniger der Mangel an Information, der problematisch erscheint, als vielmehr ein Zuviel an Information. Die explosionsartige Wissensvermehrung stellt für die Menschen eine dauerhafte Überforderung dar. Also muss Wissen vermittelt werden. Das ist kulturelle Arbeit, und eine der wichtigsten gesellschaftspolitischen Aufgaben, die es momentan gibt, da Wissen die Voraussetzung für den Erhalt des wirtschaftlichen und sozialen Wohlstands ist.

Kulturelle Arbeit kann Wissen auf ganz unterschiedliche Weise vermitteln. Auf traditionelle Weise findet Wissensvermittlung in klassischen Museen – wie dem Louvre in Paris oder dem Kunsthistorischen Museum in Wien – oder in Opern- und Schauspielhäusern statt. Im multidisziplinären, multinationalen Dialog geschieht sie an Institutionen wie dem ZKM in Karlsruhe, dem ehemaligen TAT in Frankfurt, dem Marstall in München, dem neuen Humanwissenschaftlichen Zentrum der Universität München, dem Einstein Forum in Berlin, der Ars Electronica in Linz und der Akademie zum Dritten Jahrtausend in München. Die letztgenannten Institutionen versuchen, den Dialog zwischen den Medien, den unterschiedlichen Kunstgattungen und den verschiedenen Disziplinen der Wissenschaft zu fördern und sie durch Konfrontation zu einer »natürlichen« Dialog- und Handlungsverschränkung zu führen. Die dort unternommenen Grenzüberschreitungen eröffnen einen interdisziplinären, ästhetischen Diskurs, der die kulturelle Vielfalt sichtbar werden lässt und auf die Notwendigkeit des Miteinander verweist.

Die genannten Institutionen haben hierbei eine Vorreiterrolle. Sie sind die Schnittstelle zwischen neuen Formen, die sich noch in alten Mustern formulieren, und avancierten Formen, die ein ganz neues System anstreben. Sie verstehen sich als Orte des Diskurses, die den multidisziplinären Dialog in den Mittelpunkt stellen; nicht das fertige Endprodukt ist ihnen wichtig, sondern der Entstehungsprozess. Projekte, die an diesen Orten entstehen, versuchen, verschiedene Disziplinen miteinander zu vernetzen und zum gemeinsamen Arbeiten zu bewegen. Grundprinzipien dieser neuen Art der Wissensvermittlung sind Begegnung, Dialog, Austausch. Kunst wird als Teil, nicht als Abbild eines gesellschaftlichen Prozesses verstanden. Sie stellt vorhandene Klischees und Denkmodelle in Frage und regt zur Diskussion an. Das Ziel, das angestrebt wird, ist Irritation, Störung des gewohnten Blickes. Je nach Institution werden unterschiedliche Formen der Veranstaltung gewählt. Der Marstall in München lässt bei Symposien wie »Illusion und Simulation« oder »Die große Müdigkeit«[1] beispielsweise Hirnforscher, Werbefachleute, Künstler, Literaten und Medientheoretiker miteinander diskutieren.

Eine andere Möglichkeit ist, die Künstler zu neuen Ausdrucksformen zu animieren. So geschehen im Falle des Komponisten Pascal Dusapin und des Lichtkünstlers James Turrel, die auf der Basis eines Textes der Schriftstellerin Gertrude Stein für den Marstall zusammen eine virtuelle Oper konzipierten. Auch das Medienkunstwerk der Gruppe »Granular Synthesis«, das Bilder durch elektronische Musik generierte, entstand auf diese Weise, ebenso wie der Tanz- und Schriftraum des Tänzers und Choreographen Furuhashi, der digitale Bewegungsbilder entwickelte. Der Bildhauer Christian Marclay schuf an einem der Abende im Marstall im Zusammenspiel mit DJs aus Requisiten und Alltagsgegenständen eine lebende Skultpur. Der Filmemacher Peter Greenaway benutzte den öffentlichen Raum der Stadt in München dazu, den alltäglichen Blick der Passanten durch einhundert Medieninstallationen zu stören, die nicht etwa Geschichten erzählten, sondern reine Reflexionen des Mediums Film darstellten und das Phänomen Licht zum Thema machten. Was die zitierten Beispiele gemeinsam haben: Sie alle formulierten ein Bedürfnis nach Dialog zwischen den Disziplinen, setzten sich mit ungewohnten Orten auseinander und vereinbarten scheinbar Unvereinbares miteinander.

Ein weiterer wichtiger Gesichtspunkt ist die Sprengung des örtlich gegebenen Rahmens. Alle genannten Institutionen haben es sich zum Prinzip gemacht, Netzwerke aufzubauen, um neue Formen des multidisziplinären Informationsaustauschs zu entwickeln. Durch gemeinsame Produktionen schaffen sie sich eine breite Plattform, von der aus viele Städte, Orte und Kunstinstitutionen erreicht und in den Prozess eingebunden werden. Für die in diesen Institutionen entstehende Kunst bedeutet das, sie ist überall und nirgendwo. Sie ist heimatlos, und sie ist global.

Die mediale Kommunikation ist ein hilfreiches Mittel, um der neuen Welt im Sinne einer gleichzeitig globalen und in sich differenzierten Kultur gerecht zu werden. Der souveräne Umgang mit den neuen Technologien ist die notwendige Voraussetzung, um den Horizont, die Kunstproduktion und das kulturelle Verständnis zu erweitern. In diesem Sinn wird durch das Netz ein fortdauernder Dialog möglich. Er hat die Potenz, den tradierten Kunstbegriff zu sprengen, indem damit klar wird, dass Kunst und Kultur keine fertigen Produkte, sondern nicht endende, fragile Prozesse sind. Wenn das Internet als eigene Welt immer stärker in unser Leben eingreift, wovon man ausgehen kann, dann werden darin auch neue Gedanken, neue Bilder, neue Visionen entstehen, die die überkommenen Normen unterlaufen.

Vergessen wir nicht, dass Kunst paradigmatisch schon immer eine internationale Sprache gesprochen hat, die keine Grenzen und keinen Stillstand kennt, weil sie auf der Suche nach dem Neuen, Anderen ist. Das Netz kann die Kunst in diesem Bestreben unterstützen, und es kann ihren Aktionsradius erweitern. Bisher hat es noch keine eigene neue Sprache gefunden, die in der Lage wäre, die Sprach- und Denkkritik des 19. Jahrhunderts einzulösen. Erste Ansätze dazu lassen sich aber bereits erkennen, wenngleich auch bisher noch die Reibungspunkte fehlen, die Scheitern und Widerstand implizieren und eine zentrale Voraussetzung für das Entstehen von Kunst sind.

Das Netz bietet die Möglichkeit, eine tolerante Kultur der Vielfalt und der kreativen Komplexität zu schaffen. Es kann dabei nicht nur die Aufgabe übernehmen, das vorhandene kulturelle Wissen intelligent zu vernetzen und zu archivieren, es kann auch etwas ganz Neues schaffen. Das Netz als Chance für den kritischen Dialog: Es könnte uns dazu bringen, das Fremde als etwas Eigenständiges und nicht als Eigentum zu betrachten.

1 Vgl. Stefan Iglhaut, Florian Rötzer, Elisabeth Schweeger (Hg.): *Illusion und Simulation. Begegnung mit der Realität*. Ostfildern 1995, und Florian Rötzer (Hg.): *Die große Müdigkeit*. Telepolis 3/1997.

# INTER- UND TRANSDISZIPLINARITÄT ALS ECKPFEILER DER WISSENSGESELLSCHAFT

## Helga Nowotny im Gespräch mit Hans Ulrich Obrist

Transdisziplinäre Wissensproduktion, das Überschreiten von Grenzen, um jenseits der Fachgrenzen gemeinsame Wissensziele für unterschiedliche Wissensbereiche zu definieren, ist einer der zentralen Arbeitsschwerpunkte der Wissenschaftsforscherin Helga Nowotny, die an der ETH Zürich unterrichtet. Wie verändern sich Wissen, Wissensproduktion und Wissenschaft im Zeitalter der Globalisierung? Für Helga Nowotny ist der aus der Aufklärung überkommene Traum von der Einheit des Wissens und der Vereinheitlichung der Wissenschaft schon längst ausgeträumt. Sie sieht die Chance für das Entstehen neuen Wissens und neuer Produktionsformen von Wissen in der im Zuge der Globalisierung explosionsartig gewachsenen Vielfalt und Unterschiedlichkeit der Wissensquellen und -produzenten. Unter Wissen versteht sie einen ›kontextsensitiven‹ Prozess, der offen ist für eine neuartige Begegnung von Wissenschaft und Gesellschaft. Eines der Themen, die Helga Nowotny intensiv verfolgt, ist die Zeit. Das transdisziplinäre Graduiertenkolleg Collegium Helveticum, das sie seit 1998 leitet, fungiert hierbei als Versuchsfeld, wo junge Natur- und Geisteswissenschaftler die transdisziplinäre tägliche Praxis erproben können. (www.wiss.ethz.ch)

*Beginnen wir mit einer Rückschau: Wo liegen die Anfänge deiner interdisziplinären Recherche?*

Biografisch liegt das wahrscheinlich lange zurück. Ich habe immer in mehr als einer Welt gelebt, und dadurch entsteht eine pluralistische Perspektive gewissermaßen von selbst. Auch eine Disziplin allein war mir schon in meinem Studium nicht genug. Außerdem hat mich immer interessiert, was ›dazwischen‹ und ›dahinter‹ ist. Zwischentöne und Ambivalenzen gehören zum sozialen Leben, zu jedem Gespräch. Sie sind das Eingangstor in die jeweils andere Welt. Und doch ist mir Klarheit sehr wichtig. Sie entsteht aber erst in einem Prozess des gegenseitigen Kennenlernens, der Positionierung, die immer eine relationale, die andere Position mit einbeziehende, ist. Ebenso hat mich immer fasziniert, was jenseits einer Grenze lag. Bis heute kann ich Grenzen nicht akzeptieren – sie erscheinen mir willkürlich, autoritär und abweisend –, sie laden geradezu ein, überschritten, unterlaufen oder umgangen zu werden. Kurzum, biografisch gesehen fühle ich mich wohl, wenn ich nach vielen Seiten hin offen und neugierig sein kann. Die Vorstellung, ich hätte eine ›endgültige‹ Position, Erkenntnis oder Stellung erreicht, ist mir ebenso zutiefst suspekt. Ich mag unfertige Prozesse, weil sie noch viele Möglichkeiten offen lassen.

*In deinem neuen Buch* »Es ist so. Es könnte auch anders sein« *sprichst du von Pluri(Multi-)disziplinarität, Interdisziplinarität, Transdisziplinarität. Wo liegen die Gemeinsamkeiten, wo die Unterschiede dieser Begriffe? Sind Pluri- und Interdisziplinarität Schritte auf dem Weg zur Transdisziplinarität?*

Natürlich gibt es viele Beispiele, etwa die Entstehung der Molekularbiologie, die zeigen, wie sich aus einer pluri- oder interdisziplinären Zusammenarbeit eine selbstständige Disziplin entwickeln kann. Aber es gibt noch mehr Versuche, durch Klassifikationen und Definitionen Ordnung in die genannten Begriffe zu bringen. Letzten Endes scheinen mir diese Versuche aber nicht sehr fruchtbar zu sein, da die wissenschaftlichen oder künstlerischen Praktiken, die Gegenstand dieser Ordnungsversuche sind, in ihrer Entwicklung und Wandlungsfähigkeit immer weit voraus sind. Die Definitionsversuche hinken also nach. Es gibt auch keinen vorgezeichneten Weg, keine Stufenleiter, die zu durchsteigen ist, wenn man bei der *Trans*disziplinarität ankommen möchte. *Inter*disziplinarität beschwört für mich das Bild von Brücken zwischen Inseln. Diese nehmen eine feste Position ein, und Brücken lassen sich bekanntlich auf- und abbauen. Interdisziplinarität betont die ›Souveränität‹ der daran beteiligten Disziplinen. Wie bei Staaten, die auf ihre Souveränität bedacht sind, kann man gegenseitige Abkommen für alles Mögliche schließen, doch dabei bleibt es in der Regel. Transdisziplinarität enthält für mich im Kern den Gedanken des Überschreitens von Grenzen. Hier handeln die ForscherInnen nicht mehr wie RepräsentantInnen von Staaten, sondern sie gleichen eher den NGOs, also den nichtstaatlichen Organisationen, die sich zusammentun, weil sie gemeinsame Ziele haben und überall dort tätig werden, wo sie meinen, zur Erreichung dieser Ziele etwas beitragen zu können.

*Der Pariser Urbanist Yona Friedmann sagte in einem Interview, das ich kürzlich mit ihm führte, dass er Begriffe wie Trans- und Interdisziplinarität meidet, da sie den Keim des Disziplinären in sich bergen. Er ersetzt diese Begriffe durch ›globales Denken‹ oder ›globales Handeln‹ oder ›Denken in globalen Zusammenhängen‹.*

Ich verstehe die Weigerung, sich auf fixierte Begriffsdefinitionen festzulegen. Deshalb sind wir auch dazu übergegangen, die Veränderungen in der Wissensproduktion heute als eine Verschiebung von Modus 1 zu Modus 2 zu charakterisieren. Damit sollen zu unterschiedliche Assoziationen und vorschnelle emotionale Besetzungen wie ›für‹ oder ›wider‹, ›gut‹ oder ›schlecht‹ vermieden werden. Doch mit der Globalität des Denkens oder Wissens habe ich ein anderes Problem. Wissen, Denken und Handeln sind für mich überwiegend lokal und nicht global. Erst durch das Zusammenwirken von Praktiken, die auf der Grundlage unterschiedlicher lokaler Kontexte entstehen, und des daraus resultierenden Wissens wird Globalität möglich. Diese Sichtweise, wie sie sich etwa in der Wissenschaftsgeschichte und Wissenschaftsforschung in den letzten Jahren durchgesetzt hat, erlaubt es auch, die Vielfalt und Unterschiedlichkeit zu bewahren, die Eigenheit des lokalen Denkens, Wissens und Handelns ist, während der Globalität doch eher die Tendenz zur Homogenität und Nivellierung eingeschrieben ist. Während frühere Generationen von Wissenschaftlern (unter denen Frauen die Ausnahme bildeten) noch von der Einheit des Wissens und der Vereinheitlichung der Wissenschaft träumten, ist für uns heute die unglaubliche Vielfalt und Unterschiedlichkeit sichtbar, wie wissenschaftliches Wissen entsteht und wie Wissenschaft funktioniert und sich organisiert. Was, um nur ein Bespiel zu nennen, in einer Disziplin oder in einem Forschungsgebiet als wissenschaftlicher Beweis akzeptiert wird, ist in einem anderen Gebiet völlig irrelevant, weil dort andere Kriterien angelegt werden, um etwas als ›bewiesen‹ zu erachten. Ich sehe diese Absage an das unerreichbare Ideal einer ›großen Einheit der Wissenschaft‹ als eine positive Weiterentwicklung an, nicht zuletzt auch deshalb, weil sie in größerem Einklang steht mit der Entwicklung unserer Welt hin zu einer plurikulturellen Vielfalt.

*Wie kann man nun der Gefahr begegnen, dass ein nicht-disziplinäres, globales Denken entsteht, das das Vokabular zwischen den Disziplinen nivelliert? Mit anderen Worten, wie vermeidet man, dass Interdisziplinarität zum Verlust von Differenz führt? Wo siehst du konkrete Möglichkeiten, zentrifugale und zentripetale Aspekte des Wissens so zu verbinden, dass hoch komplexe Wissensfragen über die jeweiligen Grenzen einer Disziplin hinaus diskutiert werden? Begegnung durch Trennung? Trennung durch Begegnung?*

In den 30er Jahren hat der polnische Mediziner und Wissenschaftstheoretiker Ludwik Fleck seine für die damalige Zeit revolutionären Ansichten eines »Denkkollektivs« entwickelt, in dem sich die Entstehung jeglichen wissenschaftlichen Wissens vollzieht. Thomas Kuhn, dessen ›Struktur der wissenschaftlichen Revolution‹ den Begriff des Paradigmas in den allgemeinen Sprachgebrauch eingeführt hat, ist eigentlich ein Epigone von Fleck. Dieser hat sich auch ausführlich damit beschäftigt, was geschieht, wenn Ideen, Theorien, aber auch Vorstellungen und Meinungen, zwischen verschiedenen Denkkollektiven ausgetauscht werden. Er zeigt, dass es bei dieser ›Zirkulation‹ immer zu inhaltlichen Veränderungen dieser Ideen oder Theorien kommen muss, da sich durch die Einführung in einen anderen sozialen Kontext und dessen ›Denkstil‹ eben auch der Inhalt von Begriffen oder Theorien verändert.

Ich finde es immer wieder eine spannende Aufgabe, diesen Wanderbewegungen von Ideen, Begriffen oder Theorien nachzugehen. Am Collegium Helveticum der ETH Zürich veranstalten wir zur Zeit ein Seminar, in dem wir rekonstruieren wollen, was sich alles verändert, wenn der Begriff der »Komplexität« aus der Physik auswandert und sich dann in der Ökonomie, der Populationsbiologie oder im städteplanerischen Bereich niederlässt. Dazu ist es notwendig, die besondere Wirkungsmacht des Begriffs und seiner Operationalisierung, etwa durch mathematische Modellierung, besser verstehen zu lernen, aber auch die Grenzen ihrer Leistungsfähigkeit zu erkennen. Andererseits kann man viel darüber lernen, wie in einem anderen Kontext neue Fragestellungen auftauchen. Die Veränderung bestehender Konzepte (›When concepts travel‹) geschieht nämlich primär durch Angleichungen an andere Kontexte. Durch Beobachtung dieser Vorgänge erhalten wir Einblicke in eine bestimmte Form wissenschaftlicher Kreativität. Sie ist durch Leitideen, Begriffe und ein methodisches Instrumentarium, aber auch durch die daran beteiligten »Denkkollektive« und die sie beschäftigenden Fragen (selbst)organisiert.

*Der Physiker Ilya Prigogine spricht von einer Versöhnung der Disziplinen und hat das in einem Interview mir gegenüber so formuliert: »Ich fand schon immer, dass mein Werk ein Werk der Versöhnung ist. Das hat seinen Ursprung in einem sehr alten Gefühl der Unzufriedenheit. Als ich jung war, interessierte ich mich sehr für Philosophie. Für die Philosophen sind Zeit, der Zeitpfeil und selbst die Bedingungen, unter denen Wissen entsteht, unumkehrbar, weil sie sich dauernd verändern und erneuern. Für die Physiker und ihre deterministischen Ansätze hingegen ist Zeit etwas Ereignisloses. Sie kennen nur die Kontinuität der Zeit, das gilt für die klassische Mechanik wie für die Quantenmechanik wie für die Relativitätstheorie gleichermaßen.« Auch der Philosoph Henri Bergson unterscheidet zwischen einem metaphysischen und einem physikalischen Wissen, wenn er sagt: »Im Grunde habe ich in meiner Arbeit nichts anderes versucht, als diese beiden Formen des Wissens miteinander zu vereinen. Ich habe die Kluft, die Metaphysik und Physik voneinander trennt, ... und den Gegensatz zwischen Kunst/Schöpferischem und Natur/Statischem beseitigt. Beides hatte ich schon immer als willkürlich und eigentlich auch falsch empfunden, da die Natur ja auch selbst sehr schöpferisch ist.«*

Ich stimme Ilya Prigogine durchaus zu. Aber es müssen noch viel mehr solcher Widersprüche aufgelöst werden. Es fällt uns schwer, keine eindeutigen Zuteilungen vorzunehmen, da wir glauben, mit logischen Ausschließungskriterien operieren zu müssen. Wir sind in der europäischen Denktradition mit Dualismen aller Art vorbelastet, die durch die Hintertür gern zurückkehren, selbst wenn man meint, sie bereits aufgelöst zu haben. Das mag in einer Zeit seine Berechtigung gehabt haben, als es darum ging, zunächst einmal logisch-wissenschaftliche Ordnungssysteme zu schaffen, die zum Verständnis der Welt wesentlich beitrugen. Doch heute sind wir weiter. Wir erkennen, wie Prigogine es erläutert, dass hinter vermeintlichen Gegensätzen eine andere Art von Gemeinsamkeit, aber auch von neuer Unterschiedlichkeit besteht. Wir erkennen auch im gesellschaftlichen Leben zunehmend mehr, dass etwa die so dominanten Begriffe von »Staat«, »Markt« oder »Kultur« sich nicht mehr eindeutig voneinander abgrenzen lassen. Sie sind transgressiv geworden. Statt einem dualistischen Weltbild verhaftet zu bleiben, wünsche ich mir, dass wir lernen, mehr – und besser – in Kategorien von Prozessen und prozesshaften Verläufen zu denken. Prozesse sind immer transgressiv.

*Wie wichtig ist der Kontext von Wissen? Ist dynamisches Wissen in stärkerem Maße situativ?*

Der Kontext von Wissen ist enorm wichtig; er ist entscheidend für die Entstehung, Veränderung, Akzeptanz und Wirkungsmacht von Wissen. Lange Zeit wurde die Kontextualisierung von Wissen negiert. Das hängt damit zusammen, dass die Naturwissenschaften nach Naturgesetzen gesucht haben, die von Menschen und Gesellschaften unbeeinflussbar sein sollten und von denen zu Recht erwartet wurde, dass sie den Schlüssel zum Verständnis der

Natur enthalten. Dies hatte den unbeabsichtigten, aber nicht unerwünschten Nebeneffekt, dass sie damit zugleich die Grundlage für die Legitimation der Autorität der Wissenschaft und für deren Forderung nach Autonomie wurden. Die Berufung auf Naturgesetze erzeugt eine Legitimation, die der gesellschaftlichen Gesetzgebung und Normsetzung per definitionem entzogen ist. Die Autorität der Wissenschaft verdankt sich in dieser Sichtweise also nicht der Gesellschaft, sie ist nicht delegiert, sondern sie leitet sich direkt von der Beschäftigung mit den Naturgesetzen ab. Daher sind viele Wissenschaftler zutiefst davon überzeugt, dass sie apolitisch sein müssen.

Dahinter steckt die Angst vor sozialer Kontamination, die nach wie vor bei vielen Naturwissenschaftlern sehr verbreitet ist. Sie wachen über etwas, was ich den harten epistemologischen Kern nenne. Dieser Kern ist, so die Argumentation, jedem gesellschaftlichen Einfluss entzogen. Er ist kontextinsensitiv. Doch was, wenn sich dieser Kern bei genauerer Analyse als leer entpuppt? Oder was, wenn er sich als übervoll erweist, übervoll von sehr unterschiedlichen und historisch wechselnden Vorstellungen und Kriterien darüber, was jeweils ›gute Wissenschaft‹ ist oder als ein ›lösbares Problem‹ angesehen wird? Wenn der bekannte Physiker Steven Weinberg von diesem Kern – den unwandelbaren, immer gültigen Naturgesetzen – spricht, dann schwingen Bewertungskriterien wie ›elegant‹ oder ›einfach‹ oder andere Idealvorstellungen mit, nach denen er diese Erkenntnisse beurteilt. In einer Buchbesprechung von Weinbergs *Dream of a Final Theory* kommt Phil Andersson, ein anderer bekannter Physiker, allerdings zu völlig anderen Bewertungen, worin die Einfachheit, Schönheit oder Eleganz dieser Theorien liegt. Was dieses Beispiel zeigt, ist, dass selbst in einem kontext-insensitiven Bereich wissenschaftlichen Wissens bei der Bewertung und Beurteilung durch Kollegen Kriterien verwendet werden, die alles andere als kontext-insensitiv, sondern hochgradig kontext-abhängig sind.

Im Übrigen herrscht heute weitgehend Konsens darüber, dass die fundamentalen Naturgesetze erforscht sind. Ihr Verständnis ist unerlässlich für das Verständnis des Aufbaus der Welt. Doch damit endet ihre praktische Relevanz. Die Dynamik der Wissenschaftsentwicklung findet heute außerhalb dieses Relevanzbereichs statt. Sie bewegt sich immer mehr in Richtung größerer Kontextsensitivität, der Aufnahme von Veränderungen, die durch die Evolution und durch die Menschen in diese Welt hineingebracht wurden und werden. Die Kontextualisierung wissenschaftlichen Wissens ist also unmittelbares Ergebnis des Erfolgs der Wissenschaft. Dieser wirkt dann seinerseits wieder irreversibel auf die Wissenschaft zurück.

*Wie schätzt du den Einfluss des Internet auf die Wissenserzeugung ein? Werden die Grenzen des Labors poröser?*

Wenn dramatische Veränderungen sich unmittelbar vor unseren Augen abspielen, ist es oft schwierig, sie zu durchschauen und einen Überblick zu erlangen. Jeder sieht etwas, und was gesehen wird, ist sehr partiell. Daher glaube ich, dass sich die weiterreichenden Auswirkungen des Internet auf die Wissenserzeugung noch gar nicht voll abschätzen lassen. Zweifellos werden viele Grenzen poröser. Der New Yorker Journalist Thomas Friedman spricht in seinem Buch *The Lexus and the Olive Tree* von einer dreifachen Demokratisierung: Sie betrifft die Demokratisierung der Technologie, der Information und der Finanzierung. Durch das Internet haben heute völlig andere soziale Gruppen Zugang zu Information und Wissen, die dann auch wieder neues Wissen erzeugen. Manchmal meine ich, dass auch im Bereich des wissenschaftlichen Wissens – und nicht nur in der Kultur – ein neuer Synkretismus entsteht. Andererseits gibt es auch vermehrt Ausschlusstendenzen und eine Teilung der Gesellschaft in die Schnellen und die Langsamen. Ungleichzeitigkeit wird dann zu einer neuen Ungleichheit. Doch die aus meiner Sicht entscheidende Frage, die veränderte Wissenserzeugung und -verbreitung betreffend, wird die nach der Qualität des Wissens sein: Wer garantiert und kontrolliert sie? Wie verlässlich und glaubwürdig ist das im Internet zur Verfügung stehende Wissen, und wer beurteilt das? Die Frage ist nicht unlösbar – doch neue Mechanismen für eine angemessene Qualitätskontrolle sind noch nirgendwo in Sicht.

*Wie beurteilst du das durch die Internetrevolution veränderte Spannungsfeld Bild/Text, Sehen/Lesen?*

Zweifellos leben wir heute in einer visuellen oder audio-visuellen Kultur. Ich sehe an meinen Studierenden, welche Mühe sie beim Lesen von Texten haben. Vielleicht ist die ›Wende zum Text‹, die Interpretation der Welt als Text, wie sie die Postmoderne eingeleitet hat, nichts anderes als ein Zeichen dafür, dass die alte text-lesende Kultur vom Untergang bedroht ist. Doch warum sollen wir nicht andere sinnliche Zugänge zum Wissen benutzen? Das ›Sehen‹ und das ›Bild‹ eröffnen andere Räume der Kreativität. Sie können im Übrigen ohne Sprache nicht auskommen, da wir über Bilder und über das Sehen sprechen müssen, um mitzuteilen, was wir sehen oder wie wir die Bildwelt interpretieren. In den Wissenschaften ist die (vorwiegend bildgebende und visualisierte) Simulation und Modellierung neben Theorie und Experiment längst zum wichtigsten Medium der Erzeugung von neuem Wissen geworden. Ein Teil der Dynamik der Wissensproduktion kommt durch diese neuen Visualisierungstechniken.

*Der amerikanische Physiker Lee Smolin spricht von einem evolutiven, nicht statischen Wissen, das sich in permanenter Transformation befindet. Inwiefern spielt das Internet für das Entstehen solcher selbst-organisierender, komplexer Wissensprozesse eine Rolle?*

Lee Smolin hat sich als einer der Ersten mit der Frage beschäftigt, ob nicht auch Naturgesetze dem Gesetz der Evolution unterliegen, d. h. sie waren nicht ›von Anfang an‹ einfach da, ohne sich jemals zu verändern, sondern unterliegen ebenfalls dem selbstorganisierenden Prozess der Evolution. Von der Kosmologie zum Internet ist es zwar ein weiter Sprung, doch wir sehen heute überall selbstorganisierende Prozesse am Werk. Die Zentralperspektive oder die Perspektive eines ›zentralen Beobachters‹ wird damit hinfällig – sie hat ausgedient.

»Unwissen, Trägheit, aber vor allem die ANGST davor, vielleicht unsere verdeckten Interessen aufgeben zu müssen, haben uns daran gehindert, unser Wissen, unser Gefühl und unsere Kraft gemeinsam zu bündeln«, sagt der Kulturhistoriker Gyorgy Kepes in der Einleitung zu seinem Buch *Vision and Value Series: Structure in Art and Science*. Die Frage, die ich mir immer wieder stelle, ist, ob Initiativen, die über die engen Grenzen der Disziplinen hinausgehen, angesichts der allseitigen ›Angst vor dem Interdisziplinären‹, wie sie auch die Linguistin Julia Kristeva beschreibt, innerhalb der alten Strukturen (Universität, Museum) stattfinden können oder ob wir nicht neue Strukturen brauchen, um das Ganze anzuschieben? Wo sind die Ansatzpunkte, um die territoriale Angst zu überwinden, wie sie vor allem an den Universitäten herrscht? Dort wird es in Zukunft auch die größten Spannungen und Auseinandersetzungen darüber geben, wie sich die Universitäten auf eine sich rasch verändernde Umwelt einzustellen haben. Innovationen finden jeweils an den Rändern der etablierten Institutionen statt. Je mehr Ränder es gibt, desto mehr innovative Impulse und Initiativen wird es geben. Doch langfristig wird auch dies zu einer Frage der Balance: Interdisziplinarität darf nicht parasitär werden.

Doch zurück zur Frage nach der Angst. Angst vor Verlust von Macht und Privilegien, vor dem Verlust eines Territoriums, eines Besitzstandes, ist zweifellos ein überall auftretendes und erkennbares Motiv, das Innovationen entgegensteht. Doch die Angst geht weit tiefer, und wenn sie überwunden werden soll, müssen auch diese Schichten freigelegt werden. Und hier ist es vor allem die Angst vor dem Verlust der eigenen professionellen Identität, die beunruhigt und die eng verknüpft ist mit der Identität des Selbst. Hinter der ›Angst vor der Interdisziplinarität‹ steht auch die Angst, den scheinbar festen Boden von (bekannten, bewährten?) Sicherheiten zu verlieren und nicht mehr zu wissen, wie ›gute Wissenschaft‹ zu beurteilen ist. Es geht also nie nur um Macht und Einfluss (obwohl das eine wichtige Rolle spielt), sondern auch um das, was Identität ausmacht.

Was lässt sich nun gegen die Angst tun? Zunächst einmal sollte man sie benennen, sich zu ihr bekennen und seine private, ganz persönliche Angst als das zu erkennen geben, was sie in Wirklichkeit ist: ein weit verbreitetes, öffentliches Phänomen. Dann gilt es, die eigene Identität zu stärken und zu zeigen, dass es nicht nur eine – unwandelbare – Identität gibt, sondern dass jeder Mensch – auch WissenschaftlerInnen – mehrere Identitäten haben kann.

*In deinem neuen Buch* »Es ist so. Es könnte auch anders sein« *sprichst du davon, dass »im Modus der Transdisziplinarität« heute Veränderungen in der Wissensproduktion stattfinden, die »grundsätzlich andere Antworten auf die Wissensexplosion unserer Tage enthalten, als sie von einem linearen und hierarchischen, disziplinär eingeschränkten Wissensverständnis zur Verfügung gestellt werden«. Wie definierst du in diesem Zusammenhang den ›Modus 2‹, und was ist der Unterschied zu Modus 1? Und folgt auf Modus 2 Modus 3?*

Modus 1 ist im Wesentlichen die herkömmliche disziplinär verfasste Organisation der Wissensproduktion, die nach wie vor stark in den Universitäten verankert ist. Die wissenschaftlichen Eliten wachen über die klar geregelten, disziplinären Grenzziehungen wie über die Qualität des Wissens. Modus 2 ist hingegen heterogen – angefangen bei der Zusammensetzung der Forschungsteams und der disziplinären Herkunft der Forschenden bis hin zu den Institutionen, aus denen sie kommen. Was ›gute Wissenschaft‹ ist, muss dabei oft ausgehandelt werden, ebenso, welche zusätzlichen Kriterien hereingenommen werden sollen. Insofern ist Modus 2 reflexiver als Modus 1. Der wichtigste Unterschied ist, dass bei Modus 2 die herkömmliche, sequenziell angeordnete Arbeitsteilung nicht mehr anwendbar ist, sondern bereits die Problemdefinition im Kontext der Anwendung stattfindet. Und da es viele, weit verstreute und sehr unterschiedliche Kontexte von Anwendung gibt, wird die lokale Heterogenität noch gesteigert. Wissensproduktion findet über die ganze Gesellschaft verteilt statt. Daraus folgt, dass vorwiegend transdisziplinär gearbeitet wird, d. h. auf die spezifische Konfiguration einer Forschungsgruppe in einem bestimmten Anwendungskontext folgt – in anderer Zusammensetzung – deren Re-konfiguration in einem anderen Anwendungskontext.

Modus 3 würde wahrscheinlich bedeuten, es ließen sich Veränderungen in der Öffnung gegenüber der Gesellschaft oder bei der Einbindung heterogener WissensproduzentInnen zeigen, die durch zunehmende (lokale und heterogene) Kontextsensitivität der Wissenserzeugung entstanden sind. Des Weiteren müsste nachgewiesen werden, dass die Art der Problemstellungen und der wissenschaftlichen Prioritätensetzung, die theoretischen Zugänge, die zur Verwendung stehenden Methoden und andere wissenschaftliche Instrumente nachhaltig beeinflusst werden. Meine Hoffnung wäre, dass das so erzeugte Wissen auch ›besser‹ ist – doch das wäre noch zu beweisen.

*Welche Rolle spielen Selbstorganisation und Komplexität bei der Wissenserzeugung im Modus 2? Wieso ist die zeitliche Beschränkung der inter-/transdisziplinären Zusammenarbeit im Modus 2 so wichtig? Gibt es eine (Eigen-)Zeit der Inter-/Transdisziplinarität?*

Selbstorganisation ist bei Modus 2 ein zentraler Aspekt. Die zeitliche Beschränkung – d. h. die Forschungsgruppe löst sich wieder auf und die Mitglieder begeben sich in andere Gruppen und andere Konfigurationen – ist deshalb so wichtig, weil sie die Arbeit nach Modus 2 und die Zusammensetzung der Gruppe bestimmt. Wenn das Problem als abgeschlossen oder ›gelöst‹ betrachtet wird, wendet man sich einem anderen zu – allerdings in anderer Zusammensetzung und für eine Zeitdauer, die wesentlich vom Problem abhängt. Insofern hat die Transdisziplinarität, wie sie bei Modus 2 entsteht, eine Eigenzeit.

*Wie kann Modus 2 von einer kleinen Forschungsgruppe in die Gesellschaft getragen werden?*

Modus 2 besteht ja gerade darin, dass Wissensproduktion über die ganze Gesellschaft verteilt stattfindet (und die Informations- und Kommunikationstechnologien helfen dabei kräftig mit). Es gibt also eine Unzahl von solchen kleinen Gruppen, die verteilt, vielleicht auch verstreut sind. Sie alle interagieren mit dem, was ich den Kontext der Anwendung genannt habe. Auf diese Weise wird Wissen, aber auch Wissenserzeugung, in die Gesellschaft hinausgetragen. Sie findet bis zu einem gewissen Grad bereits in der Gesellschaft statt, auch wenn ein Teil der Arbeit im Labor geleistet wird. Sie ist Teil einer Bewegung, die du als »Diaspora« bezeichnet hast.

*Du sprichst von der »Arena«, in der »um eine Neubestimmung des Verhältnisses zwischen Wissen und Gesellschaft gerungen wird«. Wo siehst du diese Arena genau? In den Universitäten? In den Unternehmen?*

In unserem neuen Buch *Re-thinking Science: Knowledge Production in an Age of Uncertainty* sprechen Michael Gibbons, Peter Scott und ich von der ›Agora‹ als dem neuen öffentlichen Raum, den es für die Begegnung zwischen Wissenschaft und Gesellschaft zu schaffen gilt. Agora ist weder ausschließlich Markt noch Staat, weder nur wirtschaftlich noch nur politisch definiert. Sie ist offen für oben und unten, für innen und außen, und auch Emotionen, Wünsche und Wunschprojektionen haben darin ihren Platz. Es gibt darin unterschiedliche Interessen, und es gibt Macht, die sich freilich immer wieder legitimieren muss. Die Agora ist auch nicht unstrukturiert. Es finden sich darin Institutionen, aber auch soziale Bewegungen. Es gibt Unternehmen und Konzerne, es gibt Mobilisierung von unten, und es gibt die Medien. Vor allem aber gibt es einen Raum, wo Dinge ausgehandelt und diskutiert werden können. Agora ist daher auch eine Tauschzone für Wissenschaft und Gesellschaft.

Letzteres ist vor allem für die Wissenschaften neu. Sie müssen den Mut haben, in die Agora zu treten. Doch sie können dort auch etwas für sich entdecken, z. B. dass im wissenschaftlichen Wissen auch Menschen einen Platz haben. Das legitimiert auch die Frage, welchen Platz das wissenschaftliche Wissen umgekehrt im Leben der Menschen hat.

*Du erwähnst in deinem Buch die zahlreichen, sich zwischen Wissenschaft und Gesellschaft entwickelnden ›unsauberen Schnittstellen.‹ Wo genau werden sie sichtbar?*

Sie zeigen sich in Fällen, wo sich die ›universitäre‹ Kultur der Kultur der Industrie anzugleichen beginnt oder wo umgekehrt die Kultur des Business kulturelle Praktiken der Universitäten übernimmt. Wenn beispielsweise AnthropologInnen in Firmen gerufen werden, um dort nicht etwa Managementberatung zu erteilen, sondern um latente Konflikte zu erforschen, dann ist das eine solche ›unsaubere‹ Schnittstelle. Oder wenn klinische Forschung sich im genetischen Bereich nicht länger abschotten kann, weil sie mit Problemen konfrontiert wird, die bei der genetischen Beratung in den Spitälern und ärztlichen Praxen auftreten, dann zeigt sich hier eine solche Schnittstelle, wobei letztere wiederum Schnittstellen mit den Selbsthilfeorganisationen von Betroffenen hat. Ich sehe tatsächlich eine Zunahme solcher Schnittstellen, wobei sich ›unsauber‹ auch darauf bezieht, dass hier keine klare und saubere Trennung von Wissen – Entscheiden – Handeln mehr vorliegt.

*Im Zusammenhang damit stellt sich die Frage, auf welche Weise partizipatorische Wissenschaftsmodelle Nicht-Wissenschaftler mit einbeziehen können. Der Naturwissenschaftler Rupert Sheldrake hat in einem Interview, das ich mit ihm führte, gemeint, dass er Partizipation vor allem in von der Wissenschaft vernachlässigten Gebieten der Peripherie wiederherzustellen versucht.*

Partizipatorische Modelle, die Nicht-WissenschaftlerInnen einbeziehen, gibt es in vielen Formen und Abstufungen. Es wird zur Zeit damit regelrecht experimentiert: Konsensuskonferenzen, Publi-Foren, die Rolle der Medien als Vermittlungsinstanz, Zulassung von Laien bei wissenschaftlichen Beratungsgremien und vieles andere mehr. Wichtig scheint mir, mit solchen Initiativen und Modellen nicht nur auf kontroverse Themen zu reagieren, sondern sie auf eine kontinuierliche Basis zu stellen. Wenn man Partizipation anstrebt, muss damit früh, etwa in den Schulen, begonnen werden, wo man schon den Kindern kleine ›Forschungsprojekte‹ als Aufgabe stellen kann, durch die sie in wissenschaftliche Denk- und Arbeitsweisen eingeführt werden. Vor kurzem erschien ein Buch eines amerikanischen Psychologen mit dem Titel *The Scientist in the Crib*. Darin wird geschildert, wie Kleinkinder auf eine quasi wissenschaftliche Weise die Welt entdecken, erforschen und verstehen lernen. In diesem Sinn sind wir alle geborene WissenschaftlerInnen – das Potenzial ist also vorhanden, es muss nur gefördert werden.

Partizipatorisch heißt aber auch, dass die Wissenschaft der Öffentlichkeit endlich Einblick gewähren sollte in den Alltag ihrer Forschungspraxis. Der große französische Physiologe Claude Bernard sprach einmal davon, dass die Wissenschaft die Öffentlichkeit nur in ihrem bürgerlichen Salon empfängt und vermeidet, sie jemals direkt durch die Küche zu führen. Wissenschaft darf sich der Öffentlichkeit aber nicht weiterhin nur im Sonntagsgewand präsentieren, sondern muss ihr öffentliches Bild wirklichkeitsadäquater gestalten. Dazu gehört dann eben auch der Einblick in die Küche.

*Wie funktioniert die inter-/transdisziplinäre Arbeit in deinem Züricher Institut?*

An der ETH Zürich ist es gelungen, ein inter- oder transdisziplinäres Graduiertenkolleg aufzubauen, das etwas ganz Besonderes ist. Inzwischen wird es offiziell als ›wichtiges Experimentierfeld der ETH‹ bezeichnet. Wir arbeiten dort mit einer kleinen, aber ausgewählten Gruppe von KollegiatInnen, die für ein Jahr zu uns kommen, um an ihrer Dissertation zu arbeiten. Viele Disziplinen aus den Naturwissenschaften, aber auch aus den Geistes- und sogar den Ingenieurwissenschaften kommen hier zusammen. Wir schaffen eine stimulierende Atmosphäre, indem wir das Gespräch in der Gruppe fördern. Die Projekte werden vorgestellt – was bedeutet, sie auch anderen Disziplinen gegenüber verständlich zu machen – und aus anderen Disziplinen kommentiert und ergänzt, wobei natürlich auch ganz unerwartete Fragen gestellt werden. Dies führt dann dazu, dass das Umfeld, in dem die eigene Arbeit steht, klarer gesehen wird, warum etwa bestimmte Fragen angegangen oder weshalb bestimmte Methoden verwendet werden und welche Auswirkungen dies auf Nachbardisziplinen haben kann. Bei diesem Prozess der Selbst-Verständigung, bei dem Selbstverständlichkeiten abgebaut oder explizit gemacht werden müssen, helfen uns eingeladene Gäste. Das Besondere am Collegium Helveticum ist, dass wir Gäste aus den Wissenschaften, aber auch aus der Literatur und Kunst einladen. Diese Personen nehmen an den Seminaren teil und stehen für den informellen Austausch bereit. Das Spannende dabei ist, dass sich dann fast von selbst thematische Stränge herausbilden, die quer durch diese Bereiche gehen und von sehr unterschiedlichen Blickrichtungen bearbeitet werden können. Gegenwärtig bearbeiten wir beispielsweise den Begriff ›Komplexität‹ auf diese Weise. Dazu hat die Physik viel anzubieten, aber auch unser Gast aus der Kunst, der auf eine ganz andere Weise mit diesem Begriff arbeitet, liefert hier einen wichtigen Beitrag. Im Sommersemester wenden wir uns der ›Chronizität‹ zu. Ein anderes Thema ist das Erzählen. Gemeinsam mit einem Historiker der Biologie und einem Schriftsteller sprechen wir dann über das »Geschichtenerzählen – in der Literatur und in den Wissenschaften«. Die KollegiatInnen werden dabei ermuntert, Bezüge zu ihrer eigenen Arbeit herzustellen, sodass dann plötzlich ein gemeinsames Projekt entsteht, zu dem alle etwas beizutragen haben.

Die Anwesenheit der künstlerischen und literarischen Gäste wirkt sich übrigens sehr befruchtend aus. So lernen wir etwa, wie – im Unterschied zu einer wissenschaftlichen Publikation – ein Gedicht entsteht. Oder wir sprechen mit einem ukrainischen Fotografen und einem Fluiddynamiker darüber, welche Methode sie jeweils anwenden, um das Unsichtbare sichtbar zu machen. Auf diese Weise versuchen wir, eine kleine Gruppe mit einer einmaligen Erfahrung auszustatten, die die Teilnehmer dann mitnehmen, wohin immer sie nach ihrer Dissertation gehen – ein ›diasporisches‹ Verfahren also, wenn du so willst. Andererseits versuchen wir aber auch, den Dialog zwischen Wissenschaft und Öffentlichkeit auf eine kontinuierliche Basis zu stellen. Wir laden hervorragende internationale WissenschaftlerInnen zu Symposien ein, wo sie sowohl untereinander wie vor einem heterogen zusammengesetzten Publikum ihre Arbeit präsentieren und diskutieren. Auch hier geht es darum, Einblicke in die spezifische Form von Kreativität zu gewähren, die unterschiedlichen Arbeitsweisen und Denkstilen zu Grunde liegt. Bisweilen verlassen wir dabei auch den akademischen Boden und verlegen die Veranstaltung beispielsweise in ein Theater.

Als Nächstes werden wir den Forschungsbereich ausbauen. Auch dies soll dadurch geschehen, dass wir als kleine, temporär in der stimulierenden Umgebung des Collegium Helveticum zusammengesetzte Gemeinschaft arbeiten, die eine Art von Mini Community bildet. Im Übrigen ist es wichtig zu wissen, dass wir an zwei Tagen in der Woche gemeinsam kochen und essen. Das Erfreulichste daran ist zu sehen, wie die Qualitätsstandards von selbst steigen – beim Kochen und Essen wie bei der wissenschaftlichen Arbeit.

*In deinem Buch* »Es ist so. Es könnte auch anders sein« *sagst du, dass die relative Autonomie wissenschaftlicher Arbeit verloren zu gehen droht angesichts der Tatsache, dass Wissenschaft zunehmend sowohl vor einem utilitaristisch-instrumentellen als auch vor einem demokratisch legitimierten Kalkül zu bestehen hat.*

Wissenschaft braucht autonome Freiräume, doch nicht nur sie allein. Jede Form von kreativer Tätigkeit ist darauf angewiesen. Diese Freiräume müssen immer wieder neu definiert werden. Auch wissenschaftliche oder künstlerische Autonomie muss Rechenschaft ablegen und immer erneut ihre Freiräume aushandeln. In den Wissenschaften geht es dabei vor allem um den Bereich der Grundlagenforschung, wo es keine unmittelbare Anwendung und keine bereits sichtbare Nützlichkeit gibt. Auch lässt sich in der Regel nicht leicht abschätzen, wie lange es dauern wird, bis etwas Nützliches aus der Forschung herauskommt. Die Grundlagenforschung ist unter dem Druck, zur wirtschaftlichen Konkurrenzfähigkeit eines Landes beitragen zu müssen, heute fast zu einer bedrohten Art geworden, die besondere Schutzräume benötigt. Universitäten werden in Zukunft noch stärker unter den Entscheidungsdruck gelangen, ob sie beispielsweise noch Mathematik oder Latein, Tibetologie oder Kernphysik anbieten sollen. Für alle, die im künstlerischen Bereich tätig sind, mag das nicht besonders neu klingen und kein Grund für Aufregung sein, doch für die Wissenschaft geht es hier an die Eingeweide.

*Ist der Titel deines Buches als Anregung zu verstehen, sich am Ende dieses Jahrtausends mit den nicht realisierten Projekten auseinanderzusetzen?*

Die Wissenschafts- und Technikgeschichte ist voll von Wegen, die nicht gegangen wurden oder die scheinbar im Nirgendwo endeten. Doch Ideen, technische Ansätze, theoretische Einsichten leben weiter und werden irgendwann später, in anderen Kontexten und mit anderen Zielsetzungen, erfolgreich wieder aufgenommen. Das Bewusstsein, dass es diese vielen nicht gegangenen Wege gibt, ist auch ein guter Impfstoff gegen den Anachronismus, der vergangene Leistungen an heutigen Standards und Einsichten messen will und meint, Entwicklungen könnten sich nur so und nicht anders abspielen. Das Wissen über die nicht gegangenen Wege bewahrt uns davor, allzu viel Hoffnung in ewige Wahrheiten und unveränderbare universelle Prinzipien zu setzen. Die nicht gegangenen Wege erinnern daran, dass alles auch hätte anders kommen können – sie lehren Bescheidenheit vor der historischen Kontingenz. Und sie lassen ahnen, was alles zusammenkommen muss, damit Evolution und Selbstorganisation ihren Weg gehen können. Daher gibt es auch die so viel längeren Zeiträume in der Evolution und das Versuch-und-Irrtum-Spiel. Es ist eine Absage an das teleologische Denken.

*Welches ist dein wichtigstes unrealisiertes Projekt?*

Unrealisierte Projekte sind für mich vornehmlich noch nicht realisierte Projekte. Für die Menschheit sehe ich das wichtigste noch nicht realisierte Projekt darin, Mittel und Wege, Institutionen und Mechanismen, Einstellungen und soziale Praktiken zu finden, um mit Aggression, Gewalt und kriegerischen Auseinandersetzungen besser umgehen zu können. Hierbei geht es nicht um naiven Fortschrittsoptimismus, sondern um die ungeheure Komplexität im Selbstverständnis der Menschheit, wie sie im Zeitalter globalisierter Unsicherheit überall manifest wird.

Für mich persönlich ist das wichtigste unrealisierte Projekt immer das, an dem ich gegenwärtig arbeite. Der Ausgang ist ungewiss, aber es gibt die Richtung vor, und ich lasse mich von seiner Dynamik inspirieren. Oder, um mit Robert Musil zu sprechen: Es ist eine Bewegung, die vom Möglichkeitssinn getragen wird. Als Projekt ist das Collegium Helveticum noch in der Phase, wo wir dabei sind, seinen Möglichkeitsraum auszuloten und zu erforschen. Wenn der Wirklichkeitssinn dann die Realisierung voll übernimmt, ist es an der Zeit, sich dem nächsten noch nicht realisierten Projekt zuzuwenden.

## VON DER WISSENSARBEIT ZUM WISSENSMANAGEMENT – DIE GESCHICHTE DES WISSENS IST DIE ERFOLGSGESCHICHTE DER MODERNE

**Armin Nassehi**

Wissen – das scheint der Schlüssel zum Erfolg zu sein, sowohl zum individuellen Karriereerfolg als auch zum Erfolg ganzer Kulturen und Epochen. Zweifellos ist Wissen der Stoff, der uns die Welt erschließt. Was aber wissen wir eigentlich über das Wissen? Mehr denn je müssen wir heute über das Wissen lernen, um zu wissen, wie wir mit dem Gewussten und dem potenziell Wissbaren umgehen sollen. Im Folgenden werde ich versuchen, hierfür eine begriffliche Grundlage zu schaffen und dabei die Spur des sich derzeit abzeichnenden grundlegenden Wandels unserer Wissensformen aufzunehmen.

### WAS HEISST WISSEN?

Bei Max Weber findet sich eine schöne Charakterisierung der modernen wissenschaftlich-technischen Zivilisation. Der unübertroffenen Präzision wegen zitiere ich sie wörtlich: »Die zunehmende Intellektualisierung und Rationalisierung bedeutet also nicht eine zunehmende allgemeine Kenntnis der Lebensbedingungen, unter denen man steht, sondern sie bedeutet etwas anderes: das Wissen davon oder den Glauben daran, dass man, wenn man nur wollte, es jederzeit erfahren könnte, dass es also prinzipiell keine geheimnisvollen unberechenbaren Mächte gebe, die da hineinspielen, dass man vielmehr alle Dinge – im Prinzip – durch Berechnen beherrschen könne.«[1] Diese von Max Weber als »Entzauberung der Welt« bezeichnete Entwicklung bedeutet nicht, dass wir alles wissen, sondern dass wir, wenn wir wollen, daran glauben können, dass wir beispielsweise durch geeignete wissenschaftliche Maßnahmen alles wissen könnten. Wohlgemerkt: Es handelt sich hier nicht um das Feststellen einer Tatsache – es wird nicht gesagt, dass wir wirklich wissen können, was die Welt im Innersten zusammenhält –, sondern um die Diagnose eines Glaubens. Max Webers Sicht lässt sich ein wenig paradox so zusammenfassen: In der wissenschaftlich-technischen Zivilisation gibt es einen universalen Glauben an das Wissen. Er basiert auf einem Kumulationsmodell des Wissens, das davon ausgeht, dass wir uns, je mehr wir wissen, desto mehr der Zielvorstellung annähern, die Welt zu entzaubern, d. h. zu wissen, wie sie ist.

Dieser naive Glaube an das Wissen ist längst verschwunden, und doch ist die Geschichte des Wissens die Erfolgsgeschichte der Moderne. Wissensarbeit, d. h. Tätigkeiten, deren Produkte in erster Linie kognitiver Natur sind, ist in der zweiten Hälfte des 20. Jahrhunderts zum entscheidenden Produktiv- und Wachstumsfaktor geworden.[2] Industrielle Produkte werden zunehmend ›intelligenter‹, d. h. große Teile ihrer Funktionsweise verdanken sich nicht mehr bloß dem physikalisch-technischen Stoffwechsel, sondern vor allem der Verarbeitung digitaler Stoffe.

Was aber ist Wissen? Wissen ist kein selbstständiger Stoff, sondern immer Wissen von etwas. Wissen ist eine Repräsentationsform der Welt, die eng mit unserer Kultur verbunden ist, da wir keinen anderen Zugang zur Welt haben als über die Wahrnehmung ihrer kulturellen oder kognitiven Repräsentation. Wissen ist aber niemals nur Abbild der Welt. Es ist immer abhängig von anderem Wissen und erhält seine Bedeutung erst in bestimmten kulturellen Kontexten. Wie uns die Welt erscheint, hängt von der Form unseres Wissens ab. Aus der Perspektive der Wissenssoziologie lässt sich über die Welt nur in Form von Wissen sprechen, da wir über das Wissen unseren Zugang zur Welt reflektieren. Das Wissen wirkt als unsichtbarer Filter, durch den allein sich die Welt sehen lässt und an dem nicht vorbeigesehen werden kann.

Ein solcher epistemologischer Ansatz sieht Wissen nicht mehr unter dem Aspekt des richtigen oder angemessenen Wissens, sondern fragt danach, wie unser Wissen von der Welt aus einer Vielzahl von Informationen, Wahrnehmungen, Erfahrungen und kulturellen Codierungen als Wissen erscheint. Ich meine damit Folgendes: Der Zugang zur Welt stellt sich für uns ausschließlich über die kognitive Repräsentation des Gewussten her. Die Differenz von Wissen und Gewusstem, die in anderen Theoriesprachen auch Differenz von Zeichen und Bezeichnetem oder von Signifikant und Signifikat heißt, kann so lange verborgen bleiben, wie die gesellschaftlichen Bedingungen es erlauben, Wissen für eine einwertige Angelegenheit zu halten. Solange Wissen mit dem Anspruch daherkommt, die Differenz zwischen sich selbst und dem gewussten Gegenstand aufgehoben zu haben, kann es als Abbild, als eindeutiger Repräsentant der Wirklichkeit in Erscheinung treten. Wissensabweichungen und -differenzen bedeuten dann, dass mindestens eine der beiden konfligierenden Seiten einem falschen Wissen, ja, sogar Unwissen aufsitzt und ergo kein Wissen hat. Wissen ist in dieser Konstellation nicht wirkliches Wissen, da es lediglich als Transportmittel von Gewusstem in eine bestimmte Wissensform dient.

## WISSENSRÄUME: DIE EINFÜHRUNG DES BEOBACHTERBLICKS

Als Wissen erscheint uns Wissen erst dann, wenn eine reflexive Einstellung zum Wissen besteht, man könnte auch sagen: wenn der Beobachter sichtbar wird. Das klassische Paradigma hält den Beobachter unsichtbar, denn es geht ihm ja nur um die wahre Repräsentation der Welt, die unabhängig vom Beobachter in ihrem So-Sein existiert. Der Beobachter wird allenfalls relevant, wenn er vom herrschenden Wissen abweicht, wenn er konkurrierende, also falsche Wissensformen anbietet, oder wenn sein Wissen so unerhört ist, dass es ganz und gar nicht in das bereits bestellte Wissensfeld passen will. Wenn man aber begreift, dass Wissen nicht einfach die Welt abbildet und unser Verhältnis zur Welt das Ergebnis unserer Form des Wissens ist, dann wird ein reflexiver Umgang mit Wissen erforderlich. Der Moment dieses Begreifens öffnet den Blick auf eine Vielzahl von Sichtweisen und auf unterschiedliche Wahrheits- und Bedeutungsräume, die sich nicht durch ein alles verbindendes Wissen harmonisieren lassen. Der Verlust der Einheit der Wissenschaften ist bezeichnend für die polykontexturale Struktur der modernen Gesellschaft, in der sich eine Vielzahl unterschiedlicher Perspektiven ausdifferenziert.

Der von Max Weber beschriebene Glaube, dass sich die Welt durch Wissen in ihrem wahren So-Sein nicht nur beschreiben, sondern auch beherrschen lässt, wurde in dem Moment erschüttert, als klar wurde, wie sehr standpunktgebunden und beobachterabhängig unser Wissen von der Welt schon immer war. Wenn Wissen aber plural und widersprüchlich ist und sich kein Standpunkt mehr finden lässt, von dem aus alle Wissensformen in einer einzigen Perspektive zusammenfallen, dann macht es auch keinen Sinn mehr, Wissen durch Wissensarbeit kumulativ zu vermehren. Das entscheidende Problem bei unserem heutigen Umgang mit Wissen ist denn auch nicht mehr die Wissensarbeit und -vermehrung, sondern das Management von Wissen, verstanden im Sinne des reflektierten Umgangs mit den unterschiedlichen Ausprägungsformen von Wissen.

Das Label Wissensmanagement bleibt allerdings ein Etikettenschwindel, wenn man darunter lediglich die bessere Organisation von arbeitsteiliger Wissensproduktion und -verarbeitung versteht. Wo es nur darum geht, in ausdifferenzierten Arbeits-, Produktions-, Organisations- oder Forschungszusammenhängen unterschiedliches Wissen und unterschiedliche Wissensträger in eine sachliche, soziale, zeitliche und räumliche Beziehung zu setzen, ist der Begriff Wissensmanagement fehl am Platz. Wir haben es in diesem Fall mit dem effektiven Produzieren und Verteilen von Wissen zu tun, das allerdings aus dem hochgradig arbeitsteilig organisierten Alltag in Produktion, Forschung und Verwaltung kaum mehr wegzudenken ist. Von einem wirklichen Wissensmanagement hingegen können wir erst dann sprechen, wenn in den Umgang mit komplexem Wissen die Beobachterabhängigkeit unterschiedlicher Wissensformen mit eingebaut ist.

Mit etwas erkenntnistheoretischer Fantasie ausgestattet, kommt man zwangsläufig zu dem Schluss, dass der einzige Garant für das Wissen das Vorwissen ist. Es ist dieser ›hermeneutische Zirkel allen sinnhaften Geschehens‹, der Wissensmanagement schwierig macht. Ob im Unternehmen die Entwicklungs-, Produktions- und Marketingabteilung aneinander vorbeireden, ob interdisziplinäre Forschungsgruppen sich nicht über die verschiedenen Annäherungsweisen an den ›gleichen‹ Gegenstand klar werden können, ob interkulturelle Konflikte auf Grund einer völlig verschiedenen Einschätzung der gleichen Situtation entstehen oder die Gegensätze zwischen Generationen oder kulturellen Szenen unversöhnlich aufeinander prallen, bei all diesen Konflikten geht es um nichts anderes, als dass die am Konflikt beteiligten unterschiedlichen Formen des Wissens nicht kompatibel sind. Die vermeintlich gleiche Information wird in unterschiedlichen Kontexten mit vollkommen unterschiedlichen Bedeutungen versehen, was darauf schließen lässt, dass Wissen im Wesentlichen ein Effekt von Vorwissen ist.

Erst wenn Wissen gemanagt wird, d. h. wenn reflexiv auf die unterschiedlichen Perspektiven Bezug genommen wird, lassen sich die Konflikte als Effekte solcher Differenzen wahrnehmen. Wissensmanagement setzt also voraus, dass dritte Perspektiven eingenommen und eingespielte Unterscheidungen mit Möglichkeiten konfrontiert werden, die man zuvor nicht bereit war zu berücksichtigen. Das bewusste Einnehmen einer dritten Perspektive ermöglicht das Verfremden des Blicks der beteiligten Parteien. Sie können dann lernen, dass auch ihr eigener Blickwinkel einer ist, der sich verschiebt, sobald sie ihre Position verändern. Wenn aber erst einmal klar ist, dass Wissen vom Beobachterstandpunkt abhängt, dann ist auch selbstverständlich, dass es sich nicht perfektionieren und summarisch auf die gesamte Gellschaft verteilen lässt.

## RÜCKBLICK: DAS KLASSISCHE WISSENSMODELL

Das summarische oder kumulative Wissensmodell war paradigmatisch für die klassische, industriegesellschaftliche Moderne. Es bestimmte sowohl die gesamte gesellschaftliche Struktur als auch die nationalstaatliche politische Form. Das diesem Modell zu Grunde liegende Hauptprinzip, das sich in allen gesellschaftlichen Bereichen beobachten lässt, ist das Streben nach Versöhnung von Einheit und Differenz, Ordnung und Eigensinn, Differenzierung und Integration. Denn einerseits teilt sich das gesellschaftliche Leben in der Moderne in unterschiedliche funktionale Perspektiven: Ökonomie, Politik und Wissenschaft emanzipieren sich von der Religion, der öffentliche Bereich emanzipiert sich vom Privaten, das Recht von Politik und Kirche, die organisierte Erziehung von der naturwüchsigen Sozialisation in der Familie. All dies führt zu den enormen Effizienzsteigerungen, die den kulturellen Erfolg der Moderne ausmachen und auch das Selbstbewusstsein der Moderne gegenüber der Tradition erklären.

Andererseits hat sich die klassische Moderne bei aller Ausdifferenzierung ihrer Perspektiven geradezu obsessiv an den Prinzipien von Ordnung und Ausgleich orientiert und das Auseinanderstreben einzelner Elemente stets mit einer Kultur der Eindeutigkeit konterkariert.[3]

Den einheitsstiftenden Strategien des Staates, die das Politische der Idee der Nation und der Praxis des Nationalstaates unterordneten und damit politische Eindeutigkeit herstellten, kam hierbei eine wichtige Rolle zu. Letztlich war es der Nationalstaat, der im gesellschaftlichen Modernisierungsprozess die Funktion übernahm, die auseinanderstrebenden Elemente zu bündeln und als jeweils nationale Varianten des Ökonomischen, Rechtlichen, Politischen, Kulturellen und sogar des Wissenschaftlichen aufeinander zu beziehen. Der stabile Nationalstaat ist gewissermaßen der ›blinde Fleck‹ der klassischen Moderne, weil er die Differenziertheit und Vielheit, die prinzipielle Unversöhnlichkeit und – wie Max Weber sagen würde – strukturelle Unbrüderlichkeit der Moderne für den Zeitraum eines außerordentlich erfolgreichen, aber auch katastrophischen historischen Abschnitts der Moderne domestizieren konnte.

Der klassische Nationalstaat der industriegesellschaftlichen Moderne ist, um die auseinander strebenden Elemente bündeln und unter einem gemeinsamen nationalstaatlichen Dach integrieren zu können, darauf angewiesen, perspektivfreie Wissensformen und die Präsenz seiner Akteure zu simulieren. Die regulative Idee dieses für die Moderne typischen Modells rationaler Herrschaft besteht darin, gesellschaftliches Wissen so zu verteilen und aufeinander zu beziehen, dass sich ökonomische Stabilität mit politischer Loyalität paart und gesellschaftliche Konflikte durch die sozialstaatliche Absicherung der Daseinsvorsorge ent-emotionalisiert werden. Am wichtigsten ist dabei aber vielleicht sogar etwas anderes: es entsteht in diesem Prozess so viel gemeinsames Wissen, dass sich daraus die Legitimität staatlicher Akteure begründen lässt. Insofern gehört die Nationalisierung gesellschaftlicher Debatten nach innen und außen – mit allen bekannten Katastrophen des Jahrhunderts – zur Struktur der Demokratie, wie wir dieses klassische gesellschaftliche Modell der Moderne nennen. Ein Wesenszug dieses Modells ist, dass es auf wechselseitig verfügbaren Wissensbeständen gesellschaftlicher Kollektive beruht, die ein gemeinsames Problem- und Problematisierungsbewusstsein haben.

Dass eines der entscheidenden Politikfelder eines solchen Staates die Wissenspolitik ist, kann nicht verwundern. Kultur- und Medienpolitik, Bildungs- und Sozialpolitik, sogar Wirtschafts- und Rechtspolitik und erst recht der ganze Bereich der politischen Symbolik wie der symbolischen Politik sind in erster Linie auf gemeinsames Wissen und mehr oder weniger gemeinsame Problemdefinitionen ausgerichtet. Deren Produzenten sind unter anderem die Massenmedien Rundfunk, Fernsehen und Presse, die eine simultane Kommunikation unter Abwesenden herstellen und damit die Aufgabe übernehmen, gleiches Wissen an unterschiedlichen Orten bereitzustellen. Aus der Perspektive des Rezipienten könnte man das Modell der modernen Massenmedien als ein deduktives Modell bezeichnen, da sie den Empfänger zur rein passiven Aufnahme zwingt. Indem der Informationsstrom nur in eine Richtung fließt, können die modernen Massenmedien Wissen vereinheitlichen und dafür sorgen, dass es relativ eindeutig bleibt.

### DAS WISSEN VON MORGEN

Das klassische Wissensmodell der Moderne orientiert sich noch stark an dem Begriff Wissensarbeit. Wissen, genauer gesagt, gemeinsames, widerspruchsfreies Wissen, wird wie eine Ware produziert, und Wissensmanagement findet noch so gut wie gar nicht statt. Was wir unpräzise – und vielleicht gerade deshalb sogar treffend – als »Datenautobahn« bezeichnen, verweist jedoch auf neue Wissensformen, die radikale Brüche in der Gesellschaft sichtbar werden lassen. Um nicht missverstanden zu werden: Die nachfolgenden Gedanken sind alles andere als eine empirische Analyse einer bereits bestehenden oder durchgesetzten gesellschaftlichen Realität. Die »Datenautobahn« interessiert mich hier nicht im Sinne der tatsächlichen Nutzung des Internet oder entsprechender technischer Systeme, sondern als Metapher für einen, wie ich meine, unaufhaltsamen Strukturwandel, in dem sich die Mythen der Moderne mehr und mehr dekouvrieren. Ich begnüge mich damit, einige davon stichwortartig aufzuzählen:

- Globalisierung ökonomischer Wechselwirkungen und betrieblicher Strategien
- Legitimationsbruch nationalkultureller Traditionen und Pluralisierung von Lebensstilen und Alltagskulturen
- Abkoppelung kultureller Nähe und alltäglicher Vertrautheit von konkreten Räumen
- Entstehung transnationaler Kulturen durch Migration
- Kompetenzverlust des Nationalstaates durch das Brüchigwerden eingespielter Ausgleichs- und Konfliktroutinen
- Erosion des Normalarbeitsverhältnisses mit all den bekannten Problemen für die Herstellung individueller Erwartungssicherheit
- Legitimationsverlust überstaatlicher politischer Akteure auf Grund mangelnder demokratischer Kontrolle

Das Gemeinsame an den genannten Punkten ist, dass Simultanwissen, wie es für die klassische industriegesellschaftliche Moderne bestimmend war, nicht mehr vorausgesetzt werden kann. Wenn ökonomische, politische und kulturelle Prozesse sich kaum noch nationalstaatlichen Organisationsformen und Restriktionen fügen, bleibt das nicht ohne Einfluss auf das Wissen. Es wird pluraler und inkonsistenter, da beispielsweise die Restriktionen, denen früher die Entstehung und Verbreitung neuer kultureller Formen und wissenschaftlicher Perspektiven unterlag, an Macht verlieren. Zugleich wird Wissen aber als Ressource wichtiger, um mit Diversifizierung, Perspektivenvervielfachung und den daraus entstehenden Unsicherheiten umzugehen. Es wird nicht mehr nur erarbeitet, es wird jetzt gemanagt.

Das, was wir mit Datenautobahn bezeichnen, ist vielleicht ein besonders treffendes Symbol für diesen Strukturwandel. Die Wissensakkumulation im Internet, in betrieblichen Intranets und weltweiten Datenbanken steht für einen neuen reflexiven Umgang mit Wissen, der sich sowohl auf der Anbieter- wie auf der Anwenderseite findet (wobei auch diese Unterscheidung an Gültigkeit zu verlieren scheint). Habe ich das klassische Modell ein deduktives genannt, so ließe sich hier von einem induktiven Modell sprechen. Wissen wird nicht einfach abgerufen, nicht von wohlbekannten Orten her bezogen, sondern muss eher gesucht und durch individuelle Auflösungs- und Rekombinationsstrategien jeweils neu hergestellt werden. Themenrecherchen im Internet sind dafür ein geradezu paradigmatisches Beispiel. Die unübersichtliche Fülle von Informationen, die weltweit zur Verfügung steht und abrufbar ist, setzt förmlich voraus, dass wir unsere Fragen und unseren Bedarf an Wissen andauernd assoziativ und mit kreativem Blick für weiterführende Links in Echtzeit neu überdenken. Induktiv ist ein solches Modell, weil es nicht einfach vorhandenes Wissen abruft, sondern Informationen auf die eigene Perspektive bezieht und zu relevantem Wissen umformt.

Dass sich über den induktiven Zugriff auf Wissen keine Simultanpräsenz wie beim Fernsehen herstellt, ist augenscheinlich, auch wenn vieles von dem, was derzeit auf der Datenautobahn geschieht, sich nach wie vor, obwohl das Internet dafür eigentlich gar nicht geeignet ist, an dem klassischen Modell orientiert.

Aber letztlich lebt die Datenautobahn davon, dass sie auf Simultanpräsenz verzichtet und dass sie den Informationsfluss und die Wissensakkumulation individualisiert und diversifiziert. Das Managementpotenzial, das bei den klassischen Medien auf der Anbieterseite lag, verlagert sich nun eindeutig auf die Anwender- und Abnehmerseite, die zu einer Art Redaktion für die eigenen Texte wird.

Nichts bezeichnet diesen Wandel besser als der Hypertext. Er besteht aus mehreren Texten, die hierarchisch und heterarchisch miteinander verkoppelt sind. Die Struktur der Textverweise (Links) ist zum Teil außerordentlich kompliziert. Sie erlaubt es dem Anwender, aus der Linearität eines Textes auszusteigen, um auf andere neue Textstränge zuzugreifen. Der Anwender erzeugt auf diese Weise beim Lesen einen neuen linearen Text, der so vorher nicht vorhanden war. Mit anderen Worten: Lesen und Schreiben beginnen sich aneinander anzunähern.

Damit soll nicht gesagt sein, dass das Internet oder die neuen kognitiven Produkte oder die Dekonstruktion von Texten die Ursache für den radikalen Strukturwandel des Wissens sind. Vielmehr sind es die globalen gesellschaftlichen Wandlungsprozesse, die zur Veränderung von Wissensströmen führen und in der Folge auch die Struktur von Wissen verändern. Eine globalisierte Weltgesellschaft kann nicht mehr darauf bauen, dass gemeinsam geteiltes Wissen sie integriert und stabilisiert. Die Entwicklung mutet einigermaßen paradox an: Je näher die unterschiedlichen Erdteile in der Folge des globalen Datenverkehrs zusammenrücken und je schneller und unkomplizierter Daten von jedem Ort des Globus in Echtzeit an einen anderen Ort transferiert werden können, desto mehr verschwindet die Möglichkeit, gemeinsames Wissen herstellen zu können.[4]

## EIN NEUER UMGANG MIT KOMPLEXITÄT?

Das Problem der Simultanpräsenz hat darüber hinaus auch eine temporale Dimension.[5] Wahrscheinlich bestand die große Leistung der nationalgesellschaftlichen Moderne im Wesentlichen darin, die sachliche und zeitliche Koordination zu garantieren, ohne die die moderne Welt nicht die Ordnung erhalten hätte, die sie hat.[6] Das neue induktive Wissensmodell kann sich auf solche Ordnungsleistungen immer weniger verlassen, weil es immer weniger darauf vertrauen kann, dass Perspektiven sich wechselseitig aufeinander beziehen. Trotz der enormen Fülle aller möglichen abrufbaren Informationen im World Wide Web über alles und jedermann verliert alles und jedermann zugleich an kalkulierbarer Gestalt. Indem Wissen sich kaum mehr universalisieren lässt, weil es sich chaotisch und disseminatorisch ausbreitet und weder Zentrum noch Peripherie kennt, verliert Kommunikation jene universalisierbare Wechselseitigkeit, die man in der klassischen Moderne wenigstens simulieren konnte. Gäbe es das Internet nicht, man müsste es als Parabel für den Wandel des Wissens erfinden: Es ist dezentral organisiert, fehlerfreundlich vernetzt, ohne strukturelle Vorgaben, aber doch interne Strukturen ausbildend und niemandem konkret zuzurechnen.

Bei der klassischen Simultanpräsenz von Wissen war es möglich, den Umgang mit steigender Komplexität durch »gleichartige Tätigkeiten zur gleichen Zeit sicherzustellen, also die Differenz von anwesend/abwesend zu überwinden«.[7] Konkret sah das so aus, dass die Anwesenheit von Kommunikationspartnern – etwa bei betrieblichen Abläufen – nicht unbedingt erforderlich war, weil man vom gleichen Wissen ausging und dem abwesenden Kommunikationspartner deshalb reziproke Perspektiven unterstellen konnte. In einer Gesellschaft, in der sich Informationsflüsse und Wissensdistribution immer stärker von konkreten Personen und Interaktionen trennen, tritt paradoxerweise der umgekehrte Fall ein: Die Gesellschaft wird für neue Formen der Anwesenheit besonders empfänglich. Denn: Wie soll die Komplexität des Wissens überhaupt erträglich sein, wenn der Adressat nicht zugleich mit kontrolliert wird? Wie kann ich meinen Intentionen trauen, wenn ich meine Wirkungen gar nicht sehen kann? Wie lässt sich Wechselseitigkeit herstellen, wenn mein Gegenüber strukturell immer schon verschwunden ist? Das Internet ersetzt also keineswegs das Reisen, und die Technisierung von Gleichzeitigkeit durch die Datenautobahn ersetzt gerade nicht die fast naturwüchsig erscheinende Qualität der Interaktion unter Anwesenden. Ich erwarte mir hier eher eine Aufwertung der nicht-technisierten gesellschaftlichen Beziehungen, gerade weil ihre Technisierung so effektiv geworden ist.

Eine weitere Veränderung des Wissens hat damit zu tun, dass die neuen Wissensmedien eine starke Tendenz zur Visualisierung haben. Vielleicht vertraut man den Bleiwüsten in Büchern unbewusst noch mehr, weil sie scheinbar nur auf einer einzigen Ebene virtuell sind, wo es um die Differenz von Schrift und Spur, von Zeichen und Bezeichnetem geht. Dabei wird vergessen, dass es das Buch und die Schrift sind, der wir die kulturelle Möglichkeit der Virtual Reality verdanken. Beispielsweise kennen wir die Genesis der Welt und die Geschichte des Messias nur aus der Schrift und wissen nicht, ob die beiden Ereignisse überhaupt jemals stattgefunden haben. Da die neuen Wissensmedien jegliche Illusion von einer materiellen Real Reality zerstören, nimmt es nicht wunder, dass Bilder, Symbole, Icons, Farben und simulierte Räume mehr und mehr zur Schrift der neuen Medien werden.

1 Max Weber: *Wissenschaft als Beruf*, in ders.: Wissenschaft als Beruf/Politik als Beruf. Studienausgabe der Max Weber Gesamtausgabe, Band I/17. Tübingen 1994, S.9.

2 Vgl. dazu Helmut Willke: *Systemisches Wissensmanagement*. Stuttgart 1998, S. 19ff.

3 Vgl. dazu Armin Nassehi: *Differenzierungsfolgen. Beiträge zur Soziologie der Moderne*. Opladen 1999, S. 29-48.

4 Vgl. Armin Nassehi: *Die ›Welt-‹Fremdheit der Globalisierungsdebatte. Ein phänomenologischer Versuch*, in: Soziale Welt 49/1998, S. 151-166.

5 Vgl. dazu Armin Nassehi: *Die Zeit der Gesellschaft. Auf dem Weg zu einer soziologischen Theorie der Zeit*. Opladen 1993, S. 323ff.

6 Anthony Giddens: *Time and Social Organization*, in ders.: *Social Theory and Modern Sociology*. Oxford 1987, S. 142.

7 Niklas Luhmann: *Gleichzeitigkeit und Synchronisation*, in ders. (Hg.): Soziologische Aufklärung 5/1990, S. 123.

# WISSEN, ENTERTAINMENT, VISUALITÄT UND DIE MEDIEN – ANMERKUNGEN ZUR ZUKUNFT DER BILDUNG

**Mihai Nadin**

*»Und das Ende all unseres Kundschaftens*
*Wird sein, am Ausgangspunkt anzukommen*
*Und den Ort zum erstenmal zu erkennen.«*
*(T. S. Eliot, »Little Gidding«)*

Bewusstsein existiert nur in Verbindung mit dem Bewusstsein anderer Menschen. Als ich erstmals diese These Ende der 80er Jahre formulierte – und sie im Rahmen einer Publikation zur Diskussion stellte (*Mind-Antizipation und Chaos*, 1991) –, hatte ich nicht damit gerechnet, dass sie rasch eine derart breite Zustimmung finden würde. Heute versteht man sie nicht mehr als Zitat, sondern als selbstverständliches Faktum. Ein Grund dafür ist das derzeit große Interesse an der Umstrukturierung des Bildungswesens, das als wesentlicher Faktor bei der Gestaltung der Gesellschaft der Zukunft angesehen wird.

Bildung und Erziehung geht alle etwas an, nicht nur Lehrer, sondern auch Politiker, Wissenschaftler, Ingenieure, Philosophen, Manager, Studenten und Menschen, die sich im sozialen Bereich engagieren. Unabhängig davon, von welchem Standpunkt aus man sich dem Thema Bildung nähert, gibt es eine Komponente, die im Hinblick auf das zu favorisierende Bildungsmodell und die Frage der Gleichheit der Bildungschancen zu bedenken ist, und das ist die Frage des Bewusstseins. Und was man ebenso wenig vergessen darf, ist die Tatsache, dass Bildung Interaktion bedeutet, und dass dafür nicht nur Bewusstsein vorausgesetzt wird, sondern dass Bildung selbst einen entscheidenden Anteil an der Selbstkonstitution, der Ausbildung des individuellen menschlichen Bewusstseins, hat.

Da ich Selbstkonstitution als Schlüssel für ein besseres Verständnis der Natur menschlicher Existenz ins Spiel bringe, möchte ich den Begriff kurz erklären. Er ist im wörtlichen Sinne zu verstehen: Wir machen uns selbst, oder wir konstituieren uns selbst. Dies schließt mehrere Überlegungen ein. Der Mensch und das menschliche Bewusstsein sind nicht Repräsentation von etwas, das außerhalb von ihnen liegt und etwas anderes ist. Sie sind eine Ganzheit, die sich in dem Maße erschließt, als sie an der Dynamik des Lebens teilhat. Selbstkonstitution findet auf der elementarsten Ebene der Existenz statt, wo biologische Eigenschaften wie stark, schnell, rational, emotional, mit ausgeprägten Sinnesorganen ausgestattet sein etc. entscheidend sind für das Überleben.

### WAS IST BILDUNG?

Die große Herausforderung bei allen Versuchen, die unterschiedlichen Komponenten der Erfahrung menschlicher Selbstkonstitution zu erfassen, die wir als Bildung bezeichnen, ist die Erkenntnis, dass wir es hier mit einem dynamischen Prozess zu tun haben. – Das gilt übrigens auch für andere Bereiche der Selbstkonstitution wie Arbeit, Kinder großziehen, Kunstwerke produzieren. Alles, was mit Bildung zu tun hat, ist grundsätzlich einem Veränderungsprozess unterworfen, weil sich auch die Menschen selbst, ebenso wie die Momente ihrer Selbstkonstitution, dauernd verändern. Es ist deshalb eigentlich illusorisch, in Fragen der Bildung nach Dauerlösungen zu suchen, und doch hat man gerade auch wegen dieses dynamischen Aspekts menschlicher Existenz von der Bildung immer einen gewissen Stabilisierungseffekt erwartet und erwartet diesen auch heute noch. In politischen Programmen wird diese Erwartungshaltung häufig auf die Formel gebracht, das Bildungssystem solle die neue Generation darauf vorbereiten, ihren produktiven Beitrag zur Gestaltung der Gesellschaft zu leisten. Und es wird ein Katalog von Kenntnissen und Fähigkeiten definiert, in dem sich diese Erwartungen konkretisieren. Ökonomisch gesprochen heißt dies: Bildung ist eine (gesellschaftliche oder individuelle) Investition, die sich in Form von wirtschaftlichen und gesellschaftlichen Leistungen auszahlen wird. Ein etwas idealistischerer politischer Ansatz mag davon ausgehen, dass Bildung ein Wertesystem vermittelt, das die Errungenschaften vorangegangener Generationen schätzt und fortführt. Noch idealistischer, im Sinne eines ethisch-moralisch fundierten politischen Programms für zivilisierte Gesellschaften, ist die Erwartung, Bildung solle ein bestimmtes Wertempfinden und Respekt vor den Werken der Generation der Eltern und Großeltern vermitteln. Die Naturwissenschaften erwarten vom Bildungssystem, dass es das Erreichte zu bewahren und neue Entdeckungen durch künftige Forschergenerationen zu ermöglichen hilft. Die Technologen versprechen sich die Förderung einer ungebremsten Innovationsdynamik. Die Kulturwissenschaften wollen ihren spezifischen Kompetenzbereich und die Einzigartigkeit ihrer Erkenntnis- und Wissensformen bestätigt sehen. Diese kurze Auflistung der jeweils eigenen Interessen, die die Gesellschaft als

Ganzes und die einzelnen Gruppen an das Bildungssystem haben, könnte man selbstverständlich noch beliebig erweitern auf Künstler, Militärs oder andere Interessenvertreter, die sicherlich noch weitere, unterschiedliche Erwartungen zum Ausdruck bringen würden.

Der beste Weg, die falschen Bildungsziele zu definieren, wäre, einfach alle Aufgaben zu addieren, die von der Bildung erfüllt werden sollen. Ein solches Verfahren wäre im Übrigen der sicherste Weg zu der falschen Schlussfolgerung, dass man ohnehin nichts Sinnvolles tun kann. Der gödelsche Lehrsatz auf unser Problem angewandt würde bedeuten: Eine vollständige und in sich widerspruchsfreie Beschreibung dessen, was Bildung ausmacht, ist nicht möglich. Da diese Aussage im Grunde auf alle komplexen Wissensbereiche zutrifft, muss man sich eher die Frage stellen, wie wir trotzdem zu einer widerspruchsfreien Definition dessen gelangen, was wir mit Bildung meinen. Denn wenn wir das Bildungssystem verbessern wollen, sollten wir wissen, wovon wir eigentlich reden. Eine gute Methode, sich einer komplexen Frage wie dieser zu nähern, ist es, sie in einzelne Teilbereiche zu zerlegen und diese dann getrennt zu untersuchen. Auf diese Weise sollte es möglich sein, wenigstens zu einer widerspruchsfreien Beschreibung der einzelnen Teilbereiche zu kommen. Eine erste Schlussfolgerung sollte dann sein, dass es Bildung als einen alle Bereiche umfassenden Prozess, der sich vom Kleinkindalter bis zum akademischen Abschluss und darüber hinaus dann auch noch auf lebenslanges Lernen erstreckt, nicht gibt. Stattdessen ist es sinnvoller, von unterschiedlichen Bildungsabschnitten zu sprechen. Sie sollen die jungen und weniger jungen Menschen in die Lage versetzen, ihre Rollen innerhalb der Gesellschaft zu erfüllen und ihr kreatives Potenzial in den unterschiedlichen Erfahrungsebenen der Selbstkonstitution zu entfalten.

## VON DER SCHRIFT ZU MULTIMEDIA

Die Vorstellung, dass Sprache und Schrift universelle Bestandteile der Bildung sind, gehört einer Bildungspraxis an, die sich schon längst nicht mehr auf diese Fähigkeiten verlässt. Inzwischen sind Sprache und Schrift durch eine ganze Reihe anderer Ausdrucks- und Kommunikationsmittel ergänzt und zum Teil ersetzt worden. Statt nun den Niedergang der Bildung zu beklagen, ist es viel wichtiger, die Gründe für diesen Ablösungsprozess zu verstehen und Vorstellungen darüber zu entwickeln, wie alternative Modelle für den Erwerb und die Verbreitung von Wissen aussehen könnten.

Beginnen wir mit den Ursachen für den Übergang vom primär logozentrisch und logokratisch geprägten Modell des Wissenserwerbs zum Modell der ›multimedialen Entdeckungsreise‹, mit dem wir es heute zu tun haben. In der Bildungspraxis der Vergangenheit erfolgten Wissenserwerb und Wissensvermittlung auf der Basis eines Realitätskonzepts, das in sprachlichen bzw. sprachbasierten Erfahrungen verankert war. Dieses Wissen drückte sich in den Maschinen und den maschinell gefertigten Produkten des Industriezeitalters aus. Die Verhältnisse haben sich inzwischen entscheidend verändert. Die Bedingungen, unter denen heute Erfahrungen menschlicher Selbstkonstitution gemacht werden, weisen immer höhere Effizienzerwartungen auf, und Wissen wird dabei zu unserer wichtigsten Ressource. Dieses Wissen wird aber immer weniger durch die Schriftkultur vermittelt und ist auch längst nicht mehr in präformierte Lebens- und Produktionsabläufe eingebettet. Der Erkenntnis-Horizont der Menschheit hat sich ausgeweitet. Die neuen ›Maschinen‹ sind eher Ausdruck unserer kognitiven als unserer physischen Fähigkeiten. Wir sind dabei, das Potenzial all unserer Sinnesorgane auf überraschende Weise wieder zu entdecken. Die Ebene der Sinneswahrnehmung bezeichnet nicht nur den Anfang jedes Erkenntnisprozesses, sie ist darüber hinaus an allen höheren kognitiven Verarbeitungsprozessen von Information beteiligt und damit an der Entstehung von Wissen.

Viele der jüngsten wissenschaftlichen Entdeckungen wären überhaupt nicht möglich, würden wir uns in der Forschung immer weiter darauf beschränken, Wissen durch Sprache und Schrift zu erwerben. Hierher gehört der gesamte Bereich des Wissenserwerbs durch Visualisierung. Ein Beispiel dafür ist das Bemühen, komplexe dynamische Systeme (d. h. Phänomene, die einen Entwicklungsprozess durchlaufen) oder den kosmischen Raum abzubilden. Ähnliches gilt für die Gestaltung von Interaktionen in virtuellen Environments, die Hören, Fühlen und das Sich-Bewegen in synthetischen Räumen mit einschließen, sowie für das Design von Roboterwerkzeugen im atomaren oder subatomaren Maßstab (beispielsweise für medizinische Anwendungen), wie sie in der Nanotechnologie angewandt werden. Mathematik und Logik beruhen auf symbolischen Notationssystemen, die in gewisser Weise effizienter sind als die Sprache. Radioastronomische Signale etwa transportieren Informationen, die uns die Entstehung neuer Fixsterne verständlich machen – ein Phänomen, das mit Sprache allenfalls metaphorisch beschrieben werden kann. Das gilt auch für genetische Prozesse. Die komplexe Entfaltung von Proteinen lässt sich nicht anders als in Form dreidimensionaler Konfigurationen darstellen, die uns zeigen, wie ein Genotyp in einer unendlichen Vielfalt von Phänotypen angelegt ist. Wir haben die Hoffnung, auf diese Weise irgendwann auch den gesamten Prozess der Entfaltung lebender Proteine zu verstehen, wohingegen wir diesen auch mit den komplexesten Berechnungsmethoden mit Sicherheit niemals erschließen könnten.

Der Hinweis auf solche Beispiele hat natürlich nur einen begrenzten argumentativen Stellenwert. Die bessere Argumentationsstrategie ist es, die Natur der geistigen Prozesse zu untersuchen, die die Grundlage sind für menschlichen Erfindungsgeist, Kreativität, Entdeckung, Ausdruck, Kommunikation, Bestätigung, Bewertung etc., für Prozesse also, die für Wissenschaft, Technologie und alle Formen kreativen und künstlerischen Schaffens die wichtigste Voraussetzung sind. Diese Prozesse machen deutlich, dass Information die einzige Ressource ist, die sich vermehrt, wenn sie genutzt wird. Dieser Wachstumsprozess resultiert aus der Tatsache, dass nicht nur Sprache und Schrift, sondern sämtliche möglichen sowie die tatsächlich ablaufenden Interaktionen unseres Bewusstseins in diesen Prozess integriert sind.

## DIE BILDUNG VON MORGEN

Im Sinne des eingangs zitierten Mottos von T. S. Elliot sind wir damit wieder am Ausgangspunkt unserer Überlegungen angekommen, nur auf einer etwas anderen Verständnisebene. Ein Bildungssystem, das in den begrenzten Handlungsrahmen von Sprache und Schrift eingebettet ist, produziert ein ständig sich wiederholendes Muster von Interaktivitätsformen. Das Medium dieser Interaktionen ist die gemeinsame Sprache, die in einem Buch, vielen Büchern, einer ganzen Bibliothek und letzlich im gesamten Bildungssystem zum Ausdruck kommt.

In dem Maße, in dem sich das pragmatische Handlungsgerüst ändert – was im Moment der Fall ist –, tritt an die Stelle des bisher in der westlichen Welt vorherrschenden Interaktionsmediums, die von der griechisch-römischen Kulturtradition geprägte westliche Sprache, eine Vielzahl von interaktiven Medien, die andere Formen geistiger Austauschprozesse und alternative Möglichkeiten für Erwerb und Kommunikation von Wissen bereitstellen. Damit entsteht ein alternativer Raum für den Erwerb und Ausdruck sowie für die Kommunikation und Bewertung von Wissen. Dass das Visuelle in den gegenwärtigen Medien eine so große Rolle spielt, kann man eigentlich nur aus dieser Entwicklungsperspektive richtig verstehen. Wenn wir diesen Aspekt nicht beachten, könnte der Wandel, der sich gegenwärtig abzeichnet, leicht falsch als kultureller Rückschritt interpretiert werden – als Schritt zurück zu den Schatten von Platons Höhle und den rudimentären Ausdrucksformen der Höhlenmalerei.

Eine andere Gefahr liegt darin, die Zukunft zu dämonisieren, indem man sie unter dem Aspekt der instinktgeleiteten Bedürfnisbefriedigung und der Dominanz des Kommerziellen über das Spirituelle sieht. Hierin ist, denke ich, der Grund dafür zu suchen, warum viele Menschen den visuellen Medien und ihren interaktiven Möglichkeiten mit Zurückhaltung und Misstrauen begegnen und sie im Vergleich zur geschriebenen Sprache als minderwertig und als ein Zeichen des kulturellen Niedergangs betrachten.

### BILDUNG ALS DEMOKRATISCHES ELEMENT

Um dies zu verstehen, muss man sich vor Augen führen, dass der Ursprung der Bildungsidee nicht in den gesellschaftstheoretischen Entwürfen zu finden ist, die die Geschichte der Demokratie geprägt haben. Bildung war über weite Strecken Ausdruck von Privilegien und diente zugleich deren Konsolidierung. Auch heute noch ist Bildung nicht nur in den USA und anderen hoch entwickelten Ländern Teil der kulturellen Selektionsmechanismen. Wer sein Studium in Harvard, an der École Normale Supérieure, der Universität Göttingen oder einer anderen Eliteuniversität absolviert hat, dem eröffnen sich bessere Karrierechancen – im Kultur- und Wissenschaftsbetrieb ebenso wie in der Politik oder in der Wirtschaft. Es war ein Anspruch der Demokratie, Rahmenbedingungen zu schaffen, unter denen gleiche Rechte für alle gelten sollten. Was wir heute erreicht haben, ist, dass sich jeder die neueste Videokamera besorgen kann und Zugang zu den Filmen hat, die in Cannes mit der Goldenen Palme ausgezeichnet wurden oder ein Kassenknüller in den USA sind. Autos, Wohnungen, Urlaubsreisen, medizinische Versorgung, Designermode, Gourmetspeisen und Spitzenweine sind prinzipiell für alle erhältlich. Auf diesem Sektor hat die Demokratie ihr Gleichheitsziel erreicht: Alle Bürger haben die gleichen Wahlmöglichkeiten und den gleichen Zugang zum Markt. Aber noch längst nicht alle Bürger haben auch am sozialen und politischen Leben teil.

Da das Bildungswesen von einem Demokratieverständnis geprägt ist, das allen Bürgern gleiche Chancen und Möglichkeiten eröffnen soll, ist es unehrlich und ignorant, darüber zu klagen, wie dies neuerdings häufig geschieht, das Bildungswesen entwickle sich zur Unterhaltung. Der gesamte Prozess menschlicher Selbstkonstitution ist begleitet von Bildungspraktiken, die wie Filme in Form inszenierter Events ablaufen. Das lässt sich an vielen Beispielen aus der Kulturgeschichte zeigen. Die Universität etwa wurde durch die praktischen Bedürfnisse und Umgangsformen der römisch-katholischen Kirche geformt; die Akteure, die Professoren und Studenten, waren entsprechend gekleidet. Oder nehmen wir die Sekte der Amish, die inmitten des modernen Amerika an einem von der Landwirtschaft des 18. Jahrhunderts geprägten Lebensstil festhält. Sie organisiert den Schulunterricht auf dieses Ziel hin, womit Lernen gewissermaßen zur Live-Verfilmung eines Lebens ohne Elektrizität, Telefon und Verbrennungsmotor wird. Dass die Logik und der Rhythmus des Entertainments neuerdings angeblich unser Leben kontrollieren, wie Neil Gabler in seinem Buch *Life, the Movie. How Entertainment Conquered Reality* (1999) unterstellt, liest sich vor solchem Hintergrund eher wie eine Fußnote.

All dies wäre nicht der Erwähnung wert, würde dabei nicht ein Punkt deutlich, der für meine Überlegungen zum Bildungsbegriff zentral ist. Gabler behauptet in seinem Buch, dass die Generation von Intellektuellen, die mit dem Fernsehen aufgewachsen ist, stark dazu tendiere, die populären Ausdrucksformen der Kultur zu bewundern, deren erstrebenswerteste Existenzform es sei, berühmt zu werden. Daraus zieht er die Schlussfolgerung, dass wir zu einer ›Schein-Gesellschaft‹ zu werden drohen, »in der Autoren keine Bücher, Künstler keine Kunstwerke und Musiker keine Musik mehr produzieren, Politiker keine Politik mehr machen und Studenten keine Studien mehr betreiben.«

Was in einer solchen Einschätzung zum Ausdruck kommt, ist eine fundamentale Ignoranz gegenüber den gewaltigen Veränderungen, die wir erleben. Menschen, die sich hauptsächliche an Wertvorstellungen der Vergangenheit orientieren, können die Bedeutung der neuen Werkzeuge, um Wissen zu erwerben, auszudrücken, zu verteilen und zu bewerten, offenbar nicht einschätzen. Und in der Tat ist es ja auch so, dass die großartige Abstraktionsleistung mathematischer Formeln oder philosophischer Gedankengebäude à la Kant, Hegel oder Derrida oder die Rationalität eines auf dem Kausalitätsbegriff aufbauenden intellektuellen Diskurses, wie ihn Descartes entwickelte, oder die Eleganz einer literarischen Reisebeschreibung oder die Schönheit eines poetischen Kunstwerks im krassen Gegensatz stehen zu Virtual Reality-Darstellungen von molekularen Prozessen in virtuellen pharmazeutischen Entwicklungslabors oder zur Visualisierung ferngesteuerter chirurgischer Eingriffe oder zu den sich selbst reparierenden Materialien, aus denen nanotechnologische Werkzeuge bestehen. Was wir gegenwärtig beobachten, ist keine Evolution, sondern eine Revolution der wissenschaftlich-technischen Möglichkeiten und der damit verbundenen Formen der Kommunikation und Wissensproduktion. Die menschliche Selbstkonstitution vor Augen, könnten frühere Entwicklungsphasen der Menschheitsgeschichte demgegenüber leicht als unbedeutend erscheinen.

Es ist ein grundsätzlicher Unterschied, ob visuelle Information im Computer Unterhaltung *ist* oder ob sie *unterhaltsame Elemente* enthält. Ebenso ist es wenig sinnvoll, die unser Zeit- und Raumgefühl unterstützende Akustik von Computerinformation mit mittelmäßiger Popmusik gleichzusetzen. Ich würde im Gegenteil behaupten, dass mit den neuen Werkzeugen ein faszinierender Kosmos von neuen Bildern, Tönen und Erfahrungen entsteht, der darauf wartet, von grenzüberschreitender Wissenschaft, Technologie, Kunst, Literatur, Philosophie und letzten Endes auch von Politik und Gesellschaft entdeckt zu werden. Wo Autoren wie Neal Gabler ein Ende sehen, sehe ich einen Anfang.

### INTERAKTIVITÄT UND WISSENSPLURALISMUS

Damit aus einem solchen Anfang auch wirklich etwas Neues entstehen kann, ist eine Neubewertung unseres Verständnisses von Bildung erforderlich. In diesem Sinne plädiere ich für mehr visuelle Bildung und für die Einbeziehung von Akustik, Bewegung, Geschmacks- und Tastsinn in den Bildungsprozess. Die multimedialen Technologien sollten als interaktive Denkwerkzeuge statt als Werkzeuge der Illustration eingesetzt werden, wie das bisher meist der Fall ist. Darüber hinaus plädiere ich dafür, dass wir uns von der Illusion verabschieden, es könne so etwas wie dauerhafte Bildungskonzepte geben oder Bildung habe etwas mit der Repräsentation und demokratischen Verbreitung von Wissen zu tun, die sich am besten über ein festes Konzept organisieren ließen. Wir müssen in der Bildung dem fundamentalen Unterschied zwischen dem Lebendigen und dem künstlich Hergestellten eine größere Aufmerksamkeit widmen, und sei es um den Preis, dass dadurch vielleicht wissenschaftliche Meilensteine wie das newtonsche System oder auch die neuen

Metaphern der Informationswissenschaften ihren Nimbus verlieren. Bildung lässt sich nicht auf mechanische Modelle reduzieren. Sie ist ein lebendiger Prozess, der auf Interaktion gründet. Entsprechend sollten Bildungskonzepte weniger davon ausgehen, was alle Menschen gemeinsam haben, sondern ihren Fokus auf das legen, was die Menschen voneinander unterscheidet. Mit anderen Worten, Bildung muss das Individuum wiederentdecken, da dieses letztlich die Antriebskraft für all die Veränderungen ist, die wir heute durchleben. Eine weitere Aufgabe ist es, die beobachteten Veränderungen in die Praxis umzusetzen und die Erfahrungen zu bewerten.

Bevor die Universität als traditionelle Institution, die sich zunehmend bürokratisiert und von den realen Bedürfnissen der Gesellschaft entfernt hat, vielleicht irgendwann ganz verschwindet und durch andere Formen geistiger Interaktion ersetzt wird, wird aus diesen Interaktionsformen eine neue Infrastruktur für die Bildung entstehen. Diese können wir zwar simulieren, aber nicht wirklich vorwegnehmen. Insofern macht es wenig Sinn, wenn wir – was viele CD-ROM- und Web-Produkte tun – versuchen, veraltete Bildungsinhalte mit neuen Medien aufzupolieren. Wir sollten stattdessen lieber begreifen, dass diese neuen Formen der Wissensproduktion und -vermittlung bereits heute möglich und mit Hilfe der neuen Medien realisierbar sind.[1]

1 Zur Frage, wie sich die hier skizzierten Ideen in Werkzeuge umsetzen lassen, die interaktionsbasierte Bildung unterstützen, siehe meine Bücher *Mind-Anticipation and Chaos*, Stuttgart/Zürich 1991, und *The Civilization of Illiteracy*, Dresden 1997 (dt. Übersetzung: *Jenseits der Schriftkultur*, Dresden 1999).

## INFORMATIV, INTERAKTIV, KOLLABORATIV UND SELBSTBESTIMMT – MIT DIGITALEN LERNUMGEBUNGEN VERÄNDERN SICH DIE LERNPROZESSE

**Luyen Chou**

Die politischen Parteien der USA überbieten sich seit Jahren gegenseitig in Beteuerungen, für wie bedeutsam sie die Möglichkeit des allgemeinen Zugangs zu den neuen Technologien in der Bildung halten. Wenn man jedoch genauer hinsieht, erkennt man, dass sich das, was unter neuer Technologie verstanden wird, bisher in der Hauptsache auf die Bereitstellung von Hardware und die Internet-Verkabelung der Schulen beschränkt und die Veränderungen, die die neuen Technologien für die Institutionen und Menschen mit sich bringen, in der öffentlichen Diskussion weitgehend ausgeklammert sind.

Ich möchte bei meinen Beobachtungen zum Einfluss digitaler Technologien auf die Bildung besonders auf drei Punkte eingehen:

1. *Die Lehre der Geschichte*

Bedeutende Errungenschaften in der Kommunikationstechnologie waren immer von großen Veränderungen des Lehrens und Lernens begleitet. Es hat also eine gewisse Plausibilität, wenn wir davon ausgehen, dass unsere gegenwärtige Bildungspraxis vor einschneidenden Veränderungen steht.

2. *Die Prognosefalle*

Es ist sehr viel einfacher, die Art und Weise, wie sich die Kommunikationstechnologien entwickeln werden, vorherzusagen als die Veränderungen, die sie in der Bildung bewirken werden.

3. *Die digitale Lernumgebung*

Unter Berücksichtigung der Tatsache, dass sich gesellschaftliche Auswirkungen der digitalen Technologien nur sehr schwer prognostizieren lassen, soll hier dennoch der Versuch unternommen werden, vier Kernbereiche möglicher Veränderungen für die Bildung zu identifizieren:

a. Bildung wird *information rich*: Durch die Anwendung von Multimedia- und Netzwerktechnologien werden für die Bildung in Zukunft sehr viel mehr Informationen und Informationsquellen zur Verfügung stehen.

b. Bildung wird *tools intensive*: Auf Grund zahlreicher Softwareanwendungen, die für die Aufbereitung und Wiedergabe digitaler Inhalte notwendig sind, wird auch der Aufwand an technischem Werkzeug größer.

c. Lernen wird *question based*: Mit der Interaktivität der neuen Technologien ergibt sich die Möglichkeit, Lernprozesse in Zukunft mehr von den Fragen der Lernenden als von den Antworten der Lehrenden her zu steuern.
d. Lernen wird *kollaborativ*: Die neuen Technologien bieten die Möglichkeit, den Lernprozess in einen sehr viel kommunikativeren Prozess umzufunktionieren, als dies bisher der Fall war.

## 1. Die Lehre der Geschichte

Betrachtet man die Geschichte der Kommunikationstechnologien in der westlichen Welt, so lässt sich unschwer erkennen, dass jeder Paradigmenwechsel von einschneidenden Veränderungen in der Art des Lehrens und Lernens begleitet war. Bevor sich im alten Griechenland die Kultur des Lesens und Schreibens verbreitete, beruhte die Bildung der Massen auf der oralen Tradition poetischer Epen. Historiker wie Eric Havelock[1] vertreten die These, dass der Zweck der poetischen Epen in der antiken griechischen Gesellschaft eher ein didaktischer denn ein ästhetischer war und dass die »Technologie« des Versmaßes und des Reims als Hilfsmittel entwickelt wurden, um die gesellschaftlichen Normen und das kulturelle Erbe besser in den mimetischen Gestus übertragen zu können. Da der Mehrheit der Bevölkerung der Umgang mit dem geschriebenen Wort nicht vertraut war und externe Speichermedien deshalb nicht existierten, war die Gesellschaft darauf angewiesen, essenzielle gesellschaftliche Informationen im Gedächtnis der Individuen zu speichern.

Die Unterrichtung einer breiteren Schicht im Lesen und Schreiben führte dann dazu, dass Informationen sehr viel leichter miteinander verglichen und analysiert werden konnten. Insofern ist es nicht verwunderlich, dass Plato zu einer der wichtigsten Persönlichkeiten des post-oralen Griechenland wurde. Die Überlieferung seiner Philosophie charakterisiert die Übergangszeit von der oralen zur schriftlichen Kultur. Bezeichnend sind hier vor allem die Niederschriften fiktiver Dialoge. In der schriftlichen Fassung des berühmten Dialogs zwischen Platon und Sokrates kann der Leser der logischen Argumentationskette von Sokrates vermutlich sehr viel besser folgen, als dies für die am realen Dialog Beteiligten der Fall war.

Erst die Erfindung der Druckerpresse veränderte Bildung dahingehend, dass sich das moderne Schulsystem entwickeln konnte. In seinen Grundzügen als Folge der technologischen Erfindung des Buchdrucks entstanden, ist das Schulsystem im Wesentlichen bis heute unverändert geblieben, wenn man es unter dem Aspekt der Einrichtung von Klassenzimmern, der Standardisierung von Lehrplänen, der Einteilung des Tages in Schulstunden oder der Unterrichtsgegenstände in Fächer betrachtet.[2]

Die gegenwärtige Gesellschaft ist dabei, sich in ihren Kommunikationstechnologien ebenso tief gehend zu verändern, wie das in der Folge der Erfindung des Buchdrucks der Fall war. Manche Forscher sind sogar der Ansicht, dass die gegenwärtige Revolution in ihrer Bedeutung der Erfindung der Schrift entspricht. Die Fähigkeit der digitalen Werkzeuge, Information abzubilden, zu speichern, in Echtzeit zu übermitteln und dabei unterschiedliche Medien auf sehr effiziente Weise zu integrieren, verändert die Art, wie wir kommunizieren, rapide. Wenn die Lehre aus der Geschichte stimmt, dass eine Revolution der Kommunikationswerkzeuge immer auch einen Umbruch in der Bildung bewirkte, dann muss man davon ausgehen, dass uns große Veränderungen in der Art des Lehrens und Lernens bevorstehen.

## 2. DIE PROGNOSEFALLE

Es ist zweifellos sehr viel schwieriger vorherzusagen, welches die neuen Paradigmen der Bildung sein werden, als Voraussagen über die Entwicklung der Technik zu treffen. Ein Beispiel für selbst gestellte Fallen, in die man bei der Erstellung von Prognosen automatisch hineinstolpert, ist die berühmte Vision des Klassenzimmers für das Jahr 2000, wie sie dem Zeichner Jean Marc Cote im Jahre 1899 vorschwebte. Seine Schilderung eines »vernetzten« Klassenzimmers, das mit modernsten Werkzeugen wie Sendegeräten, die die Schüler auf dem Kopf tragen, und einem als »Datenträger« funktionierenden Gerät ausgestattet ist, beweist den außerordentlichen Weitblick des Zeichners, der die Computerwelt 100 Jahre später vorwegzunehmen scheint. Bei genauerem Hinsehen sind es allerdings nicht nur die Kleidung der Schüler und die Zusammensetzung der Klasse (nur männliche Schüler weißer Hautfarbe), die anachronistisch anmuten. In die Falle der Vorhersage gerät der Zeichner dadurch, dass es ihm offenbar nicht möglich war, sich eine Welt außerhalb der Welt der Bücher vorzustellen: Die Schüler sitzen nach wie vor an Schreibpulten, und der Lehrer speist in den modernen »Datenträger« reale Bücher ein.

**Abb. 4**
Vision des Klassenzimmers 2000 von Jean Marc Cote aus dem Jahre 1899: Die technische Fantasie beweist Weitblick, doch das Weltbild bleibt buchzentriert.

Alle Versuche, die Auswirkungen technologischer Veränderungen auf die Menschen zu prognostizieren, werden dadurch erschwert, dass solche Veränderungen ihre eigene Geschichte haben. Es hat annähernd fünfhundert Jahre gedauert, um das ganze Ausmaß der Auswirkungen der Erfindung der Druckerpresse auf die Gesellschaft zu begreifen. Im Vergleich dazu befinden wir uns gegenwärtig noch mitten im Geschehen der digitalen Revolution und haben damit wenig Möglichkeiten der Vorhersage. Dennoch, nach allen Anstrengungen, die die US-amerikanische Gesellschaft in den vergangenen Jahren unternommen hat, um die digitalen Technologien in Bildung und Unterricht zu integrieren, und im Bewusstsein des Risikos, dass Cotes Irrtümer sich wiederholen können, zeichnen sich, so denke ich, langsam einige der potenziellen Auswirkungen dieses jüngsten Paradigmenwechsels in der menschlichen Kommunikationstechnologie ab.

### 3. DIE DIGITALE LERNUMGEBUNG

a. Bildung wird *information rich*

Als ich 1989 begann, an der Highschool zu unterrichten, war ich lediglich mit einem Lehrbuch aus dem Jahr 1945 ausgerüstet. Nur wenig mehr als zehn

Jahre später sind die Schüler in der Schule und zu Hause ans Internet angeschlossen und haben Zugang zu neuesten Informationen aus einem breiten Spektrum unterschiedlichster Quellen in jedem erdenklichen Medienformat. In dieser reichhaltigen Informationslandschaft können sie sich zu beliebig vielen unterschiedlichen Themen informieren und sich aus Daten, die sie aus Primärquellen gewinnen, ihr eigenes Verständnis von der Welt schaffen. Mit anderen Worten: Sie sind nicht mehr, wie das bis vor kurzem der Fall war, auf die alleinige Interpretation von Lehrern und Lehrbüchern angewiesen.

Gleichzeitig mit dieser Verschiebung der Bildung hin zu Informationsquellen des Internet stellt sich natürlich die Frage, wie die aus dem Internet gewonnenen Informationen überhaupt zu bewerten sind, ob sie gewisse Qualitätsstandards erfüllen und ob sie sich generell für Bildungs- bzw. Unterrichtszwecke eignen. Ähnliche Fragen muss man sich im Zusammenhang mit der schieren Menge an Information stellen, die täglich im Internet produziert wird. Lehrer und Schüler müssen vor allem lernen, intelligent durch die riesigen Informationsmengen zu navigieren, um die Informationen, die für sie sinnvoll sind, überhaupt finden zu können.

b. Bildung wird *tools intensive*

Die durch die digitale Revolution entstandene Informationsbeschleunigung wird von der Entwicklung immer leistungsfähigerer technischer Werkzeuge begleitet, mit deren Hilfe sich mit Information interagieren lässt. Diese Werkzeuge eröffnen Studenten und Lehrern eine Fülle nie da gewesener multimedialer Möglichkeiten, um Information zu suchen, zu analysieren, zu sortieren und zu organisieren oder selbst aufzubereiten und in Multimediapräsentationen einbringen zu können. Wie das Angebot an Information, so ist auch das Spektrum der für den Bildungsbereich zur Verfügung stehenden digitalen Werkzeuge überwältigend. Die Mehrzahl der bisher verfügbaren multimedialen Curricula wird allerdings bisher nicht dem Anspruch gerecht, Lehrern oder unterrichtenden Studenten den sinnvollen Gebrauch der Werkzeuge nahe zu bringen. Es gibt bisher auch noch so gut wie keine Standards, die Studenten und Lehrern helfen könnten, für ihre Zwecke geeignete Softwarewerkzeuge auszuwählen, zu implementieren und ihren Nutzen zu bewerten.

c. Lernen wird *question based*

Auf Grund der Tatsache, dass mit dem Internet und leistungsstarken technischen Werkzeugen Information von hoher Qualität in Echtzeit zur Verfügung steht, wird sich auch die Pädagogik grundlegend verändern. Der traditionelle Unterricht basierte darauf, dass es immer der Lehrer war, der die Antworten auf alle Fragen gab. Demgegenüber wird sich mit zunehmendem Einfluss der digitalen Werkzeuge die Rolle des Lehrers dahingehend verschieben, dass er die Schüler dazu ermuntert, sich alle Fragen besser selbst zu beantworten, anstatt passiv dazusitzen und Wahrheiten aus dem Mund des Lehrers oder dem Lehrbuch zu konsumieren. Denn anders, als sich Cote das Klassenzimmer 2000 vor hundert Jahren vorstellte, schlägt sich der Einfluss der digitalen Technologie in einer sehr viel aktiveren Rolle der Schüler nieder. Dieses konstruktivistische Modell des Unterrichts stellt an Schüler und Lehrer neue Anforderungen, die von der pädagogischen Community bisher noch gar nicht bedacht worden sind.

d. Lernen wird *kollaborativ*

Die digitale Revolution ist eine Revolution der Kommunikation. Entsprechend groß ist der Einfluss, den sie auf die Art nimmt, wie Lehrer und Schüler oder Schüler und Schüler miteinander interagieren. Parallel zu den veränderten Rollen von Lehrern und Schülern eröffnen die digitalen Medien ganz neue Möglichkeiten für kooperatives Lernen. Schon die sehr einfache Internet-Technologie von E-Mail oder Newsgroup-Diskussionen erlaubt es den Schülern beispielsweise, die örtliche Gebundenheit an das Klassenzimmer und die zeitliche Gebundenheit an den Stundenplan zu überwinden, die dem Erfolg von Teamzusammenarbeit zwischen mehreren Klassen bisher im Wege standen. Entsprechend wird es zunehmend üblich, Klassen in Projektteams zu unterteilen, die gemeinsam an der Lösung eines Problems arbeiten, oder sogar Teams aus unterschiedlichen Schulen zusammenzusetzen, die ihre Ergebnisse miteinander vergleichen und sich gegenseitig unterstützen. Auch dieser durch die digitalen Technologien ausgelöste Trend stellt neue Anforderungen an das Management von Bildung: Kooperatives Lernen verlangt nicht nur andere Lehrpläne, es verlangt auch neue Bewertungssysteme für das, was gelernt und erarbeitet wird.

## SCHLUSSFOLGERUNG

Für einen Entwickler von Lernsoftware, der ich bin, bieten die multimedialen, digitalen Technologien eine aufregende Möglichkeit, endlich die Bildungsziele umzusetzen, die progressiven Bildungstheoretikern wie John Dewey bereits in der ersten Hälfte dieses Jahrhunderts vorschwebten. Unabdingbare Voraussetzung dafür ist allerdings, dass ein gesellschaftlicher Dialog zu Stande kommt, der die Bildungsinstitutionen wie die Gesellschaft als Ganzes mit einbezieht. Nur auf diese Weise lässt sich herausfinden, wie die Möglichkeiten, die die digitalen Technologien für die Bildung bieten, am besten genutzt werden können.

1 Eric A. Havelock: *Preface to Plato*. New York 1982.
2 Robert McClintock: *Power and Pedagogy*. New York 1992.

## VIRTUELL, GLOBAL, ZIELGRUPPENORIENTIERT – DER EINFLUSS DER NEUEN MEDIEN AUF DIE UNIVERSITÄT

**Anthony W. Bates**

Mit den neuen Medien eröffnen sich auch neue Wege, um Bildung verfügbar zu machen. Das betrifft insbesondere die berufliche Bildung, mit der ein ganz neues Segment auf dem Bildungsmarkt entsteht, aber auch in der Praxis der höheren akademischen Bildung werden die sich neuen Medien zu einschneidenden Veränderungen führen, auf die sich die Lehrer dieser Institutionen einlassen müssen. Es wird sich dabei keinesfalls nur um Verbesserungen oder Verschlechterungen des bestehenden Systems handeln, sondern die Veränderungen werden am Ende ein neues Bildungssystem hervorbringen.

Bereits jetzt haben die rasanten Entwicklungen des World Wide Web und der Multimedia-Technologie bewirkt, dass im Bereich der höheren akademischen Bildung Anstrengungen unternommen werden, Lehrinhalte anders als bisher aufzubereiten und den Lernenden auch auf anderen Wegen zur Verfügung zu stellen. Dabei wird bisher hauptsächlich berücksichtigt:

- Lernen und Lerninhalte müssen flexibler und leichter zugänglich werden, damit daraus dann, wie das Beispiel lebenslangen Lernens zeigt, neue Märkte entstehen können.
- Multimedia-Werkzeuge sollten die Entwicklung psychomotorischer und intellektueller Fähigkeiten unterstützen, wozu beispielsweise auch Fähigkeiten der Problemlösung und Entscheidungsfindung gehören.
- Der Einsatz des Internet sollte genutzt werden, um Wissensmanagement und kollaboratives Lernen zu fördern.
- Das Internet sollte eingesetzt werden, um multikulturelle Kurse und Lernprogramme zu organisieren.

Nachdem der Gebrauch der Multimedia-Technologien auch im akademischen Lehrbereich immer selbstverständlicher wird, ist es wichtig, sich etwas intensiver mit der Frage auseinanderzusetzen, wie sehr, wenn überhaupt, die neuen Medien das verändern, was bisher als gesellschaftlich und wissenschaftlich etabliertes Wissen galt. Um diese Frage zu beantworten, möchte ich im Folgenden auf Entwicklungen in meinem eigenen Institut, der Universität von British Columbia, eingehen, die beispielhaft für den gesamten akademischen Lehrbetrieb sind. Die Universität ist eine der großen öffentlich finanzierten kanadischen Forschungseinrichtungen. Sie hat etwa 35.000 Studenten, davon sind etwa 10.000 Doktoranden. Ca. 8.000 Studenten sind für ein Fernstudium eingeschrieben, das übrigens bereits seit 50 Jahren an dieser Universität angeboten wird.

## I. EINSATZ NEUER TECHNOLOGIEN AN DER UNIVERSITÄT VON BRITISH COLUMBIA

### *a) Ausbau der Anwendungen von Multimedia-Technologien*

In den vergangenen fünf Jahren hat an unserer Universität die Zahl der Professoren rapide zugenommen, die in ihren Lehrveranstaltungen Computertechnologie verwenden. Im Jahr 1994 begann die Universität, den Einsatz von Technologie zu bezuschussen. Seitdem wurden etwa 600 Projekte finanziert. Zweidrittel davon waren Web-basierte Projekte, der Rest betraf andere Multimedia-Techniken wie z. B. die Entwicklung von CD-ROMs. Heute finden sich Multimedia-Technologien in allen Fakultäten und Instituten. In der Vergangenheit sind die Technologien in der Hauptsache dazu eingesetzt worden, den Face-to-Face-Kontakt beim Unterrichten zu ersetzen. Das sieht so aus, dass die Studenten entweder von Computer-Labors auf dem Campus oder auch zunehmend vom heimischen PC aus auf multimediales Lernmaterial zugreifen können, was insofern einfach ist, da mindestens 75 Prozent der Studenten einen Internet-Zugang besitzen. Sie benutzen die Internet-Lehrangebote der Universität entweder als Ergänzung zu den Campus-Lehrveranstaltungen oder auch zum reinen Fernlernen.

Multimedia-Technologien werden von Professoren und Studenten in unterschiedlicher Form und Anwendung eingesetzt. Am häufigsten werden Powerpoint-Präsentationen verwendet, die den Vorteil haben, dass sie den Lehrstoff übersichtlich gliedern. Immer mehr Lehrer stellen ihre Präsentationsvorlagen und Unterrichtskommentare auch als Web-basierte Datenbank zur Verfügung, sodass die Studenten auch außerhalb des Unterrichts darauf zugreifen können.

Eine andere viel genutzte Einrichtung ist das internetbasierte schwarze Brett, auf dem von Lehrern und Studenten Kommentare zu den Seminaren angebracht werden, auf Online-Foren hingewiesen wird, die zum Thema des Seminars eingerichtet wurden, und seminarrelevante Websites genannt werden.

*b) Lernen auf höchstem Niveau*

Um den Umgang mit Komplexität zu fördern, wurden von einigen Professoren multimediale virtuelle Versuchslabors eingerichtet. Die Studenten können dort mit verschiedensten Themen experimentieren und versuchen, bei komplexen Prozessen zu effizienten Problemlösungen zu kommen. Einen ähnlichen Zweck verfolgen Multimedia-Werkzeuge, mit deren Hilfe sich komplexe Entscheidungsprozesse in spielerischer Form simulieren lassen. Die Studenten können die Eingabedaten verändern und sofort sehen, welchen Einfluss die Veränderung der Parameter auf die Entscheidungen hat.

*c) Verteiltes Lernen*

Obwohl die meisten Anwendungen bisher nur dazu dienen, den traditionellen Lehrbetrieb im Hörsaal zu ersetzen oder zu ergänzen, führt die Tatsache, dass durch die neuen Medien eine größere Flexibilität und Funktionalität des Lehrmaterials entstanden ist, allmählich auch zu innovativeren Formen des Unterrichtens und Lernens. Die Studenten werden zur Arbeit mit Internetressourcen und zu kollaborativen Projekten außerhalb des Hörsaals ermutigt, wodurch sich langfristig die Zahl der Vorlesungen verringert. Der Lehrer ist dann nicht mehr, wie das bisher der Fall war, die Hauptquelle studentischen Wissens, sondern wird zum Tutor der jungen Leute.

## II. FERNLERNEN – EINE BEISPIELHAFTE PARTNERSCHAFT

Fernlernen ist nicht neu. Dennoch war die Universität von British Columbia viele Jahre lang – in einem Gebiet, das etwa die Größe von Deutschland und Frankreich abdeckt – die einzige Universität, die – schon seit 1949 – Fernstudienkurse anbot. Zunächst betraf das nur die unteren Studiengänge. Heute können unsere Studenten zwischen 124 Kursen wählen, die sowohl für untere wie für fortgeschrittene Studiengänge angeboten werden. In den letzten drei Jahren haben nahezu alle neuen Lehrveranstaltungen unserer Universität das Internet als eines der Hauptunterrichtsmittel mit einbezogen. Konsequenterweise richten sich die Unterrichtsangebote aus diesem Grund auch nicht mehr ausschließlich an Studenten in British Columbia, sondern an Studenten in der ganzen Welt.

Die Durchführung weltweiter Lehrveranstaltungen bringt besondere Herausforderungen mit sich. Begonnen haben wir damit, dass wir eine Partnerschaft mit dem Monterrey Institute of Technology (ITESM) in Mexiko eingingen. Bei diesem Institut handelt es sich um eine hoch angesehene private Universität, deren 24 Dependancen über ganz Mexico verteilt und über Satellit und Internet miteinander vernetzt sind. ITESM wollte, dass wir für ihren Diplomstudiengang ein Set von fünf Internet-Kursen zum Thema »Technologiebasiertes Lernen« entwickeln.

Die Web-basierten Kurse, die wir für ITESM entwickelten, bieten wir inzwischen auch den Studenten unserer Universität in British Columbia an. Sie können damit ein Vollzeitstudium absolvieren und ihr Master-Diplom erwerben. Sie können jedoch auch nur einen von fünf Kursen belegen oder sich als Gasthörer anmelden. Studenten, die alle fünf Kurse erfolgreich abgeschlossen haben, erhalten ein normales Abschlusszertifikat der Universität.

Das Herzstück eines jeden Kurses ist seine Webseite (Informationen unter itesm.cstudies.ubc.ca/info). Diese dient als eine Art Leitfaden durch die Studieninhalte. Sie enthält Originaltexte der Lehrer, Artikel aus Fachzeitschriften und Hinweise auf relevante Web-Angebote und Diskussionsforen. Außerdem finden sich auf der Webseite Serviceangebote wie Links zum Online-Katalog der Universitätsbibliothek oder Anleitungen, wie man Internet-Quellen zu Forschungszwecken benutzt. Die Studenten erhalten zusätzlich mindestens zwei Textbücher, die sie durcharbeiten müssen. Für die mexikanischen Studenten gibt es darüber hinaus die Möglichkeit, sich an Satelliten-Konferenzen zu beteiligen, die während jedes Kurses zwischen British Columbia und Mexico stattfinden, und den Lehrern in Echtzeit Fragen zu stellen.

Da ein Ziel der Kurse ist, die Studenten zur Teamarbeit zu ermutigen, muss mindestens einer der Kurse kollaborativ belegt werden. Dabei ist Voraussetzung, dass mindestens drei Studenten, möglichst aus unterschiedlichen Ländern, sich zu einem Team zusammenfinden.

Das Projekt finanziert sich, indem ITESM die Hälfte der Entwicklungskosten trägt und dafür das Recht erhält, die Kurse in allen lateinamerikanischen Ländern anzubieten. Bei ITESM sind pro Kurs zwischen 100 und 260 Studenten eingeschreiben. Für die Teilnahme werden an die Universität Gebühren entrichtet.

Die University von British Columbia, die die andere Hälfte der Entwicklungskosten trägt, hat dafür das Recht, die Kurse in der gesamten übrigen Welt anzubieten. An jedem Kurs nehmen bei uns zwischen 25 und 80 Studenten teil, die aus ca. 25 verschiedenen Ländern kommen. Ein Viertel davon sind ehemalige Studenten der Universität, die in dem Bereich bereits berufstätig sind und die Kurse zur Fortbildung benutzen.

Eine der großen Herausforderungen bei der Implementierung des Programms an unserer Universität war, dass das administrative System der Universität an die Erfordernisse angepasst werden musste. Beispielsweise musste ein spezielles neues System für die Online-Anmeldung entwickelt werden, da das bestehende keine Möglichkeit zur Anmeldung für Master-Diplome enthielt. Der Universitätsbuchladen besaß bis dahin kein Suchsystem für Aufträge, was für die ausländischen Studenten aber enorm wichtig war. Und außerdem musste mit dem Finanzvorstand der Universität ein System entwickelt werden, das es den Studenten erlaubte, ihre Gebühren elektronisch zu bezahlen. Dadurch wurde die Organisation des Bezahlens und Auslieferns von Fernlernmaterial für die gesamte Universität umgekrempelt, sodass die Studenten heute in der glücklichen Lage sind, nur noch eine einzige Anlaufstelle für die Abwicklung von Dienstleistungen zu haben.

Das Programm ist ein gutes Beispiel für die Identifikation eines Nischenmarktes. Unsere und die mexikanische Universität haben mit diesem Projekt für einen bestimmten Bereich Expertenwissen gebündelt und aufbereitet, für den es eine begrenzte, aber sehr ausgeprägte Nachfrage auf internationalem Niveau gibt. Die Zielgruppe hat Zugang zur Technologie, kann sie geschickt anwenden und schätzt die Vorteile des bequemen Studierens von zu Hause. Da die meisten Studenten bereits berufstätig sind, fällt es ihnen relativ leicht, die Kosten für das Fernstudium aufzubringen. Das Modell, das wir hier entwickelt haben, lässt sich allerdings nicht ohne weiteres auf andere Bereiche übertragen. Hier ist sehr viel Marktforschung erforderlich sowie die Unterstützung einer starken Institution und die Fähigkeit, sich an lokale Gegebenheiten und Bedürfnisse anzupassen.

## III. AUSWIRKUNGEN DER NEUEN TECHNOLOGIEN AUF WISSEN

Unsere Kurse zu technologiebasiertem Lernen spiegeln einen wachsenden Trend wider, lebenslanges Lernen mit Arbeits- und Lebenswelt zu verweben. Lernen wird zunehmend auf Abruf verfügbar und so organisiert sein, dass es dem Lebensstil und den Bedürfnissen individueller Lerner angepasst ist. Wer lernen und sich weiterbilden will, wird sich seine Lernangebote weltweit und von unterschiedlichen Anbietern zusammenstellen. Wichtig ist aber in jedem

Fall auch, dass die Studierenden die Möglichkeit erhalten, mit Lehrern und anderen Studenten zu interagieren, auch wenn diese vielleicht auf einem anderen Kontinent wohnen. Dem Studierenden muss es möglich sein, das, was er lernt, zu hinterfragen, eigene Erfahrungen dazu zu sammeln und das Gelernte an seine persönlichen Arbeits- und Lebensumstände anzupassen. Mit anderen Worten müssen Lernangebote für lebenslanges Lernen viel mehr die Person des Lernenden in den Mittelpunkt stellen, als das bisher geschieht.

Lehren und Lernen sind komplementäre Aspekte von Bildung. Die wichtigsten Punkte beim Design von Lernprogrammen betreffen die Gestaltung des Inhalts und die Gestaltung der Anwendungen des Inhalts. Das Gleiche gilt für den Unterricht. Dabei sind es der Lehrplan (Inhalt) und die Lehrmethode (Anwendung), die beim Einsatz von Multimedia-Technologien besondere Aufmerksamkeit verdienen. Insbesondere geht es dabei um drei Aspekte:

1. die Art, wie Information *dargestellt* wird,
2. die Art, wie Studenten mit dem Medium *interagieren* oder wie sie unter Zuhilfenahme des Mediums mit ihren Lehrern und Mitstudenten interagieren, und
3. die Art, wie Wissen *strukturiert* wird.

*1. Neue Qualitäten der Darstellung*

Mit multimedialen Werkzeugen lässt sich Wissen weitaus vielfältiger darstellen, als das mit Wort oder Text der Fall ist. Die Kombination von Text, Ton, Bildern, Grafik und dynamischen Elementen wie Animation und Video erschließt Lehrern und Studenten ganz neue Möglichkeiten und Quellen. Sie können auf sehr unterschiedliche Weise in den Lernprozess integriert werden. Die Studenten können beispielsweise zuerst in Textform etwas über ein abstraktes Prinzip lernen und die praktische Anwendung des Gelernten dann an simulierten Beispielen überprüfen. Dadurch können abstrakte Prinzipien besser verstanden werden, vor allem dann, wenn das Design intelligent ist und den Studenten die Möglichkeit zur Interaktion mit anderen Studenten bietet. Gut konzipierte Multimedia-Anwendungen erfüllen zwei Aufgaben: sie befähigen den Studierenden, den Lernstoff schneller zu verstehen, als das mit textdominierten Medien der Fall wäre; und, was vielleicht noch wichtiger ist, sie verändern den Weg, wie Studierende zu Wissen und Verstehen gelangen, und damit auch das, was sie bisher unter Wissen verstanden haben. Gute multimediale Anwendungen liefern dem Studierenden ein mentales Bild von Wissen, das sehr viel reicher ist als dasjenige, das über die abstrakte verbale Verständigung vermittelt wird.

Aus pädagogischer Perspektive ist es beim Multimedia-Design wichtig, dass strikt unterschieden wird zwischen konkretem und abstraktem Wissen. Die Studierenden müssen immer genau wissen, auf welcher Ebene sie sich gerade befinden, um keine Irrwege zu gehen. Das bedeutet, dass beim Design der Anwendungen besondere Sorgfalt gerade auf die Umsetzung dieses Aspekts gelegt werden muss. Dies geht nicht ohne intensive Mitarbeit von Lehrern und Professoren, deren Rolle durch die neuen Medien also keineswegs, wie oft angenommen, unwichtiger, sondern im Gegenteil wichtiger wird.

2. *Interaktion zwischen Lehrern und Schülern*

Interaktion, ein Lieblingsbegriff der Multimedia-Designer, ist im Zusammenhang mit Lehren und Unterrichten bisher noch kaum richtig verstanden. Bei Multimedia-Anwendungen gibt es unterschiedliche Ebenen der Interaktion.

Zum einen gibt es die Interaktion zwischen dem Lernenden und der Maschine. Mit zunehmend raffinierterem Design von Multimedia-Anwendungen sind in den vergangenen Jahren zwar auch die technischen Möglichkeiten zur Gestaltung der Mensch/Maschine-Interaktion größer geworden, doch hat sich das bisher auf den Unterricht mit neuen Medien noch nicht ausgewirkt. Noch immer ist die vorherrschende Form der Interaktion im Unterricht die aus dem 19. Jahrhundert stammende Technik des *Maschineschreibens.* Auch die zweite Form, das Bedienen der Computeroberfläche mit der Maus, das den Umgang mit dem Internet dominiert, ist eine vergleichsweise primitive Technik. Obwohl es inzwischen eine Reihe anderer, intuitiverer Interaktionsformen gibt wie Zeichnen oder Sprach- und Gestenerkennung, die sich vor allem für den Schulunterricht besser eignen würden, sind bisher keine Anstrengungen unternommen worden, diese Techniken weiterzuentwickeln und in den Unterricht zu integrieren.

Ein zentraler Punkt beim Design von Multimedia-Anwendungen für Lehrzwecke betrifft die Gestaltung des Interface, der Benutzeroberfläche. Sie sollte vom Lernenden generell intuitiv benutzt werden können und leicht navigierbare Strukturen haben, sodass er immer sofort erkennt, was er gerade tun soll, und sich voll auf die Lerninhalte konzentrieren kann.

Anders liegt der Fall, wenn das Interface-Design auf Virtual Reality-Technik basiert. Für solche räumlichen Interfaces fehlt bisher die Erfahrung, um sagen zu können, welche Funktionen sie für Lehrzwecke haben müssten. Klar ist hierbei nur, dass diese Technik auf jeden Fall sehr viel tiefer gehende Auswirkungen haben wird auf die Art, wie Menschen mit Maschinen interagieren, als die zweidimensionalen Interfaces.

Die beschriebenen Mensch/Maschine-Interaktionen stellen die technischen Voraussetzungen für andere Formen der Interaktion, die die Entwicklung intellektueller Fähigkeiten betreffen. Nur in wenigen Lernbereichen, in denen man es vornehmlich mit eindeutigen Richtig- oder Falsch-Antworten zu tun hat – dazu gehören beispielsweise die Mathematik und die Ingenieurswissenschaften –, sind interaktive Multiple-Choice-Programme nützliche Werkzeuge, um Wissen abzufragen.

Vom Standpunkt des Pädagogen aus sind Programme, bei denen die Lernenden Antwortsätze auf gestellte Fragen in den Computer tippen müssen, effektiver. Dabei kann das Material so programmiert sein, dass der Computer Schlüsselwörter oder -sätze erkennt und dem Lernenden Feedback gibt. Das hat sich vor allem im Sprachunterricht als außerordentlich hilfreich erwiesen. Da die Programme zur Syntaxentschlüsselung und Textübersetzung zunehmend besser werden, kann man davon ausgehen, dass es in diesem Bereich in absehbarer Zeit zu einem Entwicklungssprung in der Mensch/Maschine-Interaktion kommen wird. Allerdings sind die Probleme wohl doch größer als angenommen, und die Entwicklung effektiver Programme benötigt sehr viel mehr Zeit, als eingeplant war.

Eine weitere Möglichkeit der Interaktion steht mit virtuellen Lernlabors, Computersimulationen und Expertensystemen zur Verfügung. Hier findet die Interaktion mit der Maschine auf einem sehr viel höheren Niveau statt. Die Systeme simulieren beispielsweise komplexe Prozesse, damit der Studierende seine Fähigkeit testen kann, Probleme zu analysieren und zu lösen oder Entscheidungen zu treffen und zu bewerten.

Eines sollte bei allen technischen Anwendungen nicht vergessen werden: Der Lernende braucht immer auch die Möglichkeit des direkten Rückbezugs. Er muss mit dem Lehrer und anderen Studierenden diskutieren können und dadurch die Möglichkeit haben, sein neu erworbenes Wissen zu hinterfragen und einzuordnen. Für die Effektivität von Lernprozessen ist es deshalb unumgänglich, Mensch/Maschine-Interaktionen mit zwischenmenschlichen

Interaktionen zu kombinieren. Dabei ist es nicht notwendig, den Gesprächspartnern Auge in Auge gegenüberzusitzen, sondern die Diskussion kann sehr wohl auch über Internet erfolgen.

3. *Wissensstruktur*

Der Dritte, bislang am wenigsten erforschte Aspekt der neuen Medien ist ihre Auswirkung auf die Organisation von Wissen. Gesprochene Sprache wie auch Texte sind linear strukturiert. Natürlich kann auch die Struktur eines Textes komplex sein. Beispielsweise arbeiten manche Romanautoren mit parallel erzählten Handlungssträngen, um die Handlung komplexer und die Erzählstruktur damit interessanter zu machen. Die Struktur der Erzählung hat hier die Funktion, den Leser durch den Roman zu führen und ihn »bei der Stange zu halten«. Dadurch, dass er derjenige ist, der die Struktur gestaltet, hält der Autor die Fäden in der Hand und bestimmt, wohin der Leser geführt wird.

Auch ein Lehrer sollte in der Lage sein, Wissen so zu strukturieren und zu organisieren, dass er die Studierenden nicht nur durch den Lehrstoff führt, sondern auch ihr Interesse für den Stoff weckt und wach hält. Erfolgreich wird ein Lehrer – oder ein Forscher – dann sein, wenn es ihm gelingt, eine ungeordnete, scheinbar zufällige Anhäufung von Daten so zu strukturieren, dass klare Muster erkennbar werden. Ziel des Lehrers sollte sein, den Studierenden die Fähigkeit zu vermitteln, eigene Strukturen und eigenes Verständnis für ein Wissensgebiet zu entwickeln.

Multimedia ist nicht gleichbedeutend mit dem Design von Komplexität. Auch CD-ROMs oder Web-Seiten, die Bild, Text und Ton verwenden, können linear wie Schulbücher strukturiert sein. Die Mehrzahl der Web-Designer würde solchen Anwendungen allerdings absprechen, die Technologie adäquat genutzt zu haben. Tatsächlich sind mit den neuen Medien ja auch eine Reihe ganz neuer Methoden entstanden, um komplexe Information zu strukturieren und zugänglich zu machen. Das World Wide Web beispielsweise basiert auf der neuen Form des Hypertext, der Webseiten durch anklickbare Textverweise miteinander verlinkt. Dabei können die Webseiten, auf die verlinkt wird, auf unterschiedlichen Servern rund um die Welt verteilt sein.

Lernprogramme, die auf der Hypertext-Technik basieren, geben dem Studierenden die Möglichkeit, Ausflüge in andere Webseiten zu unternehmen, um dort nach weiteren Informationen zu forschen. Die Homepage hat in diesem Fall die Funktion des Studienführers, der den Studierenden mit anderen Informationsquellen verlinkt und ihm gleichzeitig hilft, die Kontrolle über das Informationsangebot zu behalten.

Wird Lernmaterial multimedial für CD-ROMs aufbereitet, wird üblicherweise eine »Baum«-Struktur zu Grunde gelegt. Sie gibt dem Lernenden die Möglichkeit, sich an den Astgabelungen zu entscheiden, in welche Richtung er weitergehen möchte, wobei die Spannbreite der Ausflüge begrenzt ist und der Lehrer, anders als bei Hypertexten im Internet, die Kontrolle über die Lerninhalte behält. Sinnvoll eingesetzt werden kann eine solche Struktur immer dann, wenn sich der Studierende mit einem komplizierten und komplexen Fachgebiet auseinander setzen muss. Die Baumstruktur erlaubt ihm dann, den Lernstoff in kleine Wissenspäckchen zu zerlegen, wodurch er der Gefahr entgeht, dass ihn die Masse von Details überfordert.

Eine weitere Möglichkeit, Multimedia-Anwendungen zu strukturieren, ist der problembezogene Ansatz. In diesem Fall stellt man den Studierenden auf einer CD-ROM alles an Information zur Verfügung, was für die Lösung eines Problems benötigt wird. Das Material ist allerdings so strukturiert, dass er sich die geeigneten Informationen aus der Datenbank selbst heraussuchen und zu Lösungen zusammenfügen muss. In diesem Fall wird der Lernprozess stark von der Struktur des auf dem Datenträger vorhandenen Informationsmaterials bestimmt.

### IV. INTERAKTION UND MACHT DES INTERNET

Der wichtigste Aspekt des Internet ist für viele Lehrer bisher, dass das Medium geeignet ist, räumliche und zeitliche Entfernungen zu überbrücken und Lehrer und Studenten zur Diskussion zusammenzubringen, ohne dass sie sich in einem Raum gegenübersitzen müssen. Hier geht es also weniger um Interaktion *mit* als *durch* die Maschine. Beispielsweise können Lehrer, die das Internet auf diese Weise nutzen wollen, Themen zur Diskussion stellen und mit Kommentaren versehen lassen. Die Studenten können ihre Hausaufgaben an den Tutor senden, via E-Mail Feedback erhalten und sich mit anderen Studenten zu Lernteams zusammentun. Solche Anwendungen des Internet haben keinen Einfluss auf das Wissen selbst, da die Technik hier lediglich als Überbrücker von Ort und Zeit fungiert.

Ein zweiter Aspekt der Interaktion ist sehr viel gravierender und könnte auf lange Sicht die Balance des Macht- und Kontrollverhältnisses zwischen

Lehrern und Studenten empfindlich verschieben. Durch die neuen Technologien, die im Prinzip alles Wissen und alle Wissensquellen für jedermann zugänglich machen, sind Lehrer nicht länger die Torhüter, Bewahrer und Bewerter von Wissen. Lernen folgt nicht länger dem Muster, dass es auf der einen Seite eine Autorität gibt (den Lehrer), die das Wissen besitzt und über seine Verwendung und Verbreitung (im Unterricht) wacht, und auf der anderen Seite die Ohnmächtigen, Machtlosen, Unwissenden sitzen (die Studenten), die im Wissen unterrichtet und unterwiesen werden. Durch die neuen Medien ist ein neuer Kontext für das Entstehen von Wissen entstanden: Gleichrangige teilen ihr Wissen, wodurch sich Wissen dauernd neu strukturiert und formiert und von jedem in jedem gewünschten Zusammenhang verwendet werden kann.

Diese Herausforderung der Wissensautorität und -erfahrung hat aber, wie alles, auch eine negative Konsequenz: Denn trotz der veränderten Voraussetzungen ist Wissen zwischen Lehrern und Studierenden ja durchaus nicht gleich verteilt. Der Lehrer wird in bestimmten Bereichen immer mehr wissen als der einzelne Student, und in manchen Bereichen wird er sogar mehr wissen als alle seine Studenten zusammengenommen. Die Frage ist, wie der Studierende, der ja nicht über genügend Wissen verfügt, um selbst urteilen zu können, sicher sein kann, dass die Information, die er aus dem Netz zieht, wahr ist. Auch dort, wo Kontrollmechanismen und Standards eingeführt wurden, um die Qualität von Internet-Information zu bewerten, haben sich die Spielregeln grundlegend geändert, und die große Frage, die sich gegenwärtig stellt, ist die, wem das Wissen im Internet eigentlich »gehört«.

## V. Wissen in der Zukunft

Die Zukunft ist qua definitionem ungewiss. Ich möchte dennoch an dieser Stelle den Versuch unternehmen, drei unterschiedliche Szenarien für die Zukunft des Wissens und der Bildung zu skizzieren.

### *1. Die Kontrolle haben die Lehrer*

Im ersten Szenario gewinnen Lehrer und Fachexperten die Kontrolle über das im Internet zur Verfügung gestellte Wissen zurück. Die Wahrscheinlichkeit ist groß, dass dieser Fall tatsächlich eintritt. Da das Web dabei ist, sich durch mehr Bandbreite und größere Kapazität der PCs zur Multimedia-Plattform zu entwickeln, können Lehrer in naher Zukunft damit beginnen, Vorlesungen via Internet zu halten. Doch wird das insofern ein kurzlebiger Triumph für die Lehrer sein, als die Studenten sehr viele andere Methoden zur Verfügung haben werden, die vielleicht besser als Vorlesungen den Zweck erfüllen, lebenslanges Lernen zu ermöglichen.

*2. Die Kontrolle hat die Technologie*

Im zweiten Szenario triumphiert die »Künstliche Intelligenz«-Forschung, das heißt, Computer diagnostizieren die Lernprobleme der Schüler, finden adäquate Wege der Informationsbeschaffung heraus, wählen die individuell passendste Lernmethode für den Studierenden aus, geben ihm Feedback und bewerten seine Arbeit. Ich glaube allerdings nicht, dass dieser Fall eintreten wird. Erstens kann der Computer sich nicht selbst programmieren, sondern muss programmiert werden. Zweitens nimmt der Umfang des weltweit verfügbaren Wissens immer schneller zu, während sich Wissen und Wissensquellen gleichzeitig immer weiter verteilen. Für den Computer dürfte es schwer sein, hier mitzuhalten und seine Kontrolle entsprechend immer schneller auszuweiten.

*3. Die Kontrolle haben die Lernenden*

Das dritte Szenario ist das wahrscheinlichste. Es geht davon aus, dass die Studierenden einen konstruktivistischen Lernansatz entwickeln werden, der auf ihre individuellen Bedürfnisse abgestimmt ist und ihnen Lernen auf eine bequeme, flexible und kostengünstige Weise ermöglicht. In diesem Szenario behalten die Lehrer eine wichtige Funktion als Wissensberater und Führer durch die Wissenswelt. Vielleicht entwickeln sie auch ab und an neues Lernmaterial, insgesamt werden sie jedoch eher den Status von »bezahlten Helfern« haben.

In diesem Szenario steckt eine nicht zu unterschätzende Gefahr: Lernende werden zu Konsumenten und gehen damit das Risiko ein, dass sie kurzfristige Vorteile über langfristigen Nutzen stellen. Aber noch entscheidender ist, dass Wissen immer subjektiver wird und auch die Bewertung von Wissen zunehmend subjektiven Maßstäben unterworfen sein wird.

## VI. EINE AUSBALANCIERTE ZUKUNFT

Ideal wäre es, wenn sich Lehrer, Schüler und Technik in Zukunft im Gleichgewicht befinden und ergänzen würden. Im Mittelpunkt aller Überlegungen sollte statt der Machtfragen das Wissensmanagement stehen. Die Rolle des

Lehrers wird vornehmlich darin bestehen, Fachwissen und Wissen darüber, wie und wo Fachwissen im Internet zu finden ist, an den Studierenden zu vermitteln. Speziell die Lehrer in Forschungseinrichtungen werden darüber hinaus natürlich auch neues, eigenes Wissen produzieren. Die vorrangigste Aufgabe des Lehrers wird es aber sein, die Studierenden zu eigenen Recherchen anzuregen.

Zusammenfassend lässt sich feststellen, dass die neuen Technologien selbstverständlich auch auf die Natur des Wissens großen Einfluss nehmen. Umso wichtiger ist es, dass es uns gelingt, die Balance zwischen Face-to-Face-Lehren und -Lernen und dem technologiebasierten Lehren und Lernen zu wahren. Viele Fähigkeiten und Kompetenzen lassen sich nicht allein mit der Technologie vermitteln, obwohl deren Möglichkeiten für den Lernbereich erst am Anfang stehen und wir das wirkliche Potenzial dieser Medien noch gar nicht überblicken können. Folgende Punkte sind bei den Überlegungen zum Lernen mit Multimedia zu berücksichtigen:

- Es gibt für Wissen, Lernen und Lernangebote unterschiedliche Bedürfnisse und dementsprechend unterschiedliche Zielgruppen und Märkte. Technologiebasiertes Lernen eignet sich nur für einige der Zielgruppen, für andere ist es hingegen ungeeignet. Wir sollten also mit einem hohen Anspruch an die Gestaltung technischer Lernwerkzeuge gehen, um herauszufinden, in welchen Bereichen der Einsatz von Technik für die Wissensvermittlung sinnvoll ist.
- Um den Nutzwert der neuen Technologien auszuschöpfen, werden sich die Rollen von Studenten und Lehrern verändern müssen. Dies wird auch einen Veränderungsprozess der Bildungsinstitutionen nach sich ziehen.
- Indem Wissen sich mit Hilfe multimedialer Technologien auf vielfältigere Weise als bisher darstellen lässt, wird sich die Art, wie wir Wissen aufnehmen und verstehen, verändern. Dies bedeutet nicht zwingend, dass unser Wissen mehr oder weniger, besser oder schlechter wird – nur, dass es anders wird.

# KAPITEL 2
# WISSEN IN GEHIRNEN UND ARTEFAKTEN

## WISSENSQUELLEN – WIE KOMMT DAS WISSEN IN DEN KOPF?

**Wolf Singer**

Wie gelangt das Wissen über die Welt in das Gehirn? Wie wird es dort verankert, und wie wird es bei der Wahrnehmung der Welt genutzt, um diese zu ordnen?

Alltägliche Wahrnehmungsprozesse verdeutlichen, dass unsere kognitiven Systeme konstruktive Leistungen erbringen müssen, um Ordnung in die Vielfalt der Signale zu bringen, die über die Sinnesorgane an sie vermittelt werden. Beispielsweise muss unser Sehsystem eine Segmentierungsleistung erbringen, um in komplexen Szenen einzelne Objekte erkennen zu können. Es muss die einzelnen Objekte vom Grund trennen und die Konturen individueller Objekte als zusammengehörig erkennen. Ferner muss es die Konturen verschiedener Objekte voneinander trennen, um einzelne Objekte identifizieren zu können. Würde es Objektkonturen mit Konturen des Hintergrundes oder Konturen unterschiedlicher Objekte miteinander vermischen, wäre es uns nicht möglich, individuelle Gestalten zu erkennen. Dieser Segmentierungsprozess läuft meist automatisch ab, d.h. er bleibt unbewusst und erfordert keine besondere Aufmerksamkeit. Da er dem Prozess der Objektidentifikation vorausgeht, kann man davon ausgehen, dass er auf einer relativ niedrigen Ebene der visuellen Verarbeitungshierarchie erfolgt und sich an Gruppierungsregeln orientiert, die für alle visuellen Objekte gleichermaßen gelten. Wir können Objekte voneinander abgrenzen, bevor wir wissen, welche Figuren eine Szene enthält. Ohne Vorwissen darüber, wie die Welt strukturiert ist und nach welchen Kriterien Szenen zweckmäßigerweise zu segmentieren sind, wäre es uns nicht möglich, aus den zweidimensionalen Helligkeitsverteilungen, auf welche unsere Augen die gesehene Welt reduzieren, irgendwelche Figuren zu extrahieren. Natürlich hilft es, wenn wir vorher hören, mit welchen Objekten wir es vermutlich zu tun haben werden, aber dies weist nur zusätzlich darauf hin, dass sprachlich vermitteltes Wissen von den auditorischen Zentren im Gehirn auf periphere Ebenen des visuellen Systems zurückprojiziert wird, um dort Segmentierungsprozesse zu unterstützen. Da die Segmentierung in diesem Fall durch Aufmerksamkeit kontrolliert wird, handelt es sich hier nicht um einen Automatismus, sondern um bewusstes Suchen.

Da wir segmentieren können, ohne vorher zu wissen, was zu sehen ist, können wir davon ausgehen, dass Segmentierung allgemeinen, im System fest verankerten Gesetzen gehorcht. In unseren kognitiven Sytemen muss angeborenes und/oder erworbenes Wissen darüber gespeichert sein, mit welcher Wahrscheinlichkeit bestimmte Konstellationen von Mustermerkmalen für bestimmte visuelle Objekte kennzeichnend sind. Dieses Regelwissen ist in den 30er Jahren von den Gestaltpsychologen um Max Wertheimer gründlich erforscht worden. Als starkes Gruppierungskriterium gilt zum Beispiel die Kontinuität bzw. räumliche Kontiguität von Konturen. Unser visuelles System hat die Tendenz, Konturen, die zusammenhängen, als zu einer Figur gehörig zu sehen. Das Gleiche gilt für benachbarte Elemente eines Bildes (Kriterium der Nähe) oder für Elemente, die ähnliche Merkmale wie gleiche Farbe oder gleiche Textur aufweisen (Kriterium der Ähnlichkeit). Ein besonders effizientes Gruppierungskriterium, das vermutlich angeboren ist und den meisten Spezies gemeinsam ist, bezeichnet man als Kriterium des »gemeinsamen Schicksals«: Konturen, die sich mit der gleichen Geschwindigkeit in die gleiche Richtung bewegen, werden sofort vom Hintergrund abgegrenzt und dem gleichen Objekt zugeordnet.

Unsere kognitiven Systeme wenden also zunächst relativ elementare Kohärenzkriterien an, um solche Bildelemente zusammenzufassen, die mit gewisser Wahrscheinlichkeit konstitutiv sind für die wahrgenommenen Objekte. Hinzu kommen eine Reihe komplexerer Kriterien wie die Geschlossenheit oder die »gute Fortsetzung« sich überschneidender Konturen. Letzteres bezieht sich auf die Tatsache, dass unser Sehsystem automatisch Konturen harmonisch und kontinuierlich fortsetzt, auch wenn diese zum Teil unsichtbar, weil verdeckt sind. Ebenso automatisch sieht es symmetrische Bezüge von Musterelementen als konstitutiv für Objekte an, d. h. es gruppiert solche Konturgrenzen zusammen, die symmetrische Figuren ergeben. Dies entspricht dem Faktum, dass die meisten Organismen entweder radial- oder axial-symmetrisch sind.

Ganz ähnliche Segmentierungsprobleme ergeben sich in den anderen Sinnesmodalitäten, und die Segmentierungsregeln folgen ähnlichen Gestaltprinzipien. In der Regel werden solche Signale zusammengefasst, die entweder räumlich oder zeitlich kontingent sind oder Ähnlichkeiten in den modalitätsspezifischen Merkmalen aufweisen.

## EVOLUTION ALS KOGNITIVER PROZESS

Wie gelangt nun das Wissen über diese zweckmäßigen Kriterien in das Gehirn? Die spezifische Architektur des Gehirns verdankt sich evolutionären Selektions- und Anpassungsprozessen. Sie ist bei Individuen der gleichen Art außerordentlich ähnlich. Die Information, die während der Individualentwicklung zur Ausbildung dieser Architekturen führt, ist in den Genen gespeichert. Sie wird mit geringfügigen Variationen von Generation zu Generation weitergegeben. Im Gegensatz zu elektronischen Rechensystemen gibt es bei natürlichen Nervensystemen keinen Unterschied zwischen Software (Programm) und Hardware (Architektur). Die Architektur der Verschaltung von Nervenzellen *ist* das Programm, das die Funktionen des Nervensystems festlegt. Folglich muss all das, was das Nervensystem über die Welt wissen kann, in der besonderen Art der Verschaltung seiner Nervenzellen niedergelegt sein. Die Verschaltungspläne von Gehirnen der gleichen Spezies weisen nur geringe interindividuelle Variabilität auf, weil die grundlegenden Organisationsprinzipien genetisch festgelegt sind. In diesen Verschaltungsplänen liegt das Wissen, das im Lauf der Evolution durch Versuch, Irrtum und Selektion des Bewährten über die Welt erworben und in den Genen gespeichert wurde. Über den embryonalen Entwicklungsprozess wird dieses Regelwissen in Hirnstrukturen umgesetzt und steht dann dem Organismus zur Verfügung, um Signale aus der umgebenden Welt und aus dem Organismus selbst zu ordnen und zu interpretieren.

Eines der hervortretenden Strukturmerkmale des Säugergehirns ist zum Beispiel die Einteilung der Großhirnrinde in unterschiedliche Areale mit unterschiedlichen Funktionen. Bei allen Säugern gliedert sich die Großhirnrinde in okzipitale, parietale, temporale und frontale Bereiche. Ebenso sind bei allen Säugern die Funktionszuordnungen zu diesen Bereichen dieselben. Areale, die sich mit der Vorverarbeitung visueller Information befassen, liegen im Okzipitallappen. Die Identifikation visueller Objekte obliegt Arealen im Temporallappen, die räumliche Lokalisation visueller Objekte dem Parietallappen, die Sprachrezeption und -produktion verteilt sich auf Areale des Temporal- und Frontallappens der linken Hemisphäre (beim Rechtshänder), die Programmierung von Bewegungen geschieht im Wesentlichen in frontalen Arealen. Außerdem gibt es noch die phylogenetisch rezenten Areale im Präfrontallappen, die sich mit Funktionen befassen, die das Sein in der Zeit ermöglichen. Sie sind an Gedächtnisprozessen, am Entwurf von Handlungen und am Planen zukünftiger Vorhaben beteiligt und wirken darüber hinaus an der Steuerung sozial relevanter Verhaltensweisen mit.

Diese Funktionszuordnungen finden sich stereotyp in den Gehirnen aller Menschen wieder und können somit als Ausdruck des während der Evolution erworbenen Wissens über die Zweckmäßigkeit gewisser Verarbeitungsstrategien angesehen werden. Denn in der strukturellen Anordnung von Arealen im Gehirn drücken sich Verschaltungsprinzipien aus: Areale, die nahe beieinander liegen, sind auch eng miteinander verschaltet, d. h. Topologien definieren Verschaltungen, die ihrerseits die Rolle von Programmen haben. Wissen ist somit in der topologischen Ordnung des Gehirns repräsentiert.

Im Sehsystem legt die differenzierte Architektur der Verbindungen visueller Hirnrindenareale die Regeln fest, auf welche Weise bestimmte Aspekte der Sehwelt miteinander verbunden werden. Einzelne Nervenzellen dieses Systems sprechen sehr selektiv auf bestimmte Mustermerkmale an. Die Architektur der Verbindungen zwischen diesen Nervenzellen legt fest, welche Merkmale miteinander assoziiert werden können. Was womit wie assoziierbar ist, hängt also davon ab, auf welche Weise unterschiedliche Gruppen von Nervenzellen miteinander verbunden sind. Die Verschaltungsprinzipien legen die Grenzen synästhetischer Erfahrung fest: Areale, die nicht direkt miteinander verbunden sind, können ihre Analyseergebnisse auch nicht direkt miteinander austauschen. Hoch entwickelte Gehirne haben also eine komplexe strukturelle Differenzierung, die dem Wissen entspricht, das sie über die Welt gespeichert haben.

### INDIVIDUALENTWICKLUNG ALS KOGNITIVER PROZESS

Eine zweite wichtige Informationsquelle für die Programmierung von Hirnfunktionen stellen die Erfahrungen dar, die wir von der frühesten Entwicklung bis hin zur Pubertät über die Welt erwerben. Für die Gehirne aller Säuger gilt gleichermaßen, dass sie sich vom Zeitpunkt der Geburt bis zur Pubertät strukturell weiterentwickeln. Zwar verfügt das menschliche Gehirn zum Zeitpunkt der Geburt bereits über den vollen Satz von Nervenzellen, doch sind die Verbindungen der Nervenzellen in zahlreichen Hirnstrukturen noch nicht ausgewachsen. Es bilden sich fortwährend neue synaptische Kontakte aus, und dieser Prozess setzt sich in bestimmten Hirnarealen bis zur Geschlechtsreife fort. Besonders hervorzuheben ist in diesem Zusammenhang, dass diese späte Ausdifferenzierung der Verschaltung von neuronaler Aktivität und damit von Sinnessignalen beeinflusst wird. Zum Zeitpunkt der Geburt sind die meisten Sinnesorgane bereits voll funktionstüchtig, d. h. die Aktivität, die im Nervensystem erzeugt wird, unterliegt der Modulation durch die Sinnesorgane. Diese Aktivität wiederum wird genutzt, um die neu ausgewachsenen Nervenverbindungen zu validieren und angepasste Nervenfasern zu konsolidieren, nicht benutzte abzuschaffen.

Bis zum Abschluss des postnatalen Entwicklungsprozesses, also zur vollständigen Auskristallisation der Verschaltung des Nervensystems, werden etwa 30 bis 40 Prozent mehr Verbindungen zwischen den Nervenzellen angelegt, als letztlich im ausgereiften Gehirn übrig bleiben. In diesem von Erfahrungen geprägten Entwicklungsprozess, der charakterisiert ist durch einen extrem hohen Umsatz von neu gebildeten und wieder gelösten Verbindungen, legen die auftretenden Aktivierungsmuster fest, welche Verbindungen erhalten bleiben und welche abgeschafft werden. Das bedeutet auch, dass in der Entwicklungsphase bis zur Pubertät nicht nur selbst gemachte Erfahrungen, sondern auch alle Interaktionen, die von Bezugspersonen initiiert werden, Eingriffe in die Verschaltungsarchitektur des werdenden Gehirns darstellen.

Wie zahlreiche neuroanatomische Untersuchungen belegen, kann Erfahrung tatsächlich zu derart massiven strukturellen Veränderungen führen, dass sie im Mikroskop sichtbar sind. Wie bedeutsam diese zweite epigenetische Lernphase für den Rest des Lebens ist, geht daraus hervor, dass nach Ablauf dieser Entwicklungsphase die Architektur des Nervensystems starr wird. Das Einschmelzen neuronaler Verbindungen kommt zum Stillstand, und neues Wachstum findet nur noch in sehr engen Grenzen statt, es sei denn, es wird durch pathologische Prozesse angeregt. Jenseits dieser Entwicklungsphase gibt es somit keine Möglichkeit mehr, die Architektur und damit das Basisprogramm des Gehirns nachhaltig zu verändern. Dennoch bleiben wir lernfähig. Darüber wird noch zu berichten sein.[1]

Zuvor aber ein Beispiel dafür, wie eingreifend frühe Erfahrung auf die strukturelle Ausprägung von Verbindungen in der Großhirnrinde sein kann. Die verschiedenen Merkmale visueller Muster werden in der Sehrinde von Nervenzellen repräsentiert, die selektiv auf die entsprechenden Merkmale reagieren, etwa auf bestimmte Konturorientierungen oder Bewegungsrichtungen oder Farbtönungen. Diese merkmalsspezifischen Nervenzellen finden sich in einem komplizierten zweidimensionalen Patchworkmuster angeordnet, wobei Zellen mit ähnlichen Merkmalspräferenzen in Gruppen, sogenannten Kolumnen, zusammengefasst sind. Damit die jeweiligen Merkmale miteinander assoziiert werden können, müssen zwischen diesen Merkmalsrepräsentanten Verbindungen existieren. Bei der Diskussion von Gestaltkriterien war deutlich geworden, dass unser Sehsystem die Tendenz hat, ähnliche Merkmale – beispielsweise Konturen gleicher Orientierung oder Flächen gleicher Farbe oder gleicher Kontraste – bevorzugt zu assoziieren und zu gruppieren. Folglich muss es spezifische Verbindungen zwischen diesen Merkmalsrepräsentanten geben. Und diese gibt es in der Tat. Wenn man ein Kristall eines fettlöslichen, fluoreszierenden Farbstoffs in die Großhirnrinde einbringt, wird dieser Farbstoff von den Nervenfasern, die in der Nähe des Kristalls enden, aufgenommen und rückwärts transportiert bis zum jeweiligen Nervenzellkörper. Wieder ist ein eigenartiges Patchworkmuster auszumachen, was darauf hinweist, dass die Verbindungen ein hohes Maß an Selektivität aufweisen. Es stellt sich nun die Frage, ob und auf welche Weise dieses topologisch hoch selektive Verbindungsmuster mit den zweidimensionalen Merkmalsdomänen korreliert ist, die ebenfalls in dieser Fläche repräsentiert sind. Der Vergleich der beiden Karten zeigt, dass eine erstaunlich präzise Ordnung herrscht.

Nun lässt sich zeigen, daß diese Selektivität zum Teil Folge von Erfahrung ist. Es wird zwar im genetischen Bauplan schon festgelegt, welche Zelltypen in welchen Rindenschichten miteinander kommunizieren sollen und über welche Entfernungen insgesamt kommuniziert werden darf, d. h. es ist genetisch determiniert, wie sich dieses Fasersystem insgesamt ausbreitet. Diese Beobachtung gilt auch für den mittleren Abstand zwischen den einzelnen Merkmalsdomänen. Eine Reihe von Strukturmerkmalen ist somit genetisch festgelegt. Untersuchungen von Verbindungsstrukturen in Gehirnen von Säugern, deren visuelle Erfahrung beeinträchtigt war, haben gezeigt, dass dort auch Domänen mit unterschiedlicher Merkmalspräferenz miteinander verbunden sind. Die Spezifikation von Verbindungen beruht demnach auf einem aktivitätsabhängigen Selektionsprozess. Die Regeln, nach denen er abläuft, lassen sich durch Auswahl früher Erfahrungsinhalte und durch In-vitro-Studien an isoliertem Hirngewebe analysieren. Es zeigt sich, dass Verbindungen dann konsolidiert werden, wenn sie Neuronen miteinander verkoppeln, die häufig synchron erregt werden, und dass sie verloren gehen zwischen Neuronen, die häufig asynchron bzw. zeitlich unkorreliert aktiv sind. Die Selektionsregeln haben demnach eine assoziative Funktion: Sie verkoppeln selektiv Neuronen, die häufig gemeinsam aktiv werden, und entkoppeln Neuronen, für die das nicht zutrifft. Werden die vorbereiteten Funktionen nicht abgerufen, so führt diese Selektion zur Zerstörung der Verbindungen, die für die Realisierung der entsprechenden Funktion notwendig gewesen wären.

All das gilt natürlich auch für das menschliche Gehirn. Wenn es nicht möglich ist, während der ersten Lebensjahre den Gesichtssinn zu gebrauchen, können sich im Gehirn die entsprechenden Verschaltungsarchitekturen nicht optimieren. Auch wenn später die optischen Medien der Augen durch einen chirurgischen Eingriff korrigiert werden, bedeutet das nicht, dass sie sehen können, da die Signale, die von den Augen zur Hirnrinde gesandt werden, nicht sinnvoll verarbeitet werden können. Diese Menschen bleiben blind. Bei höheren Wirbeltieren und Säugern führt also die sensorische Deprivation zu bleibenden kognitiven Störungen, weil die genetisch vorgegebene Struktur in der Regel nicht ausreicht, um die volle Funktionsfähigkeit des Systems zu unterstützen.

Natürlich gibt es gute Gründe, warum das System sich für die Optimierung von Verschaltungen darauf verlässt, nach der Geburt noch zusätzliche Informationen aufzunehmen. Auf diese Weise lassen sich Funktionen realisieren, die sich durch genetische Instruktionen alleine nicht hätten verwirklichen lassen. Der Preis für diese Option ist aber hoch. Die Möglichkeit, Verschaltungen beeinflussen und Programme über das genetisch vorgegebene Grundmuster hinaus an die tatsächlichen Gegebenheiten anpassen zu können, wird mit einer erhöhten Anfälligkeit des Systems erkauft. Wenn die Interaktion mit der Umwelt in den frühen Phasen der Entwicklung gestört ist, können die entsprechenden Funktionen nachträglich nicht mehr oder nur noch sehr unvollkommen ausgebildet werden. Das gilt mit großer Wahrscheinlichkeit nicht nur für einfache sensorische Funktionen, sondern ebenso für eine Fülle anderer Leistungen des Gehirns. Der Spracherwerb wird durch die Existenz kritischer Phasen begrenzt. Vermutlich hängt aber auch die Einbindung in soziale Gefüge von derartigen Prägungsprozessen und der erfahrungsabhängigen Strukturierung von Hirnarchitekturen ab, die bis zum Abschluss der Pubertät erfolgt sein müssen und später nicht mehr oder nur in engen Grenzen nachholbar sind.

Da wir aber auch als Erwachsene durchaus noch lernfähig sind, stellt sich die Frage, wie die Aufnahme von Wissen zu einem Zeitpunkt erfolgt, an dem die bestehenden Verschaltungen im Gehirn nur noch in mikroskopischen Dimensionen verändert werden können. Solche Lernvorgänge, die im Gehirn selbstverständlich auch bereits vor der Pubertät ablaufen, beruhen darauf, dass die Effektivität der vorhandenen Verbindungen verändert wird. Die Verbindungen zwischen Neuronen können entweder verstärkt oder abgeschwächt werden. Seit einigen Jahren ist es möglich, dünne Scheiben der Großhirnrinde in einer Nährlösung am Leben zu erhalten, sodass man die Aktivität einzelner Zellen, die miteinander in Verbindung stehen, beobachten kann. Erregt man eine der beiden Zellen, lassen sich synaptisch vermittelte Antworten in der jeweils anderen Zelle auslösen. Diese wiederum können in unterschiedlicher zeitlicher Abfolge mit der Aktivierung der jeweiligen Zielzelle kombiniert werden. Dabei zeigt sich, dass zeitlich korrelierte Aktivierung von zwei verbundenen Zellen die Effizienz der synaptischen Kopplung zwischen diesen beiden Zellen erhöht, während antikorrelierte Aktivierung zu einer Abschwächung der Kopplung führt. Auch im Fall der Lernprozesse in ausgewachsenen Gehirnen geht es also wieder um eine Korrelationsregel, wie sie Grundlage für alle assoziativen Prozesse ist. In vivo würden solche Prozesse allerdings zusätzlich einem Bewertungssystem unterliegen, das die Relevanz der Aktivitäten bewertet und Veränderungen nur dann zulässt, wenn das Gesamtgehirn befindet, dass die jeweils verarbeiteten Aktivitätsmuster für seine Entwicklung bedeutsam sind. Diese Bewertung wird von Zentren im sogenannten limbischen System vorgenommen. Im Anschluss wird das Bewertungsergebnis über Nervenbahnen und spezielle chemische Überträgerstoffe, die sogenannten Neuromodulatoren, den verteilten Verarbeitungszentren im Gehirn mitgeteilt. [2]

Es gibt also drei Mechanismen, über die Wissen in das Gehirn gelangt. Es ist einmal das durch die Evolution in den Genen gespeicherte Wissen über die Welt, wie es im Phänotyp jedes neu ausgereiften Gehirns exprimiert ist. Zum Zweiten gibt es das während der frühen Ontogenese erworbene Erfahrungswissen, das sich in strukturellen Änderungen der Gehirnarchitektur manifestiert – die übrigens kaum von den genetisch bedingten zu unterscheiden sind. Drittens ist es das durch Lernen erworbene Wissen, das sich in funktionellen Änderungen bereits bestehender Verbindungen ausdrückt. Auch die lernbedingten Veränderungen führen natürlich zu strukturellen Veränderungen auf der molekularen Ebene, die allerdings nur mit hoch auflösenden Mikroskopen identifiziert werden können. In ihrer Gesamtheit bestimmen diese drei Wissensquellen die funktionelle Architektur des jeweiligen Gehirns und damit das Programm, nach dem das betrachtete Gehirn arbeitet.

1 Wolf Singer: *The Formation of Cooperative Cell Assemblies in the Visual Cortex*, in: J. exp. Biol. 155/1990, S. 177-197.
2 Wolf Singer: *Development and Plasticity of Cortical Processing Architectures*, in: Science 270/1995, S. 758-764.

# DIE BIOLOGISCHEN WURZELN DES WISSENS – VIER LEITPRINZIPIEN FÜR DIE ZUKUNFT DER KOGNITIONSWISSENSCHAFT

Francisco J. Varela

In Fragen des Wissens spielt das Studium seiner biologischen Wurzeln eine zentrale Rolle. Die Neurowissenschaften haben hierzu in den letzten 50 Jahren eine Reihe wichtiger Ergebnisse beigetragen. Andere müssen noch entschlüsselt werden. Ich möchte im Folgenden diejenigen Punkte beleuchten, die meiner Meinung nach die wichtigsten sind für die zukünftige Orientierung dieses Bereichs der Wissenschaft. Ich ziehe damit eine Art von Zwischenbilanz aus 50 Jahren Forschungsarbeit, wobei ich mich auf vier Punkte beschränke, die ich für die wichtigsten Erkenntnisse im Verlauf dieser Zeitspanne halte.[1]

## 1. VERKÖRPERUNG

Der erste Punkt betrifft die Rolle der *Verkörperung*. Ich befinde mich mit meiner Meinung hier im Gegensatz zu dem weit verbreiteten Glauben, man könne Computermetaphern einfach auf ein biologisches System übertragen und Bewusstsein wäre so etwas wie die Software, während das Gehirn und der Körper die Hardware seien. Mit Bewusstsein meine ich alles das, was mit Mentalität, Erkenntnis und Erfahrung zu tun hat. Es ist eine der wichtigsten Erkenntnisse der letzten Jahre, dass es so etwas wie geistige und mentale Fähigkeiten nicht geben kann ohne einen Körper, der sie umschließt und mit der Welt verbindet. Das heißt, mentale Fähigkeiten sind untrennbar mit der Aktivität und Bewegung unseres Körpers verbunden, der sich auf diese Weise in der Welt zurechtfindet.

Das mag für viele selbstverständlich klingen, ist es aber nicht. In der Forschung herrschen seit langer Zeit ganz andere Vorstellungen davon, was Bewusstsein angeblich ist. Entsprechend gilt es sich zunächst einmal von der vorherrschenden Computermetaphorik (siehe oben) zu befreien. Es gibt eine lange Liste von Argumenten, um zu beweisen, dass das Bewusstsein weder ein Computerprogramm noch eine Software noch eine nach festen Regeln funktionierende Manipulation von Symbolen ist. Man kann sie in einem Satz zusammenfassen: *Das Bewusstsein ist nicht im Kopf.*

Die Logik dieser Aussage ist klar. Wenn man erst einmal begriffen hat, dass man sich, um so etwas wie ein Bewusstsein entwickeln zu können, aktiv mit der Außenwelt auseinander setzen muss, dann ist auch klar, dass wir es hier mit etwas Aktivem, Eingebettetem zu tun haben. Alles, was wir als ›Objekte‹ bezeichnen, egal, ob es sich nun um Tische oder Stühle oder um menschliche Gesichter handelt, ist vollkommen von dieser motorischen Art und Weise abhängig, mit der wir sensorisch auf die Außenwelt reagieren. Wir sind nicht in der Lage, Objekte als etwas von uns Unabhängiges wahrzunehmen, das irgendwo »da draußen« existiert. Objekte entstehen erst durch unser Handeln. Umgekehrt entwickeln wir uns auch erst dadurch, dass wir auf die Außenwelt reagieren.

Ein Beispiel mag verdeutlichen, was ich damit meine. Die beiden Biologen Held und Hein[2] haben dazu vor einiger Zeit ein interessantes Experiment mit zwei kleinen Kätzchen gemacht. Die Tiere wurden im noch blinden Zustand gleich nach der Geburt voneinander getrennt und in zwei verschiedenen Körbchen untergebracht. Um sie mit ihrer räumlichen Umgebung vertraut zu machen, wurden sie jeden Tag für mehrere Stunden in diesem Raum herumgeführt. Dabei durfte das eine Kätzchen den Korb verlassen und sich frei bewegen, das andere hingegen musste in seinem Korb bleiben. Nach zwei Monaten wurden die Kätzchen dann in die Freiheit entlassen. Das eine, das sich frei bewegt hatte, benahm sich wie eine normale Katze. Das andere, das die Gegenstände im Raum nur gesehen, sich aber nicht darin bewegt hatte, verhielt sich so, als sei es immer noch blind. Es fiel vom Stuhl oder stürzte die Treppe herunter. Man wird aus diesem Experiment kaum die Schlussfolgerung ziehen wollen, Katzen würden mit den Pfoten sehen. Was uns das Experiment zeigt, ist vielmehr: *Raum entsteht aus Bewegung*.

Das ist insofern eine wichtige Feststellung, als Raum, eine der Säulen der klassischen Physik, eigentlich immer als etwas höchst Objektives gesehen wird. Das Beispiel mit den Kätzchen zeigt aber, dass es diese Form von objektivem Raum gar nicht gibt. Das Entstehen dessen, was wir als Raum bezeichnen, ist offenbar komplett von der Tatsache abhängig, dass wir motorisch mit unseren Sinnen auf unsere Umgebung reagieren. In meinem Buch *The Embodied Mind*[3] findet sich eine detaillierte Beschreibung, wie man diese Erkenntnis auf die Wahrnehmung von Farbe anwenden kann, die ja ebenfalls keine objektive Gegebenheit, sondern eine Eigenschaft von Gegenständen ist, die im Vorgang der Wahrnehmung entsteht.

Entsprechend könnte man den Satz *Das Bewusstsein ist nicht im Kopf* variieren und stattdessen sagen: *Das Bewusstsein verkörpert sich durch Handeln.* Wahrnehmung ist etwas, das aus andauerndem aktiven Handeln entsteht. Sie ist die Grundlage von allem, was wir mit Bewusstsein umschreiben. Wie ich oben zu zeigen versucht habe, handelt es sich dabei um eine starke Wechselbeziehung. Das, was für uns ›außen‹ ist, beeinflusst und bestimmt sehr stark das, was für uns ›innen‹ zu sein scheint. Mit anderen Worten: Die Welt ›da draußen‹ kann nicht getrennt werden von meinem Handeln in ihr. Dieser Prozess wechselseitiger Beeinflussung macht, wie das Beispiel der Kätzchen zeigt, beide komplett voneinander abhängig.

Eine Konsequenz, die sich aus dieser Einsicht ergibt, betrifft den Ort des Bewusstseins. Wenn es nicht im Kopf ist, wo ist es dann? Die Antwort ist: Es befindet sich genau an diesem Nicht-Ort, der sich definiert aus der wechselseitigen Beziehung zwischen ›innen‹ und ›außen‹, d. h. es ist weder innen noch außen. Eine zweite Konsequenz betrifft die Tatsache, dass das Bewusstsein nicht zu trennen ist vom ganzen Organismus. Gewöhnlich denken wir ja, das Bewusstsein befinde sich im Gehirn. Das ist insofern ein Trugschluss, als man damit den gesamten Bereich des Organismus, der zum Bewusstsein untrennbar dazugehört, ausschließt. Das Gehirn ist ja auf eine sehr enge Weise mit den Muskeln, dem Skelett, den inneren Organen und dem Immun- und Hormonsystem verbunden, und das ganze Gebilde ist eine sehr komplexe Einheit. Unser Organismus ist mit anderen Worten ein Wirkungsgefüge aus Elementen, die alle voneinander abhängen und sich gegenseitig beeinflussen. Es ist also nicht zu trennen von der Tatsache, dass wir nicht nur ein Gehirn, sondern auch einen Körper haben, und dass es deshalb in einem ganz wörtlichen Sinn untrennbar sowohl mit der uns umgebenden Außenwelt als auch mit unserer Innenwelt verknüpft ist, die Claude Bernard bereits als *inneres Milieu* (Milieu intérieur) bezeichnet hat.[4]

Für jemanden, der aus der philosophischen Tradition kommt, die Geist als etwas betrachtet, das im Kopf stattfindet, mag das überraschend klingen. In der Vergangenheit hat vor allem die angloamerikanische Philosophen-Community endlos Zeit darauf verwendet, darüber zu diskutieren, was angeblich das Wesen des Bewusstseins ist. Dabei wurde das Gehirn wie ein Gegenstand in einem Einweckglas betrachtet, aus dem heraus Röhrchen in die Außenwelt ragen. Angesichts des heutigen Standes der Forschung erscheinen diese Diskussionen als einigermaßen bizarr. Ein ›Gehirn im Einweckglas‹ kann so etwas wie Bewusstsein schon aus dem Grunde nicht haben, als die Aktivität seiner Nervenzellen, die dann ja nicht auf dem aktiven Zusammenspiel des Körpers mit seiner Umgebung beruhen würden, total sinnlos wäre.

Der erste meiner vier Hauptpunkte lässt sich auf die Kurzform bringen: Das Bewusstsein ist verkörpert. Verkörperung heißt, dass Innen und Außen in einer intensiven Wechselbeziehung stehen und sich gegenseitig bestimmen. Mit Außen ist sowohl die äußere Umgebung wie der Körper gemeint.

## 2. EMERGENZ

*Man kann nicht sagen, Bewusstsein existiert, sowenig wie man sagen kann, Bewusstsein existiert nicht.* Das hat mit dem Vorgang der *Emergenz*, dem Entstehen und Sich-Entwickeln von Bewusstsein zu tun. Speziell dieses Phänomen führt oft zu Missverständnissen. Ich verwende den Begriff Emergenz in einem eher technischen Sinn. Je mehr wir darüber wissen, wie das Gehirn arbeitet und wie die einzelnen Wahrnehmungsprozesse funktionieren, desto mehr wird klar, dass man es dabei mit sehr individuellen Einzelkomponenten, Nervenzellen oder Zellverbänden zu tun hat. Der Job des Hirnforschers ist es nun, diese Zellen und Gruppen von Zellen zu untersuchen, um sowohl das Funktionieren im Detail wie auch das unendlich komplizierte Zusammenspiel zu begreifen, das sich aus vielen Millionen hochkomplizierter Verbindungen von Nervenzellen ergibt. Die komplexe Interaktivität der Nervenzellen findet mit jeweils unterschiedlichen lokalen Regeln an unterschiedlichen Orten im Gehirn statt und ist keinesfalls zu vergleichen mit der Verarbeitung von Information im Computer, die nach programmierten Regeln von hier nach da geschickt wird. In Realzeit laufen die Interaktionen in unterschiedlichen Bereichen des Gehirns außerordentlich schnell, dynamisch und gleichzeitig ab.

Die Konsequenz, die sich daraus ergibt, ist für mich nach wie vor erstaunlich: Aus den beschriebenen lokalen Interaktionen entwickelt sich ein systemischer Prozess oder Zustand, der weder unabhängig von den lokalen Interaktionen ist, noch sich auf diese reduzieren lässt.

Aus dem lokalen Prozess ist also ein neues System hervorgegangen, das eine eigene Bewusstseinseinheit darstellt und damit einer anderen ontologischen Ebene zuzurechnen ist.

Ein Tier, das sich bewegt, oder ein Mensch, der mit jemandem spricht, ist nicht ein bloßes Nebeneinander von Bewegung, Stimme, Sehen und Sich-Verhalten, sondern eine in sich stimmige Einheit. Wenn ich mit jemandem interagiere, tue ich das als mehr oder weniger harmonische Einheit, die man mit ›ich‹ oder ›mein Bewusstsein‹ bezeichnen kann. Die Interaktion geschieht auf der Ebene meiner individuellen Person, dem System. Gleichzeitig weiß ich aber auch, dass das System aus lokalen Interaktionen hervorgegangen ist und dass es umgekehrt auch durch Handlungen wieder auf diese zurückwirkt.

Es ist nun nicht möglich, gezielt auf die lokalen Interaktionen des Gehirns einzuwirken, also z. B. der Nervenzelle Nummer 223 in meinem visuellen Cortex zu sagen, wann sie feuern soll, denn dann würde sich das Lokale ja nicht mehr ontologisch vom System unterscheiden.

Das Phänomen der Emergenz, mit dem wir es hier zu tun haben, ist eines, das sich in den vergangenen 20 Jahren als Grundprinzip nicht nur in den Neurowissenschaften, sondern in praktisch allen Wissenschaften durchgesetzt hat. Dieses Prinzip hat die Möglichkeit geschaffen, das Wesen von Existenz neu zu beschreiben. Man kann von dieser Existenzform z. B. nicht sagen, dass sie nicht existiert, so wie man von sich nicht sagen kann, dass man nicht existiert. Ich stehe immer für etwas, für diesen Text beispielsweise, den ich geschrieben habe, und den ein anderer nun liest. Aber hat das etwas mit dem Wesen meiner Existenz zu tun? Und wo befindet sich dieses? Es ist mit Sicherheit nichts Substanzielles, keine irgendwo im Gehirn lokalisierbare Qualität, die mich zu Francisco Varela macht. Mein Bewusstsein, das Wesen meiner Existenz, ist vielmehr das Ergebnis der beschriebenen Vielzahl dynamischer Verbindungen, die jede einzelne lokale Komponente mit einschließen, ohne dass man es gleichzeitig irgendwelchen spezifischen Interaktionen zuordnen könnte. Ein Beispiel mag verdeutlichen, was ich meine. Wenn man von ›England‹ spricht, dann meint man damit etwas, das gleichzeitig existiert und nicht existiert. England treibt beispielsweise Handel und schließt Verträge, und es tut dies als Nation. Insofern existiert es. Aber wo ist eigentlich das, was England ausmacht? Es liegt in den Interaktionsmustern zwischen den in diesem Land lebenden Menschen, ihren Handlungen, ihren Gesprächen, die England zu einer Einheit machen. Man kann also sagen, England existiert und existiert nicht, da es als ein Ganzes eigentlich nur in Form eines sich dauernd verändernden Musters vorhanden ist. Die Form seiner Existenz hat also nichts mit den aus der Physik oder der Theologie überlieferten substanziellen, materiellen Formen zu tun, die sich irgendwo lokalisieren ließe. Emergente Einheiten wie die hier beschriebenen sind die Basis, auf der komplexe Systeme entstehen, wie sie charakteristisch sind für alle jene Bereiche, die mit Leben und Bewusstsein zu tun haben. Sie sind eine hocheffiziente Weise, um in der Welt zu handeln und präsent zu sein.

Bewusstsein ist also einerseits im Handeln verkörpert, andererseits entsteht es auch erst durch unser Handeln, und zwar in dem oben beschriebenen technischen Sinn. Es gibt für die Beschreibung dieses Prozesses unterschiedliche Begriffe: Selbstorganisation, Komplexität, nichtlineare Dynamik, um nur einige davon zu nennen. Sie funktionieren alle nach dem gleichen Grundprinzip, dem Übergang von der Interaktion in lokalen zu globalen, systemischen Prozessen. Dabei entsteht eine wechselseitige Einflussnahme zwischen einzelnen Elementen auf der lokalen neuralen Ebene und systemischen Elementen auf der globalen Ebene des Bewusstseins.

Das Phänomen der Emergenz wird gewöhnlich eher reduktionistisch verstanden. Viele Wissenschaftler würden vermutlich der These zustimmen, dass das Selbst sich prozesshaft auf der Grundlage der Körper-Gehirn-Beziehung entwickelt. Was sie dann allerdings unterschlagen, ist die Umkehrung dieser Beziehung. Diese ist aber wichtig. Denn wenn einzelne Komponenten und Kreisläufe des Gehirns es schaffen, im interaktiven Prozess ein Selbst entstehen zu lassen, dann folgt daraus, dass die systemische Ebene, das Selbst, ihrerseits wiederum direkt auf die lokalen Komponenten zurückwirken kann. Die Straße wird in beide Richtungen befahren: das Bewusstsein entsteht aus der Interaktion lokaler Komponenten und wirkt seinerseits wieder zurück auf die lokalen Komponenten.

Aus diesem Blickwinkel betrachtet geht die Diskussion um psychosomatische Phänomene von vollkommen falschen Voraussetzungen aus. Man dürfte sich eigentlich gar nicht darüber wundern, wenn eine auf der systemischen Ebene ablaufende Stimmung, ein Zustand, eine Befindlichkeit sich auf lokale Prozesse auswirken können. Dies ist auch kein Wunschdenken von mir, sondern Realität. Ich möchte dafür ein Beispiel geben. Wir haben in unserem Institut mit epileptischen Patienten gearbeitet, in deren Gehirn man mit Blick auf eine zukünftige Operation Elektroden implantiert hatte. Auf diese Weise konnten wir sehr genau die elektrischen Signale eines aufwachenden Gehirns studieren und erhielten dadurch die Möglichkeit, die Einzelelemente der epileptischen Anfälle zu analysieren und den nächsten Anfall vorherzusagen.[5] Dies ist ein gutes Beispiel dafür, wie lokale Prozesse (die Hirnströme) auf eine geregelte Art und Weise in einen systemischen Zustand (den epileptischen Anfall) übergehen. Wir haben allerdings auch Beweise für den umgekehrten Vorgang gefunden: Wenn ein Patient sich gezielt auf eine Bewusstseinstätigkeit einließ und sich beispielsweise auf das Erkennen visueller Formen konzentrierte, dann veränderte das die Dynamik der epileptischen Anfälle.[6] Ein Beweis dafür, dass ein systemischer Zustand sehr präzise auf lokale elektrische Aktivitäten einwirken kann. Das gilt in gleicher Weise für die Integration von Körper und Bewusstsein und widerspricht damit der in der westlichen Tradition vorherrschenden Vorstellung, wonach zwar das Organische auf das Bewusstsein einwirken, doch dieses umgekehrt keinerlei unmittelbaren Einfluss auf das Organische nehmen kann.

Das ist nachweislich falsch. Das Emergenzprinzip, das solche Wechselwirkungen beschreibt, hat hier für Aufklärung gesorgt.

Bewusstsein ist also das Ergebnis von Handeln. Es entsteht durch die Wechselwirkung zwischen lokalen Prozessen und sytemischen Zuständen. Aus dieser Erkenntnis lassen sich zwei wichtige Schlussfolgerungen ziehen. Meine bisherigen Hauptpunkte, die Verkörperung und die Emergenz, lassen sich zu der Aussage zusammenfassen: *Bewusstsein ist im tiefsten Grunde eine Sache der Fantasie und der Imagination.* Es ist die andauernde wechselseitige Aktivität zwischen der lokalen und der systemischen Ebene, aus der eine Vielzahl neuer Eigenschaften herauswächst, plus die Tatsache, dass diese Aktivitäten andauernd stattfinden, die den Kern unseres Bewusstseins ausmachen.

Bewusstsein hat nichts mit Abbildung eines bestimmten Zustands (der inneren und äußeren Welt) zu tun. Es geht vielmehr um die konstante Verschleierung des Zusammenhangs, auf welche Weise die verschiedenen Wirklichkeiten, die an den Übergängen zwischen lokalen und systemischen Zuständen entstehen und aus denen sich die Welt zusammensetzt, miteinander verbunden sind. Mit anderen Worten ist Wahrnehmung ebenso sehr imaginiert, wie Imagination unauflösbar an Wahrnehmung gebunden ist. Es gibt wunderbare Experimente, die dies illustrieren: Wenn man einem (handelnden, verkörperten) Organismus irgendetwas gibt, dass seine sensomotorischen Aktivitäten stimuliert, dann kann man beobachten, wie er umgehend eine Welt daraus zu formen und zu gestalten beginnt. Diese Experimente markieren einen erstaunlichen Wandel dessen, was wir unter Realität verstehen. Denn wenn alles Anlass sein kann, um Realität zu erfinden, dann muss man nicht mehr bestimmte Eigenschaften der Welt verstehen, bevor man sich ein zusammenhängendes Bild von ihr machen kann. Der Stoff, aus dem die Welt besteht, ist Imagination und Fantasie. Deshalb ist es für Kinder so wichtig, sich ihre eigene Welt zu erfinden.

Als zweite Schlussfolgerung ergibt sich aus obigen Beobachtungen: Wenn Bewusstsein das Ergebnis des Übergangs von lokalen Prozessen in einen systemischen Zustand ist, dann kann man es nicht in Einzelelemente zerlegen. Phänomenologisch gibt es keine klare Trennung zwischen Gedächtnis, Gefühl und Vorstellung. Eine der wichtigsten Erkenntnisse der letzten Jahre ist die, dass die Basis für unser gesamtes Handeln und Sich-mit-der-Welt-Auseinandersetzen Affekte und Gefühle sind. Vernunft, die wie ein Zuckerguss über den Gefühlen liegt, kommt im Prozess der Bewusstseinsentstehung erst im letzten Moment hinzu. Bewusstsein ist seinem Wesen nach etwas, was aus einer gefühlsmäßigen Befindlichkeit erwächst, die in den Körper eingebettet ist. Das Ganze geschieht in Bruchteilen von Sekunden, immer und immer wieder. Die Frühphase des Entstehungsprozesses mentaler Zustände hat ihre Wurzeln in den sensomotorischen Oberflächen im Mittelhirn, nahe dem Rückenmark. Von dort wandert er in das sogenannte limbische System im Cortex, wodurch sich die emotionale Tonlage dann in Kategorien, voneinander unterschiedene Elemente und Gedankenketten ausdifferenziert, mit denen üblicherweise die Kategorien des Bewusstseins beschrieben werden. Vernunft und Kategorie sind sozusagen die Spitzen auf den Bergen aus Gefühlen und Affekten, die demnach in sich bereits Bewusstsein enthalten. Wenn man die Perspektive wechselt und Vernunft nicht mehr als das zentrale Prinzip von Bewusstsein ansieht, dann ist es durchaus möglich, den Moment zu erkennen, an dem Bewusstsein entsteht. Der Prozess beginnt auf dem Boden dieser Suppe von Affekten und Gefühlen, an der der ganze Organismus beteiligt ist, breitet sich in Wellen aus und verfestigt sich zu Berggipfeln.

Das ist der Grund, weshalb Erfahrungen so schwer zu artikulieren und in Worte zu fassen sind. Sie sind prä-reflexiv, vom Gefühl bestimmt und nicht-konzeptuell. Es ist schwer, etwas in Worte zu fassen, was dem Fassen-in-Worte vorausgeht. Das heißt allerdings nicht, dass Erfahrungen nicht Teil des Bewusstseins sind und in Worte gefasst werden können. Es ist lediglich so, dass sie in einer solchen Tiefe liegen, dass sie noch nicht zum Bestandteil der Vernunft geworden sind, von der wir annehmen, dass sie der höchste Ausdruck von Bewusstsein sei. Was ich meine, könnte man in dem Satz zusammenfassen: Das Leben ist wie ein Traum. Oder, um mit dem Philosophen Pascal zu sprechen: »Das Herz folgt einer Vernunft, die unsere Vernunft nicht versteht.«

### 3. INTERSUBJEKTIVITÄT

Mit dem Begriff der Intersubjektivität betreten wir einen bislang noch wenig erforschten Bereich. Die Kognitions- und Gehirnforschung basierte lange Zeit auf der simplen Feststellung, das Bewusstsein befinde sich im Gehirn, weshalb das Bewusstsein anderer für uns nicht zugänglich sei. Jeder Versuch, diese Grenze zu überschreiten, wurde als Beschwörung irgendwelcher psychischer Hokuspokus-Energien angesehen. Jüngste Entwicklungen in der Hirnforschung haben jedoch eindeutig geklärt, dass Individualität und Intersubjektivität nicht nur keine Gegensätze sind, sondern sich im Gegenteil sogar notwendigerweise komplementär verhalten. Es ist für mich immer noch erstaunlich, dass eine Reihe von Philosophen so viel Zeit und Energie darauf verwendet hat zu beweisen, dass der Mensch ein Bewusstsein hat und wir nicht einfach nur von Zombies umgeben sind. Umgekehrt wird ein Schuh daraus: Die Gegenwart und Realität anderer Menschen wird von uns derart intim und nah erlebt, dass man sich eher fragen muss, wie wir überhaupt jemals die Vorstellung entwickeln konnten, wir seien von anderen derart weit entfernt und unterschieden.

Ich habe schon davon gesprochen, dass die moderne Kognitionsforschung ausreichende Beweise für den Effekt geliefert hat, dass alle Bewusstseinsphänomene eine emotional-affektive Komponente besitzen. Daraus hat sich dann eigentlich ganz selbstverständlich die Schlussfolgerung ergeben, dass die Wurzeln des Bewusstseins im affektiv-gefühlsmäßigen Bereich liegen. Das wird vor allem klar in Studien an höheren Primaten und kleinen Kindern.

Zum Beispiel kommen Provinelli und Preuss[7] zu dem Schluss, dass das wichtigste Ergebnis der langjährigen Erforschung höherer Primaten keineswegs die Kontroverse um Sprache oder Nicht-Sprache ist, sondern die Beobachtung, dass sie die Fähigkeit besitzen, das Bewusstsein anderer Primaten zu interpretieren. Diese Fähigkeit ist eine eigenartige Form von Intelligenz. Sie beschränkt sich darauf, mentale Zustände wie Wünsche und Absichten aus der körperlichen Gegenwart des Gegenüber, aus seiner Mimik, Gestik und den Geräuschen, die er macht, herauszulesen. Verhaltensstudien an Kindern und Schimpansen zeigen in diesem Punkt bemerkenswerte Ähnlichkeiten, obwohl anzunehmen ist, dass Menschen hier auf Dauer ein größeres Raffinement entwickeln. Daniel Stern[8] hat in seinen bahnbrechenden Untersuchungen darauf hingewiesen, dass in der Wahrnehmung von Neugeborenen keine feste Abgrenzung existiert zwischen der eigenen Person und der Person des Gegenüber. ›Ich‹ zu sein und einen anderen als ›du‹ zu sehen sind Vorgänge, die sich parallel entwickeln. Die erstaunliche Fähigkeit zu gefühlsmäßiger Reaktion besteht bei Neugeborenen bereits Stunden nach der Geburt.

Ein weiteres Beispiel bezieht sich auf die Tatsache, dass kleine Kinder Liebe und Fürsorge brauchen. Eine kürzlich veröffentlichte Studie[9] zeigt, auf welche Weise Liebe und Fürsorge die Strukturen des Bewusstseins auf der lokalen Ebene beeinflussen können. Durch Liebe und Fürsorge veränderten sich bei den beobachteten Kindern nicht nur auf der Ebene der Synapsen und Neurotransmitter lokale Eigenschaften des Gehirns, es zeigten sich auch eindeutige Veränderungen auf der Ebene der genetischen Expression. Mit anderen Worten hatte die Interaktion mit anderen auf der Gefühlsebene bei diesen Kindern die körperliche Konstitution verändert. Ich könnte viele unterschiedliche Beispiele für die Richtigkeit dieser These anführen und etwa die Studie zitieren, die sich mit der Wirkung von Gesichtern auf Kleinkinder befasst. Der Hauptpunkt wäre jedes Mal der gleiche: Bewusstsein entsteht durch Handeln, das durch die Wechselwirkung zwischen mir und anderen bestimmt wird.

Es besteht selbstverständlich eine direkte Verbindung zwischen Affekt und Gefühl, die ich an dieser Stelle etwas genauer definieren möchte. Affekte stellen ein prä-reflexives dynamisches System dar. Sie sind der Urgrund, aus dem heraus sich das Selbst entwickelt. Ich bin gefühlsmäßig bewegt, noch bevor es ein ›Ich‹ gibt, das diesen Zustand reflektieren könnte. Während ich diesen Text schreibe, folge ich meiner Neigung zu schreiben, die mich dazu bringt, Gedanken in Worte und Sätze zu fassen. Während ich sie niederschreibe, bin ich emotionalen Schwankungen unterworfen und ärgere mich z. B. darüber, dass ich eine bestimmte Formulierung nicht finde, nach der ich im Augenblick gerade suche, etc. Die Missstimmung ist aber nur eine momentane, denn eigentlich bin ich heute gut gelaunt, weil der Text bald fertig sein wird. Man kann in diesem Beispiel drei unterschiedliche Ebenen von Affekten beobachten. Die erste ist die Ebene des *Gefühls*. Sie bezeichnet das Bewusstwerden der veränderten Stimmungslage und steht für die unmittelbare Gegenwart. Die zweite ist die Ebene des *Affekts*. Sie bezeichnet die in mir vorhandene Tendenz, eine bestimmte Abfolge von verkörperten Handlungen (das Schreiben) für längere Zeit (Stunden oder Tage) zu wiederholen. Die dritte ist die Ebene der *Stimmung*, die sich über größere Zeiträume hinweg (Tage oder Wochen) beobachten lässt.

Die vorsprachliche Eigenschaft des Affekts ist dafür verantwortlich, dass er an die Gegenwart eines Gegenüber gekoppelt ist. Um zu erkennen, warum das so ist, konzentriert man sich am besten auf die körperlichen Entsprechungen von Affekten, die sich nicht nur in Form bestimmter Verhaltensmuster äußern, sondern als Bestandteil unseres lebendigen Körpers wahrgenommen werden. Diese Eigenschaft unseres Körpers spielt für mich eine entscheidende Rolle, um mein Gegenüber nicht als lebloses Ding, sondern als Alter Ego, als lebendiges Subjekt, zu verstehen, dessen Subjektivität der meinigen verwandt ist. Ich bin mit anderen also durch meinen und ihren Körper verbunden, und zwar einmal auf der organischen Ebene (als verwandter Organismus), zum anderen auf der leiblichen Ebene (als in einen Körper eingebundene Gegenwart). Diese Doppelfunktion des Körpers ist es, die ihn fähig macht, Gefühle zu empfinden, und die der Königsweg zum bewussten sozialen Leben ist. Sie hebt ihn weit über simple Interaktion hinaus auf die Ebene der Inter-Subjektivität.

### 4. Zirkulation

Der nächste Punkt, den ich als einen wesentlichen hervorheben möchte, hat mit der Beobachtung einer inneren Dynamik in der Forschungslandschaft zu tun, die in der jüngsten Zeit zu einem Boom in Richtung Erforschung des menschlichen Bewusstseins geführt hat. Sie lässt sich zusammenfassen in dem Satz: *Bewusstsein ist etwas Öffentliches.* Da der Begriff Bewusstsein kein besonders präziser ist, möchte ich einige erklärende Bemerkungen voranstellen.

Mein Konzept von Bewusstsein geht davon aus, dass alle direkt erlebten Erfahrungen so intensiv sind, dass sie auch in die natürlichen Wurzeln unseres Bewusstseins eindringen. Ich entwickle mein Konzept in zwei Schritten. Zuerst einmal wird eine sorgfältige wissenschaftliche Analyse des Bewusstseins zu dem Schluss kommen, dass es notwendig ist, auch *Erfahrung* im Detail zu untersuchen. Im zweiten Schritt wird man feststellen, dass zwischen untersuchter Erfahrung und wissenschaftlicher Analyse eine Beziehung besteht, die sich eher als kreisförmig denn als dualistisch beschreiben lässt und die extreme Positionen wie den Neuroreduktionismus oder die Annahme, Bewusstsein sei prinzipiell unbeschreibbar, vermeiden hilft.

Ein gemeinsames Merkmal vieler spiritueller Traditionen besteht darin, menschliche Erfahrung nicht für ›bare Münze‹ zu nehmen, sondern ihre Richtigkeit auf die ein oder andere Weise zu überprüfen. Die Kognitionswissenschaften waren hingegen bisher fast ausschließlich an der Erforschung nichtüberprüfter kognitiver Erfahrungen interessiert. Doch das ändert sich gerade. Das überrascht insofern nicht, als die Kognitionswissenschaften vor der einzigartigen Herausforderung stehen, unser Bewusstsein in all seinen unterschiedlichen Bereichen und Ausprägungen zu erfassen wie auch die Natur des individuellen Bewusstseins zu beschreiben.

Ich habe bereits an anderer Stelle auf die Wichtigkeit einer erfahrungsbasierten Neurowissenschaft hingewiesen und dafür den Begriff Neurophänomenologie[10] geprägt. Es gilt nun, geeignete Methoden für die Erforschung von (geprüfter und ungeprüfter) Erfahrung zu entwickeln, um zu vermeiden, dass die Erforschung des Phänomens auf der neuralen Ebene steckenbleibt.[11] Bezeichnenderweise ergeben sich hier Schnittstellen zu spirituellen Traditionen. Darüber hinaus stellt sich komplementär dazu die Frage, wie sich eine solche von außen kommende, wissenschaftliche Beschreibung von Erfahrung zur direkten Primärerfahrung verhält, die im individuellen Erleben einer Person verankert ist. Auf welche Weise definieren und bedingen sich die beiden unterschiedlichen Beobachtungs- und Beschreibungsebenen gegenseitig? Die Forschung steht an dieser Stelle vor einer ganzen Reihe irritierender Fragen, weshalb die Zustimmung zu diesem Punkt meiner Überlegungen in der wissenschaftlichen Community nicht so eindeutig ist wie bei den vorigen Punkten.

Unabhängig davon, ob der methodische Ansatz nun ein phänomenologischer oder ein auf kontemplativen Traditionen beruhender ist, besteht das Hauptproblem in jedem Fall darin, die unterschiedlichen Ansätze offen zu legen und sozusagen ›in Fleisch und Blut‹ überprüfbar zu machen. Es muss eine pragmatische Möglichkeit gefunden werden, um Bewusstseinsphänomene anders als in der Weise unbestimmt zu beschreiben, wie das heute geschieht. Die Phänomenologie hat versäumt, die phänomenologische Reduktion zu einer konkreten Methode weiterzuentwickeln. Daraus resultiert, dass ein Großteil der phänomenologischen Forschung dauernd nur die Texte von Husserl und anderen wiederkäut, ohne den Versuch zu unternehmen, deren Ansätze einmal neu zu denken und weiterzuentwickeln. Einen über die Phänomenologie hinausgehenden Ansatz hatten im Westen die viel kritisierten Schulen der introspektiven Psychologie zu Anfang des Jahrhunderts, die derzeit eine Renaissance erleben.[12]

Ich gehe davon aus, dass die unterschiedlichen Methoden, Erfahrung zu untersuchen, einen anderen Bereich ontologischer Reziprozität eröffnen werden, als wir ihn heute zur Verfügung haben. Er zeichnet sich dadurch aus, dass bestimmte Dinge als diesem Bereich unmittelbar zugehörig erscheinen (sie sind darin vorhanden), denen gleichzeitig die Fähigkeit innewohnt, sich von diesem Bereich auch zu unterscheiden (insofern es *mein Bereich* ist). Die in diesem Bereich angesiedelten Objekte und Ereignisse können nicht getrennt gesehen werden von der Gegenwart des lebendigen Körpers und der Komplexität seiner Erfahrungen. Es erübrigt sich, darauf hinzuweisen, dass eine solche Forschungsarbeit auf sorgfältigen Fallstudien aufbauen muss. Vergleichbares liegt mit den Studien zur Neurophänomenologie der Zeiterfahrung[13] oder zum Ursprung des Selbst-Bildes[14] bereits vor. Die Reziprozität des *Leib-Körpers* wird so lange nicht in ihrer wirklichen Bedeutung erfasst werden können, solange die Erforschung des Bewusstseins die Erfahrung ausklammert.

Außer Zweifel steht, dass mit der Neurophänomenologie ein aufregendes neues Feld erschlossen wurde, das eine philosophische und methodologische Erneuerung mit sich bringt. Damit bietet die neue Forschungsrichtung die Möglichkeit, die bisher unüberwindbare Kluft zwischen kognitivem und phänomenologischem Bewusstsein zu schließen. Das schließt die Untersuchung von Erfahrung mit ein. Erfahrung ist die Voraussetzung für das Entstehen wechselseitiger Reziprozität, und diese wiederum ist dafür verantwortlich, dass Mentales mit Erfahrenem und Körperliches mit Neuralem zusammenhängt. Es ist ganz offensichtlich, dass Neurophänomenologie nur auf der Basis einer derartigen Erneuerung überhaupt in der Lage ist, das Ritual des ständigen Repetierens vergangener Ideen zu durchbrechen, um jenseits der mysteriösen Grenze zwischen kognitivem und phänomenologischem Bewusstsein nach Zusammenhängen und Entsprechungen zu forschen.

Die wechselseitige Reziprozität ist das, was die eigentliche Natur unseres *Körperleibes* ausmacht. Sie manifestiert sich in der ganzen Lebendigkeit körperlicher Prozesse und ist etwas Einzigartiges. Um ein nahtloses Zusammenwirken zwischen Organischem und Transzendentalem, zwischen der Materialität körperlicher Prozesse und der Immaterialität unserer Erfahrungen zu gewährleisten, müssen die drei Ebenen, die wir im Hinblick auf ihre wechselseitige zirkuläre Durchdringung untersucht haben, nahtlos miteinander verknüpft werden.[15] Ich möchte sie hier noch einmal zusammenfassen:

1. Auf der *formalen Ebene* haben wir festgestellt, dass sich mentale Inhalte, indem sie durch eine idealtypische Begrifflichkeit beschrieben werden, effektiv verallgemeinern lassen.
2. Bei der Untersuchung *des organischen (neuralen, körperlichen) Prozesses* stand die Wechselbeziehung zwischen systemischen Zuständen und lokalen Mechanismen im Vordergrund der Analyse. Sie stellt die Relevanz zu den psychologischen Inhalten wie zur detaillierten neurowissenschaftlichen Untersuchung sicher.
3. Auf der *pragmatischen Ebene* war die wichtigste Erkenntnis, dass die traditionelle Geist-Körper-Dualität nicht weiterführt, sondern ein Weg gefunden werden muss, der ein neues Verständnis von Körperlichkeit ermöglicht, in dem auch die Rolle der Erfahrung angemessen berücksichtigt wird.

Die drei Ebenen stehen in keinem statischen oder strukturellen Verhältnis zueinander. Sie bringen sich gegenseitig hervor und bedingen sich, da keine isoliert für sich allein stehen kann, sondern jede die anderen benötigt, um Sinn zu machen. Mein Vorschlag wäre nun, dieses Dreigespann als Ausgangspunkt zu nehmen für die notwendige Erneuerung des philosophischen und wissenschaftlichen Ansatzes. Wichtig dabei ist, dass es ein nicht-dualistischer Ansatz ist, der nicht schon vorher definiert hat, was Körper und Geist angeblich sind, sondern der offen ist für neue Erkenntnisse.

1 Dieser Aufsatz ist eine gekürzte Fassung des Beitrags *Steps to a Science of Interbeing: Unfolding the Dharma Implicit in Modern Cognitive Science*, in: S. Bachelor, G. Claxton und G. Watson (Hg.): The Psychology of Awakening. New York 1999. Eine gute erste Einführung in die Forschungsarbeit Francisco J. Varelas gibt die Einleitung von Humberto R. Maturana/Francisco J. Varela: *Der Baum der Erkenntnis. Die biologischen Wurzeln menschlichen Erkennens*. Bern und München 1987 (*The Tree of Knowledge*. Boston 1987).

2 Vgl. R. Held und A. Hein: *Movement-Produced Stimulation in the Development of Visually Guided Behavior*, in: Journal of Comparative physiologic Psychology 56/1963, S.872–876.

3 Francisco J. Varela, Evan Thompson, Eleanor Rosch: *The Embodied Mind: Cognitive Science and Human Experience*. Cambridge, MA 1991.

4 Schon im 19. Jahrhundert wies Claude Bernard auf die Notwendigkeit der Konstanthaltung des inneren Milieus hin: vgl. *Einführung in das Studium der experimentellen Medizin*. Paris 1865 (dt. Übers. 1961): »Die Stabilität dieses Milieus ist die Hauptvoraussetzung für Freiheit und Unabhängigkeit der Existenz.«

5 J. Martinerie, C. Adam, M. Le van Quyen, M. Baulac, B. Renault, F. J. Varela: *Epileptic Crisis Can Be Anticipated by Non-Linear Analysis*, in: Nature Medicine 4/1998, S. 1173–1176.

6 M. Le Van Quyen, J. Martinerie, C. Adam, J.-Ph. Lachaux, M. Baulac, B. Renault, F. J. Varela: *Temporal Patterns in Human Epileptic Activity Are Modulated by Perceptual Discriminations*, in: Neuroreport 8/1997, S. 1703–1710.

7 D. J. Provinelli, T. M. Preuss: *Theory of Mind: Evolutionary History of a Cognitive Specialization*, in: Trends in Neuroscience 18/1985, S. 418–424.

8 Vgl. Daniel Stern: *The First Relationship*. Cambridge, MA 1977.

9 M. J. Meany u.a.: *Early Environmental Regulation of Forebrain Glucocorticoid Receptor Gene Expression: Implications for Adrenocortical Response to Stress*, in: Developmental Neuroscience 18/1996, S. 49–72.

10 Francisco J. Varela: *Neurophenomenology: A Methodological Remedy for the Hard Problem*, in: J. Consc. Studies 3/1996, S. 330–350.
11 Vgl. Francisco J. Varela, Jonathan Shear (Hg.): *The View from Within: First Person Methods in the Study of Consciousness.* Journal of Consciousness Studies 2–3/1999.
12 Pierre Vermersch: *Introspection as Practice*, in: Francisco J. Varela, Jonathan Shear (Hg.): The View from Within: First Person Methods in the Study of Consciousness. Journal of Consciousness Studies 2–3/1999, S. 17–42.
13 Francisco J. Varela: *The Specious Present, the Neurophenomenology of Time Consciousness*, in: J. Petitot, F.J. Varela, B. Pachoud, J.M. Roy (Hg.): Naturalized Phenomenology. Stanford 1999.
14 S. Gallagher, A. Meltzoff: *The Earliest Sense of Self and Others: Merleau-Ponty and Recent Developmental Studies*, in: Phil. Psychol. 9/1996, S. 211–232.
15 Francisco J. Varela: *The Naturalization of Phanomenology as the Transcendence of Nature: Searching for Generative Mutual Constrains*, in: Revue de Phénoménologie 5/19, S. 355–385.

## WISSEN ALS INTERAKTION – BEITRÄGE AUS DER HIRNFORSCHUNG UND COMPUTERWISSENSCHAFT

**Israel Rosenfield**

Unsere gegenwärtigen Konzepte, wie Verstand und Geist, die das Wesen unseres Denkens, Wissens und Handelns ausmachen, sind stark beeinflusst von den Entwicklungen in den Computerwissenschaften. Die Ideen, die viele dieser Entwicklungen angetrieben haben, basieren auf neurologischen Entdeckungen des 19. Jahrhunderts. Die Wissenschaftler fanden heraus, dass das Gehirn aus funktionalen Einheiten besteht, die sich anatomisch lokalisieren lassen. Der Erste, der diese Idee aufbrachte, war Franz Gall. Mit der Entdeckung des Sprachzentrums in der linken Gehirnhälfte durch Paul Broca wurde die Idee später spektakulär bestätigt. Die daran anschließende klinische Forschung schien für eine lange Zeit die Tatsache zu bestätigen, dass es unabhängig voneinander funktionierende Einheiten im Gehirn gibt. Es kann deshalb nicht überraschen, wenn die »Künstliche Intelligenz«-Forschung sich beim computermodellierten Design mentaler Funktionen auf dieses modulhafte Modell von Geist und Verstand beruft und dabei auch gleich die zu Grunde liegende psychologische Voraussetzung übernimmt. Wahrnehmen, Handeln, Erinnern, Denken sind demnach voneinander unabhängige Funktionen, und Geist ist etwas Statisches, das sich weder durch die eigene Geschichte und die eigenen Erfahrungen verändert noch durch die jeweilige Umgebung. Die klassische Sicht der KI-Forschung betrachtet Wissen als Ansammlung gespeicherter Erfahrungen und Beschreibungen der Außenwelt. Denken wäre demnach nichts anderes als eine nach bestimmten, universal gültigen Regeln funktionierende Manipulation gespeicherter Beschreibungen, und von der Außenwelt könnten wir nur das begreifen, was wir zuvor schon von ihr wüssten. Mit anderen Worten: Die KI-Forschung geht davon aus, dass es in unserem Gehirn bestimmte einprogrammierte Prinzipien gibt, die dafür verantwortlich sind, dass wir »Information« über die Außenwelt, die wir über unser Wahrnehmungssystem aufnehmen, verschlüsseln und speichern können. Zum Beispiel können wir nach dieser Vorstellung einen Würfel deshalb als Würfel erkennen, weil unser Gehirn von Geburt an darauf programmiert ist, aus visuellen Sinneseindrücken geometrische Formen herauszufiltern. Zusammengefasst bedeutet die Sicht der KI-Forschung: Unsere Gedanken und Handlungen, die Objekte in unserer Umgebung, unsere mentale Welt und die

Welt unserer Beziehungen mit der Außenwelt, alles, was wir hören, sehen, fühlen oder denken, sind nichts anderes als Informationen, die unser Gehirn – oder ein gut programmierter Computer – verschlüsseln und in Handlungsanweisungen umsetzen kann. Die Prinzipien, nach denen die KI-Forschung Wissen und Denken definiert, gleichen einer universellen Grammatik, die Sehen, Hören, Fühlen und Sprechen in feste Regeln fasst. Diese Grammatik legt fest, wie die Details täglicher Erfahrungen in unserem Gehirn verschlüsselt und gespeichert werden. Sie diktiert auch die Art und Weise, wie wir über unsere Erfahrungen reflektieren können. Wissen besteht demnach aus der Kopie von Realität und der Kopie von Verhaltensweisen, die das herstellen, was – wie etwa im Fall der Musik – wissenswert ist. Erinnerung ist dementsprechend nichts anderes als die gespeicherte Aufzeichnung dieser Information, und Wahrnehmen bedeutet, Gesehenes und Gehörtes zu entschlüsseln und an die im Gehirn gespeicherte Information anzupassen.

### »KÜNSTLICHE INTELLIGENZ«-FORSCHUNG: PROBLEME UND IRRTÜMER

Die klassische KI-Forschung hat lange Zeit angenommen, es gebe so etwas wie Atome und Moleküle für Gefühle und Gedanken und diese seien in der Form physikalischer Symbole in unserem Gehirn vorhanden. Sie kollidieren miteinander, verändern sich und lassen neue Symbole entstehen, ganz so, wie beim Zusammenprall von Atomen und Molekülen neue Atome und Moleküle entstehen. Entsprechend kann der amerikanische Linguist und Kognitionswissenschaftler Stephen Pinker bis heute unwidersprochen behaupten: »Wenn man die materiellen Elemente, die ein Symbol ausmachen, auf die richtige Weise mit den materiellen Elementen eines anderen Symbols aufeinanderstoßen lässt, können Symbole, die einer Überzeugung entsprechen, neue Symbole entstehen lassen, die einer anderen, logisch mit der ersten verknüpften Überzeugung entsprechen; das wiederum kann Symbole entstehen lassen, die wieder anderen Überzeugungen entsprechen, und so weiter.«[1] In ähnlicher Weise äußert sich der bekannte amerikanische Philosoph Jerry Fodor: »Es sind die physischen Eigenschaften, in die die Strukturen der Symbole eingezeichnet sind, die das System dazu bringen, sich so zu verhalten, wie es sich verhält. Mit anderen Worten sind es also die physischen Entsprechungen der Symbole und Strukturen, die für das Verhalten des Systems verantwortlich sind.«[2]

Tatsächlich haben solche Theorien nicht wenige Menschen davon überzeugt, dass viele der Fragen, die täglich die Zeitungsspalten füllen und auf die Fernsehjournalisten immer einfache Antworten wissen, nun endlich auch wissenschaftlich beantwortet werden können: Was macht uns zu Masochisten, Sadisten, Hysterikern, Neurotikern, Depressiven, Euphorikern? Wodurch werden wir intelligent oder dumm, liebenswert oder unausstehlich? Was lässt uns zu gesetzestreuen Bürgern, Kriminellen, Künstlern oder Wissenschaftlern werden? Die Theorien der KI-Forscher bieten eine einfache Erklärung an: Die physikalische Form des Symbols für Masochismus (oder Sadismus, Depression, etc.), die im Gehirn vorhanden ist, ist die Ursache für den physischen Akt des Masochismus. Nicht der im Symbol repräsentierte Gedanke lässt uns denken und handeln, wie wir es tun, sondern die Gestalt, die Form des Symbols ist es, die unsere Gedanken und Handlungen verursacht.

Ausgehend von solchen Vorstellungen haben Wissenschaftler in den 70er Jahren Versuche unternommen, Computern »Sehen« beizubringen. Es stellte sich allerdings bald heraus, dass die damit verbundenen Probleme komplizierter waren, als man gedacht hatte, da Computer, um den Sinn auch der einfachsten visuellen Szene zu erfassen, riesige Mengen an Information benötigen. Auch der Versuch, den Prozess durch Einführen weniger generalisierender Regeln in der Art einer universellen visuellen Grammatik zu rationalisieren, brachte keine Lösung. Schließlich musste das, was zu sehen oder zu hören war, seine Entsprechung in der gespeicherten Information finden und dementsprechend mit einem Namen versehen werden.

In den 80er Jahren gab es dann durch die Parallelprozessoren eine neue Entwicklung. Diese Geräte erkennen Muster und konstruieren ihr Gedächtnis aus Input-Output-Paarungen. Das Computergedächtnis besteht nicht aus unabhängig voneinander gespeicherten Einheiten, sondern ist in einem Netzwerk zusammengeschalteter Netzknoten verteilt. Da die Information, die im Computergedächtnis repräsentiert ist, sich durch das Verbindungsmuster der aktiv eingeschalteten Netzknoten bestimmt, können dieselben Netzknoten in einem anderen Verbindungsmuster andere Gegenstände repräsentieren. Deshalb können in ein und demselben Netzwerk viele unterschiedliche Aktivitätsmuster gespeichert sein, von denen sich manche dann auch zwangsläufig überlappen. Anfänglich dachte man, dass sich das mit den Parallelrechnern entstandene Prinzip der Überlappung von Aktivitätsmustern auf andere

Systeme übertragen ließe. Aber das stellte sich ziemlich bald als Illusion heraus. Ebenso wenig ließ sich die andere Behauptung halten, die Parallelrechner arbeiteten mit Speichern, die nicht an bestimmte Orte gebunden wären. Letzten Endes hingen auch die Parallelprozessoren, die die klassischen KI-Rechner ersetzen wollten, von vorverarbeiteter Information ab, die von einem Programmierer interpretiert werden mußte.

Das Versagen der klassischen KI und der Parallelprozessoren hat zum großen Teil mit dem statischen Verstehen von Wissen und Denken zu tun, das diesen Konzepten zu Grunde liegt. Es setzt als selbstverständlich voraus, dass es so etwas wie reines Denken, erzeugt von einem isolierten Gehirn, gibt. Demgegenüber gehen neuere Entwicklungen von einem sehr viel weiter gefassten Konzept aus: Das Gehirn arbeitet in einem Körper, der am Wesen unserer Gedanken und Handlungen einen entscheidenden Anteil hat. Außerdem stellt das Gehirn über den Körper die Verbindung zur Umgebung her. Es ist das andauernde Herstellen von Beziehungen zwischen dem Individuum und seiner Umgebung, was Denken und Wissen im Grunde ausmacht.

Ich habe bereits erwähnt, dass eines der vielen Probleme der klassischen KI die enorme Menge an Informationen war, die zur Bewältigung selbst der einfachsten Aufgaben notwendig waren. Um die Bewegung eines Roboters in einem Raum zu steuern, brauchte man sowohl eine genaue Karte des gesamten Bereichs, in dem er sich bewegen sollte, als auch genaue Angaben, wie er sich darin bewegen sollte. Damit sich ein Roboter beispielsweise in einem voll möblierten Büro bewegen konnte, musste jedes einzelne Objekt genau beschrieben und lokalisiert werden, erst dann konnte ein Weg für den Roboter ausgearbeitet werden. Und Voraussetzung war dann noch, dass in der Zwischenzeit nichts im Büro verändert wurde. Selbst wenn man die dynamischen Aspekte ignorierte, die die meisten Umgebungen aufweisen, war die Menge an Information, die beispielsweise allein für das Erkennen von Gegenständen gespeichert werden musste, enorm. Weder der deskriptiven Herangehensweise der KI noch den Parallelprozessoren gelang es, das Wesen des biologischen Systems Gehirn zu erfassen.

In den späten 80er Jahren erkannten Rodney Brooks und seine Kollegen am MIT, dass die klassischen KI-Forscher zwar sehr damit beschäftigt waren, »Expertensysteme« (beispielsweise für die medizinische Diagnose) zu bauen, dass sie andererseits aber vollkommen unfähig waren, eine Maschine zu bauen, die beim Sprechen und Lernen das Niveau eines dreijährigen Kindes erreichte. Brooks schraubte daraufhin die Ansprüche herunter und konzentrierte sich zunächst auf das Intelligenzniveau eines Insekts. Er baute einen Roboter, der Hindernissen ausweichen, durch Türöffnungen gehen und weggeworfene Getränkedosen entfernen konnte. Seine Roboter besaßen keine internen Landkarten und keine Beschreibungen von der Außenwelt. Sie besaßen auch sonst keine Informationen darüber, wie man sich in einer bestimmten Umgebung verhält. Gegenüber der klassischen KI, die meinte, dass ein Tier ein angeborenes Raumverständnis hat, ging die Konzeption für das Roboterinsekt von Brooks davon aus, dass es keine vorprogrammierten Kategorien gibt und der Roboter »lernen« muss, den Raum, in dem er sich bewegt, zu begreifen. Brooks' Roboter reagieren direkt auf die »sinnlichen Reize« eines Ortes und setzen diese in »Darstellungen« der »laufenden Interaktionen mit der Umgebung« um.[3]

Der Roboter ist in Schichten konstruiert, wobei jede Schicht für etwas steht, das der Roboter gerade tut, also z. B. »etwas auf der linken Seite wahrnehmen«, »sich nach rechts drehen« oder »sich vorwärts bewegen«. Jede Schicht repräsentiert sowohl den Input von außen wie die Aktion des Roboters. Es gibt keinen Extracode für »nach rechts drehen«, den der Roboter lesen und interpretieren müsste, bevor er sich nach rechts dreht. Es gibt dementsprechend auch keinen Unterschied zwischen dem Wahrnehmen und Begreifen von Gegenständen und Umgebungen. Anders als bei der klassischen KI werden sensorische Informationen in den einzelnen Schichten auch nicht explizit in Symbolen verschlüsselt und weitergegeben. Neue Schichten können nach Belieben hinzugefügt werden. Die Maschine ist in sich vollständig, unabhängig davon, ob sie eine, zwei oder ein Dutzend Schichten besitzt. Es gibt weder eine zentrale Befehlsebene noch einen zentralen Datenspeicher. Viel eher stehen die Schichten des Roboters für konkurrierende Verhaltensweisen, die »durch Inputs aus der Umgebung orchestriert« werden.[4]

Das Labor von Brooks baute einen einfachen Roboter, »Herbert«, der stehengelassene Getränkedosen von den Tischen eines unaufgeräumten Labors einsammeln konnte. Eine nach den klassischen KI-Prinzipien konstruierte Maschine hätte »sehr umfangreiche visuelle Daten benötigt, um eine detaillierte interne Karte der Umgebung zu erstellen, die Form der Dosen zu isolieren und einen Weg für den Roboter zu planen«.[5] Ein kostspieliges und unzuverlässiges Unternehmen, da sich in einer solchen Umgebung ja dauernd etwas verändert. Brooks' Roboter verfügt nicht nur über keine zentrale

Steuerung und keine interne Landkarte, er wird im Gegenteil komplett von der Umgebung gesteuert. Das geschieht dadurch, dass er über ein Gerüst an Grundreaktionen wie Hindernisumgehung, Anhalten, Sich-Neuorientieren usw. und über eine Reihe von Routinebewegungen verfügt. Die einzelnen Schichten des Roboters »repräsentieren« nicht, wie das bei einer klassischen KI-Maschine notwendig gewesen wäre, eine objektive Sicht der Außenwelt, sondern sie stehen für die Beziehungen zwischen dem Roboter und der Außenwelt, die Teil seiner fortwährenden Aktivität sind. Der Roboter benutzt, wie Brooks es ausdrückt, »die Welt als Repräsentation ihrer selbst«. Anders als die Roboter der 60er und 70er Jahre braucht er keine Videobilder seiner Umgebung, die er auf Objekte analysiert, um sich daraus ein Modell der momentanen Umgebung zu konstruieren und seinen Weg darin zu planen. Brooks' Roboter und die Umgebung bilden ein Ganzes. »Der Roboter bewegt sich einfach immer weiter, wobei er die Beziehungen zwischen sich und seiner Umgebung registriert und speichert.«[6]

Die beiden Forscher Philippe Gaussier und Stephane Zrehen sind zu dem Schluss gekommen, dass das zentrale Problem in der Roboterforschung die Schaffung emergenter sensomotorischer Kategorien ist, die nur »aus Sicht« eines Roboters Sinn machen. Ausgehend von dieser Idee haben sie einen Roboter konstruiert, der sich seine Wahrnehmungskategorien allein aus der Bewegung erschafft. Auch hier gibt es keine gespeicherten Darstellungen von der Außenwelt noch irgendein anderes Programm, das entscheidet, was der Roboter tun soll. Einem außenstehenden Beobachter kommen diese Roboter vor, als hätten sie bestimmte Zielvorstellungen und Wünsche, von denen ihre Bewegungen geleitet würden. »Wir können ihnen Zielvorstellungen und Wünsche einprogrammieren, ohne dass Pläne oder Erfahrungsbeschreibungen gespeichert sein müssten.«[7] Tatsächlich mögen Ziele und Wünsche wenig mit den Mechanismen zu tun haben, die Tiere (oder auch Menschen) antreiben sich zu bewegen. Gruppenbildungen von Tieren, die Formation von Vogelschwärmen, die ganze große Skala solcher Bewegungsmuster, hat wohl eher etwas mit lokalen Ursachen zu tun, als dass sie von »Führungsanspruch«, »individuellen Wünschen« oder »Zielvorstellungen« geprägt wäre. »Die Komplexität der Bewegungen einer Ameise am Strand ist irregulär und schwer zu beschreiben. Aber es ist eine wirkliche Komplexität, die auf der Oberfläche des Strandes sichtbar ist, und nicht eine Komplexität, die sich im Innern der Ameise findet … Bei der Komplexität des Verhaltens von Insekten (oder von anderen Tieren oder von Menschen) handelt es sich größtenteils um die Widerspiegelung der Komplexität der Umgebung, in der sie sich aufhalten.«[8]

Auch wenn diese Art von Robotern neue Wege beschreitet, um Wissen, Denken und Handeln zu verstehen, ist sie deshalb natürlich nicht mit Bewusstsein ausgestattet, und die Beziehung zwischen Bewusstsein, Denken und Handeln bleibt weiterhin jenseits der Möglichkeiten unseres Verstehens. Neu an den Konzepten ist, dass sie von einem Modell des Gehirns ausgehen, in dem keine Information gespeichert ist, und dass sie berücksichtigen, dass ein Gehirn nicht funktionieren kann, wenn es nicht eingebettet ist in eine Umgebung und darin auch handelt, sodass die Aktivität des Gehirns ihre Bedeutung lediglich aus dem Kontext der Umgebung bezieht. Das Verhalten lebender Organismen bestimmt sich nicht aus »Information« und »Kommunikation«. Es gibt keine Information, die lebenden Organismen sagt, wie sie sich verhalten sollen. Diese »Information« ist vielmehr etwas, das aus den Interaktionen der Organismen mit ihrer Umgebung entsteht. Was wir Wissen und Denken nennen, entwickelt sich aus unseren Interaktionen mit der Außenwelt und ändert sich deshalb beständig.

Das neue philosophische und psychologische Konzept, das den jüngsten Entwicklungen in der Robotik und der Neurophysiologie zu Grunde liegt, hat sich also vom modularen Modell des Gehirns verabschiedet, in dem unterschiedliche funktionale Einheiten für unterschiedliche psychologische Aktivitäten zuständig sind. Im Gegenteil gehen diese neuen Konzepte davon aus, dass der Versuch, Gedächtnis, Denken, Handeln und Wahrnehmen in voneinander getrennte Aktivitäten zu zerlegen, das eigentliche Wesen dieser Aktivitäten verfälscht und dem Wesen der menschlichen Psychologie zuwiderläuft.

Zwar ist unser Verständnis von Geist und Verstand sehr stark von den Entwicklungen im Bereich der maschinellen Intelligenz geprägt, aber gleichzeitig treten mit diesen Entwicklungen auch die Grenzen dessen, was Maschinen leisten können, deutlicher ins Bewusstsein. Wenn ein Computer beispielsweise einen Mann auf der Straße in Rom fragt, »Wo ist das Colosseum?«, dann wird er nicht wissen, was er tun soll, wenn der Mann antwortet: »Ich bin ein Lügner. Gehen Sie fünf Blocks geradeaus, dann links und noch einmal drei Blocks weiter geradeaus. Aber denken Sie daran, dass ich ein Lügner bin.« Die Maschine ist in einem solchen Fall unfähig, eine Entscheidung zu treffen, wohingegen den Menschen eine Vielzahl von »Gefühlen« zur Verfügung stehen, um herauszufinden, ob der Mann lügt oder ob man ihm trauen kann.

Tatsächlich ist es die Rolle von »Gefühlen« und »Emotionen« in unserem täglichen Denken und Handeln, die von Maschinen nicht simuliert werden kann. Patienten mit bestimmten Hirnverletzungen (z. B. Tumoren im frontalen Hirnbereich), die wenig bis keine Emotionen zeigen, sind unfähig zu handeln, obwohl sie im Gespräch als absolut rationale Menschen erscheinen. Maschinen brauchen natürlich keine Emotionen, um zu handeln, da sie programmiert sind, bestimmte Aufgaben zu verrichten. Aber da die Begrenztheit dessen, was wir wissen und verstehen, unsere »Vernunft« oftmals daran hindert, uns zu sagen, was wir tun sollen, können unsere Gefühle entscheidend dafür sein, dass wir uns überlisten und unseren Gedanken und Handlungen vertrauen.

Am Anfang des Jahrhunderts versuchten Sigmund Freud und John von Neumann, jeder auf seine Weise, die Mechanismen zu finden, die der menschlichen Fähigkeit zum Lügen, Täuschen und Bluffen zu Grunde liegen. Im Mittelpunkt der freudschen Theorie des Unbewussten, der »Versprecher«, der Verdrängung usw. steht die Annahme, dass unsere wirklichen Gedanken und Wünsche sich nicht exakt widerspiegeln in dem, was wir denken, erinnern oder irgendwann äußern. Nach Freud bluffen, belügen und täuschen wir uns und andere ständig. Sein Hauptinteresse – würde ich behaupten, auch wenn er das in seiner Theorie nie so dargelegt hat – galt der Bedeutung von Selbsttäuschungen in der alltäglichen Psychologie. John von Neumann dagegen war nicht an der Fähigkeit, uns selbst belügen, sondern andere durch Bluff und Lügen täuschen zu können, interessiert.[9] Die Theorien von beiden enthalten implizit die These, dass das Verstehen von Täuschung und Misstrauen die Voraussetzung ist, um menschliches Verhalten und das Funktionieren von Geist und Verstand zu begreifen. Weder Freud noch von Neuman haben es geschafft, die rationale Grundlage für unser Bedürfnis zu täuschen und zu lügen zu entschlüsseln. Und bis heute kann niemand einen Computer so programmieren, dass er Lügen erzählt, denn dazu müsste dem Computer bewusst sein, dass er lügt. So interessant Computersimulationen menschlicher und tierischer Intelligenz aus anderen Gründen auch sein mögen, die Überlegungen von Freud und von Neumann machen deutlich, wie weit entfernt wir von einer wirklichen Erforschung von Geist und Verstand noch sind.

1 Steven Pinker: *Wie das Denken im Kopf entsteht*. München 1998. S.38 (engl. Originaltitel: *How The Mind Works*. Norton 1997). Vgl. auch Israel Rosenfield: *The Invention of Memory*. New York 1988/1998, und *The Strange, Familiar and Forgotten. An Anatomy of Consciousness*. New York 1992 (dt. Fassung: *Das Fremde, das Vertraute und das Vergessene. Anatomie des Bewußtseins*. Frankfurt/Main 1992/1999).
2 Vgl. I. Fodor und Z.W. Pylyshyn in John Haugeland: *Mind Design II: Philosophy, Psychology, Artificial Intelligence*. Cambridge, MA 1997.
3 William J. Clancey: *Situated Cognition: On Human Knowledge and Computer Representations*. Cambridge 1997, S. 102.
4 Andy Clark: *Being There!* Cambridge 1997, S. 14.
5 Andy Clark: a.a.O., S. 14.
6 William J. Clancey: a.a.O., S. 105.
7 William J. Clancey: a.a.O., S. 105.
8 William J. Clancey: a.a.O., S. 64.
9 Vgl. Israel Rosenfield: *Freud's Megalomania*. New York 2000.
Freuds Theorie des Unbewussten, der Verdrängung und des Ödipus-Komplexes handeln eigentlich von Selbsttäuschung – ebenso wie zwei zentrale Aspekte der neumannschen Spieltheorie: die »Zweizüngigkeit« (bei Freud Verdrängung) und die Gegenreaktion (bei Freud der Ödipus-Komplex).

## FARBE, FORM, BEWEGUNG – ZUR VERARBEITUNG DES VISUELLEN WISSENS IM MENSCHLICHEN GEHIRN

**Semir Zeki**

Das Gehirn ist das Organ, mit dem wir all unser Wissen erwerben. Dabei spielt der zeitliche Aspekt eine große Rolle. Ich meine dabei nicht die chronologische oder chronometrische Zeit, sondern die Gehirn-Zeit. Ich glaube, dass die genauere Untersuchung der Gehirn-Zeit uns Hinweise liefert, wie das Gehirn arbeitet und auf welche Weise es seine wichtigste Aufgabe erfüllt, Wissen über die Welt zu erwerben. Ich möchte mit einigen Zeilen aus dem Gedicht »The Dry Salvages« von T. S. Elliot beginnen:

»Und unter der Last des schweigenden Nebels
Misst die tönende Glocke
Zeit, die nicht unsere Zeit ist, geschwungen durch das gemessene
Wogen der Flut
Eine Zeit, weit älter
Als die Zeit, wie Uhren sie deuten, weit älter
Als die Zeit, wie sorgende Frauen sie zählen,
Die wach liegen zur Nacht und die Zukunft berechnen,
Und trachten aufzutrennen, abzuspulen, zu entwirren
Und neu zusammenzuwirken Vergangenheit und Zukunft,
Zwischen Mitternacht und Morgengrauen, wenn Gewesenes Trug ist
Und die Zukunft nichts Künftiges bringt.«

Diese Zeilen geben in komprimierter Form eine Vorstellung davon, was das visuelle Gehirn tut, dessen Hauptfunktion es ist, mit Hilfe des Sehsinns Wissen über die Welt zu erwerben. Seine Arbeit besteht zum Teil darin, dass es unterschiedliche Arten von Information über die Außenwelt, die durch das Auge ins Gehirn gelangen, entwirrt. Farbe, Form, Bewegung, Tiefe und andere Informationen werden voneinander getrennt und in räumlich verteilten visuellen Bereichen verarbeitet. Diesen Vorgang nennt man auch *funktionale Spezialisierung*. Um trotzdem zu einem einheitlichen Bild von der Außenwelt zu gelangen, sieht das Gehirn sich nun mit der schwierigen Aufgabe konfrontiert, die einzelnen Informationen wieder zusammenzubringen und miteinander zu verbinden, was in unterschiedlichen visuellen Bereichen des Gehirns passiert, d. h. es setzt also die zuvor entwirrten Teile wieder zusammen, ganz so, wie Elliot das in seinem Gedicht beschreibt. Dabei stellt sich heraus, dass die unterschiedlichen Systeme, die das Gehirn zur Verarbeitung visueller Information entwickelt hat, unterschiedliche Zeitspannen haben, bis der Wahrnehmungsvorgang beendet ist. Die Folge ist, dass wir nicht alle Attribute der sichtbaren Welt exakt zur gleichen Zeit sehen, sondern dass wir die Farbe vor der Form, die Form vor der Bewegung und so weiter wahrnehmen. Wenn wir versuchen, das Gehirn dazu zu zwingen, unterschiedliche visuelle Informationen zu verknüpfen, die es in sehr kurzen Zeitfenstern von weniger als 100 Millisekunden wahrgenommen hat, so werden wir feststellen, dass das Gehirn nicht das verbindet, was in der realen Zeit abläuft, sondern das, was es verarbeitet hat. Nun hat eine Sekunde zwar 1000 Millisekunden, und 100 Millisekunden scheinen dementsprechend eine vernachlässigenswerte Größe zu sein. Doch in Relation zur Gehirn-Zeit sieht das anders aus. Nachdem ein Nervenimpuls lediglich 0,5 bis 1 Millisekunde benötigt, um von einer Zelle in eine andere zu wandern, sind 100 Millisekunden im Gehirn eine sehr lange Zeit. Entsprechend groß sind dann auch die zeitlichen Unterschiede in der Verarbeitung der unterschiedlichen visuellen Informationen, um sie zu Wahrnehmungen zu machen. Da die Wahrnehmungsresultate der Verarbeitungssysteme nicht gleichzeitig, sondern eines nach dem anderen erscheinen, verbindet das Gehirn, aus der Perspektive der realen Zeit betrachtet, die Intervalle falsch. So geschieht es z. B., dass eine Farbe, die zu einem Zeitpunkt t verarbeitet wird, mit einer Bewegung zusammengebracht wird, die zu einem Zeitpunkt t+1 geschieht. Aus der Perspektive der Realzeit kann man also sagen, dass Vergangenheit nur eine Täuschung ist.

Bei der visuellen Informationsverarbeitung im Gehirn lassen sich drei Grundprinzipien erkennen:

1. Das visuelle Gehirn verfügt über parallele Systeme der Informationsverarbeitung, die räumlich über das Gehirn verteilt sind.
2. Die unterschiedlichen, parallel arbeitenden Systeme erreichen das Endresultat der Wahrnehmung zu unterschiedlichen Zeiten, d. h. die *funktionale Spezialisierung* bezieht sich auch auf den zeitlichen Bereich.
3. In der visuellen Wahrnehmung entsteht deshalb für kurze Zeit eine Asynchronität.

Die Tatsache, dass wir Farbe sehen können, bevor wir Bewegung sehen, deutet darauf hin, dass die beiden Systeme weitgehend autonom sind. Darüber hinaus legt der Umstand, dass wir Dinge überhaupt wahrnehmen, den Schluss nahe, dass wir uns ihrer bewusst sind. Wir sind uns dessen bewusst, was wir wahrnehmen, und wir nehmen wahr, wessen wir uns bewusst sind, während uns umgekehrt nicht bewusst ist, was wir nicht wahrgenommen haben. Daraus lässt sich schließen, dass es nicht nur ein, sondern mehrere Bewusstseine gibt, die zusammenarbeiten. Ich möchte sogar noch einen Schritt weitergehen und sagen, es gibt viele unterschiedliche Bewusstseine, sogenannte Mikrobewusstseine, und jedes davon ergibt sich aus der Aktivität eines der oben beschriebenen Systeme. Daraus lässt sich folgende Hypothese ableiten: Attribute wie Farbe und Bewegung, die das Gehirn in räumlich verteilten Bereichen verarbeitet, werden nacheinander und zu unterschiedlichen Zeiten wahrgenommen, während Attribute wie Form und Tiefe, die an ein und demselben Ort verarbeitet werden, gleichzeitig wahrgenommen werden. Da wir ein Bewusstsein haben von dem, was wir wahrnehmen, folgt daraus, dass sich die Mikrobewusstseine asynchron zueinander verhalten. Man kann also nicht von einem einheitlichen Bewusstsein sprechen, zumindest nicht von einem einheitlichen visuellen Bewusstsein. Wir sind uns bewusst, was wir tun. Gewöhnlich sind wir uns nur einer einzigen Sache bewusst, manchmal sind es auch zwei, doch so gut wie nie sind es mehrere Dinge auf einmal, deren wir uns bewusst sind. Ich vermute, dass erst der Gebrauch der Sprache uns dazu bringt, uns bewusst zu machen, dass wir ein Bewusstsein haben.

Ich gehe davon aus, dass das, was unser Gehirn zusammenfügt und verknüpft, nichts mit der Reaktion von Zellen in den räumlich verteilten Bereichen zu tun hat, in denen visuelle Information verarbeitet wird, sondern dass daran maßgeblich die Mikrobewusstseine beteiligt sind, die in den einzelnen Bereichen durch Zellaktivität entstehen. Diese These weicht vielleicht von den gängigen Meinungen der Forschung ab, aber ich hoffe, sie stimuliert die Diskussion zu diesem Thema. Ich befinde mich damit insofern noch auf schwankendem Grund, als weder ich noch irgendjemand anderes bisher wissen, was die Annahme von Mikrobewusstsein in neurologischer oder neurophysiologischer Hinsicht bedeutet. Die Schlüsse, die ich gezogen habe, beruhen auf physiologischen und psycho-physischen Experimenten, die durch klinische Beobachtungen gestützt wurden. Sie erscheinen mir zutreffend und plausibel, solange keiner von uns eine Ahnung hat, durch welche Art von neuronaler Aktivität so etwas wie ein Mikrobewusstsein überhaupt entsteht. Genauso wenig wissen wir, was das Zusammenbinden dieser Mikrobewusstseine, vorausgesetzt, es geschieht, physiologisch bedeutet. Das gilt allerdings auch für die gegenteilige These, die davon ausgeht, dass der momentane Prozess der Bindung von Zellantworten die bewusste Erfahrung hervorruft. Das heißt, dass die Beziehung zwischen der physiologischen Aktivität des Gehirns und der Generierung bewusster Erfahrung nach wie vor das große Rätsel ist, das es immer war.

Das Problem des Bewusstseins wird sicherlich eine der ganz wesentlichen Fragen des nächsten Jahrhunderts sein. Das Bewusstsein steht an der Spitze eines Systems subjektiver mentaler Erfahrungen, die für das menschliche Gehirn charakteristisch sind und die gleichzeitig die besten und die schlimmsten Aspekte unserer kollektiven Kultur bezeichnen. Wir haben uns immer gescheut, solche subjektiven mentalen Zustände zu erforschen, weil wir davon ausgingen, dass man sie nicht objektiv verifizieren kann. Dabei ist die höchste Errungenschaft der Evolution das Gehirn, dessen Hauptaufgabe ja gerade darin besteht, subjektive mentale Zustände zu produzieren. Eine neurowissenschaftliche Forschung, die die Erforschung solcher Zustände ablehnt, sollte umdenken oder ersetzt werden. Aber die Anzeichen mehren sich, dass hier ein Umdenken auf breiter Ebene stattfindet. Was an neuen Forschungsansätzen im Entstehen ist, wird vermutlich die Art und Weise, wie wir über die Funktionen und das Funktionieren des Gehirns denken, radikal verändern.

In Großbritannien gab es kürzlich einen bemerkenswerten Vorfall. Die britischen Wähler bewiesen ihre Reife, als sie aufgefordert wurden, den Mann des Jahrtausends zu wählen. Die Liste enthielt auch die Namen von Newton und Darwin. Die Briten entschieden sich aber für William Shakespeare. Nehmen wir dies zum Anlass, uns daran zu erinnern, dass die großen Fragen, die uns im nächsten Jahrhundert beschäftigen werden, in den Dramen Shakespeares seit Jahrhunderten auf eingängige und poetische Weise abgehandelt werden. Im zweiten Akt von Hamlet klingt das so:

»Was für ein Meisterstück ist der Mensch! Wie edel durch die Vernunft! Wie unbegrenzt in seinen Fähigkeiten! (...) Im Denken wie ähnlich einem Gott! Die schönste Zier der Schöpfung! Das vollkommenste aller sichtbaren Wesen! Und doch, was ist in meinen Augen diese Quintessenz von Staub?«

**LITERATUR:**

T. S. Eliot: *The Dry Salvages*, in: T. S. Eliot: *Ausgewählte Gedichte*. Englisch und Deutsch. Frankfurt/M. 1951, S. 115–131.

William Shakespeare: *Hamlet, Prinz von Dänemark. Ein Trauerspiel*. Übers. v. Christoph M. Wieland. Zürich 1993, S. 74.

## KOGNITIVE ROBOTER UND TELEPORTATION – ARTEFAKTE REAGIEREN AUF IHRE UMWELT UND ERFINDEN SICH EINE SPRACHE

**Luc Steels**

Trotz der enormen Fortschritte, die es in den vergangenen Jahren in der Computertechnologie gab, sind deren Möglichkeiten, vergleicht man sie mit den Fähigkeiten des menschlichen Gehirns, noch immer sehr begrenzt. Dafür gibt es vor allem zwei Gründe. Computerprogramme werden von Menschen entwickelt. Die Fähigkeiten des menschlichen Gehirns hingegen entstehen aus der kontinuierlichen Interaktion mit anderen intelligenten Geschöpfen und mit seiner Umwelt. Obwohl es beim Design intelligenter Computerprogramme in jüngster Zeit einige Fortschritte gegeben hat, indem man sich neuronale Netzwerke[1] und evolutionäre Prinzipien[2] zum Vorbild genommen hat, sind wir weit davon entfernt zu begreifen, auf welche Weise menschliche Gehirne derartig schnell zu einem solch unglaublich reichen Repertoire von Möglichkeiten zur Informationsverarbeitung gelangen. Außerdem sind die meisten Computerprogramme nicht in der Realität verankert, sondern Input und Output finden durch menschliche Vermittlung statt. Das hat seinen Grund darin, dass es sich als außerordentlich schwierig erwiesen hat, die Kluft zwischen der subsymbolischen Welt der Wahrnehmung und Steuerung und der symbolischen Welt der Informationsverarbeitung zu überbrücken[3]. Das ist auch die Erklärung dafür, warum es in unserer täglichen Umgebung keine Roboter gibt und warum die Datenverarbeitung im Internet abgetrennt von der realen Welt erfolgt.

Die Forschungen unserer Gruppe haben dieses Problem in den vergangenen zehn Jahren anzugehen versucht, indem wir eine Reihe von Prinzipien, die wir aus der Biologie kennen, in sorgsam aufgebauten Roboterexperimenten angewandt haben[4], zuletzt in dem sogenannten »Talking Heads«-Experiment. Es besteht aus einer äußerst komplexen experimentellen Infrastruktur. Sie soll uns helfen herauszufinden, auf welche Weise ein komplexes kognitives System wie dasjenige, das der menschlichen Sprache zu Grunde liegt, in der Lage ist, selbstständig mit anderen kognitiven Systemen zu interagieren und dabei von zunehmend komplexer werdenden Anforderungen der Umwelt angetrieben zu werden. Wir haben dazu einen Set von sprechenden Robotern, »Talking Heads«, konstruiert, die sich in Sprachspielen untereinander und mit menschlichen Gesprächspartnern über das, was sie mit ihren Sensoren in ihrer realen Umgebung wahrnehmen, austauschen. Dabei ist die Wahrnehmung visueller Signale ihre hauptsächliche Informationsquelle. Die Roboter sind an verschiedenen Orten der Welt platziert und durch das Internet miteinander verbunden. Zwei Roboter können allerdings nur dann interagieren, wenn beide materiell als Roboterkörper in derselben Umgebung anwesend sind. Wenn die Interaktion abgeschlossen ist, kann ein Agent sich in einen anderen Roboterkörper an einem anderen Ort teleportieren und dort wieder in eine Interaktion treten.

Auf welche Weise die Roboter-Agenten die Umwelt kategorisieren, um sie dann in Sprache zu übersetzen, ist nicht programmiert, sondern erwächst aus der Interaktion mit der Umwelt. Die Agenten konstruieren und lernen ihre Sprache selbst. Je häufiger sie mit Menschen interagieren, desto mehr übernehmen sie die menschliche Sprache und deren Begrifflichkeit. Das Spektrum der Interaktion umfasst etwa das Niveau von Interaktionsmöglichkeiten zweijähriger Zwillinge, d. h. den größten Teil der Zeit spielen die Roboter miteinander. Sie erfinden sich ihre Begrifflichkeit und ihre Sprache zwar selbst, doch benötigen sie dafür selbstverständlich eine programmierte kognitive Grundarchitektur. Diese beruht auf einer Reihe relativ einfacher Mechanismen, aus denen dann aber eine enorme Komplexität erwächst. Ziel dieses Experiments ist es, herauszufinden, inwieweit die beschriebenen Mechanismen die zu Grunde liegenden Phänomene erklären können.

### 1. PRINZIPIEN

Beim »Talking Heads«-Experiment handelt es sich in erster Linie um ein wissenschaftliches Experiment. Dabei werden vier Grundhypothesen einer experimentellen Prüfung unterzogen.

Erste Hypothese: Sprache entsteht selbstorganisiert aus lokalen Interaktionen zwischen den Benutzern von Sprache. Sie entwickelt sich aus sich selbst heraus zu mehr Komplexität, um zuverlässiger zu werden und die Weitergabe von Sprache über Generationen von Benutzern hinweg zu optimieren. Ich nenne dies den Eigennutz der Sprache. Die Sprache kolonisiert das Gehirn und organisiert vorhandene kognitive Fähigkeiten, um immer komplexere Sachverhalte noch effizienter und mit möglichst wenig Anstrengung auszudrücken. Die Sprache ist kein einheitliches abstraktes und schon gar nicht ein dem Menschen angeborenes Regelwerk, sondern ein offenes, kreatives, komplexes System, das sich anpasst und einer natürlichen Ökologie vergleichbar ist. Innerhalb dieses Systems gibt es bestimmte zeitlich begrenzte Übereinkünfte, was die Beziehungen zwischen Form und Bedeutung, Wort und Inhalt, anbetrifft. Andererseits ist Sprache aber auch extrem kreativ, weil eigentlich immer, wenn jemand spricht, neue Sprachschöpfungen entstehen. Die Sprache befindet sich also dauernd im Fluss. Laufend werden Wörter mit neuen Bedeutungen versehen und bestehende Formen verändert, ohne dass der einzelne Sprachbenutzer darauf Einfluss nehmen könnte.

Zweite Hypothese: Bedeutung (der Wörter und der Sprache) entwickelt sich als kumulativer Wachstumsprozess, der im einzelnen Individuum stattfindet. Denn anders, als die Rationalisten im Gefolge Platons über Jahrhunderte hinweg meinten, ist Bedeutung keineswegs etwas Angeborenes. Sie ist auch nicht, wie die Empiristen glaubten, durch schrittweises Einbeziehen von Beispielen und Gegenbeispielen erlernbar. Die Bedeutung von Begriffen hat zuallererst einmal sehr konkret mit unserer Verankerung in der Umwelt und mit unseren körperlichen Erfahrungen zu tun.

Wir stützen uns bei unseren Roboterexperimenten auf eine Grundannahme Wittgensteins, Bedeutung (und Sprache) sei ein Konstrukt und werde als Bestandteil von Sprachspielen eingeübt.[5] Was die Aneignung von Bedeutung durch die Roboter anbetrifft, so findet sie auf der Basis von Selektion statt: Wir verwenden dazu Modelle, die zeigen, dass begriffliche Unterscheidungen im Gehirn »wachsen« können wie Zweige und Blätter an einem Baum und dass sie ähnlich wie diese auch beschnitten werden können, um sich beispielsweise der Umgebung des Roboteragenten anzupassen. Es sind zum einen nicht-verbale Aktivitäten, wie sie sich auf der Grundlage von Programmen entwickeln, die das Wachstum begrifflicher Unterscheidungen anregen. Zum anderen ist es aber vor allem der Gebrauch der Sprache, der zur Ausdifferenzierung von Bedeutung führt. Die Sprache selbst gibt uns ein permanentes Feedback, welche Begriffe und Bedeutungen sich in der sprachlichen Kommunikation durchgesetzt haben und welche deshalb beibehalten werden sollten und welche nicht.

Die Entwicklung von Sprache und Bedeutung geschieht co-evolutionär. Beide sind eng miteinander verwoben, ohne dass dafür ein angeborenes Programm oder eine Koordinationszentrale notwendig wären. Sie treiben sich gegenseitig in Richtung immer größerer Komplexität voran.

Dritte Hypothese: Unsere kognitive Architektur ist ein lebendiges Ökosystem. Jahrhundertelang ist das kognitive System des Menschen mit Maschinen verglichen worden. Zuletzt wurde es in Analogie zum Computer als informationsverarbeitende Maschine angesehen. Obwohl sich einiges zu Gunsten einer solchen Betrachtungsweise anführen ließe, verwenden wir lieber biologische Metaphern und definieren das kognitive System als lebendiges Ökosystem.

Ein Ökosystem befindet sich in einem Zustand andauernder Veränderung, weil die einzelnen Organismen fortwährend damit beschäftigt sind, sich an ihre Umwelt sowie an andere Organismen, mit denen sie die Umwelt teilen, anzupassen. Hier herrscht Evolution durch Selektion, was zur Folge hat, dass erfolgreiche Anpassungen überdauern, nicht-erfolgreiche hingegen verschwinden. Ein anderes Prinzip des Ökosystems ist, dass Fehlentwicklungen, wie sie auf jeder Stufe der ökologischen Hierarchie vorkommen, mit Hilfe von Reparaturprozessen ausgebessert werden. Für unsere Roboterexperimente haben wir eine Struktur gewählt, die von diesen Prozessen inspiriert ist.

Vierte Hypothese: Grammatik entwickelt sich von selbst. Wir gehen bei unseren Experimenten davon aus, dass es in der menschlichen Natur so etwas wie ein hoch spezialisiertes, in der Genetik angelegtes Sprachorgan nicht gibt, sondern dass Grammatik von sich aus entsteht, wenn wir mit unseren besonderen Fähigkeiten, die Welt der Wirklichkeit zu kategorisieren, Vergangenes schematisch zu speichern und unterschiedliche Ereignisse in der Erinnerung miteinander zu verknüpfen, ein bestimmtes kritisches Niveau erreicht haben, von dem aus wir diese Fähigkeiten dann auf die Sprache übertragen. Diese Fähigkeiten wirken sich in vielen unterschiedlichen kognitiven Bereichen aus. Um sprachliche Erfahrungen zu speichern, werden sie vom Gedächtnis zunächst in eine spontan entstehende Struktur gefasst, die auf abstrakten Schemata, gedächtnisinternen Kategorien und der Funktion von Subkategorien aufbaut. Wenn diese internen organisatorischen Elemente dann in Form von grammatikalisch strukturierter Sprache externalisiert werden, erhöht sich die Verlässlichkeit der Kommunikation, mögliche Zweideutigkeiten werden reduziert und neue Kontexte entstehen. Außerdem wird es dadurch leichter möglich, Sprache von einer Generation auf die nächste zu übertragen, da der Lernende in neuen Kontexten wichtige Hinweise erhält, um unbekannte Wörter und Begriffe zu entschlüsseln. Sind solche strukturellen Mittel erst einmal etabliert, können sie dazu beitragen, die Ausdruckskraft der Sprache zu erhöhen. Dadurch, dass die sprachlichen Interaktionen zunehmen, erhöht sich auch die Komplexität der Sprache, und Wörter beziehungsweise Wortgruppen, die in anderem Zusammenhang verwendet wurden, erhalten plötzlich neue Bedeutungen.

Die unterschiedlichen Prozesse der Sprachentwicklung, die nach und nach zur Ausbildung einer voll entwickelten Sprache führen, finden unbeeinflusst vom Willen individueller Sprachbenutzer als kollektive Unternehmung statt. Den Benutzern der Sprache fällt dabei die Rolle zu, die Systematik ihrer Sprache dauernd zu erweitern und zu bereichern, indem sie die Sprache beständig neu strukturieren und restrukturieren. Es kann allerdings auch geschehen, dass grammatikalische Formen beispielsweise durch eine nachlässige Aussprache erodieren und dass damit dann das gesamte System von Regeln plötzlich zusammenbricht. Das Ineinanderspiel solcher konstruktiver und destruktiver Kräfte erklärt, warum sich die Sprache permanent weiterentwickelt und warum aus einer gemeinsamen Sprachquelle wie dem Lateinischen so unterschiedliche Sprachen wie Französisch, Italienisch und Spanisch entstehen.

## 2. Die experimentelle Infrastruktur

Die Infrastruktur des »Talking Heads«-Experiments besteht aus einer Robotergruppe und einer sehr viel größeren Gruppe von Agenten, die in die Roboter eingebaut sind. Jeder Roboter besteht aus fünf Bauteilen:

- Auf motorgetriebenen verstellbaren Schalen ist eine Kamera montiert, die sich nach allen Seiten und nach oben und unten bewegen kann. Das Kameraauge ist auf eine weiße Tafel gerichtet, auf die verschiedene geometrische Figuren aufgeklebt sind (Abb. 5).
- Hinzu kommt ein Lautsprecher für die Tonausgabe und ein Mikrofon für den Toneingang. Jeder Agent besitzt eine anders modulierte männliche oder weibliche Stimme, sodass man die einzelnen Agenten im Dialog eindeutig identifizieren kann.
- Ein Computer beherbergt sowohl die Software für das kognitive Programm des Agenten als auch die Kontrollsoftware, um die Bewegungen der Kamera zu steuern, Bilder zu empfangen und vorzuverarbeiten und Töne zu analysieren. Der Computer ist mit dem Internet verbunden, um virtuellen Agenten die Möglichkeit zu geben, in den Computer heruntergeladen zu werden.
- Außerdem sind ein Fernsehbildschirm, der dem Forscherteam zeigt, was der Roboter-Agent momentan durch das Kameraauge wahr-

nimmt, sowie ein Computermonitor integriert, der zeigt, was im »Gehirn« des Roboters vorgeht.

Abb. 5

Beim »Talking Heads«-Experiment sind Roboteragenten in steuerbare Kameras eingebaut, die als Roboterkörper dienen. Das Experiment dient dazu, das Entstehen von Sprache zu erforschen und zu simulieren.

Die Agenten können nur dann mit anderen Agenten interagieren, wenn sie in einen Roboter eingebaut sind. Jeder Agent verfügt über das architektonische Grundgerüst eines Gehirns und unterschiedliche Ebenen für unterschiedliche kognitive Funktionen:

- Die Wahrnehmungsebene verarbeitet auf niedrigem Niveau optische Signale, um ein Bild in Segmente zu zerlegen und Daten wie Farbe, Form, Größe oder Position über jedes einzelne Segment zu sammeln.
- Auf der begrifflichen Ebene wird das segmentierte und verarbeitete Bild kategorisiert und konzeptualisiert. Diese Ebene setzt sich zusammen aus einem selbst erzeugten, sich ständig fortentwickelnden Repertoire kategorialer Unterschiede, also z. B. Rot unterscheidet sich von Grün, Klein ist unterschieden von Groß usw. Dieses Repertoire stellt die »Ontologie« des Agenten dar.
- Die lexikalische Ebene enthält ein sich ständig vergrößerndes Repertoire assoziativer Beziehungen zwischen Wörtern und Bedeutungen (ich bezeichne dieses Repertoire als »Lexikon«). Sie dient als lexikali-

sches Nachschlagewerk, wenn die Agenten ihre Äußerungen grammatikalisch analysieren.

- Auf der syntaktischen Ebene werden grammatikalische Schemata verwendet, um Wörter in größeren Strukturen zu organisieren oder um solche Strukturen zu erkennen oder um komplexe Bedeutungen zu rekonstruieren.
- Die pragmatische Ebene enthält die Programme für die Sprachspiele der Agenten sowie für die Interaktionen mit anderen Agenten, die sich in der gleichen Umgebung bewegen.

Die unterschiedlichen Ebenen sind nicht statisch, sondern befinden sich in einem stetigen Entwicklungs- und Anpassungsprozess. Sie sind zwar modular organisiert, hängen aber dennoch eng miteinander zusammen. Das sieht beispielsweise so aus, dass jede verbale Interaktion mit einem anderen Agenten das Innenleben des Agenten verändert und Einfluss nimmt auf seine zukünftigen Verhaltensweisen. Ein neuer, erstmalig eingesetzter Agent muss sich in der ihm fremden Umgebung zunächst einmal ohne Ontologie, Grammatik oder Lexikon zurechtfinden. Denn das ist ja der entscheidende Punkt des Experiments, dass wir die möglichen Theorien daraufhin untersuchen wollen, auf welche Weise Sprache und Bedeutung sich überhaupt entwickeln und wie sie erworben werden können.

Die Agenten spielen ein Sprachspiel, das wir das Ratespiel nennen. Dabei übernimmt ein Agent den Part des Sprechers, ein anderer den des Zuhörers. Die Agenten wechseln sich in diesem Rollenspiel ab, sodass am Ende jeder beide Fähigkeiten entwickelt hat. Das Spiel kann so erweitert werden, dass ein menschlicher Mitspieler eine der beiden Rollen übernimmt und an die Stelle des Künstlichen Agenten tritt.

Im Ratespiel schaut der Sprecher als Erstes auf einen bestimmten Bereich der weißen Tafel und lenkt damit die Aufmerksamkeit des Zuhörers ebenfalls auf diesen Bereich. Die in diesem Bereich platzierten Gegenstände stehen in einem kontextuellen Zusammenhang. Der Sprecher wählt nun einen Gegenstand aus dem Kontext aus – ich möchte diesen Gegenstand als *Thema* bezeichnen – und versieht ihn dem Zuhörer gegenüber mit einem verbalen Hinweis. Enthält der Kontext beispielsweise ein rotes Quadrat, ein blaues Dreieck und einen grünen Kreis, dann könnte der Sprecher etwa von »dem Roten« sprechen, um das rote Quadrat als fragliches Thema zu identifizieren. Falls der Kontext auch noch ein rotes Dreieck enthält, muss der Sprecher schon präziser werden und z. B. von »dem roten Quadrat« sprechen, um das Thema von den nicht-quadratischen Objekten sowie von dem blauen Quadrat abzugrenzen. Die »Talking Heads« sagen natürlich nicht wörtlich »das rote Quadrat«, sondern verwenden ihre eigene Sprache und würden beispielsweise im Fall des roten Quadrats »malewina« sagen.

Der Zuhörer wiederum versucht, auf der Grundlage des verbalen Hinweises zu erraten, welches Thema der Sprecher gewählt hat. Er kommuniziert seine Wahl an den Sprecher, indem er auf den gewählten Gegenstand deutet. Da der Roboter nicht wie ein Mensch über Arme verfügt, wird der Vorgang des Deutens durch Fokussieren des Gegenstandes kommuniziert. Ein Roboter kann »sehen«, in welche Richtung ein anderer Roboter schaut, und dadurch wissen, wohin er »zeigt«. Das Spiel war dann erfolgreich, wenn der vom Zuhörer erratene Gegenstand dem Thema entspricht, das der Sprecher gewählt hat, und es war nicht erfolgreich, wenn falsch geraten wurde oder wenn der Sprecher oder der Zuhörer zuvor schon einen Fehler gemacht haben.

Wenn der Zuhörer falsch geraten hat, gibt der Sprecher ihm einen zusätzlichen nicht-verbalen Hinweis, indem er selbst auf das Thema deutet, und beide Agenten versuchen dann, ihre internen Strukturen zu »reparieren«, damit sie in künftigen Spielen erfolgreicher sind. Der Sprecher korrigiert dann beispielsweise seine Annahme, die von ihm verwendeten Wörter und Konstruktionen seien »richtig« gewesen in dem Sinn, dass andere Agenten seine Ansicht geteilt hätten. Der Zuhörer versucht zu erraten, welche Bedeutung der Sprecher gemeint haben könnte, und Schlüsse zu ziehen, welche Beziehungen von Form und Bedeutung oder welche syntaktischen Konstruktionen in seinem kognitiven Programm fehlen. Auf einen Gegenstand durch Gesten deuten ist immer ungenau. Insofern bieten die Reparaturversuche der Agenten keine Erfolgsgarantie, aber sie führen doch nach und nach zu einem hinreichend übereinstimmenden Kommunikationssystem, bei dem die Erfolgsquote des Erratens des richtigen Themas beständig zunimmt, bis am Ende eine fast hundertprozentige Richtigkeit erreicht wird. Die Kurve in Abbildung 6 veranschaulicht das Ergebnis eines Experiments mit zehn Agenten. Man erkennt, dass der Kommunikationserfolg wie auch die Größe der Ontologien der Agenten zunimmt, weil sie im Spiel neue Bedeutungen erschaffen, um mit den im Umfeld des Experiments auftretenden Situationen fertig zu werden.

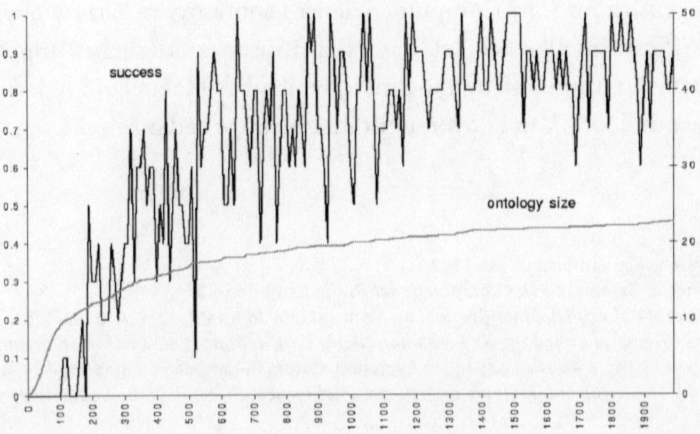


**Abb. 6**

**Zehn Künstliche Agenten spielen 4000 Sprach-Ratespiele: Die Kurve zeigt das Verhältnis von Erfolg und Misserfolg (linke y-Achse) und die damit einhergehende durchschnittliche ontologische Größe der Agenten (rechte y-Achse).**

## 3. PERSPEKTIVEN

Das »Talking Heads«-Experiment wurde im Sommer 1999 im Rahmen des Ausstellungsprojekts LABORATORIUM in Antwerpen erstmals öffentlich[6]. Eine Installation wurde in einem öffentlichen Raum in Antwerpen aufgebaut, weitere Installationen in Brüssel, Paris, Tokio, San José und Rio. Die verschiedenen Lokalitäten wurden mittels des Agenten-Teleportationsnetzwerks verbunden. Internet-Nutzer hatten außerdem die Möglichkeit, sich im Netz ihre eigenen Agenten zu schaffen (talking-heads.csl.sony.fr/). Das Experiment war eine Art Neuauflage des Turing-Tests: Indem eine breite Öffentlichkeit hier erstmals direkt in die Interaktion mit Künstlichen Agenten involviert war, konnten alle Beteiligten für sich selbst entscheiden, inwieweit das, was die Agenten tun, sich tatsächlich mit unseren Vorstellungen von kognitiven Phänomenen wie Lernen, Wahrnehmen, Sprechen, Kommunizieren deckt und ob die Kohabitation zwischen Künstlichen Agenten und Menschen in der Praxis überhaupt durchführbar ist.

Es ist noch ein weiter Weg, bis wir eine der menschlichen Intelligenz vergleichbare künstliche Intelligenz erreichen. Das Experiment mit den »Talking Heads« hat dennoch etwas klar gemacht: Beim Versuch, künstliche Intelligenz zu erzeugen, ist Konzepten, die sie von unten her entwickeln wollen, der Vorzug zu geben, und zwar nicht nur, was reaktives sensorisch-motorisches Verhalten angeht, sondern auch, was kognitive Fähigkeiten wie begriffliches Denken und Sprache anbetrifft.

Die Arbeit wurde durchgeführt im Sony Computer Science Laboratory in Paris, wobei Mitglieder des VUB Artificial Intelligence Laboratory in Brüssel zusätzlichen Input gegeben haben. In diesem Zusammenhang möchte ich mich besonders bei Frederic Kaplan, Angus MacIntyre und Joris Van Looveren für ihre Beiträge bedanken.

1 John R. Koza: *Genetic Programming*. Cambridge, MA 1992.
2 Patricia S. Churchland, Terence J. Sejnowski: *The Computational Brain*. Cambridge, MA 1992.
3 Luc Steels: *The Artificial Life roots of Artificial Intelligence*, in: Artificial Life Journal 1–2/1994, S. 89–125.
4 Luc Steels: *Synthesising the Origins of Language and Meaning Using Co-Evolution, Self-Organisation and Level Formation*, in: J. Hurford et al. (Hg.): Approaches to the Evolution of Human Language. Cambridge 1998. Luc Steels, Rodney Brooks (Hg.): *The Artifical Life Route to Artificial Intelligence. Building Embodied, Situated Agents*. New Haven 1995.
5 Ludwig Wittgenstein: *Philosophical Investigations*. Translated by G. Anscombe. Oxford 1974.
6 Hans Ulrich Obrist und Barbara Vanderlinden: *Laboratorium*. Köln 1999.

# VIRTUAL REALITY IN DER MEDIZIN – 3D-TECHNIKEN REVOLUTIONIEREN DIE MENSCH/MASCHINE-INTERAKTION

**Karl-Hans Englmeier**

Nachdem die Virtual Reality-Technik in anderen Bereichen bereits seit einiger Zeit erfolgreich eingesetzt wird, diskutiert man ihren Einsatz nun auch für die Medizin. Ein potenzielles Anwendungsgebiet ist die Röntgendiagnostik, bei der eine Fülle von Daten anfällt, die sich durch dreidimensionale Visualisierungsverfahren besser bearbeiten lässt. Ein weiteres Beispiel stellt der Einsatz intuitiver Manipulationstechniken zur Planung und Simulation von Operationen sowie computergestütztes Operieren dar. Von den neuen Visualisierungstechniken erwartet man hier außer der ergonomisch gestalteten Bedienung, dass sie die vorhandenen medizinischen Techniken sinnvoll ergänzen.

*Methoden*

Wichtigste Grundlage der Virtual Reality-Technik sind dreidimensionale Darstellungen und Interaktionstechniken, die dem Benutzer den Eindruck vermitteln, er befände sich innerhalb des synthetisierten Szenarios, sei quasi ein Bestandteil davon. Die Technik beruht also auf grafischer Datenverarbeitung. Sie ist eine Weiterentwicklung bestehender Visualisierungstechniken und Manipulationsverfahren, die die bisherige Beschränktheit dreidimensionaler Präsentations- und Interaktionstechniken aufhebt und den Benutzer in und mit einer computergenerierten Welt interagieren lässt.

Mit den Schwerpunkten dreidimensionale Repräsentation und Benutzerinteraktion erhält die VR-Technik in der Medizin einen besonderen Stellenwert, da in diesem Bereich bereits eine ganze Reihe digitaler bildgebender Verfahren eingesetzt wird. Als Beispiele seien hier die Röntgencomputertomographie (CT) mit den Neuerungen Spiral-CT und Volumen-CT, die Kernspintomographie (MR) und die Photon-Emissionstomographie (PET) genannt.

Mit Hilfe dieser bildgebenden Verfahren lassen sich beispielsweise die dreidimensionale menschliche Anatomie oder die Durchblutung von Organen als räumlich-zeitliche Bildfolgen darstellen. Wenn man die so gewonnenen Daten mit Bildanalyseverfahren bearbeitet, wird es möglich, daraus dreidimensionale Repräsentationen und Modellierungen menschlicher Organe zu gewinnen.

Auch für die computergestützte Diagnostik und Therapie, die für die Bearbeitung von Patientendaten eine Vielzahl unterschiedlicher Interaktions- und Manipulationstechniken benötigen, hat sich die Anwendung der VR-Technik als nützlich erwiesen. Das umfasst die dreidimensionale Planung eines chirurgischen Eingriffs für den ausführenden Chirurgen oder die Simulation eines Eingriffs für Ausbildungs- und Trainingszwecke so gut wie die Konstruktion individuell angepasster Implantate.

Entscheidend für die medizinische Anwendung der VR-Technik ist die Frage der Volumen- und Oberflächenvisualisierung mittels computergrafischer Verfahren sowie die Segmentierung (z. B. des Organs, das man simulieren will) mittels Methoden der digitalen Bildverarbeitung.

### 1. VOLUMEN-VISUALISIERUNG

Im Gegensatz zu VR-Anwendungen in der Industrie handelt es sich bei den Ausgangsdaten in der Medizin nicht um geometrische Objektbeschreibungen, sondern um Sequenzen tomographischer Schichtbilder, die sehr viel datenintensiver sind als die meisten industriellen Objektbeschreibungen und eine hohe Berechnungsintensität benötigen. Sieht man einmal von der Möglichkeit massiv-paralleler Implementierungen grafischer 3D-Systeme ab, dann bleibt festzustellen, dass die bisher zur Verfügung stehenden Verfahren nicht ausreichen, um medizinische Datenvolumen in Echtzeit dreidimensional simulieren zu können.

Für Standard-Architekturen ist bisher das effizienteste grafische Verfahren zur Visualisierung dreidimensionaler Volumina das sogenannte *3D Texture Mapping*[1] von Silicon Graphics. Es basiert auf der Fähigkeit, dreidimensionale Datenvolumen als Texturen zu definieren und, indem viele parallele, teilweise transparente Schnittflächen durch einen Texturblock gelegt werden, eine transparente Darstellung erzeugen zu können.

Dabei hängt die Qualität der Darstellung entscheidend von der lokalen Auflösung der 3D-Textur ab. Sie ist durch die Größe des installierten Texturspeichers limitiert. Ist der vorhandene Speicher nicht groß genug, um die Schichtbildsequenz vollständig aufzunehmen, so gibt es die Möglichkeit, den Texturquader in kleinere Texturvolumen zu unterteilen. Da zu einem gegebenen Zeitpunkt immer nur eine Textur aktiv sein kann, muss dann für jede Sub-Textur die Schnittflächensequenz separat dargestellt werden.

Ein zweiter Faktor, der die Qualität und Geschwindigkeit der Darstellung beeinflusst, besteht in der Anzahl der erzeugten Schnittflächen, die mit der Zahl der zu texturierenden Pixel korreliert. Dieser Zusammenhang wird dazu verwendet, die Qualität der Darstellung an die vorgegebene Zeit für den Bildaufbau anzupassen.

Manche Anwendungen in der Medizin lassen sich bereits ausreichend durch direkte 3D-Visualisierung unbearbeiteter Schichtbildsequenzen unterstützen. Andere hingegen benötigen zusätzliche Objektinformationen – im Falle der Simulation einer minimalinvasiven Operation sind das beispielsweise die Organgrenzen – und setzen damit eine Segmentierungsphase voraus.

## 2. Segmentationstechniken

Doch auch wenn Segmentierung sich nicht umgehen lässt, kann die medizinische Anwendung von VR-Techniken immer noch von der Möglichkeit der stereoskopischen Darstellung und der Interaktion profitieren. Die folgenden VR-Beispiele aus der Medizin, die mit Segmentierung arbeiten, sollen hier einen kleinen Einblick geben.

Die Segmentierung relativ einfach strukturierter Organe, wie sie z. B. die endoluminalen Strukturen des Bronchialbaumes darstellen, erfolgt mit vollautomatischen Algorithmen. Dazu werden bestimmte Merkmale des Volumenausschnitts (Grauwertbereich, Texturmerkmale et cetera) berechnet. Die erhaltenen Informationen werden im Anschluss dazu verwendet, mittels lokalen Volumenwachstums (des Objekts oder des Hintergrundes) die Objektgrenzen genauer an die virtuelle Umgebung anzupassen.

Die Segmentierung komplex strukturierter Organe, wie sie z. B. Gefäßbäume darstellen, erfolgt mit einem dreidimensionalen Volume Growing-Algorithmus[2], der durch interaktiv zu steuernde Barrieren beeinflusst werden kann. Der Benutzer wählt durch Verschieben der Volumenränder ein möglichst kleines Sub-Volumen aus, in dem das zu segmentierende Objekt enthalten ist. Danach wird dann der Prozess des Volumenwachstums in Gang gesetzt. Für den Fall, dass dabei ein zu großer Bereich segmentiert wird, lässt sich das Wachstum durch das Einsetzen dreidimensionaler (vordefinierter oder formbarer) Barrierekörper eingrenzen.

### 3. OBERFLÄCHEN-VISUALISIERUNG

Um segmentierte Objekte zu visualisieren, werden meistens oberflächenorientierte Verfahren eingesetzt. Als Erstes muss dazu eine geometrische Beschreibung der Objektoberfläche hergestellt werden.[3] Die so erhaltenen Beschreibungen sind einerseits sehr genau, haben andererseits aber den Nachteil, dass eine große Anzahl geometrischer Primitive entsteht, wodurch sie ungenau werden. Das bedeutet, dass die Oberflächenkomplexität trotz der großen Leistungsfähigkeit moderner 3D-Grafikarchitekturen in der Mehrzahl der Fälle reduziert werden muss, damit eine hohe Rate der Bildwiederholung, wie sie für die Konstruktion von Virtual Reality Voraussetzung ist, überhaupt möglich wird. Das lässt sich nur erreichen, wenn der Informationsgehalt stark verringert wird, was in der Medizin jedoch in den meisten Fällen nicht akzeptabel ist.

Das Problem lässt sich nun mit einer neu entwickelten Methode lösen, die es erlaubt, den Reduktionsgrad und die Genauigkeit der Darstellung entlang von Objektoberflächen zu variieren. Dadurch wird eine selektive Darstellung derjenigen Objektbereiche möglich, für die sich der Benutzer am meisten interessiert.

Abb. 7

Die Komplexität von Oberflächenstrukturen lässt sich durch moderne 3D-Grafikarchitekturen reduzieren. Teilstrukturen lassen sich dadurch näher betrachten.

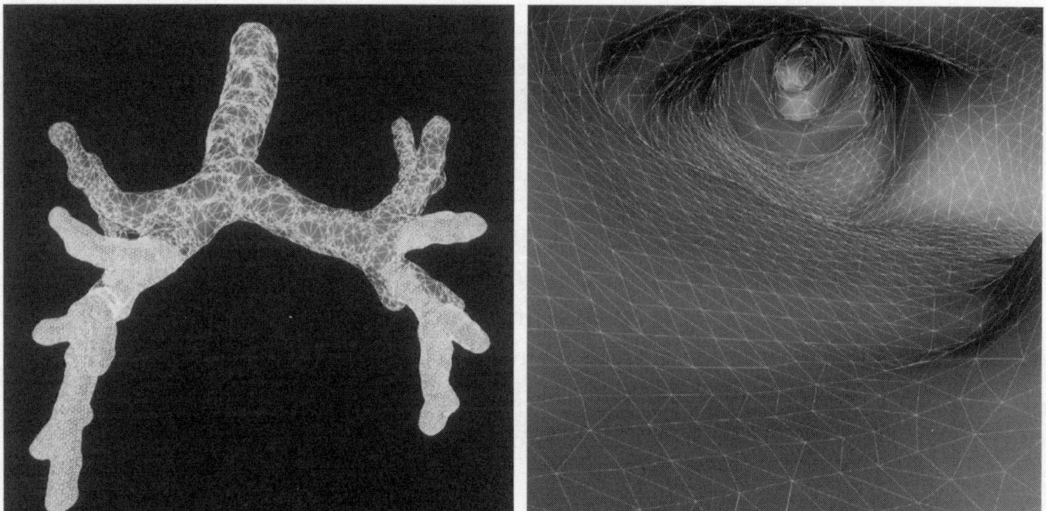

Das neue Verfahren verwendet eine hierarchische Datenstruktur, die während des Reduktionsvorgangs aufgebaut wird und während des Darstellungsprozesses auch wieder rückgängig gemacht werden kann, um andere Teilobjekte näher zu betrachten.[4] Außerdem lassen sich mit Hilfe dieses Systems Objektteile betrachten, die außerhalb des sichtbaren Bereichs liegen, wodurch medizinische Entscheidungen unterstützt werden können.

Insgesamt erlaubt es die neue Methode erstmals, unterschiedliche Genauigkeiten entlang der Objektoberfläche nahezu beliebig in Echtzeit zu kombinieren. Damit lassen sich auch hoch komplexe Szenen mit VR-Techniken verarbeiten, ohne dabei allzu große Ungenauigkeiten in Kauf nehmen zu müssen, wie sie durch die Reduktion von Oberflächenkomplexität entsteht.

*Anwendungsbeispiele*

Einen wichtigen Bereich stellen heute VR-Endoskopiemethoden dar, die zur Vorbereitung, intraoperativen Unterstützung und Therapiekontrolle verwendet werden. Auf der Basis oben genannter Auswertungsverfahren von CT- oder MR-Bildern werden anatomische Strukturen von Bronchien, Colon etc. segmentiert und dreidimensional visualisiert. Der Arzt kann dann mit Hilfe der automatisierten Berechnung des Pfades durch die jeweilige anatomische Struktur (z. B. der Bronchien) sowie eines Trackingsystems, mit dem sich die jeweilige Position feststellen lässt, durch das dreidimensionale Modell der zu untersuchenden Struktur navigieren. Mit Hilfe dieser Methode lässt sich bei-

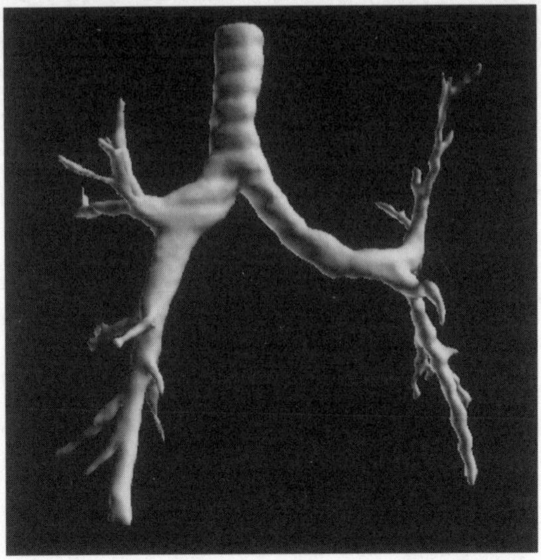

**Abb. 8**

Die Daten zu diesem 3D-Bronchialbaum wurden aus den Schichtaufnahmen eines Patienten gewonnen.

spielsweise die Infiltrationstiefe und Operabilität eines Lungentumors bereits vor der Operation feststellen.

Die hier vorgestellten Verfahren ermöglichen eine durchgängige Unterstützung des medizinischen Bildverarbeitungsprozesses mittels VR-Technik. Dass dabei zu keinem Zeitpunkt Informationen verloren gehen bzw. unsichtbar bleiben, wird durch eine ständige Anpassung der Darstellung an das Interesse des Betrachters gewährleistet. Die Einsatzmöglichkeit an Arbeitsplätzen in Forschungseinrichtungen und Kliniken wird dadurch sichergestellt, dass die für die 3D-Technologie notwendigen Softwaresysteme auf Standardarchitekturen der Grafik-Hardware laufen[5].

Um zu effektiven und effizienten, für den Routineeinsatz geeigneten VR-Systemen zu gelangen, sind allerdings bei allen Bildtechnologien, angefangen bei den bildgebenden medizinischen Verfahren bis hin zur Virtual-Reality-Soft- und -Hardware, weitere Fortschritte notwendig. Dabei kommt der digitalen Bildanalyse eine entscheidende Bedeutung zu, ohne die der Einsatz von VR-Techniken in der Medizin von marginaler Bedeutung bleiben wird. Um die Evaluation im klinischen Bereich voranzutreiben, ist es außerdem erforderlich, dass die heute verfügbaren Systeme auf kostengünstigeren Hardwareplattformen zur Verfügung gestellt werden.

1 B. Cabral, N. Cam und J. Foran: *Accelerated Volume Rendering and Tomographic Reconstruction Using Texture Mapping Hardware*, in: Proceedings of the ACM/IEEE Symposium on Volume Bisualization 1994, S. 91–97.
2 R. M. Haralik, L. G. Shapiro: *Computer and Robot Vision*. Reading, MA 1993.
3 H. Yun, K. H. Park: *Surface Modeling Method by Polygonal Primitives for Visualizing Three-Dimensional Data*, in: Visual Computer 8/1992, S. 246–259.
4 W. E. Lorensen, H. E. Cline: *Marching Cubes: A High Resolution 3D-Surface Construction Algorithm*, in: ACM Computer Graphics 21/1987, S. 163–169. W. J. Schroeder, J. A. Zarge und W. E. Lorensen: *Decimation of Triangle Meshes. ACM Computer Graphics* 26/1992.
5 M. Haubner, C. Krapichler, A. Lösch, K.-H. Englmeier, W. van Eimeren: *Virtual Reality in Medicine – Computer Graphics and Interaction*, in: IEEE Trans. on Information Technology in Biomedicine 1/1997, S.61–72.

Die beschriebenen Projekte sind Ergebnis einer Zusammenarbeit zwischen dem Institut für Medizinische Informatik und Systemforschung des GSF-Forschungszentrums Neuherberg und dem Institut für Radiologische Diagnostik des Klinikums Großhadern der LMU München. Beteiligte Forscher: K.-H. Englmeier, M. Haubner, P. Klutke, C. Krapichler, M. Reiser.

# KAPITEL 3
# DAS WISSEN VON MORGEN UND SEIN DESIGN

## BLICK ZURÜCK & NACH VORN – VON DER FILM- UND VIDEO-PRODUKTION ZUM WEB-DESIGN

**Bob Greenberg im Gespräch mit Annette Schipprack**

Der New Yorker Designer Bob Greenberg experimentiert seit vielen Jahren mit Film und Video und neuerdings auch mit dem Internet. Das Medium Internet nahm ihn von Anfang an gefangen, weil er sofort die Chancen sah, die dieses für das interaktive Design der Kundenbeziehungen bietet. Er gestaltet die multimedialen Auftritte, Kundennetze und Verkaufsplattformen vieler großer Konzerne und ist für seine kreative Arbeit mit einer Reihe wichtiger Preise ausgezeichnet worden. Die Hauptaufgabe von Multimediadesign sieht er darin, die Interaktivität mit dem Nutzer und Kunden zu verstärken. Das geschieht in erster Linie durch eine intelligente Informationsstruktur. In der neu entstehenden E-Culture mit ihrer Vielzahl an unterschiedlichen virtuellen Gemeinschaften sieht Greenberg ein Phänomen, das er gerne mitgestalten möchte. (www.rga.com)

*Herr Greenberg, betrachtet man die Geschichte Ihrer Firma, so scheint sie die Entwicklung vom linearen Film und Video zum interaktiven Internet, wie sie die Medienbranche in den vergangenen Jahren vollzogen hat, exemplarisch widerzuspiegeln. Wie haben Sie diese Veränderungen persönlich erfahren?*

Unsere beiden Firmen *R/GA* und *R/GA Interactive* sind bereits selbst Ergebnisse der ständigen Umwälzungen in der Medienbranche, insofern mussten sie sich nicht erst auf diese einstellen. Wir haben *R/GA* zu einer Zeit gegründet, als sich die ersten technischen Veränderungen im Computer-, Film- und Videobereich ankündigten, und waren unter den Ersten, die eine Brücke schlugen zwischen den damals noch sehr getrennten Medienbereichen. Für mich war klar, dass diese intermediale Verknüpfung die Zukunft des Filmemachens bestimmen würde. 1982 haben wir dann eine Abteilung gegründet, die sich mit dem beschäftigt, was wir heute Computergrafik nennen. Zu dieser Zeit gab es den Begriff noch gar nicht. Wir haben Computer für Film- und Videodesign eingesetzt und – was damals ein Novum war – Filmmaterial von nicht mehr lebenden Schauspielern in unsere Produktionen integriert. Ein Beispiel dafür ist Woody Allens Film *Zelig*. Später wurde diese Technik von anderen Filmstudios übernommen, z. B. bei der Produktion *Forrest Gump*, die ein großer Kinoerfolg wurde. In der Entwicklung des digitalen Films sahen wir neue Perspektiven für unsere Firma und richteten die Dependance *R/GA L.A.* in Los Angeles ein. Dort arbeiteten wir an rund 20 digital produzierten Kinofilmen. Die Firma existiert zwar noch, gehört aber nicht mehr zu uns. 1992 interessierte sich dann die Elektronikfirma Philips für unsere Arbeit, und wir begannen, Computerspiele und CD-ROMs für diese Firma zu entwickeln. Später haben wir uns mit der internationalen Werbe- und Marketing-Agentur *True North Communications* zusammengeschlossen. Zu dieser Zeit begann unsere Arbeit im Internet. Mich begeisterte das Internet sofort, denn ich entdeckte darin eine ganz neue Dimension für das Design: Mit dem Internet konnten wir erstmals global und interaktiv kommunizieren.

*Was waren Ihre ersten Erfahrungen bei der Arbeit mit dem Internet, und wie hat sich R/GA Interactive seit Beginn Ihrer Arbeit im Internet-Bereich entwickelt?*

Als wir uns 1995 zum ersten Mal mit Internet-Design beschäftigten, gab es Skeptiker, die diesem Medium keine große Zukunft zusprachen. Ich kannte dieses Misstrauen bereits aus den Anfangszeiten der Computergrafik, die dann ein maßgeblicher Bestandteil der Imaging- und Kommunikationsbranche wurde. Jedenfalls mussten wir am Anfang sehr viel Pionierarbeit leisten; z. B. waren wir die ersten, die mit Java und Flash-Animation gearbeitet haben und dadurch neues Design und mehr Bewegung ins Netz brachten. Inzwischen hat sich, wie wir wissen, einiges geändert – besonders, seitdem bekannt ist, dass das Internet eine kommerzielle Zukunft hat. In dem sich gegenwärtig vollziehenden Übergang von der linearen zur interaktiven, nicht-linearen Kommunikation geht es jetzt darum, neue Arbeitsweisen zu finden. Anders als bei Video und Film arbeitet man beim Webdesign mit integrierten Systemen, und das Design bildet sich auf unterschiedlichen technischen Plattformen gleichzeitig ab. Das ist der Grund, warum wir uns zur Zeit zusätzlich auf Breitband-Kommunikation und sogenannte »Pervasive Devices« konzentrieren und auch Geräte mit Kleinstplattformen wie Funktelefon und Mini-Computer wie Pager und Palmtops in das Design mit einbeziehen. Als Design-Solutions-Firma sehen wir unsere Aufgabe darin, nach Lösungen zu suchen, wie wir all diese Bereiche – lineare Medien wie Film- und Video, nicht-lineare Internet-Kommunikation, nicht-lineare Breitband-Kommunikation und nicht-lineare »Pervasive Devices« – miteinander verknüpfen können.

*Was sind Ihre ästhetischen Prinzipien, was ist der kreative Anspruch, den Sie selbst an Ihr Design stellen?*

In erster Linie geht es natürlich darum, den Anforderungen gerecht zu werden, die unsere Kunden an uns stellen. Persönlich bin ich aber sehr durch die Bauhausschule beeinflusst worden. Das Bauhausdesign hat saubere, klare Linien. Bekanntlich war der Grundgedanke des Bauhauses, die Zusammenarbeit zwischen den verschiedenen Abteilungen der Werkkunstschule anzuregen. Dort setzten sich dann Bildhauer, Künstler, Möbel-, Stoff- und Architekturdesigner mit einem bestimmten Problem auseinander und fanden dafür eine Lösung. Eine sehr konstruktive Idee, der auch unsere Firmenstruktur entspricht. Für den Erfolg unserer Firma ist es wichtig, dass unsere Angestellten gut im Team arbeiten können und dass sie flexibel und vielseitig kreativ sind. Der Hauptanspruch ist aber natürlich gutes Design, denn gutes Design kann komplizierte Dinge einfach machen. Informationsangebote im Internet sind oft konfus und ungeordnet. Es ist deshalb wichtig, dass wir Inhalte im Netz verständlich darstellen und dass wir auch den Zugang so einfach wie möglich machen. Intelligente Informationsarchitekur und Navigation sind deshalb ein Muss. Der Designer ist also gewissermaßen der Architekt der Informationsstruktur. Die Navigation und Struktur spielen bei den interaktiven Medien die Hauptrolle.

*Was ist Ihre Vision von Wissen? Wie stellen Sie sich vor, dass Wissen zukünftig generiert und gespeichert wird?*

Das Internet bietet zunächst einmal sehr viel Information, die für den, der sie zur Verfügung stellt, und den, der sie nutzt, eine sehr unterschiedliche Bedeutung haben. Die Frage ist, wie man sie richtig nutzt und wie daraus Wissen wird. Im Vergleich zu den linearen Medien hat das Internet zwei entscheidende Vorteile: Es ist interaktiv, und es ist individuell. Information kann durch Internet-Kommunikation, also beispielsweise durch E-Mail-Austausch oder Beteiligung an Online-Chats, in Echtzeit zu Wissen verarbeitet werden. Obwohl das Internet ein Massenmedium ist, ermöglicht es nicht nur Massenkommunikation, sondern auch One-to-One-Kontakt. Ein Nachteil ist, dass auf Grund der Dominanz der englischen Sprache nicht jede Information für jeden zugänglich ist.

*Mit den neuen Medien zeichnet sich eine Verschiebung von der text- und sprachvermittelten zur bildvermittelten Kommunikation ab. Sehen Sie darin eine kulturelle Gefahr?*

Ich selber habe mich schon immer am meisten für Bilder interessiert, insofern habe ich mit dieser Verschiebung, die tatsächlich festzustellen ist, kein Problem. Information lässt sich meist sehr viel schneller und effektiver durch Bilder als durch Texte vermitteln. Ich will Ihnen ein Beispiel geben: Ein Film erzählt Geschichten mit 30 Bildern in der Sekunde, die Sie mühelos aufnehmen und inhaltlich miteinander verbinden können. Um ein einziges dieser Bilder in Worte zu fassen, benötigen Sie aber unter Umständen 1.000 Wörter. Ich glaube, dass das geschriebene Wort auch in den interaktiven Medien nach wie vor wichtig bleibt, aber mehr als bisher wird es eingesetzt werden, um das Bild zu unterstützen. Was im Netz hingegen sehr an Bedeutung zunehmen wird, sind Stimme und Musik. Zahlreiche Medienlabors und Forschungsabteilungen von Telefongesellschaften arbeiten an Sprachaktivierungs- und Spracherkennungssoftware. Der akustische und der visuelle Bereich müssen im Netz künftig besser zusammenspielen.

*Haben die interaktiven Medien auch einen direkten Einfluss auf die Art, wie Sie ein Projekt angehen und entwickeln?*

Ich lege jeder Arbeit ganz unabhängig von dem Medium, für das sie entsteht, zunächst einmal ein Konzept zu Grunde. Bei einem Film ist das Konzept das Drehbuch, es spiegelt sozusagen die Idee des Films wider. Ausgehend vom Drehbuch wird ein Storyboard erarbeitet, und daraus entsteht dann der Film. Ähnliches gilt auch für die Online-Medien. Bevor man ein Online-System entwirft, muss man eine Idee haben, ein Konzept, und daraus muss man dann ein Storyboard entwickeln, das erklärt, wie alles miteinander verknüpft ist. In beiden Fällen geht es um Visualisierung, mit dem Unterschied, dass die Online-Techniken auch viele neue Möglichkeiten bieten, die das Medium Film nicht hat.

Im Unterschied zum Film findet der oben geschilderte Vorgang komplett online statt, und die Ideen, Kommentare und Anregungen zu den Aufträgen und Projekten können innerhalb des gesamten Teams in Echtzeit ausgetauscht werden. Ich hatte bereits, lange bevor sich diese Methode durch das Internet verbreitete, die Idee zu einem »transparenten Studio«, weil ich wichtig fand, dass ein Kunde und alle anderen Beteiligten immer genau wussten, in welcher Phase sich ein Projekt gerade befand. Wir haben dieses System auch umgesetzt. Es gab Konferenzschaltungen, bei denen sich autorisierte Personen in das »transparente Studio« einklinken und per Bildtelefon sogar visuell anwesend sein konnten. Der große Vorteil eines solchen Studios ist, dass es nicht orts- und zeitgebunden ist und man sich jederzeit und von jedem Ort aus einwählen kann. Es ermöglicht nicht nur eine offene Kommunikation, sondern dokumentiert auch alle Entwicklungsstadien des Projekts, sodass man sie später genau zurückverfolgen kann. Inzwischen setzen wir diese Methode bei allen unseren Projekten ein.

*Mit dem Internet sind auch andere Verhaltensweisen und neue Ausdrucksformen entstanden. Sie verwenden in diesem Zusammenhang den Begriff E-Culture. Was genau verstehen Sie darunter, und inwiefern spielt der Bezug auf die Nutzer und Konsumenten der E-Culture in Ihrer Arbeit eine Rolle?*

Mit *E-Culture* (Electronic Culture) meine ich Kultur, die das Internet selbst hervorbringt. Im täglichen Gebrauch des Internet haben die Nutzer völlig neue Gewohnheiten entwickelt. Sie sprechen eine andere Sprache und haben eigene Regeln entwickelt, die sich beispielsweise in den Formeln und Abkürzungen niederschlagen, die in E-Mails verwendet werden, oder an dem Zeichensystem, mit dem in Chat-Rooms kommuniziert wird. Die E-Culture ist anonym, ihre Mitglieder können sich im Netz bewegen, ohne ihre Identität preisgeben zu müssen. E-Culture prägt aber nicht nur einen neuen »Lifestyle«, sie findet auch in der Wirtschaft ihren Niederschlag. Die US-Börse beispielsweise ist neuerdings u. a. deshalb so turbulent, weil immer mehr Daytrader, d. h. private Anleger, die ohne die Einschaltung von Maklern online Aktien kaufen und verkaufen, am Börsenumsatz beteiligt sind. Das gab es vor fünf Jahren noch nicht.

Die E-Culture bringt auch einen ganz neuen Typus von Gemeinschaft hervor. Überall bilden sich im Internet virtuelle Communities und finden sich Menschen mit ähnlichen Interessen zusammen, die sich in mehr oder weniger festen Gruppen, Interessenkreisen oder Clubs miteinander austauschen. Das sind interessante neue Arbeitsgebiete für uns. Wir arbeiten zur Zeit an mehreren Projekten, bei denen wir Verbindungen zwischen real existierenden Gemeinschaften und virtuellen Communities herstellen. Zum Beispiel haben wir ein Online-Projekt mit der Ross School in East Hampton entwickelt.

Diese Schule kommuniziert via Internet mit Schulen in Shanghai und Stockholm. Die Schüler aus den verschiedenen Ländern lernen sich online kennen, kooperieren, tauschen Unterrichtsinhalte aus und entwickeln eigene Online-Portfolios. Ein anderes Projekt, das uns am Herzen liegt, ist das, das wir für ein Kinderkrankenhaus in der Bronx entwickelt haben. Über ein internetbasiertes Intranet, das nur mit Passwort zugänglich ist, können die dort behandelten Kinder vom Bett aus mit ihren Eltern und Freunden kommunizieren.

Natürlich haben wir nicht nur solche pädagogischen und sozialen Projekte im Programm. Wir haben beispielsweise auch einen Internet-Kiosk für Läden und Supermärkte entwickelt, der auf der Idee basiert, dass wir dem Kunden neben dem physischen Einkaufserlebnis auch ein virtuelles Erlebnis bieten möchten. In einem »Discovery«-Laden in Washington D. C. haben wir einen Kiosk so eingerichtet, dass der Kunde dort zwischen Produktinformationen, interaktiven Spielen und wissenschaftlichen Informationen wählen kann. Solche Angebote haben natürlich den Zweck, die Kauflust des Kunden zu steigern.

*Was hat sich verändert im Hinblick auf Zielgruppen und Konsumenten? Ist es schwieriger, den Rezipienten der linearen Medien zu erreichen oder den User im interaktiven Online-Bereich?*

In beiden Bereichen ist es schwierig. Unternehmer sowohl aus dem Bereich der linearen als auch der interaktiven Medien kommen zu uns mit der Bitte, ihre Designprobleme zu lösen. Durch unsere langjährige Erfahrung im linearen Bereich wissen wir natürlich einiges darüber, wie man die Aufmerksamkeit des Kunden gewinnen kann. Da gibt es verschiedene Mittel und Tricks, z. B. Computeranimation, bestimmte Voice-Overs oder visuelle Effekte. Für den Bereich des Web sind es insbesondere zwei Dinge, die für unsere Arbeit essenziell sind: der *Return on Investment* und der *Return on Attention.* Return on Investment zielt darauf hin, dass ein Projekt so erfolgreich ist, dass der Geldgeber eines Projekts in absehbarer Zeit das, was er hineingesteckt hat, zurückbekommt und danach möglichst Gewinn macht. Beim Return on Attention geht es hingegen weniger um finanziellen Profit als darum, die Aufmerksamkeit des Nutzers auf die Website zu lenken und zu erreichen, dass er sie so interessant findet, dass er sie wieder besucht. In beiden Fällen ist es also unsere Aufgabe, den User interaktiv und transaktiv an eine Webseite zu binden. Im Gegensatz zu den traditionellen Medien, wo wir eine lange Erfahrung haben und wissen, wie man den Kunden anspricht, befindet sich unsere Marketingstrategie allerdings noch im Anfangsstadium und wir beginnen gerade erst herauszufinden, welche Strategien funktionieren könnten. Deshalb versuchen wir, möglichst viel über die Interessen und Transaktionen der Web-Benutzer zu erfahren und dazu Datenbanken aufzubauen.

*Welche Möglichkeiten nutzen Sie denn, um den User dazu zu bringen, interaktiv zu werden?*

Im Grunde ist es eine Kombination aus Designideen, Technologiestrategien und Marketing. Besitzt ein Anbieter erst einmal die E-Mail-Adresse eines Users, dann kann er leicht direkt mit ihm in Verbindung treten und eine One-to-One-Beziehung aufbauen. Aber generell gilt, dass es in Zukunft immer schwieriger werden wird, das Interesse potenzieller Kunden zu wecken, denn wie bei den traditionellen Medien wird auch im Internet das Werbeangebot rapide zunehmen.

Auch in diesem Zusammenhang wird eine intelligente Informationsarchitektur und -navigation immer wichtiger. Man hat ja die Möglichkeit, genau zu messen, wie lange sich ein User auf einer Webseite aufhält, wofür er sich dort interessiert und wann er die Seite wieder verlässt. Wenn die Informationsarchitektur der Seite nicht gut aufgebaut ist und der User zu viele Mausklicks benötigt, um die Information zu finden, die er sucht, dann wird er sehr schnell das Interesse an der Seite verlieren und sie verlassen. Bei der Navigation hat man es oft mit einem technischen Problem zu tun, dass sie zu langsam ist und die Seiten sich zu langsam aufbauen. Da muss von Seiten der Technik noch sehr viel verbessert werden.

*Wenn Sie an die Zukunft des Internet und des für das Internet zu entwickelnden Designs denken, welche Visionen verbinden sich für Sie damit?*

Ich denke, der ganze Bereich, der für die Technik- wie für die Designgestaltung gleichermaßen wichtig ist, betrifft die Tatsache, dass der User immer aktiver wird und viele Dinge im Netz selbst erledigen kann. Das betrifft vor allem den Dienstleistungsbereich, in dem der Kunde immer stärker in die Prozesse involviert sein wird. Ein gutes Beispiel können Sie schon jetzt sehen an dem Service, den der private Post- und Paketdienst Federal Express seinen Kunden zur Verfügung stellt. Der Kunde kann seine Sendung im Internet verfolgen und weiß genau, wo sie sich gerade befindet. Er ist besser informiert und fühlt sich mit seinen Bedürfnissen ernst genommen, abgesehen davon,

Abb. 9

Systeme zu schaffen, die lineare und nicht-lineare Medien interaktiv und nutzerfreundlich integrieren, sieht der New Yorker Designer Bob Greenberg als Hauptaufgabe des Multimedia-Designs an. Hier seine Webpage für das Guggenheim-Museum.

dass diese Art von Service auch noch gut für das Image des Transportunternehmens ist. Ein anderes Beispiel ist der Service von Fluglinien, die ihren Kunden ermöglichen, im Internet die geografischen Positionen von Linienflugzeugen mitzuverfolgen und festzustellen, wo sich eine Maschine gerade befindet (vgl. von www.trip.com). Was die Zukunft des Internet insgesamt betrifft, so bin ich davon überzeugt, dass hier noch unzählige kreative Lösungen zu entwickeln sind und dass sie auch zunehmend immer effektiver werden.

# INFO-GRAFIK – WIE DIE FOCUS-IKONOLOGIE ENTSTAND

Hubert Burda

Natürlich habe ich viel Diderot gelesen, damals, 1963, als ich meine Dissertation über Hubert Robert[1] schrieb. Schließlich hatte er die großen Kritiken des Salons von 1767 verfasst, in denen er auch die Bilder Hubert Roberts eingehend beschrieb. So suchte ich denn in seiner Enzyklopädie[2] unter dem Stichwort »ruine«, was er zum Bildgegenstand zu sagen hatte, und war überrascht, statt abstrakter Erklärungen wunderbare »Info-Grafiken« zu finden, wie man Diderots bildvermittelte Erklärungen heute nennen würde. Hier wurde hoch spezialisiertes Wissen mit Bildern erklärt und dadurch für eine breitere Öffentlichkeit zugänglich, die durch die Enzyklopädie angesprochen

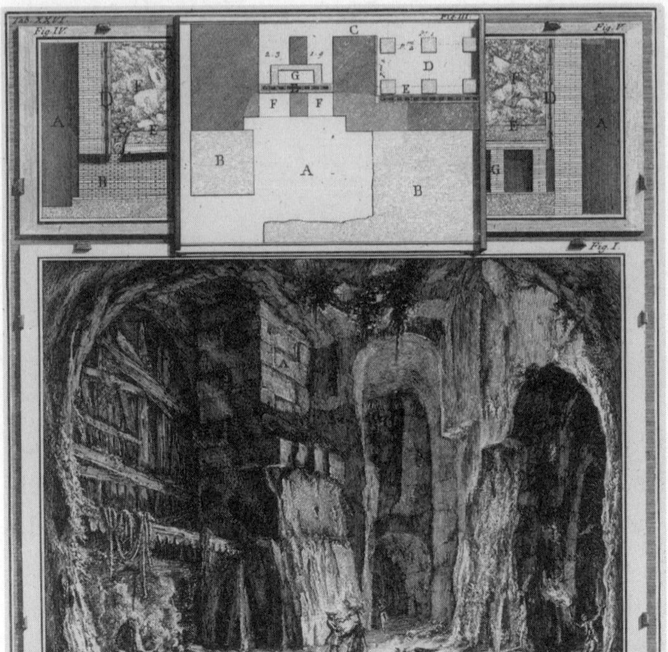

**Abb. 10**

Piranesi knüpft Pläne, Detailansichten und Außen- und Innendarstellungen mit Texten zusammen, um eine genauere Vorstellung von der Gesamtheit eines antiken Gebäudes zu geben. Hier seine Darstellung des Campus Martius.

werden sollte, wenn etwa gezeigt wird, auf welche Weise ein Bewässerungssystem angelegt wird oder welche komplizierte Struktur einer Seidenweberei zu Grunde liegt.

Wo hatte ich diese Methode schon einmal gesehen? Bei Piranesi, in seinen berühmten Kupferstichen der römischen Antike[3], in denen er Details, die er für wichtig hielt – wie etwa die Quaderfugen im Mauerwerk des Grabmals der Caecilia Metella, die wie ein Close-up wirken –, hervorhebt und Aufriss und Grundriss, Innen und Außen durch Texterklärungen miteinander verbindet.

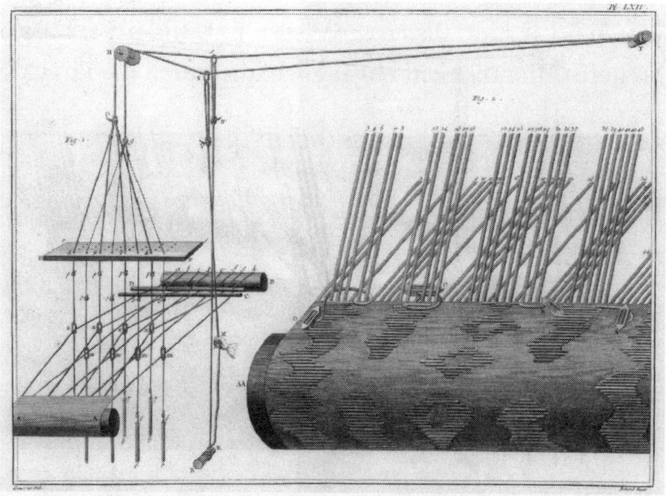

**Abb. 11**

Die bildhaften Erklärungen der »Info-Grafiken« in Diderots Enzyklopädie machten hoch spezialisierte Tätigkeiten wie die Seidenweberei erstmals für ein breiteres Publikum verständlich.

Viele Jahre später, ich war Chefredakteur von Bunte, fiel mir immer wieder auf, dass es zunehmend Themen gab, die so komplex waren, dass ich nicht wusste, wie man sie visuell umsetzen sollte. Ein solches Thema war z. B. das Ozonloch. So kam ich auf die Info-Grafiken, jene Mischung aus Textelementen, Symbolen, Statistiken und Bildern, wie ich sie von Piranesi und Diderot her kannte, die meines Erachtens besser als Texte und Fotos geeignet waren, komplexe Sachverhalte zu veranschaulichen.

Wie kam es dann aber zur FOCUS-Ikonologie, wie Fachleute heute die journalistische Darstellungsform des Nachrichtenmagazins FOCUS nennen, die die europäische Medienlandschaft stärker verändert hat als jede andere Neueinführung auf dem Zeitschriftenmarkt?

Ich denke, es waren drei Faktoren. Der Vater des FOCUS-Erfolges ist der Chefredakteur Helmut Markwort. Wir beide waren gleichzeitig, aber aus un-

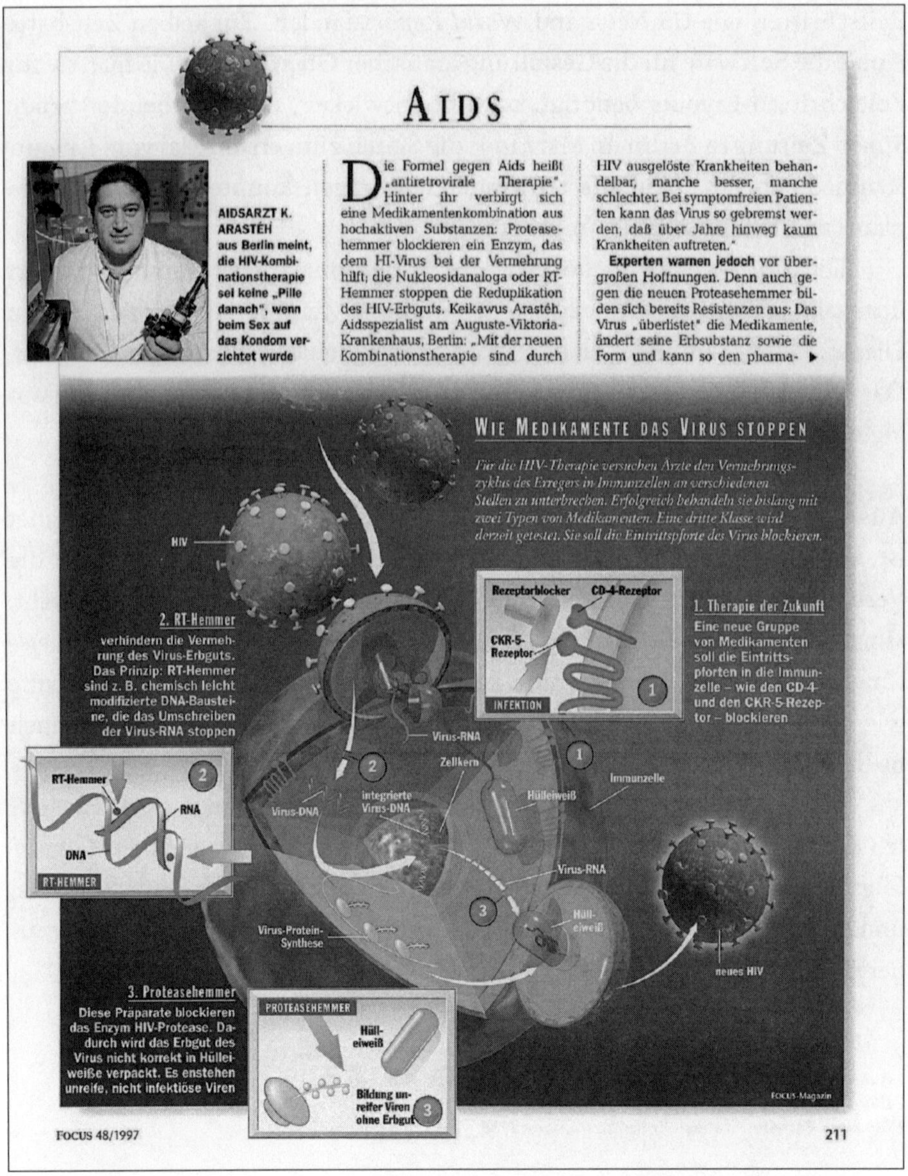

# AIDS

**AIDSARZT K. ARASTÉH aus Berlin meint, die HIV-Kombinationstherapie sei keine „Pille danach", wenn beim Sex auf das Kondom verzichtet wurde**

Die Formel gegen Aids heißt „antiretrovirale Therapie". Hinter ihr verbirgt sich eine Medikamentenkombination aus hochaktiven Substanzen: Proteasehemmer blockieren ein Enzym, das dem HI-Virus bei der Vermehrung hilft; die Nukleosidanaloga oder RT-Hemmer stoppen die Reduplikation des HIV-Erbguts. Keikawus Arastéh, Aidsspezialist am Auguste-Viktoria-Krankenhaus, Berlin: „Mit der neuen Kombinationstherapie sind durch HIV ausgelöste Krankheiten behandelbar, manche besser, manche schlechter. Bei symptomfreien Patienten kann das Virus so gebremst werden, daß über Jahre hinweg kaum Krankheiten auftreten."

**Experten warnen jedoch** vor übergroßen Hoffnungen. Denn auch gegen die neuen Proteasehemmer bilden sich bereits Resistenzen aus: Das Virus „überlistet" die Medikamente, ändert seine Erbsubstanz sowie die Form und kann so den pharma- ▶

## WIE MEDIKAMENTE DAS VIRUS STOPPEN

*Für die HIV-Therapie versuchen Ärzte den Vermehrungszyklus des Erregers in Immunzellen an verschiedenen Stellen zu unterbrechen. Erfolgreich behandeln sie bislang mit zwei Typen von Medikamenten. Eine dritte Klasse wird derzeit getestet. Sie soll die Eintrittspforte des Virus blockieren.*

**1. Therapie der Zukunft**
Eine neue Gruppe von Medikamenten soll die Eintrittspforten in die Immunzelle – wie den CD-4- und den CKR-5-Rezeptor – blockieren

**2. RT-Hemmer**
verhindern die Vermehrung des Virus-Erbguts. Das Prinzip: RT-Hemmer sind z. B. chemisch leicht modifizierte DNA-Bausteine, die das Umschreiben der Virus-RNA stoppen

**3. Proteasehemmer**
Diese Präparate blockieren das Enzym HIV-Protease. Dadurch wird das Erbgut des Virus nicht korrekt in Hülleiweiße verpackt. Es enstehen unreife, nicht infektiöse Viren



FOCUS 48/1997 211

Abb. 12

Wissenschaft in FOCUS: Durch die optische Aufbereitung von Wissen werden komplexe Inhalte schneller vermittelt.

terschiedlichen Richtungen, auf dieselbe Sache gestoßen, ich auf die Väter der Info-Grafik, Piranesi und Diderot, er auf die modernen Versionen dieser Darstellungsform, wie sie sich in amerikanischen Wissenschaftsbüchern und in

Zeitschriften wie *US News* and *World Report* fanden. Zur selben Zeit hatte Apple die Software für die Gestaltung grafischer Oberflächen, wie man sie für Zeitschriften-Layouts benötigt, so weit entwickelt, dass wir bei der neuen *Super*-Zeitung in Berlin im März 1991 die Seiten zum ersten Mal vom Layout-Raum direkt auf den Offset-Zylinder übertragen konnten. »Computer to plate« nannten unsere Techniker das.

Die *Super*-Zeitung scheiterte, das ist bekannt. Aber Helmut Markwort übernahm das gesamte Spezialistenteam dieser Zeitung, mit dem Chef vom Dienst, Reiner Lanninger, an der Spitze, in seine neue Redaktionsmannschaft. Das war – im Sommer des Jahres 1992 – die Geburtsstunde der FOCUS-Ikonologie.

Aus der Hirnforschung wissen wir, dass keine Darstellungsform so geeignet ist, komplexes Wissen anschaulich zu vermitteln, wie diejenige, die über die Verbindung von Text und Bild beide Gehirnhälften gleichermaßen anspricht. »Envisioning Knowledge« nennt man das heute. Und meint damit, dass leistungsstarke Softwareprogramme komplexe wissenschaftliche Sachverhalte wie die Kollision der Schwarzen Löcher nicht nur berechnen, sondern auch noch anschaulich darstellen können.

Was wohl Diderot und Piranesi zu dieser Entwicklung sagen würden? Ich denke, sie hätten ihr Vergnügen daran, nicht zuletzt wegen des Markterfolgs. Denn kein Buch war je erfolgreicher als die französische Enzyklopädie, und niemand hat jemals mehr Stiche vom antiken Rom verkauft als der Cavaliere Piranesi.

1 Hubert Burda: *Die Ruinen in den Bildern Hubert Roberts*. München 1967.
2 Denis Diderot: *Encyclopédie*. Paris 1751 – 1772.
3 Giovanni Battista Piranesi: *Antichità Romane 1756*.

# DAS KUNSTWERK IM ZEITALTER SEINER BIOKYBERNETISCHEN REPRODUZIERBARKEIT

William J. T. Mitchell

## 1. VISUELLES WISSEN

Es ist schwer, sich am Anfang eines neuen Millenniums nicht von der Vorstellung faszinieren zu lassen, dass wir in ein aufregendes neues Universum menschlicher Möglichkeiten katapultiert werden. Nur ein unbelehrbarer Höhlenmensch würde sich wünschen, in die Zeiten zurückzukehren, in denen es weder Fernsehen, Video, Computertechnologie und virtuelle Realität noch Biotechnologie und Genforschung gab. Und nur ein Spielverderber würde die Euphorie hinterfragen, die diese Entwicklungen begleitet.

Und doch ist es auch wichtig, sich mit der ablehnenden Haltung auseinander zu setzen, die viele Menschen den neuen Technologien gegenüber an den Tag legen. Man darf sich nicht darauf beschränken, sie als pure Ignoranz abzutun, denn die ablehnende Haltung verschwindet ja nicht einfach dadurch, dass man pragmatisch immer neue Formen visuellen Wissens und immer neue Möglichkeiten für den Erwerb von Macht und Reichtum produziert, die mit der Erschließung neuer Wissensquellen verbunden sind. Es ist vielmehr wichtig sich zu fragen, welches Wissen mit welchen Inhalten für wen mit Hilfe der neuen Medien produziert werden soll. Verstehen wir beispielsweise Wissen eher als »Information«, oder meinen wir wirklich Wissen im Sinn von »Weisheit«? Ist mit »Wissensgesellschaft« eine Gesellschaft gemeint, die weiß, wie man bestimmte Dinge tut, oder meinen wir eher eine Gesellschaft, die weiß, warum es sich lohnt, bestimmte Dinge zu tun, und warum es beispielsweise auch klug sein kann, Dinge zu lassen? Wenn Wissen tatsächlich der Reichtum ist, auf dem eine »Wissensgesellschaft« basiert, auf welche Weise soll es dann verteilt werden? Und wenn Wissen auch weiterhin, wie das bisher der Fall war, Macht bedeutet, welche Kontrollmöglichkeiten gibt es dann für den Umgang mit Wissen, und wer werden die Kontrolleure, wer die Kontrollierten sein?

Ähnliche Fragen müssen wir uns angesichts der euphorischen Erwartungen stellen, die sich an die Visualisierungsmöglichkeiten der neuen Medien knüpfen. Was ist beispielsweise mit »visuellem Wissen« gemeint? Sind Abbildungen nur Vehikel, um Information zu transportieren? Sind sie, mit anderen Worten, effektive Werkzeuge, um das, was wir wissen, abzubilden und zu kommunizieren? Oder besitzen Bilder möglicherweise – wie Weisheiten vergangener Zeiten verkünden – so etwas wie ein »Eigenleben«, das über die Absichten ihrer Schöpfer hinausreicht? Haben die Mediengurus wirklich Recht, die prophezeien, dass Sprache und verbale Kommunikation, die bisher dasjenige Medium waren, in dem Geschichten erzählt, Konflikte ausgefochten und Informationen weitergegeben wurden, durch Bilder ersetzt werden? Wäre das tatsächlich so, dann müsste es keine Konferenzen mehr geben, auf denen sich Leute treffen, miteinander diskutieren und Vorträge halten. Man könnte sich dann darauf beschränken, sich gegenseitig via Internet Sammlungen von Bildern zuzuschicken. Die Vorstellung, in der modernen Welt sei das Wort durch das Bild ersetzt worden, ist eines der verführerischsten und irreführendsten Klischees unserer Zeit, das wir auf keinen Fall als Tatsache betrachten sollten. Die Vorstellung ist nichts anderes als ein Gemeinplatz, den es kritisch zu untersuchen gilt.

## 2. PICTORIAL TURN – PARADIGMENWECHSEL VOM WORT ZUM BILD

Ich selbst habe, wenn auch unwillentlich, dazu beigetragen, dass sich die Vorstellung, das Wort werde durch das Bild ersetzt, derart verbreitet hat. In meinem Buch *Picture Theory* (*Die Theorie vom Bild*) habe ich von einem »Pictorial Turn«, einer Hinwendung zum Bild, gesprochen, wie man sie auf unterschiedlichen Ebenen der gegenwärtigen Kultur beobachten kann. Um zu erklären, was ich damit meine, möchte ich einen Absatz aus dem Buch zitieren:

»Was uns das Gefühl eines ›Pictorial Turn‹ vermittelt, (...) hat nichts damit zu tun, dass es irgendwelche besonders starken neuen Darstellungsmöglichkeiten visueller Repräsentation gäbe, die die kulturtheoretische Begrifflichkeit bestimmen. Aber das Bild spielt in einem breiten Spektrum der gegenwärtigen intellektuellen Debatte ganz offenbar eine wichtige Rolle, indem es Gegenstand eines merkwürdigen Unbehagens ist. Es ist angesiedelt irgendwo zwischen ›Paradigma‹ und ›Anomalie‹, um hier mit zwei Begriffen des Philosophen Thomas Kuhn zu operieren. In der Wissenschaft hat das Bild inzwischen einen ebenso zentralen Platz eingenommen, wie ihn zuvor die Sprache hatte. Das Bild fungiert dabei als eine Art Modell oder Figur für etwas ganz anderes. Es steht beispielsweise für ein ungelöstes Problem. Oder es macht sich zum Gegenstand der eigenen Wissenschaft, etwa im Sinn der von dem Kunsttheoretiker Erwin Panofsky beschriebenen ›Iconologie‹.

Vereinfacht könnte man auch sagen, dass wir im Zeitalter des Massenspektakels (Guy Debord), der Überwachung (Michel Foucault) und den auf allen Ebenen sich in den Vordergrund drängenden Bildern immer noch nicht genau wissen, was Bilder eigentlich sind. Wir wissen weder, welche Beziehung sie zur Sprache haben, noch, wie sie auf einen Betrachter oder auf die Umwelt wirken. Wir haben keine Vorstellung davon, wie sie entstehen, noch, wie wir mit ihnen umgehen sollen (...)

Wenn wir nun danach fragen, warum diese Hinwendung zum Bild sich gerade jetzt, in der postmodernen zweiten Hälfte des 20. Jahrhunderts, ereignet, dann stoßen wir auf ein Paradox. Einerseits liegt es ganz offensichtlich auf der Hand, dass sich in einem Zeitalter, das dominiert wird von Video, Kybernetik und elektronischer Reproduktion, auch neue Formen visueller Simulation und Illusion entwickeln, deren zukünftige Auswirkungen sich noch nicht abschätzen lassen. Andererseits gibt es aber auch eine ausgeprägte Furcht vor den Bildern, die Furcht, dass diese Schöpfungen vielleicht einmal so eigenmächtig werden, dass sie ihre Schöpfer überwältigen und zerstören. Diese Furcht ist so alt wie das Herstellen von Bildern. Götzenanbetung, Bilderstürmerei und Fetischismus sind keine exklusiv postmodernen Phänomene. Es ist genau das beschriebene Paradox, das die Besonderheit unseres historischen Moments ausmacht.«[1]

Es geht mir beim »Pictorial Turn«, bei der Hinwendung vom Wort zum Bild, also nicht um das Feststellen einer Tatsache, sondern um das Erkennen eines Problems, das es zu untersuchen gilt. Ich möchte die neuen visuellen Medien nicht als reine Utopie menschlicher Möglichkeiten betrachten, sondern eher als etwas, das zwiespältig ist, Angst macht und Kritik herausfordert. Es geht mir auch nicht darum, den »Pictorial Turn« als einen einzigartigen historischen Moment zu beschreiben. Ich bin im Gegenteil der Ansicht, dass es in der Geschichte viele Momente gibt, wo man beobachten kann, wie Bilder zu Trägern neuer Wissensformen werden, und dass diese Momente oft genug geprägt sind durch ein Gefühl der Krise und der Vorahnung, wie sie mit dem Entdecken utopischer neuer Möglichkeiten einhergehen. Die Erfindung des Kinos am Beginn des 20. Jahrhunderts und der Fotografie im 19. Jahrhundert, die Entdeckung der Zentralperspektive in der europäischen Renaissance, die Entwicklung des öffentlichen Schauspiels im Perikleischen Athen, das Ersetzen des von einem unsichtbaren Gott gegebenen Gesetzes durch den Götzendienst am Goldenen Kalb – das alles waren solche Momente eines »Pictorial Turn«, und immer wurden sowohl neue Fragen aufgeworfen wie auf alte Fragen Antworten gefunden. Den Kulturkritiker Walter Benjamin etwa quälte der Gedanke, dass die Faschisten sich des Kinos bemächtigt hatten. Der Dichter Baudelaire klagte, dass die Fotografie die unmittelbare visuelle Erfahrung verdränge. Der Kunsttheoretiker Rafael Alberti argwöhnte eine Verbindung zwischen der Erfindung der Zentralperspektive und der neuen Form zentralistischer politischer Autorität. Der Philosoph Plato misstraute zutiefst der Begeisterung der athenischen Öffentlichkeit für die neuen Formen monumentaler Kunst, wie sie sich im theatralischen Schauspiel darstellten. Und Moses ließ dreitausend Mitglieder seines Stammesvolkes töten, weil sie gegen das Verbot von Götzenbildern verstoßen hatten.

Bei der Untersuchung des Phänomens, das ich »Pictorial Turn« genannt habe, darf man sich nicht auf die Gegenwart beschränken, als ob wir die Ersten wären, die mit einer neuen, unvorhergesehenen Synthese visuellen Wissens konfrontiert sind. Wir dürfen auch nicht nur in eine Richtung denken, so als wüssten wir bereits alles über das Wesen der Bilder und könnten sie entsprechend nach Belieben für unsere Zwecke einsetzen. Vielmehr müssen wir uns fragen, wie sich die gegenwärtige Form des »Pictorial Turn« von früheren Formen unterscheidet und welche spezifische Art von Angst sie erzeugt. Es ist nicht genug, sich nur mit den technischen Aspekten der neuen visuellen Medien zu befassen. Wir müssen auch die politischen, sozialen und ökonomischen Auswirkungen im Blick haben. Vor allem aber müssen wir untersuchen, was das Wesen der Bilder ist und was dementsprechend das Hervortreten der Bilder in den unterschiedlichsten Bereichen am Ende dieses Jahrhunderts bedeutet.

### 3. VOM GOLDENEN KALB ZUM DINOSAURIER

Eine Möglichkeit, einen solchen historischen Umbruch wie den »Pictorial Turn« zu untersuchen, in dem das Bild gegenüber dem Wort einen neuen Stellenwert erlangt, ist die Analyse der für die visuelle Vermittlung verwendeten technischen Mittel. So stellt z. B. Poussins Gemälde »Die Anbetung des Goldenen Kalbs« nicht einfach nur das heidnische Ritual eines Götzendienstes dar. Es thematisiert darüber hinaus auch die neue Technologie der Metallverarbeitung und des Abgussverfahrens für großdimensionale Skulpturen. Das goldene Kalb erscheint auf dem Bild als technologisches Wunder, das sich auffallend anachronistisch ausnimmt innerhalb der historisierend gestalteten Landschaft, die die Heimat eines primitiven Stamms von Wüstennomaden ist. Auch wenn Poussins Darstellung des Themas auf uns heute eher klassisch wirkt, so muss uns doch klar sein, dass wir es hier mit dem führenden Vertreter der modernen Malerei des 17. Jahrhunderts zu tun haben, für den die Wiedererweckung der klassischen Antike das angemessene Darstellungsmittel der neuen Kunst war.

Ein solcher historischer Umbruch ist also nicht eine rein innovative, ausschließlich in die Zukunft gerichtete Entwicklung. Er verbindet unterschiedliche Dinge und Zeiten, mischt Vergangenes mit Gegenwärtigem, Altertum mit Moderne, Archaisches mit modernen technischen Neuerungen. So vermischt beispielsweise auch der gegenwärtige Standardeinwand gegen den »Siegeszug des Bildes über das Wort« Altes und Neues, indem die Technologie in Verbindung gebracht wird mit dem Analphabetentum und einem daraus entstehenden Rückfall in die Barbarei. Auch das Goldene Kalb ist gleichzeitig technische Innovation und Symptom eines Rückfalls in die Barbarei. Es steht einmal für den Verzicht der Israeliten auf die neuen Gesetze, die Moses auf dem Berg Sinai erhalten hatte, zu Gunsten der Rückkehr in die politische Abhängigkeit. Zum anderen symbolisiert es den Verzicht auf das phonetische Alphabet zu Gunsten der archaischeren Form der Bilderschrift. Ähnlich war es mit der Erfindung des Kinos. Man bejubelte einerseits seine universale Bildsprache, die endgültig das babylonisch-barbarische Erbe besiegen werde. Gleichzeitig erwartete man sich von dieser Bildsprache, vergleichbar einem Rückgriff auf die altägyptische Hieroglyphenschrift, aber auch das Entstehen neuer barbarischer Formen von Zuschauermassen. Der Film *Intolerance* von D.W. Griffith, der die babylonische Bilderverehrung zelebriert, gibt vermutlich das einprägsamste Beispiel für diese Mischung von Alt und Neu.

War es im Altertum und in der Frühmoderne das Goldene Kalb, das den historischen Umbruch symbolisierte, der durch das Entstehen neuer Visualisierungstechnologien und -rituale entstand, so ist es in der späten Moderne der Dinosaurier, der diese Rolle einnimmt. Obwohl niemals jemand seine lebendige Physiognomie gesehen hat, ist er als populärste Tierikone unserer Zeit im allgemeinen Bewusstsein präsent. Das Bild, das wir von ihm haben, entspringt sowohl der modernen Welt technischer Innovation wie einer nicht mehr zugänglichen vergangenen Welt in den Tiefenschichten von

Geologie und Paläontologie.[2] Wie der Dinosaurier den Wandel der Technik sozusagen »am eigenen Leib« erfahren hat, illustrieren die folgenden Abbildungen.

Auf dem ersten Bild ist der Dinosaurier aus dem zeitlichen Kontext seiner eigenen Welt herausgerissen und mit der Berliner Gedächtniskirche in Verbindung gebracht.

Abb. 13
Claudia Katz-Palme, »Berlinosaurus« 1990.

Abb. 14
Sinclair Billboard, Sinclair Oil Corporation 1966.

Der Dinosaurier wird hier mit der Doppelgesichtigkeit der modernen Technologie in Verbindung gebracht, bei der Innovation und Verwerfung zwei Seiten ein und derselben Medaille sind. Der Berlinosaurus steht für die ›urbane Erneuerung‹, die überkommene Stadtstrukturen bedroht. Tatsächlich stellten schon die allerersten Dinosaurierskulpturen, die 1854 anlässlich der Ausstellung im Crystal Palace in London entstanden, so etwas wie die Erneuerung von Architektur dar. Sie waren wie Häuser aus Ziegelsteinen und Zement gebaut und hatten eine unterstützende Eisenkonstruktion, was eine technische Pionierleistung und die Voraussetzung für den späteren Bau von Wolkenkratzern war. Der Brontosaurus im Logo des Ölkonzerns Sinclair steht für den neuen Firmengigantismus, wie er von Unternehmern wie Harry Sinclair in den 1920er Jahren in den USA vorangetrieben wurde. Er bezeichnet darüber hinaus auch die Schnittstelle zu den alten fossilen Energiequellen, die die moderne Energiewirtschaft überhaupt erst möglich gemacht haben. In Steven Spielbergs Film *Jurassic Park* findet sich das Modell eines Dinosauriers, auf das der DNA-Code projiziert ist, mit dem fossiles Gewebe geklont werden kann. Dieser digitale Dino symbolisiert das Verschmelzen von Computertechnologie und Biotechnologie und befindet sich damit im Scheitelpunkt der gegenwärtig stattfindenden Wissensrevolution. Diese ereignet sich auf der Ebene der Wissensproduktion und der Wissensreproduktion gleichermaßen. Das Entstehen neuer Techniken für die Repräsentation und Visualisierung von Bildern und nicht zuletzt der Durchbruch auf dem Gebiet der digitalen Animation haben die virtuelle Auferstehung des Dinosauriers im Film *Jurassic Park* erst möglich gemacht.

### 4. DAS ZEITALTER DER BIOKYBERNETISCHEN REPRODUZIERBARKEIT

Die Revolution, die sich, ausgelöst durch die Erfindung von Fotografie und Kino, am Anfang unseres Jahrhunderts im Bereich der Bilder, Medien und der Vermittlung visuellen Wissens vollzog, beschrieb Walter Benjamin mit dem Begriff »technische Reproduzierbarkeit«. Die mechanische Reproduktion (des Fotos und des Kinos) ist zugleich nicht losgelöst zu sehen von den industriellen und technischen Prozessen der Fließband- und Maschinenarbeit.[3] Heute leben wir im Zeitalter der »biokybernetischen Reproduzierbarkeit«, d. h. das Produkt auf dem Fließband ist jetzt ein lebender Organismus, dessen genetische Struktur durch eine Kombination aus Computer- und Biotechnologie hergestellt wird. Bilder erhalten dadurch eine ganz neue Macht; zugleich werden aber auch alte Widersprüchlichkeiten und Befürchtungen wieder zum Leben erweckt. Die neuen Bilder zeichnen sich durch ein bisher nicht gekanntes Maß an Realitätsnähe und Genauigkeit aus. Zugleich haben sie auch eine Illusions- und Täuschungskraft hinzugewonnen, die vielen Menschen unheimlich ist.

»Die Kamera lügt nicht« – wir wissen, dass dieser Satz bestenfalls die halbe Wahrheit enthält. Aber mit den neuen digitalen Technologien sind die beiden Hälften dieser Wahrheit noch etwas mehr auseinander gerückt. Kameras, ausgestattet mit MRI (Magnetic Resonance Imaging), können mit mehr Feinfühligkeit, als Benjamin angesichts der damals revolutionären neuen Röntgentechnik je hätte vermuten können, in die Tiefen unseres Bewusstseins vordringen.

Am dramatischsten ist aber vielleicht die Art und Weise, mit der biokybernetische Bilder wie Spielbergs Dino endlich den alten Menschheitstraum (oder Alptraum) erfüllen, »lebendige Bilder« herstellen zu können, animierte Ikonen, künstliche, technisch hergestellte Wesen, die über ein »Eigenleben« verfügen. Viele Werke der traditionellen Ästhetik und Philosophie haben das »lebendige Bild« als fundamentale Voraussetzung für jede Form von »Kunstwerk« betrachtet. Dabei geht es nicht nur darum, dass Kunstwerke lebendige Organismen sind, sondern dass der lebendige Organismus (das menschliche Tier eingeschlossen) auch ein Kunstwerk ist. Adam und Eva sind die ersten Cyborgs. Der jüdische Golem, Pygmalion und das Monster Frankenstein, sie alle sind animierte Bilder, die übrigens alle auch in einer äußerst widersprüchlichen Beziehung zu ihren Schöpfern stehen. Im zweiten Gebot »Du sollst dir kein Bildnis machen«, das auf das jüdische Verbot zurückgeht, sich kein materielles Bild von Gott zu machen, ist immer noch ein Rest des alten Glaubens vorhanden, das Erfinden von Bildern sei eine gefährliche Angelegenheit, die eigentlich Gott vorbehalten sei.

Sind die Bilder im Zeitalter ihrer biokybernetischen Reproduzierbarkeit gefährlicher geworden? Oder können wir sie nun durch unsere aufgeklärte Vernunft und die Weisheit der Gesetze des Marktes besser kontrollieren? Ein Blick auf die zeitgenössische Populärkultur zeigt das Gegenteil. Die Zukunft des zum Leben erweckten, animierten Bildes – ob es sich um Cyborgs, irgendwelche Formen künstlichen Lebens oder um Roboter, Außerirdische und wiederauferstandene Saurier handelt – sind von traumatischen Ängsten geprägt. Filme wie »Blade Runner«, »Terminator«, »Matrix« und »Jurassic Park« entwickeln Zukunftsszenarien, in denen die neuen Informationstechnologien im Dienst von primitiven, gewalttätigen Kräften, rücksichtsloser Habgier und grenzenloser Tyrannei stehen. Unterdessen trainieren Video- und Virtual Reality-Spiele in der sogenannten »realen Welt« eine ganze Generation testosterongestärkter, männlicher Krieger für den High Tech-Kampf im Cyberspace. Amerikanische Außenpolitik wird bestimmt von lasertechnisch gelenkten Bomben, die auf elektronischen Schlachtfeldern abgeworfen werden, und amerikanische Teenager leben ihre High Tech-Terrorfantasien in den Klassenzimmern der High School aus.

Sicherlich kann man all dies auch abtun mit dem Hinweis, es sei eine Kombination aus paranoider Angst und dem stimulierenden Moment, das die Massengesellschaft in gewalttätigen Ereignissen und im Gefühl des Sich-zu-Tode-Fürchtens findet. Benjamin sagte eine Zeit voraus, in der die Menschheit fähig wäre, »ihre eigene Vernichtung als ästhetischen Genuss ersten Ranges« zu erleben.[4] Es scheint, dass diese Zeit begonnen hat. Dazwischen werden mit den neuen Medien große wirtschaftliche Profite gemacht, und man wird verstärkt über die utopischen Möglichkeiten nachdenken, die sich an die Medien knüpfen. Hoffen wir, dass das vom wirtschaftlichen Profit finanzierte Nachdenken sowohl die historische Komponente mit berücksichtigt wie auch die kritischen Fragen nicht zu stellen vergisst.

1 William J.T. Mitchell: *Picture Theory*. Chicago 1994, S. 13 und 15.
2 Für eine ausführliche Darstellung dieser These vgl. William J.T. Mitchell: *The Last Dinosaur Book: The Life and Times of a Cultural Icon*. Chicago 1998.
3 Walter Benjamin: *Das Kunstwerk im Zeitalter seiner technischen Reproduzierbarkeit*. Frankfurt/M. 1966 (erschien erstmals in einer französischen Übersetzung als Aufsatz in der Zeitschrift für Sozialforschung 5/1936).
4 Walter Benjamin: a.a.O., S.44.

## SCHREIBZEUG UND ANDERE ERINNERUNGEN
**Thomas Hettche**

Seit kurzem im Besitz eines E-Books, bemerkte ich schnell, dass mir das Umblättern keine Sekunde fehlte, und realisierte vielmehr, wie sehr der Umgang mit Texten am Bildschirm mich wohl längst konditioniert und vorbereitet hat. Nun macht der Gen-Mais der künstlichen Lektüren nur noch den kleinen Hopser aus dem Versuchsfeld ins richtige Leben und ich bin's zufrieden. Die Vorteile der Volltextsuche sind mir entschieden wichtiger als das Rascheln der Seiten. Die Literatur wird ohne es auskommen müssen. Längst ist überdeutlich die unheimliche Tektonik der medialen Kontinente spürbar, jene tief dunkel knirschende Verschiebung aller kulturellen Koordinaten, die uns alle erfasst hat. Ich erinnere mich noch genau, wie ich vor einiger Zeit auf dem Dachboden und auf einem alten Couchtisch, dessen braune Kacheln als Schmuckmotiv abwechselnd zwei gekreuzte Eichenblätter und einen Auerhahn zeigten, meinen ersten Computer wiederentdeckte.

Ich hatte wirklich völlig vergessen, dass er hier stand. Wischte sorgsam mit der Handkante die dicke Staubschicht vom kalten Glas des Bildschirms. Er war es tatsächlich: Das wuchtige graue Metallchassis und die abgeschrägte Frontpartie, das nach hinten versetzte Laufwerk aus schwarzem Plastik, links die großen Schlitze für den Lautsprecher und darüber das IBM-Logo des Rechners, den ich in der ersten Hälfte der 80er gekauft hatte. Wieder betätigte ich so gedankenverloren wie früher und immer wieder den schwer gängigen Verschluss des Laufwerks für die großen 5,6 Zoll Floppydiscs, der jedesmal laut und satt einschnappte wie eine Autotür, wenn man dic Diskette einlegte. Entsprechend – wenn man so will – der Dialektik von Form und Inhalt hat sich auch auf den Maschinen, die wir seit einiger Zeit für unsere Gedanken benutzen, schon der fettige Ruß der Erinnerung niedergeschlagen. Das Schreibzeug arbeitet an unseren Gedanken mit – Nietzsches Diktum verfällt der Science Fiction, wenn die Maschinen gierig unseren Sinnesorganen entgegenwachsen wie irgendein Rankzeug im tropischen Regenwald. Längst beginnen sie, sich um Augen und Nasen zu legen und sanft um die Kuppen unserer Zeigefinger.

Insofern ist mir die Erinnerung an die erste Maschine kostbar, die mehr war als ein Gerät zum Schreiben. Im Unterschied zum Rechner selbst war der Bildschirm kein IBM, sondern irgendein compatibler No-Name, grau und gedrungen und mit einem für heutige Verhältnisse lächerlich kleinen, etwas geschrägten Schirm. Ich weiß noch: Ohne zu überlegen nahm ich ihn vom Gehäuse, das aus zwei Blechschalen besteht, die an der Seite verschraubt sind, entfernte die Schrauben und klappte den Rechner auf. Rechts vorn die Tandon-Harddisc, daneben das Diskettenlaufwerk von IBM, links sechs Steckplätze. Harddisc-Controller, Grafikkarte, Uhr. Ich klappte das Gehäuse wieder zu, stellte den Bildschirm darauf und suchte eine ganze Weile nach einer Steckdose und einem Verlängerungskabel, zog mir dann einen alten braunen Sessel heran, dessen kunstlederne Armlehnen sehr kalt waren, und tastete die Rückseite des Rechners nach dem On-Schalter ab, den ich erst – seltsamerweise fälschlich – auf der linken Seite vermutet hatte. Als ich ihn drückte, begann der Ventilator des Gebläses laut zu arbeiten und ein hoher Piepston meldete, dass der Rechner hochbootete. Auf dem Bildschirm flammte bernsteinfarben TURBO – XT 1986, SPEED 4.77/8.00 MHZ. VERSION 3.1. auf, verschwand wieder und C\: erschien.

Das hatte ich vergessen. Der 8088er war tatsächlich nur mit lächerlichen acht Megahertz getaktet gewesen. Ich nahm das verstaubte Keyboard, das angeschlossen am Couchtisch lehnte und bei dem viele der Tastenbeschriftungen, vor allem E, A und S, nicht mehr zu lesen waren, und gab DIR ein. Die Tasten hatten keinen Druckpunkt und das Plastik hämmerte hell und laut. Als ich die Datenfreigabe drückte, flimmerte eine Folge von Dateien vorüber, DIR/W holte sie alle auf den Bildschirm. Ich erkannte mein altes Textverarbeitungsprogramm WORDPERFECT wieder und NORTON UTILITIES. Gab NI ein und DOS rief das Programm auf: THE NORTON INTEGRATOR. Über DISC-INFORMATION erfuhr ich, dass *der computing index, relative to IBM/XT,* bei 1.7 lag, dass der Rechner mit DOS 2.0 arbeitete, 640 Kilobyte Arbeitsspeicher besaß und eine 21 Megabyte große Harddisc. Ich verließ Norton und öffnete die Textverarbeitung. WORDPERFECT VERSION 3.1. COPYRIGHT 1982, ALL RIGHTS RESERVED. WORDPERFECT CORPORATION OREM, UTAH USA meldete der Schirm. Dann baute sich, mit leichtem Zögern, das Inhaltsverzeichnis auf. Eine Weile saß ich einfach da und las die längst vergessenen Namen alter Textdateien im weichen bernsteinfarbenen Licht, das dämmrig den Tisch und die Tastatur erleuchtete und sich im Dunkel des großen Dachbodens verlor. Mit F7: WP BEENDEN?, »J« verließ ich schließlich das Programm. Wieder erschien C\: auf dem leeren Schirm.

Über DIR/W wechselte ich – CD Backslash – in das Unterverzeichnis LARRY. Ich hatte das Programmkürzel vergessen, und so meldete DOS, als ich erst LARRY eingab und dann LA, BAD COMMAND OR FILE NAME, bis ich schließlich LL tippte. Der Bildschirm leuchtete mit dem Schriftzug des Spiels auf und eine Melodie fiepte aus dem Lautsprecher. Man forderte mich auf, mein Alter einzugeben, und bat mich, als ich das getan hatte, einige Fragen zu beantworten, um sicherzustellen, dass ich älter als achtzehn Jahre sei. Ich wusste keine der Antworten, die ich doch einmal fast auswendig gekonnt hatte. Nach unzähligen Versuchen gab ich schließlich auf und ging ans Fenster. Es schneite noch immer und meine Fußspuren, die noch vor kurzem als tiefe schattige Löcher von der Straße über den weiten Platz herüber geführt hatten, waren im Licht der Bogenlampe, die von der Ecke des Ziegelsteinbaues über den Platz ragte, nur mehr sanfte Dellen in der Schneedecke. Noch an die sterilsten Bilder und Verrichtungen, an völlig standardisierte Maschinen und ganz künstliche Surrogate von Glück heften sich persönliche Erinnerungen und machen sie ebenso kostbar wie alles Erleben. Ist das tröstlich? Hinsichtlich der Möglichkeiten, somit ein Mensch-sein von Update zu Update und auf welchen Datenträger auch immer neu umkopieren zu können, wohl nicht. Es war völlig still draußen. Und es hörte nicht auf zu schneien.

Mir war kalt, ich knöpfte die Jacke bis zum Hals zu und ging wieder zum Couchtisch zurück. Noch einmal beantwortete ich die Fragen, und diesmal hatte ich tatsächlich Glück. Der Lese-Kopf ächzte jämmerlich laut und lange über die Harddisc, dann baute sich das Konterfei LARRYS auf und ich registrierte verwundert, dass ich tatsächlich Herzklopfen vor Aufregung hatte. Dieses Spiel war etwas Besonderes gewesen. Zum ersten Mal hatte man in eine Geschichte eingreifen und scheinbar mit virtuellen Figuren kommunizieren können, was so neu und faszinierend gewesen war, dass wir für eine ganze Weile auch nichts anderes mehr getan hatten. Noch bei QUAKE oder MYST musste ich daran danken, wie sich LARRYS so einfarbiges wie eindimensionales Las Vegas damals auf eine so neue Weise belebt hatte, dass Wörter wie WEDDING CHAPEL, HOOKER oder WALLET für mich wohl immer mit diesem Spiel verbunden bleiben. Und nun stand LARRY wieder vor dem Eingang der Bar auf dem Trottoir und wartete darauf, hineingehen zu dürfen. Ich achtete darauf, dass er nicht von einem Taxi überfahren wurde. Dann tippte ich: OPEN DOOR.

## WACHSTUMSVORGÄNGE – EIN UNVOLLSTÄNDIGES MANIFEST ZU DEN VERSCHIEDENEN WEISEN DER WISSENSERZEUGUNG

**Bruce Mau**

Eine wichtige Frage, die uns im Zusammenhang mit der Wissensgesellschaft beschäftigt, ist die nach der Entstehung von Wissen: Wie, wo und warum entsteht Kreativität? Welches sind die Rahmenbedingungen für das Entstehen neuen Wissens, und welche kollektiven und/oder individuellen Voraussetzungen sind dafür notwendig? Die Antworten, die der grenzüberschreitend und interdisziplinär arbeitende amerikanische Designer Bruce Mau im folgenden Text gibt, sind so originell wie einleuchtend: Kreativität und neues Wissen können nur dann entstehen, wenn man aufgeschlossen ist für neue Erfahrungen und bereit, gewohnte Denk- und Verhaltensmuster zu durchbrechen.

Bruce Mau ist u. a. durch das Buch SMXL bekannt geworden, das er zusammen mit dem holländischen Architekten und Urbanisten Rem Koolhaas herausgegeben hat und das schnell zu einer Art Bibel urbaner Kultur der 90er Jahre wurde. Sein Manifest ist eine Art Handlungsanweisung zu kreativem Arbeiten und zur Erzeugung von Wissen.

1. *Lass es zu, dass Ereignisse dich verändern.*
Du musst bereit sein, dich zu entwickeln. Entwicklung ist nicht etwas, das dir einfach geschieht. Du selbst stellst sie her. Du lebst sie. Die Grundvoraussetzung für Wachstum ist: die Offenheit, Ereignisse zu erleben, und die Bereitschaft, sich durch diese zu verändern.

2. *Hör auf, gut zu sein.*
›Gut‹ ist etwas, dem wir alle zustimmen. Entwicklung ist aber nicht notwendigerweise gut. Sie ist die Erforschung noch unbeleuchteter Nischen, die für dich bedeutsam sein können – oder auch nicht. Solange du noch immer versuchst, ›gut‹ zu sein, wirst du dich nicht wirklich weiterentwickeln.

3. *Der Weg ist wichtiger als das Ziel.*
Wenn es das Ziel ist, das den Prozess bestimmt, werden wir lediglich dahin kommen, wo wir schon einmal waren. Wenn es aber der Prozess ist, der das Ziel bestimmt, wissen wir vielleicht nicht, wohin wir gehen, doch werden wir wissen, wo wir wirklich sein wollen.

4. *Liebe deine Experimente (so, wie du ein hässliches Kind lieben würdest).*
Der Antrieb von Wachstum ist Spaß. Nutze die Freiheit, deine Arbeit als schönes Experiment, Wiederholung, Versuch und Irrtum anzulegen. Denke auf lange Sicht und gestehe dir täglich das Vergnügen des Scheiterns zu.

5. *Schürfe tief.*
Je tiefer du suchst, desto wahrscheinlicher ist es, dass du etwas wirklich Wertvolles findest.

6. *Sammle Zufälle und Fehler.*
Diejenige falsche Antwort ist die richtige Antwort, die nach einer neuen Frage sucht. Das Sammeln falscher Antworten ist Teil des Prozesses. Stelle andere Fragen.

7. *Lerne.*
Ein Studio ist ein Ort, wo man studiert. Nimm die Notwendigkeit des Produzierens als Vorwand, um zu lernen. Jeder wird davon profitieren.

8. *Lass dich treiben.*
Erlaube Dir, ohne Ziel herumzuwandern. Erforsche angrenzende Bereiche. Verzichte darauf, zu urteilen. Stelle Kritik zurück.

9. *Sei in vielen Bereichen aktiv.*
John Cage hat gesagt: Nicht zu wissen, wo man anfangen soll, ist eine verbreitete Form der Paralyse. Sein Rat: Fang einfach überall an.

10. *Jeder ist Chef.*
Entwicklungen ergeben sich. Lass sie zu, wann immer sie zum Vorschein kommen. Lerne anderen zu folgen, wo es sinnvoll ist, und lass irgendwen die Leitung übernehmen.

11. *Ernte Ideen. Stelle Anwendungen zusammen.*
Ideen brauchen eine dynamische, flüssige, großzügige Umgebung, damit sie lebendig bleiben. Anwendungen, auf der anderen Seite, profitieren von kritischer Strenge. Denke dir eine große Menge von Anwendungen aus.

12. *Bleib in Bewegung.*
Der Markt und seine Wirkungen tendieren dazu, Erfolge zu belohnen. Widerstehe den Marktgesetzen. Lasse es zu, dass Verfehlungen, Wanderschaften und Richtungswechsel Teil deiner Arbeitspraxis bleiben.

13. *Reduziere dein Tempo.*
Brich mit den üblichen Zeitrahmen. Du wirst überraschende neue Möglichkeiten entdecken.

14. *Sei nicht cool.*
Cool sein ist nichts weiter als ganz banale, in Schwarz gekleidete Angst. Befreie dich aus Beschränkungen dieser Art.

15. *Stell dumme Fragen.*
Der Treibstoff neuer Entwicklungen ist Lust und Unschuld. Schränke die Antworten ein, aber nicht die Fragen. Stell dir vor, du würdest dein Leben lang lernen wie ein Kind.

16. *Arbeite mit anderen zusammen.*
Der Raum zwischen Leuten, die zusammenarbeiten, ist angefüllt mit Konflikten, Spannungen, Streit, Heiterkeit, Freude und großem kreativen Potenzial.

17. --------------------.
Diese Zeile wurde absichtlich frei gelassen. Gib Ideen, die du bisher noch nicht hattest, einen Raum. Lass Raum für die Ideen anderer.

18. *Steh morgens spät auf.*
Merkwürdige Dinge passieren, wenn du zu weit gegangen bist, zu lange wach warst, zu hart gearbeitet hast – du bist vom Rest der Welt getrennt.

19. *Arbeite mit Metaphern.*
Jeder Gegenstand kann potenziell für etwas anderes als das stehen, was er offensichtlich ist. Arbeite an diesen Möglichkeiten.

20. *Betrachte Zeit als etwas Genetisches.*
Das Heute ist ein Kind des Gestern und Vater und Mutter des Morgen. Aus der

Arbeit, die du heute tust, entsteht deine Zukunft. Vermeide es, Risiken einzugehen.

21. *Wiederhole dich.*
Wenn du Lust hast, etwas zu tun, tu es immer wieder – oder lass es.

22. *Stell deine eigenen Werkzeuge her.*
Benutze eine wilde Mischung von Werkzeugen, um einzigartige Dinge herzustellen. Sogar einfache Werkzeuge, die bei dir herumliegen, können dich zu neuen Entdeckungen führen. Vergiss nicht: Werkzeuge wirken wie ein Verstärker, sie vergrößern deine Fähigkeiten. Schon ein kleines Werkzeug bewirkt einen Riesenunterschied.

23. *Setz dich auf jemandes Schulter.*
Du kommst weiter, wenn du die Errungenschaften der Leute benutzt, die vor dir stehen. Auch die Aussicht ist viel besser.

24. *Vermeide es, Software zu verwenden.*
Das Problem von Software ist: jeder hat sie.

25. *Räum deinen Schreibtisch nicht auf.*
Möglicherweise findest du am Morgen etwas, das du in der Nacht übersehen hast.

26. *Versuch nicht, Preise zu gewinnen.*
Lass es ganz einfach sein. Es ist nicht gut für dich.

27. *Lies nur die linken Seiten eines Buches.*
Marshall McLuhan hat das getan. Durch die Reduktion von Information entsteht neuer Raum.

28. *Erfinde neue Wörter. Erweitere das Lexikon.*
Neue Bedingungen verlangen eine neue Art des Denkens, und dieses wiederum verlangt nach neuen Ausdrucksformen. Die neuen Ausdruckformen generieren neue Bedingungen.

29. *Kreativität ist unabhängig von Hilfsmitteln.*
Vergiss die Technologien. Denke mit dem Kopf.

30. *Organisation = Freiheit.*
Wahre Innovation im Design oder in jedem anderen Bereich ist kontextabhängig. Der Kontext ist normalerweise ein gemeinschaftlich geführtes Unternehmen. Frank Gehry konnte beispielsweise Bilbao nur deshalb realisieren, weil sein Studio auf Rechnung liefern kann. Die Trennung zwischen »Kreativen« und »Anzugträgern« ist ein Mythos, den Leonard Cohen als »reizendes Artefakt aus vergangenen Zeiten« bezeichnet.

31. *Leih dir kein Geld.*
Nochmals ein Rat von Frank Gehry. Wenn man die Kontrolle über die Finanzen hat, behält man auch die Kontrolle über die Kreativität. Mit dieser Einstellung hebt man zwar nicht gerade ab wie eine Rakete, aber es ist dennoch überraschend, wie schwer es ist, in dieser Disziplin gut zu sein, und wie viele schon daran gescheitert sind.

32. *Hör genau zu.*
Jedes neue Teammitglied, das in unsere Planetenlaufbahn eintritt, bringt eine Welt mit sich, die viel seltsamer und komplexer ist, als wir sie uns jemals hätten vorstellen können. Indem wir genau auf die Details hören und die Subtilität der Bedürfnisse, Wünsche und Ambitionen der anderen wahrnehmen, können wir ihre Welt mit unserer eigenen verbinden, und keine der beiden wird so sein wie zuvor.

33. *Unternimm Ausflüge in die Natur.*
Die Bandbreite der Welt ist größer als die des Fernsehers und des Internet. Sie ist auch größer als die Welt einer vollständig interaktiven, dynamischen, in Echtzeit simulierten Computerumgebung.

34. *Imitiere andere.*
Hab keine Hemmungen dabei. Versuche, dem Vorbild so nahe zu kommen, wie du kannst. Du wirst keine 100 Prozent erreichen, und die Differenz könnte bemerkenswert sein. Wir brauchen uns nur Richard Hamiltons Version von Duchamps *Das Große Glas* anzusehen, um uns darüber klar zu wer-

den, mit welchem Gewinn Imitation zur Technik werden kann. Da Imitation diskreditiert ist, wird sie allerdings nur selten eingesetzt.

35. *Mach schneller Fehler.*
Das ist nicht meine Idee – ich glaube, ich habe sie geliehen. Ich glaube, sie gehört Andy Grove.

36. *Sei zerstreut.*
Wenn du Wörter vergisst, tu einfach, was Ella immer machte: Erfinde etwas anderes … keine Wörter.

37. *Zerbrich die Dinge, dehne, biege, zerquetsche, knack sie, leg sie zusammen.*

38. *Erforsche die andere Seite.*
Große Freiheit entsteht, wenn du aufgibst, Technologie-Moden hinterherzurennen. Du wirst ihre Spitze nicht finden, weil sie ständig von vielen Füßen niedergetrampelt wird. Probier lieber altes technisches Equipment aus, das die Wirtschaft ausgesondert hat, das aber noch immer viele Möglichkeiten für dich bereithält.

39. *Kaffeepausen, Taxifahrten, Garderoben.*
Gute Entwicklungen bahnen sich jenseits der Orte an, wo wir sie erwarten – nämlich in den Zwischenräumen, die Dr. Seuss die »Warteräume« nennt. Hans Ulrich Obrist hat einmal eine Kunst- und Wissenschaftskonferenz organisiert, die mit der gesamten Infrastruktur einer Konferenz ausgestattet war – mit Parties, Gesprächsrunden, Essen, Abholung am Flughafen. Das Einzige, was nicht stattfand, war: die Konferenz. Das Ganze wurde äußerst erfolgreich und setzte Kontakte und Zusammenarbeiten in Gang, die heute noch andauern.

40. *Vermeide klar umrissene Bereiche. Spring über Zäune.*
Die Grenzen der Disziplinen und ihre Regeln sind nichts anderes als Versuche, den Wildwuchs der Kreativität zu kontrollieren. Oft ist es der (freilich verständliche) Versuch, Ordnung in vielfältige, komplexe und in Bewegung befindliche Prozesse zu bringen. Unsere Aufgabe ist es, über die Grenzen zu treten und unterschiedliche Bereiche zu durchqueren.

41. *Lachen ist wichtig.*
Leute, die unser Studio besuchen, machen oft Bemerkungen darüber, wie oft wir lachen. Seitdem ich das bemerkt habe, sehe ich darin ein Barometer, das anzeigt, wie gut wir uns fühlen und wie leicht es uns fällt, uns auszudrücken.

42. *Erinnere dich.*
Entwicklungen sind nur auf der Basis von Geschichte möglich. Ohne Erinnerung sind Innovationen nicht mehr als Neuheiten. Geschichte gibt Entwicklungen eine Richtung. Erinnerung ist aber niemals ›richtig‹. Jede Erinnerung ist ein zusammengesetztes Gebilde, das beeinflusst ist durch ein gerade erlebtes Ereignis. Das bedeutet, dass jede Erinnerung ein neues Konstrukt und unterschieden ist von dem, wo es ursprünglich herkommt. Insofern trägt Erinnerung auch das Potenzial für neue Entwicklungen in sich.

43. *›Power to the People‹.*
Spielerisches kann sich nur ereignen, wenn Menschen das Gefühl haben, dass sie über ihr eigenes Leben verfügen. Wir können nicht frei agieren, wenn wir nicht frei sind.

## »ENVISIONING KNOWLEDGE« – DAS WISSENSMUSEUM IM WESTENTASCHENFORMAT
### Ein Kunstprojekt von Cornel Windlin und MM

Ein durchsichtiges Plastikkuvert mit Wissensobjekten im Postkartenformat zu füllen, diese Aufgaben stellten die drei Dozenten eines einwöchigen Workshops an der ECAL (Ecole Cantonale d'Art de Lausanne), der Schweizer Grafikdesigner Cornel Windlin und die beiden französischen Designer Michael Amzalag und Mathias Augustyniak, ihren Studenten. Die Idee war, das Thema »Envisioning Knowledge«, das drei Monate später Gegenstand eines großen internationalen Kongresses war, von Künstlern reflektieren und gestalten zu lassen, um herauszufinden, wie junge Künstler sich – im Gegensatz zu den versammelten Experten aus Wissenschaft, Wirtschaft und kommerziellem Design, die auf dem Kongress vortragen würden – diesem Thema nähern und zu welchen Ergebnissen sie kommen würden. Die Ergebnisse des Workshops waren erstaunlich vielfältig und originell. Die fünfzehn besten Projekte wurden ausgewählt, reproduziert und in transparente Plastikkuverts eingelegt, die den Teilnehmern des Kongresses ausgehändigt wurden. Die Schweizer Grafikstudenten wurden so zu virtuellen Teilnehmern des Kongresses, und die realen Kongressteilnehmer konnten ein virtuelles Museum mit nach Hause nehmen.

Das aus dem Workshop der ECAL hervorgegangene »Wissensmuseum im Westentaschenformat« reflektiert, je nach Projekt und Künstler, das Thema des Kongresses nachdenklich, ironisch, sensitiv, kritisch, frech oder witzig, auf jeden Fall aber gänzlich anders als die in diesem Buch versammelten Textbeiträge. Das »Wissensmuseum« ist außerdem ein sehr lebendiges Plädoyer für die Notwendigkeit der Vernetzung der Kunst mit anderen Disziplinen und gesellschaftlichen Bereichen. Eine Gesellschaft, deren Zukunft von der intelligenten Nutzung ihrer Wissensressourcen abhängt, braucht das kreative Forschen und Spurenlesen des Künstlers ebenso sehr, wie sie das wissenschaftliche Forschen braucht, weil Künstler auf andere Weise die ›unerforschten Landschaften‹ des Wissens explorieren und damit auch anderes Wissen generieren.

**DOKUMENTATION**

*E-Mail von Hans Ulrich Obrist an Christa Maar am 10. August 1998:*

Einige erste Zeilen zum Kunstprojekt »Envisioning Knowledge«: Ich stelle mir einen von MM gestalteten speziellen Umschlag mit je einem Flyer von 12 bis 15 innovativen jungen (Web-) Designern vor. Wir würden das Format der Flyer oder Postkarten vorgeben, und es wird interessant sein zu sehen, wie die verschiedenen Gruppen damit verschieden umgehen. Das Ganze ist eine Ausstellung im Briefumschlag, kann billig verschickt werden und jedem Teilnehmer während der Konferenz mit den Konferenzpapers mitgegeben werden.

*Cornel Windlin + MM: Aufgabenstellung für den Workshop der Studenten der ECAL (Ecole cantonale d'Art de Lausanne) vom 23. bis 27. November 1998:*

Die AKADEMIE ZUM DRITTEN JAHRTAUSEND in München veranstaltet am 3. und 4. Februar 1999 einen Kongress mit dem Titel ENVISIONING KNOWLEDGE – DIE WISSENSGESELLSCHAFT UND DIE NEUEN MEDIEN. Der Kongress hat die Aufgabe, die Bedeutungen des Wissens im Zusammenhang mit den neuen Kommunikationstechnologien zu erkunden, wie sie an der Schwelle zum 21. Jahrhundert sichtbar werden.

Namhafte Wissenschaftler und Forscher aus den verschiedensten Bereichen (Event) sind eingeladen, ihre Positionen und spezifischen Fachgebiete zu vertreten und einen Gedankenaustausch in Gang zu setzen.

Heute gehen wir davon aus, dass ein Mausklick genügt, um jedem Menschen jederzeit und überall alles verfügbare Wissen zugänglich zu machen. In Zukunft wird nicht mehr die Akkumulation von Informationen in Bücherregalen das Wissen garantieren, sondern vielmehr die Fähigkeit, die neuen Medien intelligent zu nutzen.

Die Rolle der wissenschaftlichen Forschung in diesem Jahrhundert hat dazu geführt, dass Wissenschaftler sich in einem Ausmaß spezialisiert haben, das für uns oft nicht mehr nachvollziehbar ist, so sehr haben sie ihre individuellen Interessens- und Forschungsschwerpunkte auf einen zwangsläufig winzigen Bereich konzentriert (The incredible Shrinking Man).

Diese Forschungsgebiete, die sich hermetisch voneinander abgrenzen und dabei Leerräume erzeugen (The Gap), begünstigen die Entstehung von

Ideen und mutierten Objekten, die kaum jemand außer ihren Erfindern noch handhaben kann. So sind die Bereiche des Austauschs verkümmert, und so ist es zur allmählichen Isolation und zum Absterben der Nährkulturen gekommen (Maggi-Maggi).

Die Position des Grafikdesigners im Schnittpunkt unterschiedlicher Interessen und gegensätzlicher Aktivitäten verleiht diesem die Möglichkeit, als echte, vielseitig anschlussfähige und in alle Richtungen anschließende Verbindung zu wirken (Hub-Hub). In diesem Sinne bietet der ECAL-Workshop die Möglichkeit, Kontakt aufzunehmen (Jodie Foster) und Begegnungen der vierten Art herbeizuführen (das fünfte Element).

Die Kommentare, Beobachtungen und Ansichten der Workshopteilnehmer zu diesen unerforschten Landschaften möchten wir im Rahmen des Kongresses in Umlauf bringen.

Am Ende des Workshops wird deshalb von uns drei Spezialisten (Jacques Vabre & Co.) eine Auswahl aus den Ergebnissen Ihrer sprachlich-grafischen Forschungsarbeit getroffen. Die ausgewählten Arbeiten werden in ein 24 x 32 cm großes Kuvert aus durchsichtigem Kunststoff verpackt, das auch die »offiziellen« Informationsmaterialien zur Konferenz enthält (Pressemitteilungen, Programm, Einladungen etc.). Die während der Konferenz ausgegebenen Post-Skript-Kapseln (Plug-ins, Add-ons, Extensions, Inits, Cdev, Systemsteuerungen, Cookies, Aliasse etc.) bilden das perfekte Survival-Kit für die Teilnehmer.

*E-Mail von MM an Hans Ulrich Obrist am 8. Dezember 1998, eine Woche nach Ende des Workshops:*

Seit Anfang dieser Woche sind wir zurück aus Lausanne. Wie wir dir schon kurz am Telefon erzählt haben, hatten wir eine sehr aufregende Zeit mit den Studenten. Der Workshop, der allen Jahrgängen offen stand, war ein großer Erfolg. Wir hatten mit 30 Studenten viel mehr Teilnehmer als in den vorangegangenen Jahren. Die Ergebnisse haben alle unsere Erwartungen übertroffen. Wir haben aus den Arbeiten der Studenten 15 wirklich gute Projekte ausgewählt. Hier eine Liste mit Kurzbeschreibungen der Projekte:

1
MICHELLE VUILLEMIER: SCIENCE, FICTIONS
Michelle hat mit Hilfe von Übersetzungssoftware eine Sammlung mündlicher Nacherzählungen von Science Fiction-Stories in vier verschiedene Sprachen übertragen; bei diesem Vorgang ging ein größerer Teil des Sinngehalts verloren. Das gedruckte Ergebnis sieht aus wie der Waschzettel eines Arzneimittels oder wie ein Bibelpsalm. 210 x 371 mm, Faltblatt schwarz/weiß

2
JULIEN GAILLARDOT: UNIVERSAL (LET'S PUSH IT)
Julien zeigt in einer Foto-Serie Anwendungen des Prototyps einer Anti-Maus, die zur Entspannung der Hand dient. 297 x 320 mm, Miniposter, farbig

3
GREGOR SCHONBORN, LAURIS PAULUS & LAURENCE JACCOTTET: DON'T DO IT: PAPER BUGS
Gregor, Lauris und Laurence haben eine Postkarten-Serie entworfen: Don't speak, Don't grab, Don't be serious, Don't see, Don't stink, dream. Die Postkarten geben Anleitungen zum Gebrauch ausgeschnittener Papierformen. 6 Postkarten, 100 x 150 mm, farbig

4
CORINNE SAUTEBIN: B2 (BE SQUARE)
Corinne hat Universaltypen des menschlichen Gesichts visualisiert; sie sind aus Quadraten zusammengesetzt. 490 x 335 mm, Miniposter, schwarz/weiß

5
RACHEL IMBODEN & LEO FABRIZIO: BRICLONAGE/INTERPASSIV/INDIVIRTUAL
Rachel und Leo haben die semantische Paradoxie dreier Wörter fotografisch illustriert. 100 x 245 mm, Postkarte, farbig

6
MARIE LUSA, ANNE CATHERINE MARILLEY & ROMAIN ROUSSET: CLOSE ENCOUNTERS (LET'S DANCE)
Marie, Anne und Romain haben die Schritte eines Paares von der ersten Be-

gegnung an bis hin zur intimen Umarmung in einem Farbdiagramm dargestellt. 495 x 120 mm, Faltblatt, farbig

7

LOIC DELACROIX: OMELETTE=PROGRES

Loic stellt die Frage: Visualisierung = Fortschritt? Abgebildet sind: Ei mit Schale, Spiegelei mit Dotter. 297 x 420 mm, Faltblatt, schwarz/weiß

8

ANA LUGUWERSKI, SANDRINE PERNET & DANILO PIEROTTI: PHONOMORPHISM DIY

Ana, Sandrine und Danilo haben ein Booklet für eine CD-Hülle entwickelt. Die Tonspuren für die imaginäre CD setzen sich aus den Geräuschen und Tönen zusammen, die beim Gebrauch der im Booklet abgebildeten Gegenstände entstehen würden. 120 x 120 mm, Broschüre, 12 Seiten

9

SANDRINE PERNET: POLLY POCKET BEDROOM

Sandrine hat ihr Schlafzimmer in einer subjektiven Kartografie dargestellt, die in eine Handtasche passt. 105 x 150 mm, Postkarte, schwarz/weiß

10

ALEXANDRE BETTLER & IVAN LIECHTI: CHAIN REACTION

Alexandre und Ivan haben ein System miteinander verbundener Kopfhörer für Computer-Netzwerker entworfen. 100 x 150 mm, Postkarte, farbig

11

JEAN-MARIE DELAFONTAINE: DIGITAL ANALOGIES

Jean-Marie gibt eine Darstellung der wörtlichen Bedeutung von Begriffen, wie sie in konventionellen Computer-Interfaces benutzt werden. 3 Postkarten, 100 x 150 mm, farbig

12

ALEXANDRA RUIZ, PHILIPPE CUENDET & SARA BOCHICCHIO: SOFT CELLS

Alexandra, Philippe und Sara haben ein 3D-Modell einer molekularen Struktur aus McDonalds-Trinkhalmen und Marshmallows entwickelt, das auch als Modeaccessoire benutzt werden kann. 210 x 297 mm, farbig

13
ALEXANDRA RUIZ, PHILIPPE CUENDET & SARA BOCHICCHIO: FROM MUNICH WITH LOVE
Variation von Projekt 12 – ›Venus des Technologiezeitalters‹: Ein Foto von Alexandra, die die Molekularstruktur ›Soft Cells‹ als modisches Outfit trägt. 100 x 150 mm Postkarte, farbig

14
HUGO TENDON, LAURE JORDAN, SOPHIE ROSSET & JEROME NGUYEN-THE: RENDEVOUS
Hugo, Laure, Sophie und Jerôme haben fünf Postkarten entworfen, die zum virtuellen Rendezvous an unterschiedlichen Orten der Kongress-Eingangshalle einladen. 5 Einladungskarten, 100 x 75 mm, schwarz/weiß

15
JEAN-MARIE DELAFONTAINE: AROUND THE WORLD IN 80 MINUTES
Jean-Marie gibt eine kartografische Darstellung der Bewegungen, die eine Computermaus während einer 80-minütigen Weltreise durchs Internet absolviert. Schwarzer Siebdruck auf Plastik

+ BONUS PROJEKT
Zusätzlich zu diesen Projekten hat Xavier Veilhan Bilder eingereicht, die er zusammen mit Studenten in seinem Workshop hergestellt hat, der zur selben Zeit stattfand. Da er wusste, worüber wir arbeiten, hat er seine Studenten dazu eingeladen, ihre Arbeit mit der unseren zu verbinden. Wir haben zwei Bilder ausgesucht, die man als Postkarte gestalten könnte: das Porträt eines Menschen mit quadratischem Gesicht und das Bild einer Kuh mit quadratischem Körper. Beide sehen wirklich gut aus.

*E-Mail von Christa Maar an MM am 30. Dezember 1998:*

Ich habe den Umschlag mit den Projekten der Studenten erhalten. Das Ergebnis ist wirklich erstaunlich. Ich denke, das transparente Kuvert ist ein sehr schönes – und zudem unerwartetes – Geschenk für die Konferenzteilnehmer.

*E-Mail von MM an Christa Maar am 18. Januar 1999:*

Die Plastikkuverts werden morgen in Lausanne angeliefert. Die zur Verfügung stehende Produktionszeit ist ziemlich kurz, aber die Studenten kriegen das schon hin, dass sie mit der Produktion des Ganzen rechtzeitig fertig werden. Sie sind sehr stolz auf die Projekte, die sie in dem Workshop entwickelt haben.

*E-Mail von MM an Christa Maar am 4. Februar 1999:*

Wir haben heute das Plastikkuvert mit Inhalt erhalten und sind sehr zufrieden mit dem Ergebnis. Wir hoffen, dass alle Gäste der Konferenz die schönen Gegenstände in dem Kuvert ebenfalls gern betrachten werden.

Das Kunstprojekt »Envisioning Knowledge« entstand im Auftrag der Burda Akademie zum Dritten Jahrtausend als Projekt eines Workshops der ECAL – Ecole Cantonale d'Art de Lausanne in der Woche vom 23. bis 27. November 1998.

Dozenten des Workshops: Michael Amzalag und Mathias Augustyniak, Agentur M/M, Paris; Cornel Windlin, Zürich/London
Kurator: Hans Ulrich Obrist, Paris/London/Wien
Produktion: ECAL – Ecole Cantonale d'Art de Lausanne in Koproduktion mit der Burda Akademie zum Dritten Jahrtausend

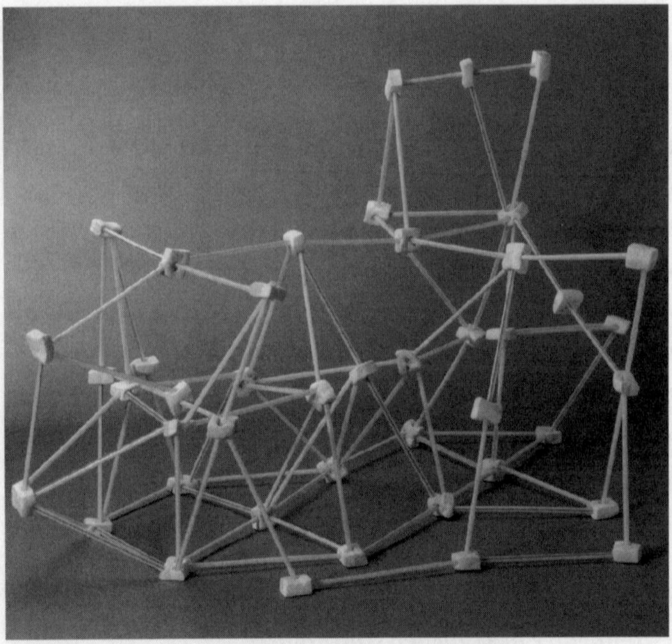

Abb. 15

Projekt Nr.12, SOFT CELLS, 3D-Modell einer molekularen Struktur aus McDonalds-Trinkhalmen und Marshmallows.

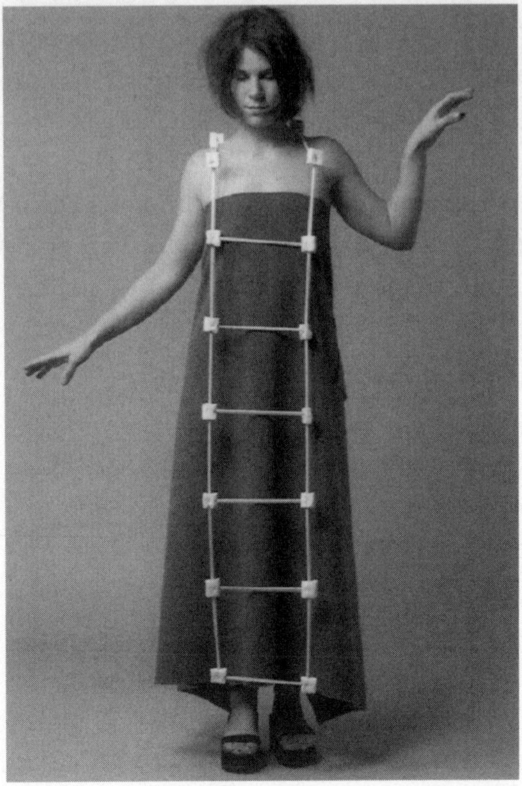

Abb. 16

Projekt Nr. 13, FROM MUNICH WITH LOVE, Variation von Projekt 12 – ›Venus des Technologiezeitalters‹.

## PARAMODERNE
### John Bock

*Der Performancekünstler John Bock überträgt ökonomische und mathematische Formeln auf alltägliche philosophische und künstlerische Fragestellungen und macht die assoziativen Gedankengänge, die sich daran knüpfen, in Form von Textdiagrammen sichtbar. Im komplex-dynamischen Prozess seiner Performances in Progress sind diese Texte als offene Partituren zu verstehen, die die Performances auslösen. Das Beziehungsfeld des Künstlers bleibt dabei weit offen, das Resultat zum großen Teil unvorhersehbar. Die New Yorker Kritikerin Bettina Funcke beschreibt Bocks Performances so: »Aufwendige Kostüme, Objekte und Requisiten, die der Künstler sorgfältig vorbereitet hat, werden zur Illustration des dargelegten Gedankengangs aktiviert und zu einer szenenhaften Collage arrangiert.« Der nachfolgende Text kann als offene Partitur für Bocks Performance zum Thema »Envisioning Knowledge« verstanden werden, die im Februar 1999 im Marstalltheater in München stattfand.*

Flug 409 oder 401 Deutsche BA. Rührchenkäffchenlürchen, Jet Set Jet lag neck Stewardess. Kaffeeumrührer-Plastik. →Zuckerhülse. Kapitalintensive Länder exportieren kapitalintensive Güter und importieren bodenintensive Güter, und umgekehrt. →Riccardos Internationale Arbeitsteilung →BauernDISCO = Rokokogobrot → →Ergebnis = bodenintensive Kunstwohlfahrt unter Discokugel. Wohliges Schaf im Koffer, zu, Löcher, Beine gucken raus. Tanz op de Däl (Kalb auch möglich). Dürres magisches Däl-Quadrat:

| | | | | |
|---|---|---|---|---|
| 16 | 3 | 2 | 13 | 34 |
| 5 | 10 | 11 | 8 | |
| 9 | 6 | 7 | 12 | |
| 4 | 15 | 14 | 1 | |

34 | 34

Σ Zeile = 34 | Σ Diagonale = 34

Σ Spalte = 34

LogikusAnalytikusSummenSymmetrieVerkehrungsMaximum:

| | | | | |
|---|---|---|---|---|
| S | A | T | O | R |
| A | R | E | P | O |
| T | E | N | E | T |
| O | P | E | R | A |
| R | O | T | A | S |

Lukratives UltraUseParadoxon reduziert auf den Ernstfall

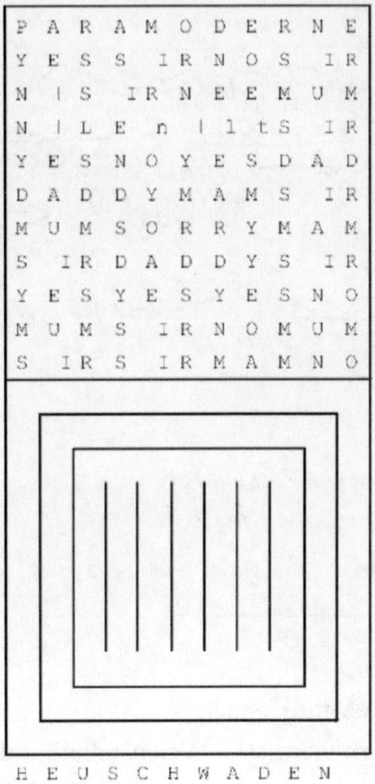

Wie 3 Personen Jungtiere treiben und ein trächtiges nach Hause fahren.

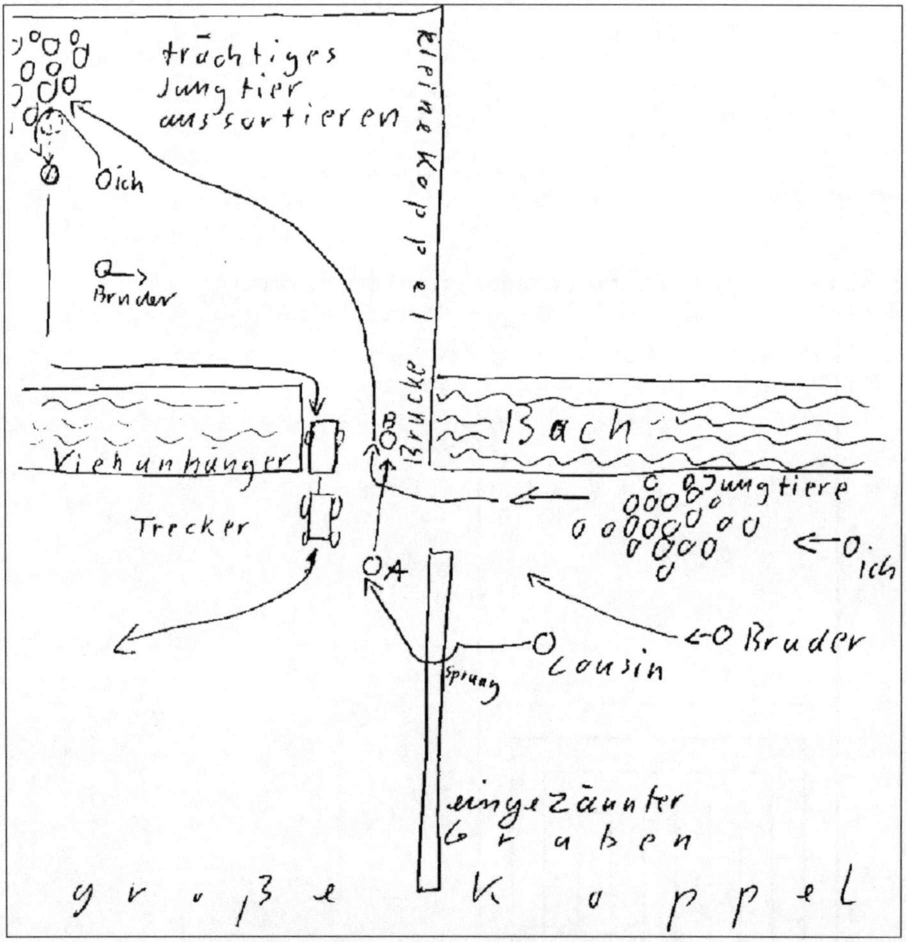


3 Personen. Bruder, Cousin, Ich, MolkeMeMindKoppel.

JungtierZufallsverteilungsSystem mit Prämissen Weichstellen und Trockenstellen. PräAutomatisierungshäufungsordnung zur Stelle in Koppelecke, raus, Treiben ohne Rufe, Bach entlang. Trupp zieht gelenkt.

Cousin als Erster über Graben.

Bruder als Zweiter über Graben.

Falsch, so richtig: Bruder bleibt, drückt mit.

Ich →Truppendruck →langsam.

Cousin steht auf Platz A, *wartet.*

Jungtiere über Brücke →kleine Koppel.

Trupp in Ecke – ÄrgerAutomatismus.
Bruder, Cousin + Ich ärgern sich.
Bruder + Ich: Ruhig, trächtiges Jungtier vom Trupp lösen,
Cousin steht auf Platz B, *wartet*.

Trächtiges Jungtier →Brücke →Viehwagen →Strick →nach Hause.

evtl. Probl.: Jungtier spielt verrückt

animalisches Urerlebnis

## INTERAKTIVE WEB-DESIGNER SIND DIE ALCHIMISTEN VON HEUTE
### Josh Kimberg im Gespräch mit Annette Schipprack

Mit einem abgebrochenen Kunststudium und der Vision für die gesellschaftlichen Veränderungskräfte des neuen Mediums ausgestattet, setzt der Web-Designer Josh Kimberg auf künstlerische Imagination und animierte Interaktion, um das Internet attraktiver und anwendungsfreundlicher zu machen. Die Figuren, mit denen er seine Botschaften kommuniziert, entstammen sämtlich der Comicwelt. Design muss für ihn Spaß machen, unterhalten. Und es hat vor allen Dingen die Funktion, den Benutzer, der im unübersichtlichen Netz der Netze immer zum schnellen Weiterklicken tendiert, auf der Website so lange wie möglich festzuhalten. Kimberg ist mit seinen nunmehr 24 Jahren und einer dreijährigen Berufserfahrung als CEO der eigenen Firma Bullseyeart ein typischer Vertreter der Generation X. Von Kindesbeinen an aufgewachsen mit dem Computer, kennt diese Generation keine Berührungsängste mit dem neuen Medium, sondern sieht im Gegenteil darin ihre große Chance, mit Kreativität die Welt zu verändern (www.bullseyeart.com).

*Herr Kimberg, Sie haben Bildhauerei studiert, Kunstausstellungen organisiert und Set Design für den Musiksender MTV gemacht. Was hat Sie dazu gebracht, sich dem Computerdesign zuzuwenden?*

Ich habe mich auch schon während des Kunststudiums intensiv für interaktive Computeranimation interessiert, und irgendwann habe ich dann beschlossen, mein Studium abzubrechen und zusammen mit Nick Cogan, meinem Partner bei Bullseyeart, der damals Illustrator bei Walt Disney war, in Brooklyn in einer Lagerhalle eine Firma zu gründen. Wir begannen vor drei Jahren damit, unsere interaktiven Computeranimationen auf einer Künstler-Website zu präsentieren, was damals eine Pioniertat war. Danach haben wir dann unsere eigene Website bullseyeart.com entwickelt und den Cartoon *The Woodcutter*, der heute noch eine Art Kultstatus hat. Je intensiver ich mich mit dem Internet beschäftigte, umso mehr wurde mir klar, dass das Web das ideale Medium für meine Kunst ist. Das Timing für die Gründung der Firma war perfekt, denn auch die Industrie war auf uns aufmerksam geworden. Unser erster kommerzieller Auftrag war für Fuji Film, die wollten, dass wir was für ihre neue Website machen. Danach haben wir für den Pharmakonzern Merck eine virtuelle Apotheke eingerichtet und für die US Navy einen interaktiven Flugzeugträger gestaltet.

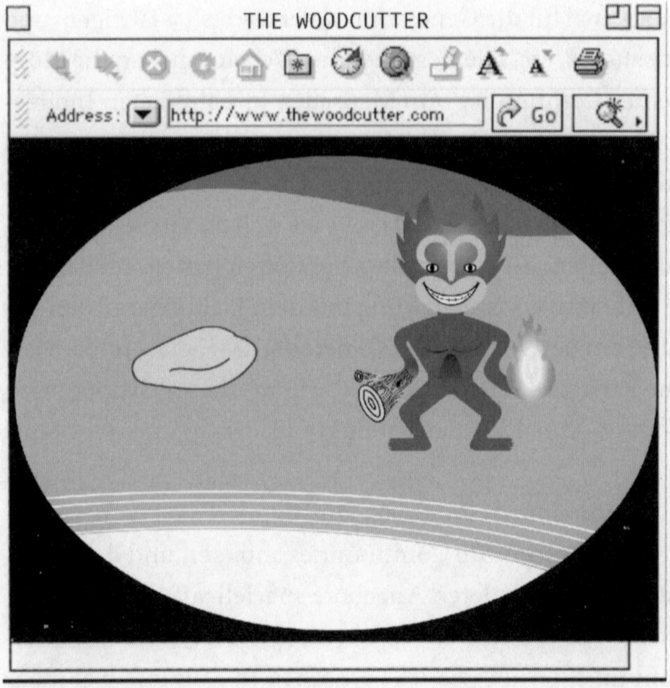


**Abb. 17**

Die erste eigene Website mit dem Cartoon *The Woodcutter* 1997 hat in der Internet Community Kultstatus.

*Wie bringen Sie den künstlerischen und den kommerziellen Aspekt unter einen Hut?*

Ich bin einerseits der CEO, der geschäftliche Vorstand, von Bullseyeart und trage die geschäftliche Verantwortung für die Firma. Aber andererseits bin ich auch der CVO, der Kreativvorstand, der für die Vision der Firma verantwortlich ist. Ich versuche, meine Kreativität in die Arbeit einzubringen, indem ich immer mit den Kreativdirektoren, Illustratoren und Textern gemeinsam an der Entwicklung unserer Projekte arbeite.

*Welche Vision haben Sie für Ihr Unternehmen?*

Wir befinden uns mit der Firma gerade in einer Phase der Umstrukturierung, weil wir dabei sind, ein interaktives Entertainment-Netzwerk für das Web zu entwickeln. Die Idee dabei ist, für das Web Spartenkanäle wie für das Fernsehen zu kreieren. Wir wollen zehn unterschiedliche Websites mit Entertainment-Content produzieren, von denen jede ein anderes Thema hat und eine andere Community anspricht. Die Websites müssen dauernd mit neuen Inhalten gefüllt werden, die wir zum Teil selbst, zum Teil mit Partnern aus der Entertainment-Economy herstellen. Es wird beispielsweise einen Kinderkanal geben, und einen Kanal für die Generation X der 18- bis 35-Jährigen, und einen Kanal mit Gameshows, etc. Die Besucher der Websites haben die Möglichkeit, Mitglieder einer Community von Menschen mit ähnlichen Interessen zu werden, die sich austauschen, sich besser kennen lernen können und an gemeinsamen Online-Aktivitäten teilnehmen. Das ist ja eines der neuen Dinge, die das Web möglich gemacht hat, dass Leute sich zu virtuellen Communities zusammenschließen, die sich sonst nie getroffen hätten. Im Kinderkanal kann z. B. eine interaktive Veranstaltung mit dem Lieblingscartoon der Kinder stattfinden, und auf der Website des Generation X-Kanals findet vielleicht gleichzeitig eine Party des Fanclubs eines Cartoons dieser Gruppe statt, und auf dem Game-Show-Kanal werden Produkte für ein interaktives Spiel verkauft.

Insgesamt wollen wir unsere Produkte künftig als Paket von Unterhaltungsmöglichkeiten für bestimmte Communities anbieten und dafür themenbezogene Websites gestalten, deren Angebote speziell auf eine Community zugeschnitten sind. Ich bin fest davon überzeugt, dass man Unterhaltungsangebote sowohl im Internet wie im Fernsehen in Zukunft viel mehr

Abb. 18

Das Projekt »Porkchops« aus jüngster Zeit konzentriert sich darauf, den interaktiven Aspekt der Unterhaltung weiterzuentwickeln.

unter dem Aspekt von Interaktivität herstellen muss, und dass man den Leuten Möglichkeiten bieten muss, sich als Teil einer Community mit spezifischen Interessen zu sehen. Das gilt sogar auch noch für die Leute, die weiterhin abends nach der Arbeit passiv vor dem Fernseher sitzen werden, denn das Fernsehen stirbt ja deswegen nicht aus. Aber auch diese Leute werden zukünftig Möglichkeiten zur Interaktion brauchen.

*Woher nehmen Sie die Inspiration für Ihre Arbeit?*

Ich lese viel. Das Lesen von Büchern ist außerordentlich inspirierend für mich. Auch Science Fiction. Ich bin z. B. ein großer Fan von Silver Surver, das ist der Held eines Science-Fiction-Comics aus den 60er Jahren. Zum Teil ist meine Arbeit auch autobiografisch, wie z. B. der Cartoon *The Woodcutter*, den ich zu Anfang erwähnte.

*Das Internet ist in mancherlei Hinsicht verbesserungsbedürftig. Wo sehen Sie die hauptsächlichen Defizite, um es attraktiver und nutzerfreundlicher zu machen?*

Für uns, die wir interaktive Computeranimationen mit Ton herstellen, die natürlich sehr viel mehr Speicher- und Übertragungskapazität benötigen als die meisten anderen Websites, gibt es ernsthafte technische Probleme. Sie betreffen vor allem die Kombination von Bild und Ton. Es ist so, dass Animation und Sound bisher getrennt voneinander übertragen werden, sodass der Ton unserer Cartoon-Videos oft dem Bild hinterherhinkt. Und die beste Technik bei der Herstellung eines Cartoons nützt natürlich auch nichts, wenn er dann auf einem Computer mit ungenügender Prozessorleistung läuft. Darunter leidet dann die Qualität unserer Arbeit. Aber das Erstaunliche ist, dass die Fans unserer Cartoons sich offenbar an solchen technischen Details wenig stören, denn unsere Website ist trotzdem immer extrem gut besucht.

*Und wo sehen Sie Möglichkeiten, die Websites ästhetisch attraktiver zu machen?*

Generell gibt es ja das Problem des Zuviel an Information und dass man sich schon ziemlich anstrengen muss, dem User etwas zu bieten, das ihn auf der Seite festhält. Eine gute Möglichkeit ist sicher die interaktive Computeranimation. Jedenfalls scheinen wir das mit unseren Cartoon-Animationen ganz gut im Griff zu haben, denn jeder User verbringt durchschnittlich zweiundzwanzig Minuten auf unserer Website. Aber so wenig es für die linearen Medien ein Idealrezept für Kundenbindung gibt, so wenig gibt es das vermutlich auch für das Web. Wenn Fernsehen und Internet erst einmal miteinander verschmolzen sind, dann erhalten solche Fragen noch einmal eine ganz andere Dimension. Das Internet von heute sehe ich als eine Art Testphase für diese vor uns liegende Herausforderung an.

*Wer ist Ihre Zielgruppe?*

Verschieden. Wenn es um Auftragsarbeiten geht, gibt der Kunde die Zielgruppe vor. Was unsere Cartoons und Animationen angeht und die Spartenkanäle, an denen wir arbeiten, da haben wir die Generation X der 18- bis 35-Jährigen im Auge.

*Von Ihnen stammt der Ausspruch, die interaktiven Künstler seien die Alchimisten des 20. Jahrhunderts. Was meinen Sie damit?*

Die Alchimisten waren im Grunde die Chemiker der damaligen Zeit, nur wussten sie das nicht, weil es den Beruf des Chemikers ja noch gar nicht gab. Wenn ich das Beispiel auf die heutige Zeit übertrage, dann sehe ich die interaktiven Künstler mit der Gestaltung einer Sache befasst, deren Wirkung sie gar nicht überblicken können. Und wir können auch heute unmöglich vorhersehen, was in hundert Jahren von unseren Anstrengungen übrig geblieben und für die Menschen überhaupt noch sichtbar ist. Die interaktiven Künstler sind nur eine kleine Teilmenge von einer sehr großen Gruppe von Menschen, die die Entwicklung des Internet vorantreiben, unter dessen Einfluss sich die verfügbaren Informationsvolumen andauernd verdoppeln und das die Gesellschaft so schnell verändert wie kaum ein anderes Medium zuvor. Insofern ist das kreative Alchimie, was wir betreiben.

*Welche Ziele haben Sie sich für Ihre Arbeit und Ihre Firma gesetzt?*

Ich möchte, dass Bullseyeart einmal als eine Firma in Erinnerung bleibt, die etwas in der Gesellschaft bewirkt hat. Ich bin ein großer Bewunderer von Walt Disney, der ein Stück amerikanische Kultur geschaffen hat. Wir arbeiten in einem Team von jungen Leuten, alle, bis auf unseren Finanzmanager, sind unter 30 Jahre alt. Wir inspirieren uns gegenseitig, tauschen uns intensiv miteinander aus, und jeder Einzelne fühlt sich für den gesamten gemeinsamen Output verantwortlich. Ich hoffe, dass das so bleibt. Weil das eine Voraussetzung für unsere Kreativität ist. Unser Anspruch ist, dass wir uns von dem breiten Angebot im Web unterscheiden. In dem Moment, wo ich feststelle, dass uns das nicht mehr gelingt und wir in der Fülle der anderen Angebote untergehen, werde ich wohl etwas anderes machen.

## WERBUNG UND POESIE – DIE BEDEUTUNG VON WISSEN FÜR DIE MARKENFÜHRUNG

**Michael Conrad im Gespräch mit Stefan Ruzas**

Was hat Werbung mit Poesie zu tun? Michael Conrad, Vice President der weltweit tätigen Werbeagentur Leo Burnett und kreativer Kopf des Unternehmens, hat dafür eine einleuchtende Erklärung: Der Poet ist einer, dem es gelingt, sein Wissen von der Welt poetisch auszudrücken. Und da es in der Werbung nicht reicht, nackte Produktinformation an die Leute zu kommunizieren, muss der Werber, außer dass er ein guter Verkäufer ist, auch ein guter Poet sein. Wie es gelingt, Wissen von der Welt, dem Leben und den Bedürfnissen und Gefühlen der Kunden kreativ in Produkt- und Markenwerbung umzusetzten, dafür ist Michael Conrad der lebende Beweis. Verantwortlich für viele der innovativsten Kampagnen, von McDonald und Nintendo über Mercedes bis zu Motorola, um nur einige herauszugreifen, hat er das Gesicht vieler großer Marken geprägt. Kommunikation ist für ihn keine Frage von Bild oder Text, sondern von Zwischenraum, in dem Wissen (vom Leben) sich in Form von (nicht erzählten) Geschichten ereignet, was beim Betrachter Denkprozesse in Gang setzt (www.leoburnett.com).

*Sie sind einer der Kreativen, die in der Werbung schon immer sehr stark auf die Aussagekraft von Bildern gesetzt haben. Und Sie haben außerordentliche Erfolge damit erzielt. Wie setzen Sie, wenn Sie Kampagnen gestalten, Bilder im Verhältnis zum Text ein?*

Um eine Idee zu kommunizieren, muss man ganzheitlich denken und sich überlegen, ob man den Schwerpunkt auf Text oder Bild legt. Kommuniziert man eine Aussage mit Bild, dann sollte die Headline, die man dazusetzt, nicht noch einmal die gleiche Aussage wiederholen, sondern den Gedanken des Bildes weiterführen – oder umgekehrt. Im Idealfall kann man, indem man die Gedankenwelt der Personen, die man anspricht, kennt und damit spielt, erreichen, dass der Gedanke zu Ende geführt wird.

*Heißt das, Werbung wird immer mehr zum Bilderrätsel?*

Es kommt auf die Aufgabe an. Wie macht man das z. B., wenn man, was wir getan haben, den neuen Mercedes SLK in England vorstellt? Natürlich hätte man das Auto schön fotografieren und darunter schreiben können: Das ist das tollste Auto, das wir je als Cabrio gebaut haben. Viel interessanter ist es aber, das Auto als Blickfang für Hedonisten zu inszenieren. In der Anzeige, die wir gestaltet haben, wurde ein SLK gezeigt, der am Straßenrand parkt, daneben Bremsspuren. Bei diesem simplen Bild fragt sich jeder: Warum sind da Bremsspuren? Das ist, wenn Sie so wollen, ein Bilderrätsel im minimalistischen Format. Der Betrachter kommt ziemlich schnell darauf, was es bedeutet: Wenn so ein Auto auf der Straße steht, haut man automatisch die Bremse rein, weil man es sehen will.

*Bedeutet eine derart plakative Reduktion auf einen Gedanken, dass Text in der Werbung unwichtiger wird?*

Nein, es könnte ja umgekehrt auch die Strategie nötig sein, dass ein Hersteller, dem man so ein Auto nicht zutraut, mehr über sein Produkt sagen muss. Wir haben z. B. in Australien eine Subaru-Anzeige gemacht, die aus zwei Seiten Text ohne Abbildungen bestand. Warum? Weil der Subaru in einem Autotest einen BMW und einen Porsche geschlagen hatte. Das sollten die Leute durch einen spannenden, witzigen Text erfahren. Gute Werbung ist, wenn damit auch Lebenserfahrung kommuniziert wird.

*Im Bereich der neuen Medien gibt es dazu noch nicht sehr viele Erfahrungen. Eröffnen diese Medien uns die Möglichkeit, Text- und Bildinformation komplexer zu vermitteln?*

Ja, weil wir mit Technologien wie Breitband- und Highspeed-Kabel neue Wege gehen können. Das, was im Internet passiert, ist echtes Database-Marketing …

*… also datengestützte Kommunikation, in der man alles über einen Menschen weiß. Damit hat die Werbebranche endlich den gläsernen Konsumenten, von dem sie immer träumt.*

Es ist eher der transparente Mensch, von dem man weiß, was er will und was er nicht will. Die Idee der psychografischen Werbung erweitert sich derzeit dramatisch. Sie ist deshalb so enorm wichtig, weil ein 60-Jähriger unter Umständen dasselbe über eine Sache denkt wie ein 16-Jähriger. Neben dem demografischen und psychografischen gibt es aber auch noch den technografischen Aspekt. Beim Internet ist die technische Erfahrung der Menschen unterschiedlich. Eine ältere Person kann vielleicht nur mit E-Mail umgehen, eine jüngere vielleicht auch eine eigene Homepage erstellen. Wenn man solche

Daten zur Verfügung hat, lässt sich im Bruchteil von Sekunden entscheiden, wie und mit welchem Werbebanner man auf einer Webseite werben und ganz gezielt einen bestimmten Personentypus ansprechen sollte. Diese 1:1-Kommunikation ist viel intelligenter als die Einweg-Massenwerbung der Vergangenheit.

*Können Sie die bildhaft-erzählende Werbung, für die Ihre Agentur berühmt ist, im Internet überhaupt einsetzen?*

Sie können Kommunikation immer so gestalten, dass ein Denkprozess entsteht oder sogar eine Geschichte erzählt wird. Noch geht es im Internet vor allem um Information, der nächste Schritt ist dann aber schon die Transaktion. Für die Werbung gilt: Es gibt die analoge Welt, in der eine Marke aufgebaut werden kann, und die technophile, digitale Welt, in der Leute die Internet-Technik nutzen, um etwas Attraktives zu machen. Fügt man diese beiden Welten zusammen, ist es am Ende wieder eine analoge Welt.

*Das verstehe ich nicht so ganz.*

Der Mensch ist ein analoges Wesen, für den Wahnsinnsdinge schnell zu einer Selbstverständlichkeit werden. Die Glühbirne oder der Fernseher waren am Anfang etwas Faszinierendes; jetzt dienen sie einfach nur dazu, unser Leben bequemer zu machen. Die virtuelle digitale Welt hat bereits jetzt auf faszinierende Weise erreicht, dass das Geschäftsleben zu ihren Bedingungen funktioniert. Ein Beispiel: Mein Sohn will von Chicago nach San Francisco fliegen und braucht ein Ticket. Er geht auf die Website von priceline.com, gibt an, was er bezahlen will, z. B. 140 Dollar, und priceline.com vermittelt ihm die Anbieter, die Tickets für 140 Dollar verkaufen. Service ist das Geschäft der Zukunft, und die digitalen Technologien helfen dabei.

*Was heißt das für die Gestaltung der Werbung? Laufen die Spots, die bislang im Fernsehen gezeigt werden, jetzt auch im Internet? Oder muss fürs Internet alles ganz anders aussehen?*

Sowohl das eine wie das andere ist der Fall. Es gibt ja viele Überschneidungen. Nehmen Sie z. B. einen Versandhauskatalog, der bisher zweidimensional, unbewegt und gedruckt ist. Der kann im Internet wie im Fernsehen in der dritten Dimension präsentiert werden, wenn Bewegtbilder im Internet erst einmal Normalität geworden sind. Wenn man mit dem Computer und dem

Fernseher irgendwann in nicht allzu ferner Zukunft beides machen kann, durchs Internet surfen und fernsehen, dann wird es so sein, dass der eine das Versandhausangebot am Computer studiert und der andere am Fernsehschirm. Und beide werden genau dasselbe tun: Sie schreiben die E-Mail mit der Bestellung für das Versandhaus, sehen gleichzeitig eine Sportübertragung und Werbung, und am Schluss geben sie ihre Adresse ein, klicken auf *senden* – und erhalten kurze Zeit später die Ware geliefert.

*Gibt es so etwas wie »human touch« im Internet, der ja speziell für Ihre Werbung eine große Rolle spielt?*

Selbstverständlich gibt es den. Das Internet ist das kundenfreundlichste Medium, das es gibt, weil Sie spontan in einen Dialog treten können.

*Ein Idealbild der Werbekommunikation also. Allerdings sieht die Realität bisher eher so aus, dass Websites oftmals nichts anderes bieten als außerordentlich spärliche Produktinformationen, unklare Bestellmöglichkeiten und schlecht lesbare Werbebanner.*

Da haben Sie absolut recht. Die Entwicklung einer Kampagne sollte deshalb immer ideen- und medienneutral beginnen. Erst wenn die Idee steht, kann man darüber entscheiden, wie man das, was für die Marke oder das Produkt wichtig ist, am interessantesten und schnellsten kommunizieren kann.

*Welche Rolle spielen Sie als Kreativer dabei?*

Ich bin der Verkäuferpoet. Ich spreche den Menschen an, der ein Gefühl für eine Marke entwickeln soll, und die Industrie, die die Marke aufbauen möchte. Ich bin wie ein Ehevermittler, der die Medien-, Markt- und menschliche Welt gleichermaßen verstehen muss. In Amerika heißt das: »I have to be a smart salesman and a sharp poet« (Ich muss ein gewitzter Verkäufer sein und ein schlauer Poet). Als Poet weiß man Dinge über das Leben, die andere vielleicht nicht wissen, und kann sie poetisch ausdrücken. Als Verkäufer weiß man, wie man eine Sache attraktiv verpackt.

*Verändert die Schnelllebigkeit der neuen Medien den Lebenszyklus von Werbekampagnen?*

Definitiv. Sie brauchen zur Zeit etwa vierzig (!) Wochen, um einen Werbefilm herzustellen. Gemessen an der Schnelllebigkeit des Internet ist das natürlich

**APPLE COMPUTERS "Think Different"**

In black and white archival film, we see a montage of people who have changed the world by being different. Featured are a variety of cultural, intellectual and economic masterminds - from Einstein, Dylan, Ghandi and Martin Luther King to Ted Turner, Richard Branson, Picasso, and Jim Henson. Because the people who are crazy enough to think they can change the world are the ones who do. Apple.

**SFX:** Soft orchestral music.

**Anncr(VO):** Here s to the crazy ones - the misfits, the rebels, the troublemakers, the round pegs in the square holes. The ones who see things differently. They re not fond of rules, and they have no respect for the status quo. You can quote them, disagree with them, glorify or vilify them. About the only thing you can t do is ignore them, because they change things. They push the human race forward. And while some may see them as the crazy ones, we see genius. Because the people who are crazy enough to think they can change the world are the ones who do.

**Super:** (logo) Think Different.

Abb. 19

Apple hat mit seiner Vision vom Konsumentencomputer die Welt verändert. Michael Conrad gestaltete Apples Werbekampagne, indem er die Marke mit visionären Geistesgrößen in Verbindung brachte.

eine viel zu lange Zeitspanne. Da im Internet Geschwindigkeit eines der wichtigsten Merkmale für Geschäftstüchtigkeit und Erfolg ist, müssen wir also ganz neue Prozesse entwickeln, wie wir die Werbung herstellen. Der CEO von General Electric, Jack Welsh, hat dafür eine schöne Formel geprägt: »Mach's richtig, aber mach's nur zu 80 Prozent, und lerne dabei. Denn wenn du versuchst, es zu 99 Prozent richtig zu machen, ist das, was rauskommt, überholt und deshalb falsch.«

## VERLIEBT INS LERNEN – GRUNDPRINZIPIEN DES MULTIMEDIA-DESIGNS

**Marney Morris im Gespräch mit Uli Pecher**

Die Kalifornierin Marney Morris gilt mit ihrer Softwarefirma Animatrix als eine der kreativsten Designerinnen im Bereich des interaktiven Design. Nach langen Jahren im Dienst von Multimedia-Auftritten großer Firmen hat sie sich 1999 mit der CD-ROM-Serie *SprocketWorks* den lange gehegten Traum von der eigenen Lernsoftware erfüllt. »To fall in love with learning«, sich ins Lernen verlieben, das ist, wozu Morris die Benutzer ihrer Software verführen will. Sie ist überzeugt, dass das Design von Software selbsterklärend sein muss und vor allem einem Ziel dient: Es muss dem Benutzer Spaß machen. Und das tut *SprocketWorks* mit seiner intelligenten Mischung von ernsthaften Themen, unterhaltsamen Animationen und spielerischen Interaktionen zweifellos. Die Lernsoftware kann geradezu als Paradebeispiel gelten für das, was heute im besten Falle mit interaktiven Medien möglich ist. Sobald für mehr Internet-Benutzer größere Bandbreiten und schnellere Zugänge zur Verfügung stehen, soll *SprocketWorks* ins Netz gestellt werden. Denn, so Morris, »das neue Wissensfundament wird das World Wide Web sein« (www.animatrix.com).

*Sie sind seit vielen Jahren eine der prononciertesten Vertreterinnen des innovativen, interaktiven Designs und haben mit* SprocketWorks *kürzlich ein erstes praktisches Produkt Ihrer Philosophie erfolgreich im Markt platziert. Welches sind Ihre Prinzipien für das Design von Multimedia-Anwendungen?*

Im Mittelpunkt aller Überlegungen muss immer der Benutzer stehen. Wir verwenden mit unserem Team sehr viel Zeit darauf herauszufinden, wer die Benutzer sind und was sie wollen. Bei der von uns entwickelten interaktiven Lernsoftware *SprocketWorks* stand vor allen Designüberlegungen immer der Gedanke, dass die Menschen, die mit dieser Software lernen, Spaß daran haben sollen. Wer die möglichen Benutzer sind und woran sie Spaß haben, das muss man genau untersuchen und testen. Erst dann macht es Sinn, sich der technischen Seite zuzuwenden, Storyboards zu entwerfen und Grafiken, Sound und Text zu entwickeln.

*Die Neuen Medien spielen bei der Art, wie Wissen zukünftig vermittelt wird, mit Sicherheit eine große Rolle. Daran gemessen gibt es eigentlich bisher viel zu wenig gut gemachte Lernsoftware. Wie sind Sie auf die Idee gekommen,* SprocketWorks *zu entwickeln – und damit ja offensichtlich ins Schwarze des User-Bedürfnisses zu treffen?*

Wir haben mit Animatrix 15 Jahre lang Multimedia-Design für Industrieunternehmen entwickelt. Im Laufe dieser Zeit ist mir klar geworden, dass es eine riesige Nachfrage nach multimedial gestalteter Information und Kommunikation gibt und dass auf der anderen Seite viel zu wenig gute Angebote vorhanden sind. Ab irgendeinem Zeitpunkt wusste ich dann, dass ich das machen will und dass ich dafür auch viele gute Ideen habe. Wenn Sie so wollen, waren die 15 Jahre für mich eine Art Studium, und jetzt kommt der praktische Teil, und ich setze mein Wissen in Produkte um.

*Ihr Lernprogramm* SprocketWorks *zielt in erster Linie auf Kinder zwischen acht und 14 Jahren. Ist das Ihre Kernzielgruppe?*

Nein, nicht in diesem Sinn. Es ist zwar richtig, dass wir ursprünglich die acht- bis 14-jährigen ansprechen wollten, aber inzwischen wissen wir, dass auch vierjährige Kinder unsere CD-ROMs anklicken, genauso wie die Generation der Eltern und Großeltern. *SprocketWorks* vereint mehrere Generationen, die Informationen austauschen und über das Gelernte sprechen. Wir haben daraus geschlossen, dass wir uns bei der Gestaltung der Lernprozesse nicht auf die Segmentierung in Zielgruppen einlassen sollten.

*Sie haben sich mit Ihrem Lernprodukt ein großes Ziel gesetzt, wenn Sie davon ausgehen, »alles innerhalb des bekannten Universums« vermitteln zu wollen. Wie unterscheiden sich Ihre CD-ROMs von herkömmlichen Schulbüchern?*

Das mit dem Universum darf man nicht so wörtlich nehmen. Und was die Schulbücher anbetrifft, so haben wir uns nicht vorgenommen, mit diesen in Konkurrenz zu treten. Unsere CD-ROMs wollen nichts anderes als eine Startrampe für erfolgreiches Lernen sein. Wenn wir den Leuten einen Anstoß geben können, mit diesen CD-ROMs etwas zu lernen und dabei Spaß zu haben, dann werden sie von selbst weiterlernen. Wir liefern quasi nur die Initialzündung. Und wenn wir den Spaß am Lernen gleich mitliefern, dann ist unsere Arbeit schon erledigt.

*Auf der CD-ROM* SprocketWorks *findet sich eine riesige Menge an Information aus ganz unterschiedlichen Bereichen und ganz unterschiedlichen Medienquellen. Woher beziehen Sie all diese Bilder, Texte, Filme, Animationen, Grafiken, die Sie auf Ihre CD-ROMs packen?*

Einen Teil der Information beziehen wir aus Büchern und aus dem Internet. Das meiste kommt jedoch von Fachleuten, die wir anheuern, um die verschiedenen Themengebiete aufzubereiten. Für das Kapitel »Geschichte«, das auf der ersten CD-ROM von *SprocketWorks* behandelt wird, haben wir beispielsweise eine bekannte Historikerin vom MIT geholt, am Kapitel »Weltraum« haben Wissenschaftler von der NASA und von Lockheed mitgearbeitet.

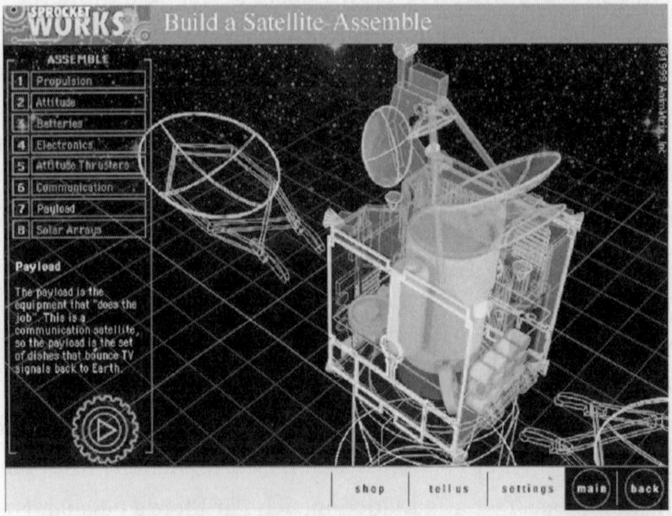


**Abb. 20**

Vom interaktiven Konstruktionsmodell des Weltraumsatelliten über die Simulation des Raketenstarts …

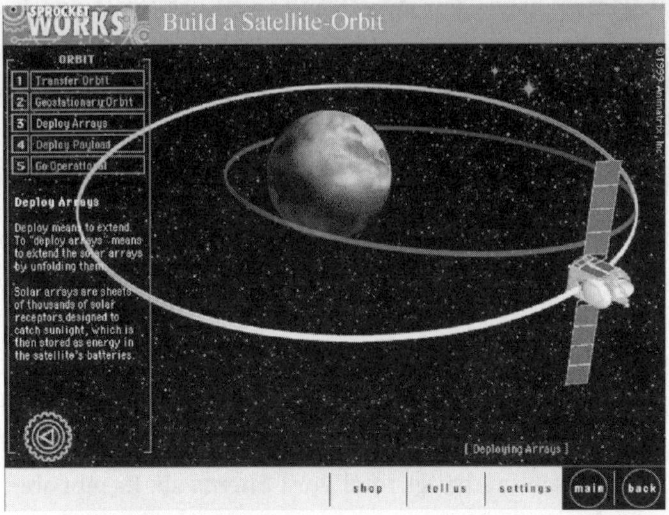


**Abb. 21**

… bis zum Umkreisen der Erde in der Umlaufbahn: *SprocketWorks* vermittelt komplexe Sachverhalte realitätsnah und leicht verständlich.

*Welches sind die Kriterien, nach denen Sie die Mischung der Themen zusammenstellen, und wie werden die Themen dann im Einzelnen inhaltlich durchstrukturiert?*

Wir sprechen mit vielen Menschen über das, was wir gerade machen. Wir holen uns beispielsweise Feedback von Kindern, Eltern und Lehrern. Wir betreiben eine richtige Marktforschung, bevor wir daran gehen, Inhalte zu entwickeln. Beim Thema »Weltraum« hat uns das Ergebnis unserer Umfragen insofern überrascht, als wir festgestellt haben, dass dieses Thema ausnahmslos jeden interessiert. Wenn Sie den Leuten, wie das in *SprocketWorks* geschieht, die Möglichkeit geben, den Start einer Weltraumrakete selbst zu simulieren, dann werden sowohl die Kinder wie die Eltern wie auch ältere Menschen die Rakete anklicken, weil sie den Start unbedingt sehen wollen, mit dem Unterschied, dass die Kinder immer noch viel mehr von der Realitätsnähe des Mediums begeistert sind.

*Die zweite CD-ROM von* SprocketWorks *befasst sich mit den Themen »Luftfahrt«, »Pferde« und »Chemie«. Eine wilde Mischung. Wie kommt die zustande?*

Fliegen und Flugzeuge sind ein Teil unserer modernen Zivilisation. Insofern ist Luftfahrt ein ziemlich universelles Thema, das für viele Menschen interessant ist. Dann brauchten wir noch ein schönes Thema für Mädchen – und da haben wir herausgefunden, dass fast alle Mädchen sich für Pferde begeistern lassen. Das Thema »Chemie« haben wir ausgewählt, weil das ein Wunschthema von vielen Lehrern war, die wir befragt haben.

*Haben Sie ein bestimmtes Rezept für den multimedialen Mix aus Bildern, Tönen und Texten?*

Die Mischung wird vom jeweiligen Thema diktiert, wobei wir uns immer die Frage stellen: »Was interessiert unsere User am meisten?« Wir benutzen keine Blaupause in dem Sinn: ein Drittel Text, ein Drittel Sound, ein Drittel Bild. Beim Thema Musik auf der ersten CD-ROM hat es sich geradezu aufgedrängt, zu allen Stücken Soundfiles einzuprogrammieren. Beim Thema Chemie hingegen spielten die Bilder von molekularen Modellen eine herausragende Rolle. Sie sehen also, die Mischung hängt total vom Thema ab. Es gibt aber einen Punkt, der für alle Themen gleichermaßen wichtig ist und bei keinem Design vernachlässigt werden darf, und das ist die Frage: Erklärt das Design das Thema so klar wie möglich und sind Bild, Ton und Text so eingesetzt, dass sie die Klarheit der Erklärung unterstützen?

*Wie lange haben Sie gebraucht, um Ihr digitales Lehrmodell in der vorliegenden Form zu entwickeln, die auch ohne Internet-Anbindung schon außerordentlich komplex ist?*

Die Entwicklungsphase war drei Jahre, aber das Programm ist ja nicht »fertig« im üblichen Sinn. Es wird immer ein »Work in Progress« sein, das weiterentwickelt werden muss und immer komplexer werden wird. Wir müssen für neue Themen, die dazukommen, auch ständig neue Designmöglichkeiten ausprobieren. Die Frage hinter dem Medium bleibt dabei aber immer die Gleiche: Wie stellen wir ein Thema schlüssig, klar und verständlich dar? Diese Frage ist die einzige Konstante unserer Arbeit.

*Wenn man sich durch* SprocketWorks *klickt, fällt auf, dass das Programm ein außerordentlich benutzerfreundliches Design hat, in dem man sich leicht zurechtfindet.*

Unsere gesamten Anstrengungen, alles, was wir tun, richtet sich auf den Benutzer. Wir stellen uns dauernd Fragen wie: Was will er sehen? Was will er wissen? Was macht ihm Spaß? Wir haben deshalb für unser Team auch eine kleine »User«-Figur erfunden, die uns bei der Arbeit begleitet. Sie trägt eine kleine Krone auf dem Kopf zum Zeichen, dass der Benutzer der König ist. Das mögen manche albern finden, aber uns motiviert das immer wieder.

*Warum wurde* SprocketWorks *als CD-ROM und nicht als Internet-Anwendung entwickelt?*

Das Programm ist außerordentlich komplex und datenintensiv. Mit der gegenwärtigen Internet-Technologie würde es viel zu lange dauern, bis man die Sound- und Video-Files heruntergeladen hätte. Für eine vertretbare Übertragungsgeschwindigkeit bräuchte man eine größere Bandbreite. Sobald die Mehrheit der Internet-Nutzer über eine vernünftige Bandbreite und Kabelmodems verfügt, stellen wir *SprocketWorks* komplett ins Netz. Denn dort gehört es natürlich hin. Nicht nur, weil wir im Internet wesentlich mehr Menschen erreichen, sondern auch, weil wir die Software dann ohne Probleme dauernd aktualisieren und den Usern jeweils die neueste Version zur Verfügung stellen können.

*Haben Sie eine Vorstellung davon, wie Wissensvermittlung in Zukunft aussehen wird?*

Ich bin davon überzeugt, dass der Zugriff auf Information via Internet die am meisten verbreitete Art der Wissensvermittlung sein wird. Ich möchte nicht falsch verstanden werden, ich sage nicht, dass die Bücher verschwinden. Bücher wird es immer geben, sie verschwinden nicht dadurch, dass ein neues Medium auf den Plan tritt. Aber das neue Wissensfundament wird das World Wide Web sein.

*Was planen Sie bei Animatrix für die Zukunft, außer dass Sie Ihre neuen CD-ROMs künftig im Abstand von drei Monaten veröffentlichen wollen?*

Ich möchte einige Projekte für Senioren entwickeln, das ist eine sehr interessante Nutzergruppe. Und außerdem möchte ich tiefer in die interaktive Kommunikation der Chat-Rooms eindringen und z. B. eigene Chat-Rooms gestalten, in denen die User unserer Software sich austauschen können. Und ich möchte soziale Räume schaffen, reale, nicht virtuelle Plätze der Interaktion, wo Menschen sich wirklich treffen können und die wie kleine Dörfer oder Einkaufszentren gestaltet sind.

*Haben Sie eine Philosophie oder – vielleicht einfacher – ein Motto als Leitlinie Ihrer Arbeit?*

Lernen soll Spaß machen. Nein, besser: Lernen ist Spaß.

# DER ›HYPERBOLIC TREE‹ UND SEINE VERWANDTEN – 3D-INTERFACES ERLEICHTERN DEN UMGANG MIT GROSSEN DATENMENGEN

Ramana Rao

Der Mensch hat im Laufe seiner Entwicklungsgeschichte erstaunliche Fähigkeiten entwickelt, seine Umwelt differenziert wahrzunehmen und Dinge in eine räumliche Beziehung zu setzen. So können wir beispielsweise außerordentlich schnell Kanten oder Unregelmäßigkeiten im Umriss von Dingen erkennen. Ebenso fällt es uns leicht, Gegenstände von gleicher Farbe zu identifizieren oder schnelle Licht- und Bewegungswechsel zu registrieren. Dasselbe lässt sich auch für unser Gedächtnis sagen. Es sind vornehmlich visuelle und räumliche Eindrücke, an die wir uns erinnern (»... in der linken oberen Ecke befand sich ein Bild, das überwiegend in Rot gehalten war«). Für die Gestaltung interaktiver Benutzeroberflächen wäre es gut, wir würden uns diese automatisierten menschlichen Wahrnehmungsfähigkeiten zu Nutze machen und die kognitiven Anforderungen reduzieren, die dem Computernutzer bisher beim interaktiven Umgang mit großen Datenmengen abverlangt werden.

Ebendiesen Ansatz verfolgt ein Forschungsprojekt von Xerox PARC in Palo Alto, das sich seit 1987 mit der Visualisierung von Information befasst. Ziel war von Anfang an, spezielle Interfaces für den Umgang mit großen Datenmengen zu entwickeln.[1] Dabei werden bekannte wissenschaftliche Visualisierungsmethoden durch moderne zwei- und dreidimensionale Grafik- und Animationstechniken verstärkt, um eine schnellere und effizientere interaktive Methode für die Navigation, Analyse und Interaktion von großen Datenmengen zu ermöglichen. Der vorliegende Beitrag stellt eine Auswahl neuer Visualisierungstechniken vor, die im Forschungszentrum von Xerox PARC entwickelt und anschließend bei Inxight weiterentwickelt wurden.

## NAVIGIEREN IN GROSSEN DATENMENGEN

›Navigation‹ bedeutet, dass der Benutzer sich zu einem Objekt seines Interesses hinbewegt. Wenn man es mit einer großen Anzahl von Gegenständen zu tun hat, ist das heute gebräuchliche Navigationswerkzeug der grafischen Benutzeroberflächen uneffektiv, da hier der Gedanken- und Arbeitsfluss dauernd durch mechanische Abläufe und Aktionen unterbrochen wird. Man muss Fenster öffnen und schließen, durch hierarchisch geordnete grafische

Menüs wandern oder lange Schlagwortlisten durchsuchen. Man muss die Ebene, auf der man sich gerade befindet, dauernd verlassen und sich ständig vor- und rückwärts bewegen, um herauszufinden, ob die Information, die man angesteuert hat, überhaupt von Interesse ist.

Durch die Weiterentwicklung der Technologie sind nun neue Möglichkeiten entstanden, Information zu visualisieren und räumlich zu organisieren. Daraus lassen sich Komponenten für neuartige Benutzerschnittstellen entwickeln. Das von Xerox PARC und Inxight entwickelte neue Interfaceprinzip *Wide Widgets*[2] beruht darauf, dass große Informationsmengen grafisch abgebildet und weitere große Informationsmengen durch intelligente räumliche Anordnung der grafischen Repräsentationen interaktiv zugänglich gemacht werden. Mit Hilfe dieser Navigationskomponenten kann sich der Nutzer, ohne die Interface-Ebene verlassen zu müssen, die dahinter liegenden Daten ansehen und entscheiden, ob sie für ihn von Interesse sind. Da sich die darunter liegende Informationsstruktur im Design abbildet, kann der Nutzer sie erkennen und ohne Schwierigkeiten durch die unterschiedlichen Informationssets navigieren. Die Navigationskomponenten wurden für alle heute gängigen Informationsstrukturen entwickelt und berücksichtigen sowohl hierarchisch-lineare als auch zeitliche und tabellarische Strukturen.[3] Da sie den gängigen Kanon von Strukturen berücksichtigen, ergibt sich für die Navigationskomponenten eine breite Palette von Anwendungsmöglichkeiten, angefangen bei der visuellen Darstellung einzelner Dokumentensammlungen, Umfrageergebnisse etc. bis hin zur Darstellung abstrakter Datensets und -quellen oder Metadaten.

Die *Wide Widgets* arbeiten mit unterschiedlichen Designelementen. Sie bauen auf unserer naturgegebenen Fähigkeit auf, dass wir uns ohne Anstrengung räumlich organisieren können. Im Folgenden werde ich näher auf einzelne Elemente des Designs eingehen.

## GRAFISCHE DARSTELLUNG

Ein grafisches Bild sehen und einen Text lesen sind zwei vollkommen verschiedene mentale Tätigkeiten. Das Abtasten tausend winziger Striche mit den Augen erfordert so gut wie keine intellektuelle Anstrengung, wohingegen das Lesen von tausend Buchstaben oder Zahlen erhebliche intellektuelle Energie in Anspruch nimmt. Außerdem lässt sich in grafischen Darstellungen sehr viel mehr Information verpacken als in Texten. Anders gesagt ermöglicht uns die Verwendung grafischer Zeichen, die sich in Farbe, Helligkeit, Textur, Form, Größe und Inhalt voneinander unterscheiden und räumlich miteinander verbunden sind, eine große Anzahl von Beziehungen zwischen einzelnen Gegenständen auf leicht verstehbare Weise darzustellen. Ein zusätzlicher positiver Effekt entsteht dadurch, dass auf der grafischen Oberfläche des Interface unterschiedliche Eigenschaften und Aspekte der gespeicherten Information zu Tage treten, wodurch die Navigation noch einfacher und effektiver wird.

## FOKUS PLUS KONTEXT

Auch wenn inzwischen sehr kompakte Visualisierungen möglich sind, bleibt der verfügbare Platz auf dem Bildschirm beschränkt. Man muss sich also entscheiden, ob man diesen Platz dafür nutzt, viel Information über nur einen Gegenstand oder wenig Information über viele Gegenstände zu geben. Eine Strategie, dieses Problem zu lösen, besteht darin, zwischen Übersichtsdarstellungen (wenig Information über viele Gegenstände) und detaillierteren Darstellungen beispielsweise einzelner Seiten (viel Information über wenige Gegenstände) hin und her zu springen. Der Benutzer kann in einer solchen Struktur sowohl in der Übersichtsdarstellung navigieren als auch gleichzeitig auf detaillierte Information zu einem einzelnen Interessensgebiet zugreifen. Hierbei kann allerdings problematisch sein, dass der Benutzer die Beziehung zwischen Übersichts- und Detaildarstellung ständig im Kopf haben und wieder herstellen muss.

Das Konzept *Fokus plus Kontext* integriert die beiden Sichtweisen. Das Interface zeigt im Überblick viel Information über einen eng definierten Bereich (Fokus), der seinerseits wieder mit Überblicksstrukturen verbunden ist, deren Daten mit der momentan fokussierten Information im inhaltlichen Zusammenhang stehen (Kontext). Ein Beispiel ist die »Perspektivische Wand« (Abb. 22). Hier sind die Daten so organisiert, dass die Information, die sich im Zentrum des Interesses befindet, auf der Vorderfront der Wand dargestellt ist, während die kontextuelle Information auf sich perspektivisch verjüngenden Seitenwänden erscheint. Das zweite Beispiel, der »Hyperbelbaum« (Hyperbolic Tree), der ein räumlich-dynamisches Konzept verfolgt (Abb. 23), lässt alles, was sich in der Nähe des momentanen Informationsfokus befindet, als größer und von mehr Raum umgeben erscheinen als die zugehörige Kontextinformation.

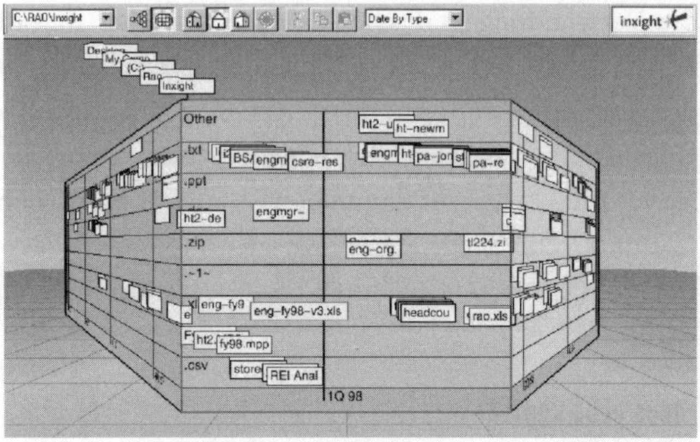


Abb. 22

Auf der »Perspektivischen Wand« (Perspective Wall) erscheinen fokussierte Informationen auf der Vorderwand. Kontextinformationen auf zwei sich nach rückwärts verjüngenden Seitenwänden.

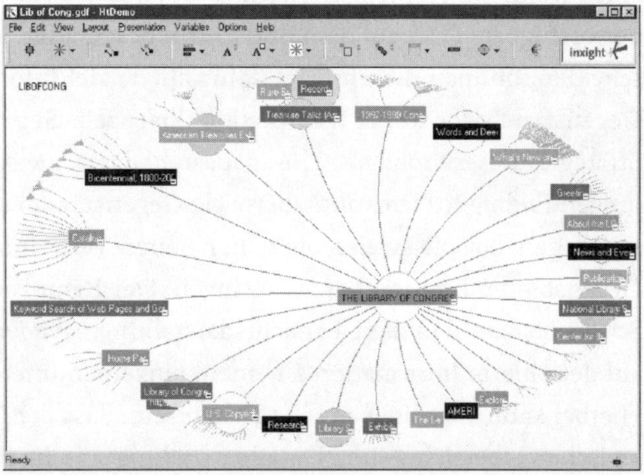


Abb. 23

Der »Hyperbelbaum« (Hyperbolic Tree) verwendet Farben und Symbole unterschiedlicher Größe, um kategoriale und quantitative Eigenschaften räumlich zu organisieren.

Das »Fokus plus Kontext«-Konzept hilft also dem Benutzer, Gegenstände seines Interesses zu fokussieren. Für den effektiven Umgang mit Daten in realen Situationen wäre ein solches Konzept aber nicht ausreichend. Wenn sich das Interesse des Benutzers verlagert, ändert sich ja auch der jeweilige Fokus der Daten, die ihn interessieren. Das System hat auch hierfür eine Lösung. Wenn der Benutzer beispielsweise auf einen neuen Knotenpunkt mit kontextueller Information klickt, bewegt sich das gesamte System und rückt nun genau diesen neuen Fokus in den Mittelpunkt des Interface.

## ANIMIERTE ÜBERGÄNGE

Solche Fokusverlagerungen lassen sich mit Hilfe von Animationen noch wesentlich effektiver gestalten. Bekommt man beispielsweise beim Wechsel von einem Knotenpunkt zum nächsten eine Abfolge schnell aufeinander folgender Rahmen zu sehen, so entsteht der Eindruck, man habe es mit einer zusammenhängenden Struktur zu tun, die jetzt lediglich neu arrangiert wird. Auf vielen Präsentationen des Hyperbelbaums und anderer 3D-Werkzeuge haben wir festgestellt, dass die Benutzer Fokusverlagerungen mit Hilfe von Animationen ohne Probleme verstanden. Würde eine Struktur dagegen blitzartig auf eine andere umschalten, so könnten wir nicht wissen, ob wir es mit einer Modifikation oder aber mit etwas Neuem zu tun haben, und wir würden uns vermutlich in der Struktur verlieren.

Die Animation von Übergängen zwischen unterschiedlichen Strukturen, die wir beim Design unserer Werkzeuge verwenden, macht sich die Fähigkeit des Auges zu Nutze, eine Serie von Bildern als etwas Zusammenhängendes zu begreifen. Voraussetzung ist allerdings, dass die Bilder schnell genug, etwa im Abstand von 50 bis 100 Millisekunden, aufeinander folgen.

### HERVORHEBEN VON BEGRIFFEN

Eine weitere Möglichkeit, in einem gegebenen Informationsset kontextuelle Bezüge sichtbar zu machen, betrifft das Hervorheben von Begriffen, die Informationsknotenpunkte bezeichnen. Die Daten in diesen Knoten sind nach kontextuellen Kriterien kategorisiert, was es dem Benutzer leicht macht, auf der Website sehr schnell in die für ihn relevanten Bereiche zu gelangen. Mit Hilfe dieses dynamischen Suchsystems kann er auch sofort sehen, an welchen entfernt oder nahe liegenden anderen Knotenpunkten sich eventuell noch weitere Daten befinden, die zum Kontext seiner Anfrage passen. Abbildung

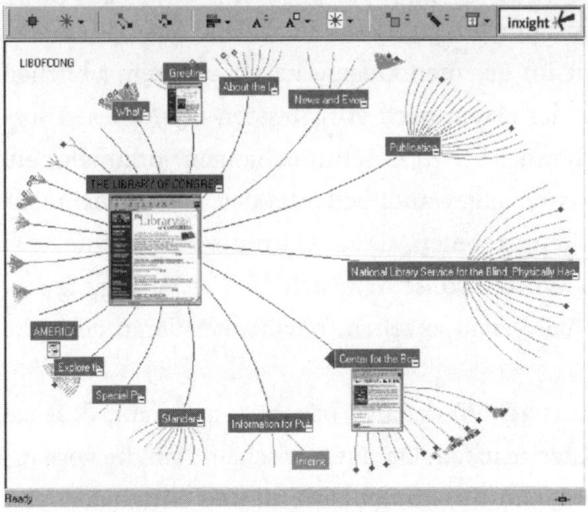


Abb. 24

Hervorgehobene Informationsknotenpunkte betten das Suchergebnis in inhaltlich zusammenhängende Daten ein.

24 zeigt ein konkretes Beispiel für eine solche Kontextsuche auf einer mit dem Hyperbolic Tree gestalteten Website. Im Unterschied zur traditionellen Stichwortsuche, bei der man endlose Listen von Begriffen durchrollen und die inhaltlichen Bezüge selbst herstellen muss, ist die Kontextsuche sehr viel effizienter und bietet außerdem die Möglichkeit, relevante Informationen zu entdecken, auf die man vielleicht sonst nicht gestoßen wäre.

Darüber hinaus berücksichtigt die kontextuelle Informationsanordnung, wie sie mit Werkzeugen wie dem Hyperbelbaum erfolgt, die Tatsache, dass unser Gedächtnis sich stark an visuellen und räumlichen Merkmalen orientiert. Wenn man beispielsweise auf der Website eines Unternehmens den Namen einer bestimmten Person oder einer Abteilung sucht, weil man gerade darüber etwas in der Zeitung gelesen hat, so hat man diesen Namen normalerweise wieder vergessen, wenn man die Website nach zwei Wochen erneut aufsucht. Doch wird man sich vermutlich ohne Schwierigkeiten daran erinnern, dass man Informationen, nach denen man sucht, auf der Website unten links gefunden hat, und wird sie dort auch entsprechend problemlos wiederfinden.

## WAS KÖNNEN WIR AUS DEM BETRACHTEN VON DATEN LERNEN?

Die sogenannte »wissenschaftliche Datenanalyse« (EDA, Exploratory Data Analysis), wie sie von John Tukey in den 70er Jahren entwickelt wurde,[4] enthält wichtige Anregungen für die Visualisierung von Information. Tukeys Konzept geht davon aus, dass Daten an sich aussagefähig sind und dass man sie betrachten und analysieren kann, um zu erkennen, welche Aussage sie enthalten. Dieses Konzept steht im genauen Gegensatz zu unserem üblichen Umgang mit Informationen, der Daten nach vorgefassten Hypothesen sortiert statt die Zuordnung nach inhaltlichen Zusammenhängen vorzunehmen. Auf unseren Umgang mit Wissen angewandt bedeutet das, dass es viel mehr darum geht, die richtigen Fragen zu stellen, als auf bekannte Fragen eine Antwort zu finden. Mit anderen Worten sollte man sich die zur Verfügung stehenden Daten zunächst einmal genau ansehen, bevor man daran geht, sie miteinander zu vernetzen.

Die Effektivität der neuen 3D-Werkzeuge beruht u.a. darauf, dass sie sich das Tukey-Prinzip zu Nutze machen. Der Nutzer schaut sich die vorhandene Information zuerst einmal im Zusammenhang an und entscheidet erst dann, wohin auf der Website er wirklich gehen möchte. Die 3D-Werkzeuge führen ihn aber nicht nur an die Orte, wo er relevante Informationen findet. Sie sind auch gleichzeitig Werkzeuge, um neue Informationen zu entdecken und entdeckte Informationen zu analysieren.

Ein modifiziertes Konzept des dreidimensionalen Hyperbelbaumes ist die sogenannte »Tabellenlupe« (Table Lens),[5] mit deren Hilfe sich Daten sehr viel einfacher als mit herkömmlichen Werkzeugen analysieren lassen. Das System verwendet, um möglichst leicht benutzbar zu sein, nur ein bestimmtes Grundset von Kriterien der Tukeyschen Datenanalyse: Die Daten werden auf Korrelationen und Abweichungen hin untersucht, zu Gruppen zusammengefasst und die Gruppen miteinander verglichen. Das Konzept beruht auf der Erkenntnis, dass wir tausend Striche optisch sehr viel schneller erfassen können als tausend Zahlen. In der Tabellenlupe auf Abbildung 25 sind die Daten der Teams einer Baseball-Liga eingespeichert: Den Namen von 323 Baseballspielern in der Vertikalen stehen in der Horizontalen 25 unterschiedliche qualitative Angaben über die Spiele gegenüber. Die Tabellenlupe kann nun sehr schnell die Qualität der Teams und einzelner Spieler nach unterschiedlichen Kriterien miteinander vergleichen. Dabei wird nach quantitativen Kriterien (Anzahl von Hits, Bats, Home runs etc.) und qualitativen Kriterien (Qualität des Teams insgesamt, Position innerhalb des Teams etc.) unterschieden. Das Werkzeug arbeitet sowohl mit dem Fokus- und Kontextprinzip wie mit grafischen und textlichen Repräsentationen. So werden für die Veranschaulichung kontextueller Bezüge zwischen Daten grafische Repräsentationen verwendet, während Einzelinformationen (über einen bestimmten Spieler, seine Trefferquoten etc.) textlich repräsentiert sind. Quantitative Werte (Spielergehalt, Karrierejahre etc.) sind in Form unterschiedlich langer Striche dargestellt, kategoriale Werte sind durch unterschiedliche Farben und Positionen gekennzeichnet und miteinander in Beziehung gesetzt.

Das Werkzeug ist so konstruiert, dass es sich mühelos auf alle Datensets übertragen lässt, bei denen man es mit unterschiedlichen Variablen zu tun hat. Mit der zunehmenden Verfügbarkeit von Information haben wir es in vielen Bereichen von Wissenschaft, Wirtschaft, Bildung und Verwaltung vermehrt mit großen Mengen von Daten zu tun, die miteinander in Beziehung gesetzt werden müssen. Ein normales Tabellenprogramm hilft hier nicht weiter. Die »Tabellenlupe« bietet den Vorteil, dass sie sehr viele in Tabellenspalten angeord-

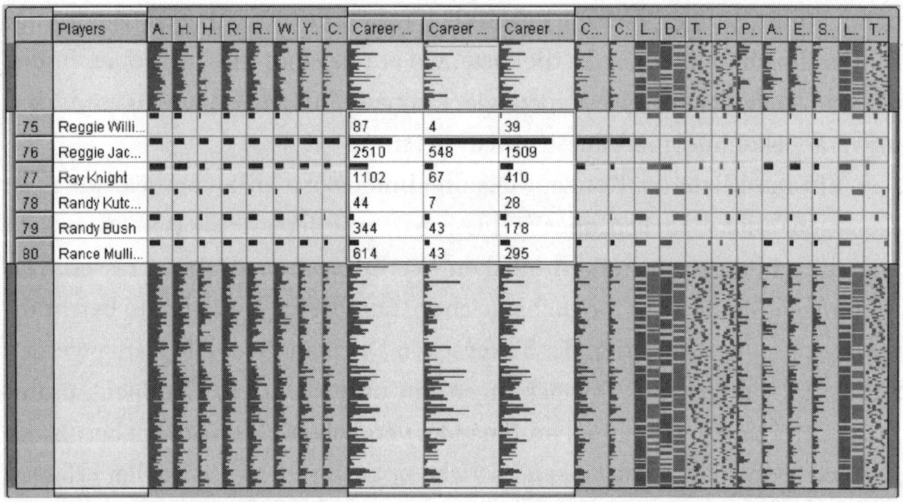


Abb. 25

Die »Tabellenlupe« arbeitet mit der grafischen und textlichen Repräsentation kontextueller Beziehungen.

nete Eigenschaften und Werte miteinander vergleichen und die Beziehungen durch Markierungspunkte und Kurven auf einen Blick sichtbar machen kann.

Technisch funktioniert das so, dass die Daten auf der Bildschirmoberfläche verdichtet repräsentiert sind. In den vertikalen Tabellenreihen lassen sich weitaus mehr Grafikzeilen unterbringen, als Pixel zur Verfügung stehen, indem jedes Pixel mit mehreren Grafikzeilen belegt wird. Die Bildschirmfläche wird dadurch so optimal wie möglich ausgenutzt. Eine weitere Optimierung und Verdichtung der Daten lässt sich durch das Einführen kategorieübergreifender Wahlfunktionen (wie »minimal«, »maximal« oder »Stichprobe«) erzielen. Dadurch lassen sich die Kategorien, nach denen die Daten in Tabellenreihen sortiert werden, noch einmal vervielfältigen. Die Stichprobenfunktion liefert auch dann noch einwandfreie Ergebnisse, wenn man es statt mit 28 Variablen, wie in der Baseballstatistik der Fall, mit 500 oder mehr variablen Kriterien zu tun hat, da es bei Stichproben ja mehr auf die absolute Zahl der Proben als auf die Gesamtzahl ankommt.

Da die Striche, die Daten repräsentieren, bis auf einen Pixel herunterverkleinert werden können, ohne dass die Vergleiche an Qualität einbüßen, liegt es auf der Hand, dass die Verwendung grafischer Repräsentation bei der Analyse statistischer Datensets eine Reihe von Vorteilen mit sich bringt.

Für die Darstellung der Baseballstatistik wären in einer gewöhnlichen Kalkulationstabelle etwa 18 vertikale und drei horizontale Umbrüche erforderlich, der Bildschirm würde also jeweils nur einen Ausschnitt aus dem Datenset sichtbar machen können. Durch den Einsatz der »Tabellenlupe« lässt sich die Darstellung auf die Größe des Bildschirms herunter verdichten. Die »Tabellenlupe« hat aber noch einen weiteren Vorteil: Sie reduziert die Kosten für die Informationsverarbeitung ganz erheblich. Sie kann dadurch komplexe Anwendungen einem sehr viel größeren Kreis von Anwendern zugänglich machen, für den solche Werkzeuge bisher unerschwinglich waren.

**DANKSAGUNG**

Die im vorliegenden Artikel vorgestellten Systeme basieren auf der jahrelangen Arbeit vieler Kollegen bei Xerox PARC und Inxight (siehe Anmerkungen). Ein besonderer Dank geht an meine Kollegen Stuart Card, Jock Mackinlay, George Robertson und John Lamping.

1 George G. Robertson, Stuart K. Card, Jock D. Mackinlay: *Information Visualization Using 3D Interactive Animation*, in: Communications of the ACM 36/1993, S. 57–71. Stuart K. Card, George G. Robertson, Jock D. Mackinlay: *The Information Visualizer: An Information Workspace*, in: Proceedings of ACM Human Factors in Computing Systems Conference (CHI 91) 1991, S.181–188.

2 Ramana Rao: *From Research to Real World with Z-GUI*, in: IEEE Computer Graphics and Applications 4/1997, S. 71–73.

3 John Lamping, Ramana Rao: *The Hyperbolic Browser: A Focus+Context Technique for Visualizing Large Hierarchies*, in: Journal of Visual Languages and Computing 1/1996, S. 33–55.

Jock D. Mackinlay, George G. Robertson, Stuart K. Card: *The Perspective Wall: Detail and Context Smoothly Integrated*, in: Proceedings of the ACM SIGCHI Conference on Human Factors in Computing Systems 1991, S. 173–179.

Jock D. Mackinlay, George G. Robertson, Rob DeLine: *Developing Calendar Visualizers for the Information Visualizer*, in: Proceedings of the ACM Symposium on User Interface Software and Technology (UIST '94) 1994, S. 109–118.

George G. Robertson, Jock D. Mackinlay: *The Document Lens*, in: Proceedings of the ACM Symposium on User Interface Software and Technology (UIST 93) 1993, S. 101–108.

George G. Robertson, Jock D. Mackinlay, Stuart K. Card: *Cone Trees: Animated 3D Visualizations of Hierarchical Information*, in: Proceedings of the ACM SIGSHI Conference on Human Factors in Computing Systems 1991, S. 189–194.

4 John W. Tukey: *Exploratory data analysis. Reading*, MA 1977.

David C. Hoaglin, Frederick Mosteller, John W. Tukey: *Understanding Robust and Exploratory Data Analysis*. New York 1983.

5 CMU-StatLib, *Baseball Dataset*. Collected by the American Statistical Association from Sportsustrated and the 1987 Baseball Encyclopedia Update, Collier Books 1988.

Ramana Rao, Stuart K. Card: *The Table Lens: Merging Graphical and Symbolic Representations in an Interactive Focus + Context Visualization for Tabular Information*, in: Proceedings of the Conference on Human Factors in Computing Systems (CHI 94) 1994, S. 318–322.

Ramona Rao et al.: *Rich Interaction in the Digital Library*, in: Communications of the ACM 4/1995, S. 29–39.

## DAS ERZEUGEN, SPEICHERN UND NUTZEN VON WISSEN ALS SCHLÜSSELKOMPETENZ DER ZUKUNFT

Albrecht A. C. von Müller

Noch haben wir das Informationszeitalter nicht verdaut, und schon schiebt sich ein neues Paradigma in den Vordergrund: die Ökonomie des Wissens. Betrachten wir die Weiterentwicklung von Wissenschaft und Technik als einen Teil des Evolutionsprozesses, so handelt es sich bei diesem Umbruch um nichts anderes als die neueste Welle im Evolutionsgeschehen. Zu verstehen, worum es sich dabei handelt, die Herausforderungen und Chancen dieses erneuten Umbruchs unserer Wirtschaft zu verstehen, ist notwendig, wenn wir zukunftsfähig sein wollen. Zugleich macht es auch Spaß, einen so faszinierenden, vielschichtigen und folgenschweren Vorgang von Anfang an mitzuerleben und teilweise vielleicht sogar mitzugestalten.

Um die Ökonomie des Wissens zu verstehen, muss man zwischen Daten, Informationen und Wissen unterscheiden. *Daten* sind symbolische Abbildungen von Sachverhalten. Zum Beispiel ist die Anzeige auf einem Thermometer eine solche symbolische Abbildung. *Informationen* sind kontextualisierte Daten. Zum Beispiel ist eine Aussage wie »Am 3. August 1999 herrschte am Cap d'Antibes um 11 Uhr vormittags eine Temperatur von 30 Grad Celsius« eine Information. *Wissen* schließlich entsteht durch *Denken*, d. h. durch die logisch-funktionale Verknüpfung von Informationen, und erst Wissen erlaubt es uns, Phänomene zu erklären, vorherzusagen oder zu begründen.

### WISSEN ALS GRUNDLAGE DER WIRTSCHAFT?

Die Eigendynamik des wissenschaftlich-technischen Fortschritts führt zu einer ständigen Zunahme von Komplexität bei gleichzeitiger Beschleunigung des Tempos der Veränderungen. Sich unter diesen Rahmenbedingungen zu orientieren und sinnvoll handeln zu können, erfordert immer größeres Wissen. Der Anteil des Wissens an Produkten und Dienstleistungen nimmt rapide zu, sodass die Erzeugung und Nutzung von Wissen zur Schlüsselkompetenz wird. Zugleich gelten für Wissensprodukte völlig andere Regeln als für materielle Produkte: Ich behalte Wissen, auch wenn ich es weitergebe. Mein eigenes Wissen kann dadurch, dass ich es weitergebe und anwende, sogar noch erweitert werden. Außerdem gibt es bei Wissensprodukten, anders als bei materiellen Produkten, keinerlei Engpässe bei der Vervielfältigung und Verteilung.

Dies bedeutet aber auch, dass das beste Angebot über Nacht den ganzen Markt erobern kann, und der Zweitbeste, der vor kurzem noch bequem überlebt hätte, dadurch mit einem Mal vor dem wirtschaftlichen Aus steht. Für die globale Wirtschaft hat das zur Folge, dass sie zu einer Schlacht um die besten Köpfe wird.

### VERÄNDERUNGEN IN AUFBAU UND KULTUR VON ORGANISATIONEN

Es gilt nicht mehr nur, was auch bisher schon galt: *structure follows process* (die Struktur ergibt sich aus dem Prozess). Zusätzlich heißt es jetzt auch noch: *processes follow persons* (Veränderungsprozesse werden durch Personen bestimmt). Anstatt also wie bisher für vordefinierte Positionen geeignete Kandidaten zu finden, werden wir unsere Unternehmen umgekehrt um die fähigsten Köpfe herum aufbauen, und diese Teams werden in immer wieder neuen, projektbezogenen Konfigurationen zusammenarbeiten.

Natürlich wird es auch in Zukunft materielle Produktionsprozesse und klassische Dienstleistungen geben. Aber so, wie die Landwirtschaft innerhalb der letzten 200 Jahre von einem über 90-prozentigen Anteil an der Gesamtbeschäftigung auf einen Anteil von ca. zwei Prozent abgesunken ist, werden sich auch bei diesen Prozessen die Anteile an der Wertschöpfung dramatisch verschieben – nur dass dies nicht mehr in einem Zeitraum von 200 Jahren, sondern in weniger als 20 Jahren geschieht.

Der Prozess des Erzeugens, Speicherns und Nutzens von Wissen wird dabei zum Kernprozess der Wertschöpfung. Diesen Prozess bei den Mitarbeitern zu fördern, wird zur wichtigsten Aufgabe des Managements. Gleichzeitig wird die Leistungsfähigkeit unseres Bildungs- und Wissenschaftssystems zum wichtigsten Standortfaktor.

Regierungen werden zu Spielern auf einem globalen Wettbewerbsfeld und werden ähnlichen Anforderungen nach Kompetenz, Effizienz und Reaktionsschnelligkeit ausgesetzt sein, wie es heute schon die Unternehmen des Sektors der Informationstechnologie sind. Es wird sich herausstellen, dass Marktwirtschaft und Demokratie als Formen *endogenisierter Evolution* die leistungsfähigsten Ordnungsmodelle darstellen. Zugleich werden wir völlig neue, effizientere und reaktionsschnellere Formen der demokratischen Partizipation entwickeln müssen (Stichwort *Electronic Agora*).

## NEUE METHODEN UND INSTRUMENTE

Obwohl der Wissensanteil in allen Produkten und Dienstleistungen kontinuierlich zunimmt und Wissen schon heute zur wichtigsten Grundlage unseres Wirtschaftens geworden ist, blieben die Prozesse der Wissenserzeugung, -speicherung, -nutzung und -weiterentwicklung bisher weitgehend im Dunkeln. Die von uns konzipierten *Denkwerkzeuge* (think tools) sowie das ebenfalls neu entwickelte Konzept des *Wissensmetabolismus* bieten hier einen völlig neuen Ansatz. Am Anfang stand die Beobachtung, dass es zwar zum Wesen des Menschen gehört, seine angeborenen Fähigkeiten und Kräfte durch den intelligenten Einsatz von Werkzeugen um ein Vielfaches zu vergrößern, dass wir das aber bisher nicht im Bereich des Denkens tun. Die Überlegung, wie eine neue Klasse von Werkzeugen beschaffen sein müsste, die das menschliche Denken im Umgang mit der rapide zunehmenden Komplexität unterstützt, führte uns zur Entwicklung der *Denkwerkzeuge*.

Information über einen komplexen Sachverhalt beziehen wir entweder über eine sprachliche Darstellung (in Form von Wort oder Schrift) oder über eine diagrammatisch-strukturelle Darstellung. Auf Grund unserer physiologischen Gegebenheiten erweist sich die zweite Möglichkeit, also die Aufnahme von Information in Form von Bildern über das Auge, als um ein Vielfaches leistungsfähiger. Dennoch werden die meisten strategischen Entscheidungen bisher im Rahmen sprachbasierter Abwägungen vorbereitet und getroffen. Ursache hierfür ist, dass wir mit der Möglichkeit sprachlicher Darstellung von Sachverhalten bisher über die einzige Methode verfügten, uns verzugslos und präzise auszudrücken und sachlich zu argumentieren.

Mit den *Denkwerkzeugen* eröffnet sich nun dic Möglichkeit, eigene Überlegungen und Gedankengänge verzugslos und präzise auch bildlich darstellen zu können, die Dynamik von Prozessen zu beobachten und mit dem auf diese Art erzeugten Wissen interaktiv weiterzuarbeiten und dabei wiederum neue Erkenntnisse zu erzeugen. Dabei unterstützen und visualisieren die Denkwerkzeuge in einem modularen Ansatz die einzelnen kognitiven Operationen, die bei der Wahrnehmung und Analyse komplexer Fragestellungen und bei der Erarbeitung eigener Handlungsoptionen eine Rolle spielen. Aus diesen *Bausteinen des Denkens* lassen sich dann beliebig große *Reasoning Architectures*, d. h. umfangreiche systematische Gedankengänge aufbauen, mit denen jede beliebige Problemstellung in ihrer Struktur erfasst und Schritt für Schritt bearbeitet werden kann. Der springende Punkt dabei ist, dass die

Denkwerkzeuge neben der rein visuellen Abbildung von Strukturen zugleich auch ihre vielschichtigen, logisch-funktionalen Verknüpfungen erfassen, abbilden und in dem betreffenden Dokument »am Leben erhalten«.

Das ermöglicht,

- komplexe Wirkungszusammenhänge und mögliche Ereignis-Sequenzen interaktiv durchzuspielen,
- den bei komplexen Systemen im Regelfall sehr umfangreichen Handlungsspielraum systematisch auszuleuchten,
- Strategieoptionen konsequent auf ihre jeweiligen Vor- und Nachteile durchzugehen und sie in verschiedenen Zeithorizonten auf das gesamte Spektrum der Kriterien und Risiken zu beziehen, die berücksichtigt werden sollten.

Unsere Fähigkeit, mit komplexen Fragestellungen umzugehen und durch systematisches Denken aus Information systemisches Wissen zu erzeugen, erhöht sich durch den Einsatz von Denkwerkzeugen etwa um den Faktor zehn. Das Gleiche gilt für die Fähigkeit, Wissen als Wissen zu speichern, d. h. beim Speichervorgang die für das Wissen charakteristische multi-dimensionale Kontextualität zu erhalten.

#### WISSENSMETABOLISMUS

Der Begriff steht für all jene Aktivitäten und Prozesse, mittels derer ein Unternehmen oder auch eine Regierung

- Information *aufnimmt,*
- sie zu Wissen *veredelt.*
- dieses Wissen *speichert*
- sowie das verfügbare Wissen *nutzt*
- und im Prozess der Nutzung oder in einem separaten Vorgang *weiterentwickelt.*

Unserer Einschätzung nach wird die wichtigste und zugleich schwierigste Aufgabe der Unternehmensführung in einer Ökonomie des Wissens sein, die Strukturen und Prozesse des Wissensmetabolismus zunächst zu identifizieren und dann kontinuierlich zu gestalten, zu beobachten und zu fördern. Das ist der Grund, warum wir komplementär zu den Denkwerkzeugen (als dem eigentlichen Motor der Wissenserzeugung) einen zweiten Satz Werkzeuge entwickelt haben, der die Identifizierung, Beobachtung und Unterstützung der einzelnen Kernprozesse des Wissensmetabolismus ermöglicht. Er setzt sich aus den vier Grundkomponenten *Data and Information Space, Thought Forum, Knowledge Space* und *Integrated Knowledge and Strategy Management* zusammen.

Der *Data and Information Space* ist derjenige Bereich in der Organisation, in dem (beispielsweise via Intranet) den Mitarbeitern alle verfügbaren und/oder für ihre Arbeit sinnvollen faktischen Informationen in übersichtlicher und leicht zugänglicher Form angeboten werden. Dies ist eine methodisch relativ einfache, in der praktischen Umsetzung jedoch meist außerordentlich schwierige Aufgabe. Die Gestaltung des Data and Information Space ist für die Unternehmen eine wichtige und unverzichtbare Aufgabe, aber es wäre völlig falsch anzunehmen, es handle sich dabei schon um das Kernproblem von *Wissensmanagement.* Leider beschäftigt sich der größte Teil der gegenwärtigen Literatur fast ausschließlich mit diesem Ausschnitt des Themas. Doch hat das Handling von Daten und Informationen mit Wissensmanagement im eigentlichen Sinne überhaupt nichts zu tun.

Das *Thought Forum* ist eine Plattform, auf der Ideen und Erkenntnisse erzeugt und weitergegeben werden. Sie stellt zugleich sicher, dass die Prozesse der Erzeugung und Weitergabe von Wissen transparent gemacht und mit attraktiven Anreizsystemen verbunden werden. Die meisten Unternehmen und Institutionen begünstigen heute noch das Horten von Erkenntnissen, statt auf Anreize für die aktive Weitergabe von Wissen zu setzen. Das hat damit zu tun, dass es bisher an der Einsicht mangelt, dass jegliche Bemühung um Wissensmanagement vergebens ist, wenn nicht auch die Incentive-Landschaft an dieses Ziel angepasst wird.

Der *Knowledge Space* ist derjenige Bereich in der Organisation, in dem systemisches Wissen erzeugt, dokumentiert, angewandt und weiterentwickelt wird. Dabei ist es möglich, Wissen durch tool-basiertes Arbeiten tatsächlich als Wissen zu speichern, das multidimensional in einen logisch-funktionalen Kontext eingebunden ist. Andererseits wird Wissen hier aber auch vor allem als Nebeneffekt der täglichen Arbeit erzeugt und dokumentiert.

Beim *Integrated Knowledge and Strategy Management* geht es darum, die Funktionen des Chief Knowledge Officer (CKO) und des Chief Executive Officer (CEO) zu integrieren. In einer wissensbasierten Ökonomie, in der die Erzeugung und Nutzung von Wissen zur Schlüsselkompetenz wird, macht es wenig Sinn, das Knowledge Management von der Unternehmensführung abzukoppeln. Vielmehr wird eine der wichtigsten Aufgaben der Unternehmensführung das Überwachen und Fördern des Wissensmetabolismus sein. Die Strategie muss kontinuierlich angepasst und der Wissensmetabolismus entsprechend nachgesteuert werden, damit das Unternehmen nicht unversehens in seiner Wettbewerbs- und Innovationsfähigkeit hinter seine Konkurrenten zurückfällt. Dies ist eine Folge der globalen Schlacht um das beste Wissen, die sich durch ein extrem hohes Tempo und minimale Fehlerfreundlichkeit auszeichnet.

## RISIKEN UND GEFAHREN EINER ÖKONOMIE DES WISSENS

Die Tatsache, dass die Ökonomie des Wissens extrem schnell, komplex, kompetitiv und nicht-linear sein wird, bedeutet volkswirtschaftlich zunächst einmal, dass am allerobersten Ende der Qualifikationspyramide ein extremer Nachfrageüberhang und bereits eine Stufe unter der Spitzenqualifikation ein riesiges Überangebot an Arbeitskräften entstehen wird. Das hat zur Folge, dass die Gesellschaften zentrifugalen Kräften ausgesetzt sein werden, wie sie sie nie zuvor erlebt haben. Da die heutigen sozialen Sicherungssysteme viel zu teuer und zu wenig leistungsstark sind, müssen völlig neue Modelle der sozialen Sicherung entwickelt werden.

Darüber hinaus wird der Wettbewerbsdruck einer globalen Wissensökonomie die Staaten dazu zwingen, extrem leistungsfähige, schlanke *team players* zu werden, die sich endgültig von nationalstaatlicher Ressourcenverschwendung und Selbstherrlichkeit verabschieden werden. In einer globalen Wissensökonomie werden nur die Regionen erfolgreich sein, wo Wirtschaft, Wissenschaft und Politik drei gleichwertige, in höchstem Maße leistungsfähige und effiziente Spieler sind, die sich wechselseitig die Bälle zuspielen.

## ÜBERGANG ZUR ÖKONOMIE DES WISSENS

Der Prozess hat bereits begonnen und wird von den internationalen Anlagemärkten seismografisch antizipiert, die wissensbasierte Unternehmen im Durchschnitt um das Zehnfache höher bewerten als traditionelle Industrieunternehmen. Man kann davon ausgehen, dass der allgemeine wirtschaftliche Trend und der Wunsch der Unternehmen, unter den sich wandelnden Rahmenbedingungen erfolgreich zu sein, sich gegenseitig verstärken und zu einem sich selbst beschleunigenden Übergang führen werden. Die einschneidendsten Veränderungen werden in zwei bis drei Jahren beginnen und in zehn bis 15 Jahren abgeschlossen sein. Auf die individuelle Biografie wird sich das so auswirken, dass der Bedarf an Orientierungswissen sprunghaft zunehmen wird und wir lebenslang von Lernprozessen begleitet sein werden. Zugleich wird sich noch mehr, als das bisher schon der Fall ist, zeigen, dass Identifikation mit und Freude an der Arbeit Voraussetzung für Kreativität und Leistungsfähigkeit sind. In Zukunft wird jeder gute Angestellte sein eigener Wissensunternehmer sein, sodass Arbeit, Freizeit und Erholung sich in viel stärkerem Maße durchdringen werden, als das heute absehbar ist.

Die Verantwortlichkeit für die *res publica*, das Gemeinwohl, wird wiederentdeckt werden, da nur sie geeignet erscheint, die starken zentrifugalen Kräfte, denen die Gesellschaft ausgesetzt ist, unter Kontrolle zu halten. Die wiederentdeckte res publica wird sich auf unterschiedlichen Ebenen mit unterschiedlichen Handlungs- und Verantwortungshorizonten definieren, die von globalen Zusammenhängen bis hin zur unmittelbaren Nachbarschaft reichen.

Zusammenfassend kann gesagt werden, dass eine Ökonomie des Wissens sowohl starke Auswirkungen auf die einzelne Biografie wie auf den gesamten Lebens- und Arbeitsalltag haben wird. Nur indem wir uns rechtzeitig mit den Chancen und Herausforderungen auseinander setzen, die der veränderte Lebens- und Arbeitsalltag mit sich bringt, haben wir eine Chance, die anstehenden Veränderungen entsprechend unseren Wünschen mitgestalten zu können. Dies gilt für die Unternehmen sowohl wie für die Politik wie für jeden Einzelnen.

# KAPITEL 4
# NEUE MEDIEN UND WIRTSCHAFT

# WISSENSMANAGEMENT IM UNTERNEHMEN – EINE HERAUSFORDERUNG FÜR DIE REPRÄSENTATION, KOMMUNIKATION UND NUTZUNG VON WISSEN

**Gabi Reinmann-Rothmeier und Heinz Mandl**

Die Vermarktung von Wissen ersetzt mehr und mehr das traditionelle Geschäft mit Produkten. Der Anteil von Wissen an der Gesamtwertschöpfung eines Unternehmens liegt heute bereits bei mindestens 60 Prozent – Tendenz steigend, wobei bisher nur etwa zehn Prozent der tatsächlich verfügbaren Information überhaupt genutzt werden. Gleichzeitig haben wir es mit dem Problem einer wachsenden Orientierungslosigkeit in der Informationsflut zu tun.

Wissensmanagement wird damit zu einer der großen Herausforderungen, auf die Menschen und Organisationen, die Gesellschaft als Ganzes sowie die Technik sich einstellen müssen. Zum Wissensmanagement gehören auf der technischen Seite die optimale Unterstützung des Speicherns, Zugreifens und Austauschens von Wissen, auf der organisationalen Ebene die Entwicklung flexibler Netzwerkstrukturen, die als Kompetenzzentren fungieren, sowie auf der Ebene des Individuums die Förderung der Fähigkeit, Wissen zu erwerben, zu kommunizieren und anzuwenden. Die zentrale Frage dabei ist, wie sich Wissen im Unternehmen überhaupt fassbar und sichtbar machen lässt und wie am besten darauf zugegriffen werden kann.

Der folgende Beitrag versucht, einen knappen Überblick über das komplexe Themenfeld sowie eine Darstellung der Kernprozesse zu geben, mit denen wir es beim Wissensmanagement zu tun haben. Insbesondere wird es dabei auch um die Frage gehen, welche Möglichkeiten den Unternehmen zur Verfügung stehen, implizites und explizites Unternehmenswissen darzustellen und damit überhaupt erst kommunizierbar zu machen. Die Visualisierung von Wissen durch die neuen Medien leistet hier einen wesentlichen Beitrag.

## I. EIN REFERENZMODELL ZUM WISSENSMANAGEMENT

### 1. *Die drei Standbeine des Wissensmanagements*

Unternehmen aller Branchen beschäftigen sich heute mit Wissensmanagement und rufen die unterschiedlichsten Initiativen ins Leben: Die einen setzen auf den optimalen »Wissens-Push« und implementieren neue Informations- und Kommunikationssysteme; die anderen setzen auf projektorientierte Interventionen und konzentrieren sich auf strategische Unternehmensziele; einige wenige stellen den menschlichen Aspekt in den Vordergrund und suchen nach Instrumenten, mit denen sie ihre Mitarbeiter motivieren oder kulturelle Barrieren abbauen können. Sind alle drei Initiativen Varianten von Wissensmanagement? Oder betreibt nur dasjenige Unternehmen tatsächlich Wissensmanagement, das einen speziellen Wissensmanager, einen *Chief Advisor for Knowledge Management,* beschäftigt?

Wissensmanagement ist *jede* der genannten Aktivitäten, sofern sie den Startpunkt für die Einführung von Wissensmanagement darstellt. Denn wer allein auf technische Lösungen baut, betreibt allenfalls Daten- oder Informations-, jedoch kein Wissensmanagement (vgl. Davenport, Prusak). Wer dem Problem der mangelnden Bereitschaft, Wissen zu teilen, ausschließlich mit Trainingsmaßnahmen begegnet, ist eher Personalentwickler als Wissensmanager (vgl. Reinmann-Rothmeier, Mandl 1998). Und wer sich einseitig darauf konzentriert, intellektuelles Kapital zu erfassen, darf sich zwar des Lobs der Anteilseigner gewiss sein, doch er vergrößert damit nicht unbedingt die organisationale Wissensbasis. Mit anderen Worten: Mensch, Organisation und Technik bilden zusammen die drei Standbeine des Wissensmanagements. Keines darf fehlen, wenn langfristig eine wissensbasierte Unternehmensführung angestrebt wird (vgl. North).

2. *Wissensmanagement als Regelkreis*

Die Beschäftigung mit Wissensmanagement ist für Unternehmen kein Selbstzweck, sondern mit unterschiedlichen Zielen verbunden. Diese geben einzelnen Aktivitäten eine Richtung und legen Kriterien fest, anhand derer sich die verschiedenen organisationalen Initiativen zum Wissensmanagement bewerten lassen. Letztlich muss Wissensmanagement in irgendeiner Form einen Beitrag zur Wertschöpfung des Unternehmens leisten, damit man es im Rahmen ökonomischen Denkens legitimieren kann. Derzeit wird die Diskussion vor allem von den Ansätzen zur Messung des intellektuellen Kapitals (vgl. North, Probst, Romhardt) dominiert, die mit ihrer Philosophie der rein quantitativen Bewertung allerdings zunehmend kritisiert wird. Denn es sind ja gerade qualitative Merkmale, die Wissen von Information unterscheiden und die mit Verfahren wie dem *Intellectual Capital Navigator* (vgl. Stewart) so gut wie nicht bewertet werden können. Das heißt, Wissensmanagement im Unternehmen muss durch Zielsetzung und Bewertung zu einem Regelkreis ausgebaut werden, innerhalb dessen die auf der organisationalen Ebene ablaufenden komplexen psychologischen Prozesse durch technische Systeme unterstützt werden.

Trotz der enormen Bedeutung, die solche organisationalen Prozesse für das wissensbasierte Unternehmen haben, sind es aber vor allem die Kenntnisse und Fähigkeiten der Mitarbeiter, auf die es im Wesentlichen ankommt. Entsprechend gibt es in jüngster Zeit vermehrt den Ruf nach dem persönlichen Wissensmanagement für den einzelnen Mitarbeiter (vgl. Probst, Eppler). Gerade in komplexen Berufsfeldern mit einem hohen Maß an Veränderungsdynamik wird die Entwicklung von Kompetenzen auf der Metaebene von Wissensprozessen und der Einsatz individueller Strategien im Umgang mit Information und Wissen immer wichtiger. Generell gilt, dass für alle Prozesse des Wissensmanagements in Organisationen – unabhängig davon, ob es sich um die Gestaltung von Transparenz, Kommunikation und Nutzung vorhandenen Wissens oder um die Generierung neuen Wissens handelt – sowohl die einzelnen Mitarbeiter als auch die Teams gefragt sind. Denn ohne ihr Wissen, Können und Wollen läuft das beste Wissensmanagement-Konzept ins Leere.

## II. DIE VIER KERNPROZESSE DES WISSENSMANAGEMENTS

1. Die *Wissensrepräsentation* umfasst die Identifikation von Wissen sowie die unterschiedlichen Formen der Kodifizierung, Dokumentation und Speicherung. Dabei geht es im Kern immer darum, unternehmensrelevantes Wissen in einem Format darzustellen, mit dem Weitergeben, Austauschen, Bewahren, Aktualisieren und Nutzen des Unternehmenswissens erleichtert oder sogar erst möglich gemacht werden. Nur wenn vom Unternehmen wie vom einzelnen Mitarbeiter Wissen wie Nicht-Wissen überhaupt erst einmal identifiziert werden können, entsteht so etwas wie Transparenz. Allerdings sollte diese nicht Selbstzweck sein, sondern muss notwendigerweise von einer exakten Kosten-Nutzen-Analyse ausgehen. Für die Herstellung von Wissenstransparenz gibt es derzeit unterschiedliche Verfahren der Kodifizierung. Sie reichen von Wissenslandkarten über die Visualisierung von Wissen bis zum projektbezogenen Datenbankmanagement (vgl. Koch, Mandl).

2. Die *Wissenskommunikation* umfasst Prozesse wie das Verteilen, Vermitteln, Teilen und Ko-Konstruieren von Wissen sowie die wissensbasierte Kooperation. Für alle diese Prozesse ist es erforderlich, dass zwei oder mehr

Personen – direkt oder indirekt, Face-to-Face oder mediengestützt – miteinander kommunizieren. Computernetzwerke und Softwaresysteme, webbasierte Intranets und Lotus Notes sind wichtige Errungenschaften, um die Wissenskommunikation in und zwischen Unternehmen technisch zu unterstützen. Allerdings sind computergestützte Kommunikationshilfen auch mit Tücken behaftet, die etliche Unternehmen bereits dazu veranlasst haben, Mensch und Technik als hybride Systeme zu betrachten und beide gleichermaßen in die Lösungen mit einzubeziehen (vgl. Davenport, Prusak). Ein anderer wichtiger Aspekt betrifft die Förderung der Kommunikation von Wissen über finanzielle Anreizsysteme, kooperationsfreundliche Umgebungen oder spezielle Weiterbildungsmaßnahmen. Letztlich müssen alle Bemühungen dem einen Ziel dienen, auf der Basis des Vertrauens der Mitarbeiter und unterstützt vom Topmanagement im Unternehmen eine Wissenskultur zu schaffen, in der die Weitergabe von Wissen mehr gilt als das Horten persönlicher Kenntnisse.

3. Die *Wissensgenerierung* im Unternehmen umfasst zunächst einmal den Prozess der externen Wissensbeschaffung (Neueinstellungen, Mietwissen, Kooperationen, Fusionen etc.) sowie das Einrichten spezieller interner Wissensressourcen (Entwicklungsabteilungen, unternehmenseigene Ausbildungsstätten etc.). Darüber hinaus trägt auch die Schaffung von Wissensnetzwerken, wie sie beispielsweise Intranets darstellen, dazu bei, dass die Kommunikation und Generierung von Wissen im Unternehmen gefördert werden. Als Schlüssel zur organisationalen Wissensgenerierung wird inzwischen die Externalisierung des personen- und erfahrungsgebundenen Wissens der Mitarbeiter betrachtet, zu der die unterschiedlichen Prozesse der Wissensrepräsentation entscheidend beitragen können (vgl. Nonaka, Takeuchi).

4. Zur *Wissensnutzung* gehören so entscheidende Prozesse wie das Umsetzen von Wissen in Entscheidung und Handlung sowie die Transformation von Wissen in Produkte und Dienstleistungen. Die Nutzung ist im Prozess des Wissensmanagements diejenige Kategorie, die die vorher festgelegten Bewertungskriterien erfüllen muss. Damit dies gelingen kann, müssen Nutzungsbarrieren sowohl innerhalb der Organisation wie beim einzelnen Mitarbeiter abgebaut werden. Das kann durch die Gestaltung entsprechender (virtueller oder realer) Arbeits- und Lernumgebungen unterstützt werden (vgl. Probst et al.).

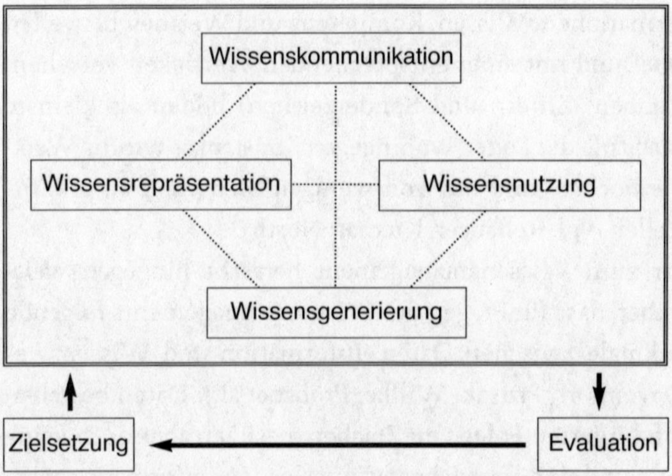


Abb. 26
Der Prozess des Wissensmanagements besteht aus vier sich durchdringenden Kernprozessen.

## III. MIT WISSENSMANAGEMENT ZUR LERNENDEN ORGANISATION

Dem Wissensmanagement wird inzwischen von vielen Seiten das Potential zugeschrieben, die Metapher von der »lernenden Organisation« in die Realität umsetzen zu können (vgl. Geissler). Konzepte zur lernenden Organisation verfolgen nahezu die gleichen Ziele wie Konzepte des Wissensmanagements. Erfolgreich umgesetzt könnte Wissensmanagement die idealen Voraussetzungen bieten, um die lernende Organisation zu schaffen und zu erhalten. Es besteht heute relativ große Einigkeit darüber, dass die Lernfähigkeit einer Organisation und ihrer Mitglieder, wenn der Druck des Marktes zunimmt, einen entscheidenden Wettbewerbsvorteil darstellt. Organisationales Lernen heißt dabei vor allem Veränderung der organisationalen Wissensbasis. Sie kann auf unterschiedlichen Wegen erfolgen: über individuelles Lernen und Lernen im Team, über Speichern und Allgemeinzugänglichmachen des in der Organisation vorhandenen Wissens, über das Umsetzen von Wissen in konkrete Produkte (vgl. Schüppel). Eine notwendige Voraussetzung für das Lernen der Organisation ist allerdings, dass auch die einzelnen Mitarbeiter lernen und in einen kontinuierlichen Wissens- und Erfahrungsaustausch treten.

## IV. DIE EXPLIZIERUNG VON WISSEN

### *1. Was Wissen von Daten und Information unterscheidet*

Wer Wissensmanagement betreibt, sollte eine klare Vorstellung davon haben, wie sich Wissen von Information unterscheidet, damit er weiß, was »gemanagt« werden soll. In der allgemeinen wissenschaftlichen Literatur werden

Zeichen, Daten, Informationen, Wissen, Kompetenz und Weisheit bisweilen aufsteigend angeordnet und mit einer entsprechenden Wertigkeit versehen: Zeichen (z. B. Buchstaben, Ziffern und Sonderzeichen) bilden als kleinste Einheiten die unterste Stufe der Leiter, wohingegen Konstrukte wie die Weisheit von Autoren die höchste und nur von wenigen Menschen zu erklimmende Sprosse darstellen (vgl. Rehäuser, Krcmar; North).

In der Literatur zum Wissensmanagement herrscht hingegen weitgehend Konsens darüber, dass für Fragen des Wissensmanagements folgende Unterscheidungsmerkmale zwischen Daten, Information und Wissen wesentlich sind (z. B. Davenport, Prusak; Willke; Probst et al.): Daten bestehen aus einer sinnvoll kombinierten Folge von Zeichen, besitzen aber noch keine Verwendungshinweise und sind an sich bedeutungslos. Zur Information werden sie erst dann, wenn sie in einen Problemzusammenhang gestellt werden und zum Erreichen eines Ziels dienen, Wissen generiert sich aus Informationen dadurch, dass diese in einen Erfahrungskontext eingebunden werden. Sinn und Bedeutung erlangt Wissen aber erst, wenn Menschen auswählen, vergleichen, bewerten, Konsequenzen ziehen, verknüpfen, aushandeln und sich mit anderen austauschen können, d. h. »nur Menschen schaffen neues Wissen« (vgl. Willke 1996 , S. 285). Die Frage, an welchem Punkt genau aus Daten Information und aus Information Wissen wird, ist allerdings kaum empirisch zu beantworten. Statt einer starren Kategorisierung setzt sich hier immer mehr die Vorstellung eines Kontinuums zwischen den Polen Daten und Wissen durch.

2. *Unterschiedliche Wissensformen*

Gibt es überhaupt *das* Wissen? Oder ist es nicht besser, von verschiedenen Wissens*formen* zu sprechen? Die für die Psychologie wohl einflussreichste Gegenüberstellung verschiedener Wissensarten operiert mit dem Begriffspaar *deklaratives* versus *prozedurales* Wissen (vgl. Reinmann-Rothmeier, Mandl 1996). Deklaratives Wissen wird oft mit dem Synonym *Sachwissen* oder *Knowing what* umschrieben, während für prozedurales Wissen das Synonym *Handlungswissen* oder *Knowing how* verwendet wird. In seiner Bedeutung als Handlungswissen enthält das prozedurale Wissen vor allem Wissen darüber, wann und warum man auf einzelne Wissensteile zugreifen und diese anwenden kann. Dabei gibt es für die Unternehmenspraxis zwei nicht zu unterschätzende Probleme: Zum einen erweist sich die Kluft zwischen

Sachwissen und Handeln oft als schwer zu überwindendes Hindernis, zum anderen ist der Zugang zum Handlungswissen im Allgemeinen schwerer zugänglich als der Zugang zum Sachwissen.

In der Praxis bekannter ist der Unterschied zwischen *explizitem* und *implizitem* Wissen (vgl. Nonaka, Takeuchi). Wissen gilt dann als implizit, wenn es nicht direkt artikulierbar, weil in hohem Maße von Erfahrungen abhängig ist und wenn es das Merkmal der Gleichzeitigkeit besitzt. Dagegen spricht man von explizitem Wissen, wenn es sprachlich artikuliert werden kann, im weitesten Sinne verstandesabhängig ist und sich mit der Eigenschaft *sequenziell* charakterisieren lässt. Diese Gegenüberstellung lässt sich auf Polanyi (1966) zurückführen: Er unterscheidet zwischen *focal knowledge* – Wissen über ein Objekt oder Phänomen, das gerade im Mittelpunkt der Aufmerksamkeit steht – und *tacit knowledge* – Wissen, das als Werkzeug für den Umgang mit dem im Fokus stehenden Wissen zu verstehen ist. Die Merkmale implizit und explizit, die ursprünglich auf das Individuum bezogen waren, werden bisweilen auch auf das organisationale Wissen angewandt. Dieses ist im Gegensatz zum individuellen Wissen nicht in den Köpfen der Menschen gespeichert ist, sondern in sozialen Systemen (Organisationen) bzw. in deren Regelsystemen (vgl. Geissler). In Verbindung mit Konzepten des organisationalen Wissens führt die Gegenüberstellung von explizitem und implizitem Wissen zu der zusätzlichen Unterscheidung zwischen objektiviertem (expliziten) Wissen und kollektivem (impliziten) Wissen innerhalb der Organisation.

3. *Identifikation und Explizierung von Wissen*

Gerade das implizite Wissen ist für Unternehmen besonders relevant. Ein Großteil des individuellen wie des organisationalen Wissens ist nicht transparent und kann deshalb nicht erfasst und genutzt werden. Hier ist vor allem die oben genannte Kategorie der Wissensrepräsentation von entscheidender Bedeutung, die ja das Ziel hat, implizites Wissen fassbar zu machen. Fehlt oder mangelt es an Transparenz, leidet der Wissensaustausch. Die Folge ist, dass die Wissensverteilung träge und das Rad im gleichen Unternehmen mehrfach neu erfunden wird, weil niemand im Unternehmen sich für die Wissensidentifikation zuständig fühlt. Auch Maßnahmen der Dezentralisierung oder des Leanmanagement können, wenn sie mit einer hohen Mitarbeiterfluktuation verbunden sind, die Identifikation von Wissensspeichern, -trägern und -netzwerken erheblich erschweren (vgl. Romhardt).

Die Transparenz des Unternehmenswissens ist die notwendige Voraussetzung, um vorhandenes Wissen bekannt und zugriffsbereit zu machen. Erlangt eine Organisation eine solche Wissenstransparenz, gehen damit eine Reihe positiver Entwicklungen einher: Mit der Identifikation und Explizierung von Wissen im Unternehmen werden auch das eigene Nicht-Wissen, die Wissenslücken und die Defizite in den Fähigkeiten der Mitarbeiter offenkundig. Dadurch kann beim Einzelnen wie bei der Organisation als Ganzer das Bewusstsein für die Notwendigkeit von Lernprozessen entstehen. Wissenstransparenz sollte niemals Selbstzweck sein, sondern immer in Anlehnung an die durch das Wissensmanagement vorgegebenen Ziele erfolgen. Darüber hinaus muss der nicht unerhebliche Aufwand auch in einem ausgewogenen Verhältnis zum Nutzen stehen, oder, wie Probst (Probst 1997, S. 142) es definiert, müssen »Organisationen ein gesundes Gleichgewicht zwischen Ignoranz und Neugier finden«.

*4. Verfahren und Schwierigkeiten der Wissensrepräsentation*

Um Wissenstransparenz im obigen Sinne herzustellen, werden derzeit unterschiedliche Verfahren der Kodifizierung von Wissen herangezogen. Diese reichen von Wissenslandkarten über (Projekt-)Datenbanken bis hin zu Mapping-Verfahren. All diesen Verfahren liegt die Annahme zu Grunde, dass Wissen erfasst, beschrieben, kategorisiert und strukturiert, bisweilen auch simuliert oder modelliert werden kann. Spätestens hier gerät man mit dem bereits skizzierten Versuch, Daten, Information und Wissen sauber zu trennen, in Schwierigkeiten. Denn sobald Wissen unabhängig von seinem Wissensträger betrachtet und damit dekontextualisiert und vom persönlichen Erfahrungshintergrund getrennt wird, kann man genau genommen nicht mehr von Wissen sprechen. Auch die für das Wissensmanagement in Organisationen so wichtige Unterscheidung von implizitem und explizitem Wissen kann einen beim Thema Wissensrepräsentation bisweilen in Verlegenheit bringen: Wie lässt sich das in seiner Wertigkeit oft so besonders hoch eingeschätzte implizite Erfahrungswissen darstellen, wenn es sich per definitionem weitgehend einer expliziten Erfassung entzieht?

Als Kompromiss zeichnet sich inzwischen in dieser paradoxen Situation ab, dass nicht die Wissensinhalte per se, sondern die Träger des Wissens erfasst und der Organisation und ihren Mitgliedern zugänglich gemacht werden. Ein typisches Beispiel hierfür sind die sogenannten »Gelben Seiten«, die kein Wissen an sich beinhalten, sondern Wege aufzeigen, wie man zu den wichtigsten Wissensstandorten und Experten mit kritischem Wissen hingelangt. Im Rahmen der Wissensrepräsentation spielt außerdem die Visualisierung eine zunehmend wichtigere Rolle, da sich mit Hilfe bildhafter Darstellungen die oft schwierige Verbalisierung impliziten Wissens erleichtern oder sogar umgehen lässt. Im Folgenden sollen daher einige Werkzeuge zur Visualisierung von Wissen vorgestellt werden (vgl. auch Koch, Mandl).

## V. INSTRUMENTE ZUR VISUALISIERUNG VON WISSEN

### 1. *Kognitive Karten*

Eine kognitive Karte ist eine grafische Darstellung inhaltlicher Konzepte einer Person, einer Gruppe oder eines Teils der Organisation sowie der Beziehungen zwischen diesen Konzepten. Die kognitive Karte soll dazu beitragen, strukturelles Wissen zu explizieren (vgl. Jonassen, Beissner, Yacci). Sie verknüpft bisher unverbundene Wissenskonzepte miteinander und setzt sie mit vorhandenem Wissen in Verbindung. Auf diese Weise werden die individuelle und die teambezogene Wissensbasis sowie Teile der organisationalen Wissensbasis deutlich gemacht. Ein solches Vorgehen bringt nicht selten Fehler und Wissenslücken ans Licht und macht das Instrument deshalb auch für Zielsetzungen des Wissensmanagements interessant. Bei der Entwicklung von kognitiven Karten werden gleichzeitig neues Wissen generiert und Anwendungsmöglichkeiten für vorhandenes Wissen ausfindig gemacht. Sie wird meist von der Organisation initiiert und von entsprechenden Experten-

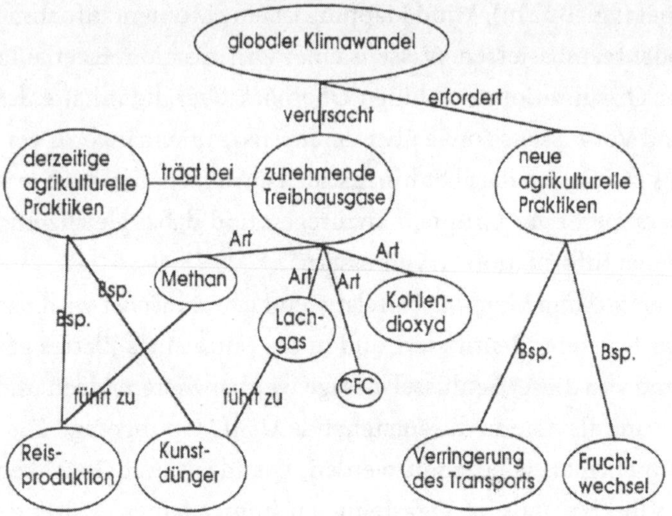


**Abb. 27**

**Concept Mapping stellt die komplexen Beziehungen zwischen unterschiedlichen inhaltlichen Konzepten einer Organisation dar.**

teams ausgearbeitet. Zusätzlich hat der einzelne Mitarbeiter aber auch die Möglichkeit, sein Wissen in einer eigenen kognitiven Karte darzustellen, da es sich, ähnlich dem Mind Mapping, um eine individuell handhabbare Technik handelt. Eines der Werkzeuge zur Erstellung einer kognitiven Karte ist das sogenannte *Concept Mapping*.

Beim Concept Mapping werden inhaltliche Konzepte und ihre Beziehungen wie folgt grafisch angeordnet und bestimmt (vgl. Fischer): Zunächst werden die Konzepte nach Kategorien, also z. B. nach Gesetzmäßigkeiten, Phänomenen, Anwendungen etc., geordnet. Anschließend werden die Muster bestimmt, denen die gefundenen Beziehungen folgen, also z. B. Ursache/Wirkung, Auslöser/Konsequenz, Oberbegriff/Unterbegriff, Konzept/Beispiel etc. Die fertigen Karten visualisieren dann das Bedeutungsgeflecht zwischen Begriffen und Konzepten und stellen damit eine Art semantisches Netzwerk dar. *Concept Maps* werden in den meisten Fällen zu pädagogischen Zwecken erstellt, lassen sich aber auch dazu nutzen, komplexe Themen und Problemstellungen in transparenter Weise zu strukturieren. Ähnlich wie für *Mind Mapping* gibt es auch für Concept Mapping inzwischen eine Reihe spezieller technischer Werkzeuge, die das Herstellen kognitiver Karten erleichtern (vgl. Jonassen, Carr).

*Mind Mapping* ist im Unterschied zum strukturellen *Concept Mapping* eine assoziativ-kreative Visualisierungstechnik, die sich eher für das Aufzeichnen und Ordnen von Gedanken und Ideen von Einzelpersonen und kleineren Gruppen eignet (vgl. Buzan). Mind Mapping ist eine Momentaufnahme des individuellen oder teambasierten Wissens einer Organisation. Es erlaubt den Mitgliedern der Organisation, sich einen Überblick über die Inhalte des eigenen Wissens und Vorwissens sowie über deren Zusammenhänge zu verschaffen. *Mind Maps* lassen sich darüber hinaus auch einsetzen, um die Kreativität von Einzelpersonen oder Gruppen anzuregen und dabei gleichzeitig die Merkfähigkeit neuer Information zu verbessern.

Das Vorgehen beim *Mind Mapping* ist relativ einfach: Zunächst wird das zentrale Thema oder Konzept identifiziert und in die Mitte eines Blattes geschrieben. Ausgehend von dieser Schlüsselaussage werden weitere Ideen und Gedanken assoziiert und als Äste an die entstehende *Mind Map* angefügt. Dieses Vorgehen kann mehrmals wiederholt werden. Die Ideen und Gedanken werden immer detaillierter und die Verästelungen immer feiner. Am Ende lassen sich dann durch Einfügen von Querverbindungen die Zusammenhänge zwischen den verschiedenen Inhalten noch weiter verdeutlichen. Es entsteht ein Netzwerk von Inhalten, das sich grafisch beliebig mit Farben, Symbolen etc. anreichern lässt. Auch für diese Technik gibt es inzwischen eine Reihe von benutzerfreundlichen Softwaretools, die die Anwendung von *Mind Mapping* leicht machen.

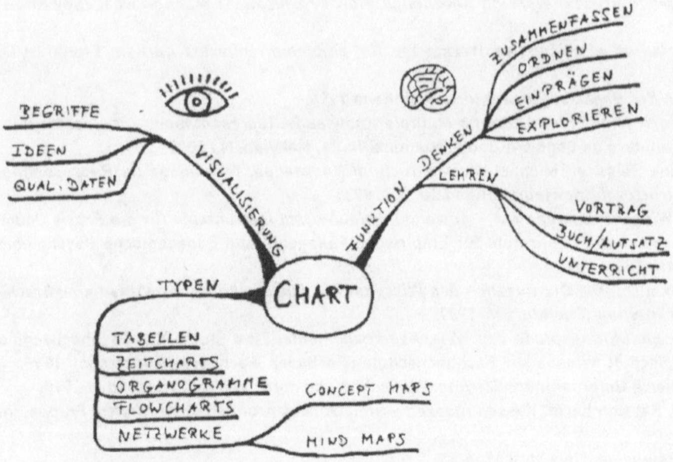


**Abb. 28**

**Mind Mapping ist eine Momentaufnahme des Wissens einzelner Individuen oder kleiner Gruppen einer Organisation.**

## SCHLUSSFOLGERUNG

Wissensmanagement in Unternehmen ist ohne die Darstellung des im Unternehmen vorhandenen Wissens nicht möglich. Sie ist eine wesentliche Voraussetzung sowohl für die Transparenz wie für den unkomplizierten Zugriff auf das Wissen eines Unternehmens und somit notwendig für alle weiteren Prozesse der Kommunikation und Nutzung von Unternehmenswissen. Ein großer Teil des vorhandenen Wissens lässt sich aber nur schwer explizit machen. Außerdem stellt sich die Frage, inwieweit überhaupt noch von Wissen gesprochen werden kann, wenn dieses in transparenter und allgemein zugänglicher Form vorliegt.

Ungeachtet derartiger theoretischer Probleme bilden das Veranschaulichen und Darstellen von Wissen für Unternehmen aber eine ernst zu nehmende Aufgabe. Bei deren Lösung kommt den computergestützten Visualisierungstechniken eine herausragende Bedeutung zu. *Concept Mapping*, die daraus resultierenden kognitiven Karten und *Mind Mapping* stellen im Rahmen des Wissensmanagements derzeit die bekanntesten Visualisierungsmethoden dar. Doch lassen die schnellen Fortschritte bei der Entwicklung gerade dieses Bereichs der Informations- und Kommunikationstechnologien für die nahe Zukunft weitere interessante Entwicklungen erwarten.

## LITERATUR

Steffen-Peter Ballstaedt: *Wissensvermittlung. Die Gestaltung von Lernmaterial*. Weinheim 1997.
Tony Buzan, Barry Buzan: *Das Mind-Map-Buch. Die beste Methode zur Steigerung Ihres geistigen Potentials*. Landsberg am Lech 1996.
Thomas H. Davenport, Laurence Prusak: *Working Knowledge. How Organizations Manage what they Know*. Boston 1998.
Frank Fischer: *Mappingverfahren als kognitive Werkzeuge für problemorientiertes Lernen*. Frankfurt/M. 1998.
Harald Geissler: *Grundlagen des Organisationslernens*. Weinheim 1994.
David H. Jonassen, C. S. Carr: *Mindtools: Affording Multiple Knowledge Representations for Learning*. In: Susanne P. Lajoie (Hg.): Computers as Cognitive Tools: No more Walls. Mahwah, NJ 2000.
David H. Jonassen, Katherine Beissner, Michael Yacci: *Structural Knowledge. Techniques for Representing, Conveying, and Acquiring Structural Knowledge*. Hillsdale, NJ 1993.
Stefan Koch, Heinz Mandl: *Wissensmanagement – Anwendungsfelder und Instrumente für die Praxis*. München: Ludwig-Maximilians-Universität, Lehrstuhl für Empirische Pädagogik und Pädagogische Psychologie 1999 (= Forschungsbericht Nr. 103).
Ikujiro Nonaka, Hirotaka Takeuchi: *Die Organisation des Wissens: Wie japanische Unternehmen eine brachliegende Ressource nutzbar machen*. Frankfurt/M. 1997.
Klaus North, Andrea Popp: *Einführungspfade des Wissensmanagements*. Eine Studie der Fachhochschule Wiesbaden, Fachbereich Wirtschaft. Wiesbaden: Fachhochschule Wiesbaden, Fachbereich Wirtschaft 1998.
Klaus North: *Wissensorientierte Unternehmensführung. Wertschöpfung durch Wissen*. Wiesbaden 1998.
Klaus North, Gilbert Probst, Kai Romhardt: *Wissen messen – Ansätze, Erfahrungen und kritische Fragen*, in: Zfo 3/1998, S. 158-166.
Michael Polanyi: *The tacit dimension*. New York 1966.
Gilbert Probst et al: *Wissen managen. Wie Unternehmen ihre wertvollste Ressource optimal nutzen*. Wiesbaden 1999.
Gilbert Probst, Martin Eppler: *Persönliches Wissensmanagement in der Unternehmensführung*, in: Zeitschrift für Führung und Organisation 3/1998, S. 147–151.
Jakob Rehäuser, Helmut Krcmar: *Wissensmanagement in Unternehmen*. In: Georg Schreyögg, Peter Conrad (Hg.): Wissensmanagement. Berlin, New York 1996, S.1–40 (= Managementforschung 8).
Gabi Reinmann-Rothmeier, Heinz Mandl: *Wissen und Handeln. Eine theoretische Standortbestimmung*. München: Ludwig-Maximilians-Universität, Lehrstuhl für Empirische Pädagogik und Pädagogische Psychologie 1996 (= Forschungsbericht Nr. 70).
Gabi Reinmann-Rothmeier, Heinz Mandl: *Wissensmanagement: Eine Delphi-Studie*. München: Ludwig-Maximilians-Universität, Lehrstuhl für Empirische Pädagogik und Pädagogische Psychologie 1998 (= Forschungsbericht Nr. 90).
Kai Romhardt: *Interne und externe Wissenstransparenz als Ausgangspunkt für organisatorische Innovation*, in: Frank Heidelhoff, Tobias Radel (Hg.): Organisation von Innovation. Strukturen, Prozessen, Interventionen. München 1997, S. 75–103.
Jürgen Schüppel: *Wissensmanagement*. Wiesbaden 1996.
Thomas Stewart: Intellectual Capital. Boston 1997.
Helmut Willke: *Dimensionen des Wissensmanagements – Zum Zusammenhang von gesellschaftlicher und organisationaler Wissensbasierung*, in: Georg Schreyögg, Peter Conrad (Hg.): Wissensmanagement. Berlin, New York 1996, S. 263–303 (= Managementforschung 8).
Helmut Willke: *Systemisches Wissensmanagement*. Stuttgart 1998.

# GESCHÄFTSMODELL DES INFORMATIONSZEITALTERS – DIE DIGITALEN MEDIEN ERMÖGLICHEN EINE RADIKALE KUNDENZENTRIERUNG

Hubert Österle

## 1. UNTERNEHMEN IM INFORMATIONSZEITALTER

Die Wirtschaft befindet sich in der Transformationsphase vom Industrie- zum Informationszeitalter. Die Restrukturierung des Bankensektors, virtuelle Unternehmen und überbetriebliche Supply Chain-Optimierung oder globales Wissensmanagement sind Beispiele für den Wandel. Die Wirtschaft im Informationszeitalter wird fundamental anders aussehen als bisher.

Neue Informationstechnologien ermöglichen neue Geschäftslösungen. Das können zusätzliche Absatzkanäle für Produkte (z. B. elektronische Finanzdienstleistungen), effizientere Formen der Beschaffung (z. B. Desktop-Kauf), neue Wege der Kommunikation zwischen Lieferanten und Kunden (z. B. virtuelle Geschäftsgemeinschaften), neue Dienstleistungen (z. B. Fernlernen), elektronische Marktdienste (z. B. allgemeine Produktkataloge oder Notariatsdienste), effektivere Führung (z. B. durch Nutzung von Data Warehouses) oder neue Informationsdienste (z. B. Finanzinformationsdienste) sein.

Die Veränderungen werden immer radikaler. Unternehmen werden in ihre Bestandteile zerlegt und neu zusammengefügt. Neue Geschäftsideen werden in Start-ups erprobt und im Erfolgsfall häufig durch große Unternehmen mit entsprechender Kundenbasis global ausgerollt. Das Shareholder-Value-Prinzip sorgt dafür, dass Wettbewerbsvorteile gesucht und ausgeschöpft werden.

## 2. UNTERNEHMERISCHE HERAUSFORDERUNGEN

Die informationstechnische Industrie – vom Chip- über den Computerhersteller bis hin zum Softwarehaus und zum Informatikberater – wendete 1998 etwa 100 Milliarden US-Dollar für die Erforschung und Entwicklung neuer Produkte und Dienstleistungen auf. Man kann davon ausgehen, dass die Industrie in voraussehbarer Zukunft Innovation nicht nur erhalten, sondern noch beschleunigen wird. Zu den wichtigsten unternehmerischen Herausforderungen des Informationszeitalters zählen radikale Kundenzentrierung, Vernetzung und Wissensmanagement.

## 3. EIN QUANTENSPRUNG IN DER KUNDENZENTRIERUNG

Neue Informationstechniken – allen voran Werkzeuge im Umfeld des Internet – eröffnen neue Wege zum Kunden. Unternehmen erkennen die Potenziale und setzen beispielsweise elektronische Produktkataloge, interaktive Chat-Systeme oder Workflows in der Kundenbetreuung ein. Aber bringen diese Instrumente dem Kunden wirklich den versprochenen Nutzen, und kann sich ein Unternehmen dadurch tatsächlich von der Konkurrenz abheben? Aus unserer Sicht nur bedingt, denn viele Projekte in der Anbieter-Kunden-Beziehung vergessen das eigentliche Kundenproblem und bearbeiten oft nur Teilprobleme des Kunden. Der Quantensprung wird dann stattfinden, wenn die immer noch dominante Lieferantenzentrierung durch eine radikale Kundenzentrierung ersetzt wird. Die Informationstechnologie bietet hierfür die Chance.

Radikale Kundenzentrierung geht vom Kundenprozess aus. Sie bedeutet nicht, einzelne Serviceaufgaben mit Informationstechniken zu unterstützen. Vielmehr muss der gesamte Kundenprozess neu gestaltet werden. Es reicht nicht aus, Kunden, die Bücher bestellen möchten, mit Büchern zu beliefern. Der Kundenprozess beinhaltet in diesem Fall auch das Bereitstellen von Buchkritiken und Hinweisen auf interessante Neuerscheinungen, das Organisieren von Diskussionen mit anderen Lesern oder das Angebot, den Weiterverkauf gelesener Bücher zu organisieren. Der derzeit größte Online-Buchhandel amazon.com hat die erfolgreiche Entwicklung dieses Prozesses beispielhaft vorexerziert.

Das Marketing kennt die umfassende Kundenorientierung schon länger. Doch erst jetzt, mit den neuen, internetbasierten Lösungen, gibt es die Möglichkeit, diese Konzepte wirkungsvoll umzusetzen. Die Web-Präsenz der Firma Procter & Gamble enthält einerseits Informationen über Windeln, andererseits wertet der Produzent das Angebot mit sachlichen Informationen auf: optimale Windelgröße, Informationen über Infektionskrankheiten, Gesprächsmöglichkeiten mit Experten usw. Junge Mütter und Väter finden auf dieser Seite viele nützliche Informationen rund um das Baby.

Auf einem ähnlichen Prinzip beruht die Website von Connected Health. Sie bietet Professionals im Gesundheitsbereich umfassende Informationen in ihrem jeweiligen Fachgebiet. Sie enthält Fachinformationen aus dem Gesundheitsbereich, Informationen über Verbände, Gesetze und Richtlinien, Zeitschriften und Diskussionsforen. Ziel all dieser Informationen ist es, für den

Nutzer der Website die wichtigste Quelle und alleinige Anlaufstation für Analysen und Neuheiten auf dem Gesundheitssektor zu werden.

Die genannten Beispiele sind Vorläufer einer umfassenden Unterstützung des Kundenprozesses durch Informationstechniken, wie sie sich in verschiedenen Servicebereichen bereits abzuzeichnen beginnen. Nehmen wir beispielsweise einen relativ komplexen Kundenprozess wie die Urlaubsplanung. Eine Familie plant, den Urlaub am Mittelmeer zu verbringen. Jedes Familienmitglied soll die Möglichkeit haben, seine Lieblingssportart auszuüben. Man will in einer familienfreundlichen Pension wohnen, Sehenswürdigkeiten besichtigen und das Land kennen lernen. Je nach Individualität der Wünsche der einzelnen Familienmitglieder kann der Prozess der Urlaubsplanung für die Familien sehr umfangreich werden: Die Urlaubsregion auswählen, im Internet nach Hotels und Pensionen suchen, sich bei diesen nach Sport- und anderen Freizeitmöglichkeiten erkundigen, Zimmerreservierungen vornehmen, Flugverbindungen bei spezialisierten Anbietern im Internet suchen, Bahnverbindungen zusammenstellen, Anbieterpreise vergleichen, Tickets buchen, vor Ort einen Mietwagen reservieren, und vieles mehr. Wenn der Urlaub dann aus irgendwelchen Gründen plötzlich um eine Woche verschoben werden muss oder mit einem Mal ein zusätzliches Kind mitfahren soll, muss ein Teil dieses Prozesses wiederholt werden. Man kann bei einer derartigen Urlaubsplanung für die Familie mit einem Zeitaufwand von 20 bis 60 Stunden und mit einer Vorlaufzeit von mindestens drei Wochen rechnen. Manche Urlauber widmen sich solchen Urlaubsvorbereitungen gern, viele hingegen empfinden sie als Belastung, bei der sie sich gerne unterstützen lassen würden.

Da der Prozessplanung in diesem Fall das Kundenbedürfnis nach einem Urlaub zu Grunde liegt, der sich aus Einzelleistungen unterschiedlicher Anbieter zusammensetzt, ließe sich die Planung durch ein elektronisches Reisebüro radikal vereinfachen. Voraussetzung für das Funktionieren wäre allerdings, dass die Reiseanbieter sich besser vernetzen und dass sich Standards zur Darstellung und Abwicklung von Reiseangeboten durchsetzen. Außerdem müssen die Kunden einen bequemeren Zugriff auf das Netz der Reiseanbieter erhalten. Ein effektives elektronisches Reisebüro muss den Kunden in die Lage versetzen, seinen Urlaub an einem einzigen Abend zu planen. Ein virtueller Reiseassistent kann ihm helfen, aus einem breiten Angebot unterschiedlicher Anbieter das für ihn Passende herauszusuchen, zu »konfigurieren« und sofort zu buchen sowie die gewünschte Zahlungsweise zu vereinbaren.

Ein solcher Komplettservice lässt sich auch auf die Betreuung während und nach der Urlaubsreise ausdehnen. Dasjenige Reisebüro, das den Urlaubsprozess vom Anfang bis zum Ende elektronisch unterstützt, kann schnell einen hohen Marktanteil gewinnen und für gewisse Segmente eine intensive, dauerhafte Kundenbindung etablieren. Entsprechende Entwicklungen zeichnen sich im Markt bereits ab.

Beispielsweise unterhält die SABRE Group, ein Unternehmen der American Airlines und der American Hospital Supply, das Internet-Reisebüro »Travelocity« (www3.travelocity.com). Auf Grund der Anbindung an die SABRE Group kann Travelocity unterschiedliche Services in einem bestimmten Marktsegment zu einem hohen Prozentsatz selbst abdecken. Es verfügt über 95 Prozent aller auf dem Markt befindlichen Airline-Sitze und hat 40.000 Hotels, 50 Mietwagengesellschaften und eine große Zahl unterschiedlicher Zielorte im Programm. Es gibt fünf Millionen registrierte Mitglieder; die Website von Travelocity wird monatlich von 60 Millionen Besuchern aufgerufen.

Das elektronische Reisebüro der SABRE Group, die bereits drei Millionen Flugtickets online verkauft hat, ist bisher noch stark auf den Verkauf von Flugreisen, Hotelzimmern, Mietwagen und Pauschalreisen fokussiert. Doch kann man bereits sehen, wie ergänzende Services an Boden gewinnen. Zum Beispiel bietet Travelocity Reservierungshilfen wie Sitzpläne und elektronischen Kartenverkauf an und stellt Vergleichspreise und Fluginformationen online zur Verfügung. Darüber hinaus gibt es einen Wetterservice, einen Buchladen und einen Straßenkartenservice. Noch ist Travelocity weit davon entfernt, dem Kunden einen sinnvollen virtuellen Reiseassistenten anbieten zu können, der seine gesamte Reiseplanung übernimmt, doch gehen die Serviceangebote in die richtige Richtung.

Ein zweites Beispiel aus dem Reiseplanungssektor ist das österreichische Reisebüro TIScover (www.tiscover.com). Seine Stärke liegt in der regionalen Spezialisierung, für die ein umfassender One-stop-Service angeboten wird.

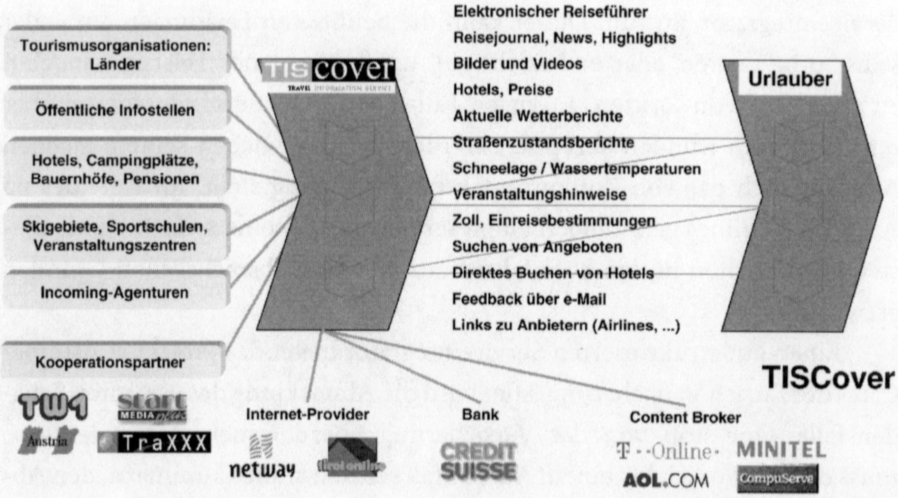


Abb. 29

Das radikal kundenzentrierte Reisebüro plant den Urlaub von Anfang bis zum Ende one-stopp.

Das Urlaubsbeispiel lässt sich beliebig auf alle möglichen Privat- und Geschäftskundenprozesse übertragen. Ein Architekt benötigt beispielsweise Unterstützung bei der Planung der elektrischen und elektronischen Infrastruktur eines Hauses, ein Getränkehersteller muss mit Verpackungsmaterial versorgt werden, Privatkunden brauchen Hilfe bei der Planung ihrer privaten Altersvorsorge etc. Im Kern bedeutet die radikale Kundenzentrierung :

- Ausgangspunkt ist nicht das Produkt oder die Kernkompetenz des Anbieters, sondern das Bedürfnis und die Erwartung des Kunden.
- Die angebotenen Dienstleistungen sind Komplettlösungen und ergeben sich aus den Aufgaben des Prozesses, den der Kunde im Idealfall bereits durchlaufen hat (zum Beispiel Urlaubsplanung).
- Ein Serviceintegrator unterstützt den Kunden während des gesamten Prozesses und setzt dazu moderne Informationstechniken ein.
- Unterschiedliche Leistungsanbieter bringen ihre spezialisierte Kernkompetenz über einen oder mehrere Serviceintegratoren in die Komplettlösung mit ein.

Der Kunde hat es dann, wenn er eine Urlaubsreise bucht oder seine private Altersvorsorge organisiert, nur noch mit einem einzigen Ansprechpartner, dem

Serviceintegrator, zu tun. Dieser kann die benötigten Leistungen entweder selbst produzieren oder er bezieht sie, um sein eigenes Leistungsangebot zu ergänzen, von Dritten. In vielen Fällen wird der Serviceintegrator aber nur dann vom Kunden akzeptiert werden, wenn er neben seinem eigenen Angebot auch das von Konkurrenten zur Verfügung stellt. Im Falle des zu American Airlines gehörenden Flugreservierungssystems SABRE wurde diese Öffnung schon in den 80er Jahren aus wettbewerbsrechtlichen Gründen erzwungen.

Einen gut strukturierten Serviceintegrator bietet das Projekt »Customer Care« der Zürich Versicherung. Hier wird die Abwicklung des gesamten Schadensfalles one-stop von der Versicherung übernommen. Normalerweise muss der Kunde sich bei einem Autounfall selbst um alles kümmern, den Abtransport des beschädigten Autos veranlassen, Reparatur und Rücktransport organisieren und die Bezahlungsmodalitäten klären. Beim Customer-Care-Projekt muss der Kunde lediglich einen »Help Point« der Zürich Versicherung über den Unfall informieren, alles Weitere inklusive Krankenhausaufenthalt, Babysitting, Schadensbehebung und Rücktransport wird von der Versicherung veranlasst. Der Kunde hat somit nur noch einen einzigen Ansprechpartner für die Abwicklung des gesamten Prozesses.

## 4. GESCHÄFTSNETZWERKE

Geschäftsnetzwerke, in denen einzelne Geschäftseinheiten zusammenarbeiten, deren Kernkompetenzen sich ergänzen, bieten wertvolle Potenziale für die radikale Kundenzentrierung. Das funktioniert so, dass die unterschiedlichen Partner in solchen Gemeinschaften Strategien, Geschäftsprozesse und die Komponenten ihrer Informationssysteme aufeinander abstimmen und Teile ihrer operativen Tätigkeiten in autonomen, überbetrieblichen Geschäftseinheiten koordinieren. Diese sind ergebnisverantwortlich organisiert und verfügen über weitgehende unternehmerische Entscheidungsspielräume. Derartige Wertschöpfungsgemeinschaften in Form von Konzerngesellschaften, Profit-Centers oder unabhängigen Unternehmen bezeichnet man als Geschäftsnetzwerke. Unternehmensintern erscheinen sie als modulare Strukturen, unternehmensübergreifend treten sie in Form von strategischen Netzwerken, Outsourcing und virtuellen Unternehmen auf. Jede Geschäftseinheit hat in einem Geschäftsnetzwerk bestimmte Aufgaben zu erfüllen. Dafür werden hoch spezialisierte Geschäftsprozesse eingerichtet. Diese müssen miteinander interagieren, damit die Kooperation ihre Ziele erreichen kann. So entsteht ein Prozessnetzwerk, also ein geschäftsübergreifender Verbund betrieblicher Prozesse, der ein Geschäftsnetzwerk auf der operativen Ebene realisiert.

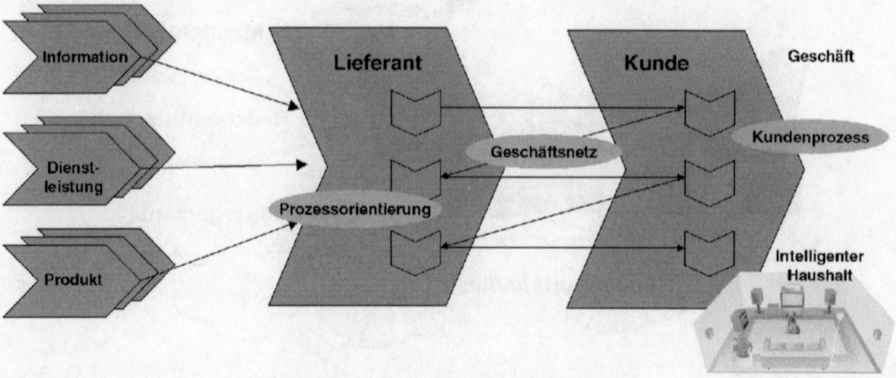


Abb. 30
Prozessnetzwerk der Wirtschaft

## 5. WISSENSMANAGEMENT

Wissen ist im Informationszeitalter die Basis für die Wettbewerbsfähigkeit. Es bestimmt die Innovationsgeschwindigkeit, die Effizienz von Prozessen, die Qualität von Produkten, das Erkennen von Kundenpotenzialen usw. Mit den neuen Informationstechnologien lässt sich die Pflege des Unternehmenswissens – und damit der Aufbau der Kernkompetenzen – auf eine neue Basis stellen. Während viele Unternehmen die Leistungsfähigkeit der neuen Wissenswerkzeuge noch anzweifeln, haben andere die Einsatzmöglichkeiten bereits ausgelotet und bieten ihren Kunden maßgeschneiderte Lösungen an.

Die LGT Bank in Liechtenstein hat, um ihre Kundenberater mit ausreichendem Wissen über Produkte, Märkte und Konkurrenten zu versorgen, eine intranetbasierte Lösung für ein Informationsnetz entwickelt. Auslöser für die Entwicklung war die strategische Neuausrichtung der Geschäftsprozesse nach Kundengruppen. Im Vergleich zur spezialisierten Beratung der Kunden in der alten produktorientierten Organisation der Bank benötigen die Kundenberater jetzt ein umfassendes Wissen über die gesamte Produktpalette, um daraus dann für den Kunden eine maßgeschneiderte Lösung zusammenstellen zu können.

**Abb. 31**

**Daten und Wissen im Beratungsprozess der vernetzten Bank**

Die intranetbasierte Lösung sorgt nun für die Optimierung des Wissensaustauschs zwischen Produktmanagement und Verkauf. Technisch gesehen geht es dabei in erster Linie um das Zusammenführen unterschiedlicher Wissensquellen zu einem einzigen Wissenskanal sowie um die Möglichkeit, dass die Kundenberater von jedem Ort der Bank aus Zugriff auf die jeweils aktuellsten Informationen haben. Parallel dazu delegierte die LGT Bank die Verantwortung für das Informationsmanagement und die Pflege der Wissensbestände an die Mitarbeiter, die zum Teil neue Rollen wie Content-Manager und Online-Redakteur übernahmen. Wissensmanagement wurde damit zum integralen Bestandteil des neuen Informationssystems.

Den Aufwendungen für System und Pflege der Wissensbestände stehen im Falle der LGT Bank Einsparungen bei der papierbasierten Informationsverteilung und der Inanspruchnahme externer Informationsdienste gegenüber, die die zusätzlichen Aufwendungen binnen eines Jahres finanzieren. Hinzu kommt, dass sich der Supportaufwand der Kundenberater durch das neue System um bis zu 30 Prozent reduzieren lässt. Außerdem hat sich die Kundenberatung qualitativ verbessert.

Wissensmanagement beruht auf der Pflege und Verarbeitung von Dokumenten. Die neuen Techniken zur Verarbeitung multimedialer Dokumente, vom digitalen Bild bis zur Internet-Seite, erweitern die Möglichkeiten zukünftiger Computerunterstützung von Informationsverarbeitungsprozessen grundlegend. Parallel dazu lösen sie eine neue Welle von Reorganisationsprozessen aus. Jeder operativen Abwicklung eines Geschäfts liegt eine Mechanik der Transaktionsverarbeitung zu Grunde, die den strukturierbaren und standardisierbaren Teil der Geschäftsprozesse automatisiert. Werden diese Transaktionsprozesse nun um multimediale Dokumente erweitert, so wird Wissensmanagement ein unverzichtbarer Bestandteil der Transaktionsprozesse. Diese nutzen über die klassische, lineare Datenverarbeitung hinaus heute jede Art von Dokument, das im Rahmen des jeweiligen Prozesses sinnvoll erscheint. So erfasst etwa ein Verkaufsprozess nicht nur die üblichen Kunden- und Auftragsdaten, sondern bezieht darüber hinaus auch Produktbeschreibungen, Pressemitteilungen über den Kunden, Voice-Mails, Kreditauskünfte und dergleichen mit ein. Das heißt also, die Transaktionssysteme werden um Systeme für Workflow-, Dokumenten- und Produktdatenmanagement sowie Gruppenarbeit, Videoconferencing und Publishing erweitert.

## 6. Die wichtigsten Trends des Geschäftsmodells

Zusammenfassend lässt sich über die sich abzeichnenden Trends für das neue Geschäftsmodell sagen:

- Die Wirtschaft wird zu einem Netzwerk von Prozessen. »Networkability« wird zur Kernkompetenz von Unternehmen. Sie erlaubt es, Einzelservices zu Kundenprozessen zu kombinieren, spezialisierte Dienstleistungen an viele Kunden anzubieten sowie das Unternehmen in einem sich schnell verändernden Wettbewerbsumfeld an neue Situationen anzupassen (z. B. durch Mergers und Akquisitionen).
- Der gesamte Kundenprozess wird multimedial unterstützt. Die benötigten Produkte und Dienstleistungen werden dem Kunden von einem einzigen Anbieter one-stop zur Verfügung gestellt.
- Die Erweiterung der Transaktionsprozesse um Wissen (Dokumente beliebiger Form und Formate) ist der nächste Schritt auf dem Weg zu durchgängigen Prozessen mit klarem Fokus auf dem Aufbau und der Pflege der Prozesskompetenz. Diese wird für die Unternehmen zum entscheidenden Wettbewerbsfaktor.
- Das Wissen über Kunden, Märkte, Technologien, Produkte, Dienstleis-

tungen, Prozesse, Lieferanten usw. wird für die Unternehmen zum wichtigen Verkaufs- und Wettbewerbsargument.

Wer im Informationszeitalter Erfolg haben will, muss diese unternehmerischen Herausforderungen verstehen und die Gesetze der neuen Informationswirtschaft beachten. Das Institut für Wirtschaftsinformatik der Universität St. Gallen arbeitet derzeit an einem Geschäftsmodell, dessen Ziel es ist, die geschäftlichen Potenziale von Informationstechnologien frühzeitig zu erkennen, innovative Geschäftslösungen zu sammeln und Gesetzmäßigkeiten zu formulieren. Außerdem wird es die Geschäftsstrategien von Unternehmen überprüfen und weiterentwickeln.

## WISSEN, DAS PRODUKTIV WIRD – MIT WISSENSMANAGEMENT ZUM LERNENDEN UNTERNEHMEN

Volker Jung

Auch wenn es eine Reihe von Berufen gibt, die bereits heute davon lebt, dass sie Wissen generiert und vermarktet, so gelangen wir doch in eine qualitativ andere Dimension in dem Moment, wo ganze Volkswirtschaften sich auf Wissen als primäre wirtschaftliche Ressource stürzen und große Industrieunternehmen ihren Tätigkeitsschwerpunkt dahingehend verändern, dass Knowledge Business zum Kerngeschäft wird. Für einen großen Konzern wie Siemens, der auf eine 150-jährige Geschichte zurückblickt, ist dieser Transformationsprozess von großer Bedeutung. Im Industriezeitalter, das nun zu Ende geht, haben wir eine führende Rolle eingenommen. Natürlich wollen wir auch im angehenden Wissenszeitalter eine anerkannte Position erreichen. Wir wollen unser Wissen voll und ganz produktiv einsetzen, um weltweit die Probleme unserer Kunden und Partner lösen zu helfen.

Die Deutsche Forschungsgemeinschaft geht davon aus, dass in den nächsten 2500 Jahren doppelt so viel geforscht werden wird wie in den 2500 seit Aristoteles vergangenen Jahren. Denn: es werden sich umso mehr Fragen stellen, je mehr die Wissenschaft erfährt. Für Universalgelehrte wie Aristoteles, Leonardo da Vinci und vielleicht auch Goethe war die Gesamtheit des menschlichen Wissens noch halbwegs überschaubar. Der heutige Wissensschatz ist dagegen von einem Einzelnen nicht mehr zu erfassen. Die systematische Aufbereitung von Wissen und die Kompetenz, dieses Wissen für Problemlösungen zu nutzen, werden damit zum attraktiven Wirtschaftsfaktor neben den klassischen Faktoren Rohstoff, Energie, Arbeit und Kapital.

Die Masse an Informationen, die uns täglich, vielfach unbewertet, zusammenhanglos und ohne Priorisierung trifft, hilft uns wenig, die Probleme des Alltags und der Wirtschaft zu verstehen oder zu lösen. Wir suchen nach Einordnung und setzen Zeichen und Daten in Kontexte. Wir lernen, bewerten und verknüpfen. Wir erlangen Kompetenz, setzen sie ein, um Probleme zu lösen, und gewinnen dadurch neue Kompetenz und Erkenntnis. Im Vorgang des Lernens transformieren wir Information in Wissen. Wenn wir Wissen kommunizieren, vermehren wir es. Nur wenn wir die richtigen Kompetenzen zur rechten Zeit und am rechten Ort zum Nutzen anderer einsetzen, dann und nur dann wird Wissen produktiv.

Es gibt eine Reihe von Theorien, die sich mit der Weiterentwicklung unserer Gesellschaft und Wirtschaft im Wissenszeitalter befassen. Einige erklären den Veränderungsdruck hin zu einer neuen Zeit mit dem Aufschaukeln von Kräften in neu entstehenden Netzen. Beispielsweise beschreibt der russische Wirtschaftswissenschaftler Kondratieff die Entwicklung der Neuzeit in Zyklen, die er auf das Entstehen neuer Netze und eine sich anschließende Etablierungsphase der Infrastrukturen zurückführt. Im Zeitalter der Dampfmaschine entstand das Handelsnetz, im Zeitalter des Stahls das Verkehrsnetz, im Zeitalter der Elektrizität entwickelten sich die Energienetze, im Zeitalter der Elektronik die Kommunikationsnetze. Kondratieff zufolge befinden wir uns gegenwärtig im fünften Zyklus der Netze, in dem Information und Kommunikation zur Basis von Wissensnetzen werden.

Die miteinander verbundenen Infrastrukturen sind im nächsten Jahrtausend die Basis für die Versorgung und Weiterentwicklung der stark wachsenden Weltbevölkerung. Eine Schätzung der Weltbank geht davon aus, dass die entwickelten Länder der Welt künftig gut zwei Drittel ihres Wohlstands dem Humankapital und dem daran gekoppelten produktiven Wissen verdanken. Am Beispiel der USA deutet sich an, welche Dynamik eine wissensbasierte Dienstleistungsgesellschaft entwickeln kann. Sie betrifft die Bereiche Software, Kommunikation, Internet-Commerce und Multimedia ebenso wie die Beratungsindustrie und globale Lösungs-, Service- und Content-Anbieter. Gäbe es in Deutschland die gleiche Dienstleistungsintensität wie in den USA, dann könnten bis zu sieben Millionen zusätzliche Arbeitsplätze entstehen.

Arbeit in einer Wissensgesellschaft bringt gewisse Erfordernisse mit sich. Gefragt sind Flexibilität, Selbstständigkeit, Verbindungen zu vielen Partnern, lebenslanges Lernen und die Bereitschaft, Wissen zu teilen und im Team zu arbeiten. Ein Erfolgsbeispiel für das Zusammenwirken solcher Merkmale ist nach wie vor das Silicon Valley in Kalifornien. Zu den wichtigsten Voraussetzungen der Erfolgs-Story zählen die enge Verknüpfung der Unternehmen mit den Schulen und Universitäten der Region und die Bereitschaft, Risiko-Kapital einzusetzen. Die Zahlen sprechen für sich. Die Hälfte aller US-Unternehmen mit Risiko-Kapitaleinsatz ist im Silicon Valley angesiedelt. Entscheidend sind aber auch die Unternehmenskultur, der Glaube an Innovation und Machbarkeit, der Mut zum persönlichen Risiko, die Akzeptanz von Misserfolgen und die Mitarbeiterbeteiligung am Unternehmenserfolg. Auch in Europa entstehen derartige Cluster. Ein Beispiel dafür ist Cambridge, wo sich um die äußerst produktive und einflussreiche Universität etwa 1.200 vorwiegend kleinere Hightech-Unternehmen angesiedelt haben.

Welches sind nun die wichtigsten Entwicklungen, die das wissensbasierte Unternehmen berücksichtigen muss?

1. Die umfassende Digitalisierung vieler Technikbereiche und die daraus resultierenden Folgen (z. B. der Konvergenz).
2. Die zunehmende Geschwindigkeit im Wettbewerb und der schnelle Takt von Prozessen, Innovationen und Marktzyklen.
3. Die Globalisierung vieler Bereiche in Wirtschaft, Verkehr, Medien und Kultur und die damit einhergehende Deregulierung.
4. Das exponentielle Wachstum der Kommunikation und die dafür notwendige Vernetzung.
5. Die Dominanz wissensbasierter Dienstleistungen und die Allgegenwart von Software.

Für Siemens sind diese Trends von großer Bedeutung: Wir sind einerseits Hersteller von Informations- und Kommunikationstechnik und entwickeln die Infrastruktur für Wissensnetze. Wir sind andererseits aber auch ein Lösungsanbieter, der mit professionellen Dienstleistungen in der Planung und Realisierung von Anlagen und Geschäftsprozessen in eine neue Dimension wissensbasierter Geschäfte hineinwächst. In beiden Fällen sind das Wissen und die Kompetenz unserer Mitarbeiter entscheidend für den Geschäftserfolg.

Beginnen wir mit der *Digitalisierung*. Sie ist für viele Technikanwendungen die treibende Kraft und generiert den hohen Bedarf an Software, die ja nichts anderes ist als das Umsetzten von Wissen in Tools. Die Hochtechnologie der Halbleiter sorgt gleichzeitig für beispiellose Leistungssprünge und starken Kosten- und Preisverfall der Komponenten. Je mehr ein Gebiet von digitaler Technik durchdrungen ist, umso höher wird der Druck, gleichartige Bausteine zu verwenden, die über hohe Volumina weiter die Kosten reduzieren. Sind mehrere Technikgebiete von der Digitalisierung betroffen, so erfasst der Druck, Standardbausteine einzusetzen, alle Anwendungsbereiche, und früher voneinander unabhängige Gebiete beginnen, technisch zu konvergieren. Wir erleben im Moment die Konvergenz von Information und Kommunikation, die allerdings inzwischen weit über die bloße Nutzung gemeinsamer Komponenten hinausgeht. Für die dramatischen Veränderungen, was Preise und Leistungen in diesem Bereich anbetrifft, steht das Beispiel der digitalen Speicherchips. Anfang der 70er Jahre kostete ein Megabit Speicherkapazität 150.000 DM. Heute kostet es so viel wie ein Ortsgespräch. Auch dieser Preis wird sich binnen kurzem noch einmal halbieren, und in zwanzig Jahren wird ein Megabit Speicherkapazität nicht mehr als eine Büroklammer kosten, sollte es diese dann überhaupt noch geben.

Dieselbe Geschwindigkeit beobachten wir auch bei den Einführungs- und Marktzyklen von Innovationen und neuen Technikanwendungen. Radio und Fernsehen benötigten in den USA mehrere Jahrzehnte, um eine Marktdurchdringung von über 50 Millionen zu erreichen. Kabel und Mobiltelefone erreichten solche Anwenderzahlen bereits nach wenigen Jahren. Beim Internet verdoppelt sich der Verkehr in den USA alle 100 Tage. Jeden Tag entstehen neue Leistungsangebote und Geschäfte, da es für jedermann prinzipiell möglich ist, sich mit einer geringen Anschubfinanzierung eine weltweite Geschäftspräsenz aufzubauen. Schätzungen gehen davon aus, dass im Jahr 2005 mindestens eine Milliarde Menschen Zugang zum World Wide Web haben werden.

Die Vergleichszahlen für Europa sehen etwas bescheidener aus. Im Jahr 1996 lag das Volumen des elektronischen Handels bei 0,8 Milliarden DM. Man geht davon aus, dass das Volumen bis zum Jahr 2001 auf über 100 Milliarden DM steigen wird. Den Hauptanteil bilden bisher die Geschäfte zwischen Unternehmen. Für wissensbasierte Geschäfte, bei denen Kunden und Partner mit eingebunden werden, ist die netzbasierte Abwicklung bereits heute das führende Medium.

Der Pulitzer-Preisträger und Kolumnist der New York Times, Thomas Freedman, fragte Anfang der 90er Jahre eine Reihe von Topmanagern, nach welchen Kriterien sie die Stärke eines Landes beurteilen würden. Damals lautete die Antwort: Nach der Anzahl von PCs pro Haushalt (»the PC is the future«). Diese hätte dann allerdings in Südkorea liegen müssen, da es dort zu diesem Zeitpunkt mehr PCs pro Haushalt gab als in den USA. Als denselben Managern im Jahr 1997 dieselbe Frage nochmals gestellt wurde, bewerteten sie die Zukunft eines Landes nach der Anzahl der Netzwerke pro Einwohner (»the network is the future«).

Die Bedeutung der Informations- und Kommunikationsnetze bei der Globalisierung liegt im Zusammenwirken von Millionen Menschen weltweit, die über eine ständig wachsende Zahl von Netzwerken miteinander verbunden sind. Durch die Nutzung dieser Infrastruktur werden ständig weitere Impulse in Richtung Globalisierung erzeugt. Der freie Fluss von Ideen, Wissen, Kapital und Dienstleistungen hat Wirkungen, die weit über die nationalen Grenzen hinausgehen. Sie verändern die Wirtschaft und die Unternehmen in ihrer Struktur, indem sie neue Anforderungen an die Gestaltung von Leistungsprozessen und Wertschöpfungsketten stellen. So wird die Entwicklung und Fertigung von Hightech-Produkten global nach der vorhandenen Infrastruktur von Fachpersonal, Zulieferern und Forschungseinrichtungen organisiert und optimiert. Im Dienstleistungsgeschäft ist es hingegen notwendig, an vielen Orten zu sein. Es sind nur wenige Spezialisten, die von einer Stelle aus im Daylight-Shifting weltweit rund um die Uhr verfügbar gemacht werden. Die globale Verteilung der Wertschöpfungsprozesse erfolgt nach regionalen Präsenz- und Leistungsgesichtspunkten. Sie wird zum wichtigsten Erfolgsfaktor in den Unternehmen.

Siemens kann als Beispiel dienen für die konkrete Verteilung verschiedener Wertschöpfungsfunktionen. Wir sind heute in 160 Ländern vertreten. Wir produzieren, forschen, reparieren und betreiben Anlagen in allen Regionen der Welt. Entsprechend weltweit sind auch die Kompetenzen in unserem Wertschöpfungsnetz verteilt. Dieses globale Competence-Center konsequent weiterzuentwickeln, haben wir in den letzten Jahren große Anstrengungen unternommen. Die technische Basis für unser Wissensnetz ist das Corporate Network mit eigenen Regionalnetzen in über 70 Ländern und mehr als 2.500 Access Points. Die Anlagen werden von Siemens Business Services betrieben. Das Datenvolumen liegt bei einem Terabyte pro Monat mit stark steigender Tendenz. Für Planung und Ausbau der weltweiten Infrastruktur ist ein Chief Information Officer verantwortlich. Ziele des Wissensnetzes sind: Wissensinhalte zugänglich zu machen und Wissensträger zu lokalisieren; den Wissensfluss zwischen allen Beteiligten, inklusive den Kunden, sowie den Erfahrungsaustausch von Best Practice zu organisieren; Expertenwissen in Tools einzubinden, um Beratern und Kunden Hilfestellungen anzubieten; Wissen als Intellectual Capital zu bewerten und den Werterückfluss aus der Vermarktung systematisch zu erfassen; und last but not least, den Wert des Wissenskapitals zu erhalten und zu vermehren. Insgesamt gilt: »Knowledge business is people business«, eine zentrale Einsicht im industriellen Umfeld, wo der Faktor Arbeit heute vielfach zur Disposition steht und Erfahrungswerte nur ungenügend genutzt werden.

Zur Umsetzung der Wissensziele im Unternehmen gibt es je nach individueller Lage eine Vielzahl von Möglichkeiten und Maßnahmen. Das reicht bei Siemens vom Intranet, Extranet, Info-Forum über Fachinformationszentren, dem Corporate Knowledge Management, den Skill-Datenbanken bis hin zur Wissensstadt »Xenia«, einer Modellstadt mit Stadtvierteln für die praktische Umsetzung vernetzten Denkens.

Auf dem Weg zum effektiven Einsatz von Wissensmanagement im lernenden Unternehmen wenden Unternehmen unterschiedliche Formen der Organisation und Führung an. Als besonders erfolgversprechend gelten Organisationsformen, die auf die flexible Bündelung und Kombination von Kompetenzen abzielen. Bei Siemens werden folgende Modelle erprobt:

- *Virtuelle Teams:* Die Mitarbeiter verbleiben in ihrer jeweiligen organisatorischen Heimat, bekommen aber die Möglichkeit, phasenweise an der Lösung von Problemen mitzuwirken und dabei für sich und ihren Bereich Zusatzerträge zu erzielen.
- *Projekt- und Koordinationsteams:* Mitarbeiter mit bestimmten Kompetenzen werden für eine gewisse Zeit abgeordnet, an Lösungen mitzuarbeiten.
- *Spinn-off-Teams oder Ventures:* Wichtige Kompetenzen werden von Siemensmitarbeitern zusammen mit Partnern und Kunden in neuen Einheiten oder Firmen gebündelt und in Lösungsgeschäfte umgesetzt. Diese Einheiten, die das traditionelle hierarchische System durchbrechen, sind Vorreiter einer Networking Organization mit Unternehmern für wissensbasierte Geschäfte, Kapital und Wissensmanagement.

Da Kompetenzen an Individuen gebunden sind, erfordert die Netzwerkorganisation auch neue Führungsstrukturen. Der einzelne Mitarbeiter muss die Verantwortung für die Weiterentwicklung seiner Kompetenz und den Erhalt seiner Wettbewerbsfähigkeit selbst übernehmen. Das Management wird zum Enabler und Facilitator, der die notwendigen Bedingungen im Umfeld schafft und den Einsatz der Kompetenz fördert. Die zukünftige Führung lässt sich am ehesten als Netzwerk beschreiben. Einfluss und Macht erlangen diejenigen, die sich als wichtige Knoten im Wissensnetz behaupten. An die Stelle von hierarchischen Machtsymbolen rücken unkonventionelles Verhalten, Ideenreichtum und erfolgreiches Umsetzen von Ideen in den Vordergrund. Die festen Zuordnungen, wie sie für das Industriezeitalter typisch waren, werden durch variierende Rollenverteilungen ersetzt. Das Management steht damit vor der Herausforderung, trotz wechselnder Zuordnung die notwendige Effizienz und Zielorientierung der Einsätze zu gewährleisten.

Die meisten Unternehmen stehen beim Aufbau von Wissensnetzen und wissensbasierter Geschäfte erst am Anfang. Das in Unternehmen verfügbare Wissen wird allenfalls zu 40 Prozent wirtschaftlich genutzt. Die Mitarbeiter verwenden bis zu einem Drittel ihrer Arbeitszeit darauf, im Unternehmen vorhandenes Wissen zu finden, und lediglich zehn Prozent der Mitarbeiter finden es unkompliziert, den unternehmensinternen Sachverstand dafür zu nutzen. Jedes Wissensmanagementprogramm in Unternehmen muss sich zuallererst mit diesen Fragen auseinander setzen und Wissensziele festlegen, die erreicht werden sollen.

Um die Wirtschaftsprozesse in der Wissensgesellschaft verstehen zu können, muss man sehen, dass sie die traditionellen Paradigmen der industriellen Gütergemeinschaft auf den Kopf stellt. Güter in der klassischen Industriegesellschaft sind Produkte, die üblicherweise in den Besitz des Käufers übergehen, nicht teilbar sind und durch Gebrauch an Wert verlieren. Engpassfaktoren für die Produkterstellung sind Kapital und Arbeitszeit.

In der Wissensökonomie wird Wissen zwar auch zum Kunden transportiert, bleibt aber gleichzeitig auch beim Verkäufer. Außerdem wächst das Produkt (Wissen) durch Gebrauch und Teilung und lässt sich fast beliebig reproduzieren. Engpassfaktoren sind die Wissensträger und die Möglichkeiten, Wissen auszutauschen.

Der Director of Intellectual Capital des schwedischen Versicherungsunternehmens Scandia hat das auf folgende Formel gebracht: »I give you a Dollar and you give me a Dollar, than we have one Dollar each. But I give you an idea and you give me an idea, then we have two ideas each. That's the growth of intellectual capital.«

Fast noch gravierender ist der Unterschied bei den Mitteln zur Wertschöpfung. Während in der Produktion der Industriegesellschaft Maschinen und Einsatzstoffe dem Unternehmen gehören und die Arbeit weitgehend austauschbar ist (Motto: hire and fire), ist sie in der Wissensgesellschaft an die Kopfarbeit und Expertise einzelner Menschen gebunden, die meist nicht so leicht zu ersetzen sind (Motto: hire and retain).

Im globalen Börsenhandel mit immer mehr Publikumskäufen und ›Day to Day Ridern‹, die über Volatilität und Fantasiebewegungen von Aktienwerten bei extrem kurzer Anlagefrist viel Geld verdienen, tritt die Bedeutung von harten Wirtschaftsfaktoren zunehmend zurück, und die Erwartungen für die Zukunft eines Unternehmens, bei denen Innovation, Vision und das verfügbare Wissenskapital eine große Rolle spielen, treten in den Vordergrund – der Grund dafür, dass Unternehmen mit sehr kleinem Vermögen, relativ geringen Umsätzen und Verlustgeschäften oft schwindelerregend hohe Marktwerte erreichen.

Ich habe zu Beginn darauf hingewiesen, dass sich umso mehr Fragen auftun, je mehr geforscht wird. Das zeigt sich sehr deutlich an der Entwicklung im Bereich Forschung und Entwicklung, wo der Aufwand seit vielen Jahren kontinuierlich zunimmt. Im letzten Jahr stiegen die Ausgaben für Forschung und Entwicklung bei Siemens um 12 Prozent auf insgesamt 9,1 Milliarden DM, das sind 7,7 Prozent vom Umsatz. Der globale Wettbewerb mit seinen schnellen Innovations- und Marktzyklen lässt Unternehmen hier nur die Wahl, entweder Innovation-Leader zu sein und das Geschäft mit neuen Ideen und Erfindungen voranzutreiben oder Fast-Follower zu sein und Bekanntes erfolgreich neu zu kombinieren. Jeder Rückgang oder Stillstand im Geschäft ist dagegen tödlich. Im Innovationsbereich stellen Patente eine hoch entwickelte Form der Wissenswertung dar. Für das Unternehmen, das sie nutzen darf, bedeuten sie Kapital. Aber sie beeinflussen auch die strategische Position eines Unternehmens, da sie seine Chancen stärken und die Bewegungsfähigkeit der Konkurrenz einschränken. Siemens hält weltweit über 110.000 Schutzrechte. Allein im vergangenen Geschäftsjahr sind 6.500 neue dazugekommen.

Andere Wissenswerte im Unternehmen sind nicht so klar geschützt. Nehmen wir das Wissen in den Köpfen der Mitarbeiter. Es ist immer an das Individuum gebunden und damit mobil, unabhängig davon, wie viel Geld der Staat oder ein Unternehmen in die Ausbildung des Individuums investiert hat. In den meisten Ländern steht es rechtlich jedem Mitarbeiter frei, nach einer vertraglich vereinbarten Frist sein Wissen für sich, andere Unternehmen, ein anderes Land zu nutzen. So gesehen sind Aus- und Weiterbildung zunächst nur Kosten für das Unternehmen. Erst die wirtschaftliche Umsetzung dieses Wissens in Produkte, Systeme, Anlagen, Lösungen und Dienstleistungen macht das in den Köpfen der Mitarbeiter angesammelte Wissen produktiv. Ausbildung ist eine Investition in die Zukunft, wobei die Ausgaben für Ausbildung heute anfallen (im Jahr 1998 waren es bei Siemens 800 Millionen DM) und erst viel später Erträge erwartet werden können. Aber auch die Weiterbildung der Mitarbeiter spielt eine wichtige Rolle. Wissen verbraucht sich zwar nicht unmittelbar wie andere Ressourcen, aber es unterliegt dem Verfall, indem es altert. Daraus ergibt sich für die Mitarbeiter die zwingende Notwendigkeit, ihr Wissen ständig durch Lernen aufzufrischen, zu erneuern und zu ergänzen. Für unseren Anspruch, ein »lernendes Unternehmen« zu sein, ist dies eigentlich das wichtigste Argument.

Die Wissenswerte von Siemens sind, entsprechend dem großen Leistungsspektrum, breit verteilt: von der Produktherstellung über Systemintegration, die Realisierung von Anlagen bis hin zum Lösungs- und Servicegeschäft. Gut ein Viertel unseres Umsatzes ist heute bereits originär als wissensbasiertes Geschäft einzustufen. Früher wurde gern gesagt: »Wenn Siemens wüsste, was Siemens weiß.« Heute bewegen wir uns klar in die Richtung, dass wir unseren Kunden sagen können: »We are Siemens and we can do it.« Wir haben eine Information and Communication Roadmap entwickelt, an der wir laufend weiter arbeiten und in der wichtige Elemente durchgängige Geschäftsprozesse, organisatorische Flexibilität und flächendeckende Kommunikation sind. Unser Ziel ist es, die Network and Solution Provider Company des Wissenszeitalters zu werden.

## FINANZDIENSTPLATZ INTERNET – DIE MARKE KOMMUNIZIERT DIE VERTRAUENSWÜRDIGKEIT

**Burkhardt Pauluhn**

Die neue Kundenschicht, die mit dem Online-Banking erschlossen wurde, ist für Finanzdienstleister wirtschaftlich sehr interessant. Sie verfügt nicht nur über ein überdurchschnittlich hohes Einkommen, sie verfügt auch über eine qualifizierte Ausbildung und ist deshalb in besonderem Maße geeignet, die neuen Dienste effektiv zu nutzen. Dabei ist es vor allem die Abwicklung von Börsengeschäften, die für diese Kundenschicht interessant ist. Von den neuen Diensten profitieren deshalb in erster Linie solche Finanzdienstleister, die sich auf das Brokerage via Internet spezialisiert haben. Sie konnten ihre Marktposition in den letzten Jahren auf Kosten der Full Service-Banken erheblich ausbauen. Bezeichnend dafür ist, dass sich der Anteil der Discount-Broker am Ertrag aus Wertpapiertransaktionen seit 1994 von 15 auf 20 Prozent erhöht hat, wobei stark gestiegenen Erträgen kräftig gesenkte Preise und gewaltig gestiegene Umsatzvolumina gegenüberstehen.

Deutschland ist eines der Länder, das auf eine lange, erfolgreiche Entwicklung des Homebanking zurückblicken kann. Als 1983 der Bildschirmtext (BTX) als neuer, nationaler Kommunikationsdienst eingeführt wurde, knüpfte sich daran die Erwartung, Homebanking werde sich rasch zu einem breit akzeptierten Zugangsweg zur Bank entwickeln. Aber die Nutzerzahlen von BTX/Datex-J – und damit auch die Zahl potenzieller Bankkunden, die sich für Homebanking interessierten – blieben weit hinter den Erwartungen zurück. Erst mehr als zehn Jahre später sorgten technische und wirtschaftliche Verbesserungen von BTX/Datex-J für eine wachsende Akzeptanz der angebotenen Dienste. Der Nachfolger T-Online verzeichnete 1994, mehr als zehn Jahre nach dem Start von BTX, eine halbe Million Nutzer. Zwei Jahre später hatte T-Online bereits eine Million Kunden, und weitere zwei Jahre danach waren es zwei Millionen, Tendenz steigend.

Wie sich diese zunehmende Akzeptanz der Online-Systeme im Bankgeschäft niederschlägt, sei am Beispiel der Deutschen Bank verdeutlicht. Über ihr Filialnetz hat die Deutsche Bank im Online-Banking im Laufe von 15 Jahren fast 400.000 Kunden mit rund einer Million Konten und Depots (Stand 1998) erreicht. Der Geschäftsbereich Privat- und Geschäftskunden, der seit dem 1. September 1999 unter Einbeziehung der Direktbanktochter Bank 24 die neue Deutsche Bank 24 AG bildet, hat insgesamt mehr als eine halbe Million Online-Kunden. Es handelt sich dabei vorwiegend um Kunden, die daran interessiert sind, die Interaktivität der neuen Dienste in Anspruch zu nehmen. 40 Millionen Online-Transaktionen, die diese Kunden im Jahre 1998 getätigt haben, sind dafür ein deutlicher Beweis. Es ging dabei nur teilweise um einfache Transaktionen wie die Änderung von Daueraufträgen oder den Einblick ins Depot. Es wurden auch Wertpapiere gekauft und verkauft sowie finanzielle Transaktionen anderer Art getätigt.

Beim Online-Banking spielt der BTX-Nachfolger T-Online nach wie vor eine große Rolle. Ähnlich wie das Minitel in Frankreich gehört es aber inzwischen eher zu den »traditionellen« Medien. Eine zukunftsorientierte Politik von großen Finanzdienstleistern wie der Deutschen Bank wird sich verstärkt auch bei ganz neuen Medien engagieren, die zunehmend mehr Kunden gewinnen. Die Deutsche Bank bietet Online-Banking sowohl über T-Online und AOL wie direkt über Internet an. Dabei hat sich der Bildschirmtext in seiner ursprünglichen Form vorzugsweise als Medium für Geschäftsleute bewährt, die es schätzen, wenn das Zusammenstellen von Kontodaten mit Hilfe von PC-Software erleichtert wird. Bei der privaten Nutzung kam der große Durchbruch hingegen erst mit dem Internet. Und hier ist es vor allem das Wertpapiergeschäft, das, weil in besonderem Maße von Aktualität (der Information) und Schnelligkeit (der Transaktion) abhängig, einen weiten Spielraum für die Interaktion zwischen Bank und Kunden eröffnet.

Welches sind nun die Regeln, nach denen dieser neue Marktplatz funktioniert? Und welches sind die Mitspieler? »You're only as good as your last customer interaction.« Diese Feststellung eines großen amerikanischen Internet-Anbieters macht vor allem eines deutlich: Im Markt der neuen Medien spielen Sympathie und andere »sanfte« Faktoren keine große Rolle mehr, hier muss alles funktionieren, und zwar exzellent. Was hingegen im Online-Banking stark an Bedeutung gewinnt, ist die Marke, der Name des Anbieters. Die Marke kommuniziert die in allen Gelddingen unerlässliche Vertrauenswürdigkeit des Partners, denn im Gegensatz zum traditionellen Geschäftsleben kann man sich nicht im Gespräch von Mensch zu Mensch ein Urteil bilden.

Detaillierten Aufschluss darüber, wie Kunden die von Finanzdienstleistern angebotenen Internet-Angebote bewerten, gibt eine im Jahr 1998 bei achtzig Kreditinstituten im deutschsprachigen Raum durchgeführte Untersuchung. Die Kunden wurden gebeten, die Leistungen nach zwei unterschiedlichen Kriterien zu beurteilen. Zum einen ging es um Fragen des Design (konsistentes Erscheinungsbild, sinnvoller Einsatz von Grafiken etc.) und der Nutzerfreundlichkeit der Angebote (Navigation, Sitemap, Hilfefunktionen etc.), zum anderen um eine Bewertung der eingesetzten Technologien (Java, Dynamisches HTML, Ladezeiten von Grafiken). Es zeigte sich, dass die Angebote den Kundenwünschen in der technischen Umsetzung offenbar recht nahe kommen, die Kunden mit den angebotenen Inhalten hingegen weit weniger zufrieden sind.

Was den instrumentellen Bereich angeht, wurde die Direktbanktochter der Deutschen Bank, die Bank 24, am besten bewertet. Auf Platz zwei folgt die Advance Bank, die ebenso wie die Bank 24 darauf angewiesen ist, sich durch Visualisierung von Information und den Einsatz innovativer Technologien zu profilieren. Aber auch traditionelle Filialbanken wie die Commerzbank (Platz vier) und die Deutsche Bank (Platz acht) konnten sich mit ihrem Online-Banking-Angebot gut behaupten.

Was die Bewertung der bankfachlichen, inhaltlichen Seite angeht, war das Urteil der Kunden weit weniger positiv. Es stellte sich heraus, dass die Kunden durchweg daran interessiert waren, Informationen zu Geldanlagen und Börsennachrichten auf der Website ihrer Bank abrufen zu können oder online direkt mit ihrer Bank in Kontakt treten zu können. In der Untersuchung wurde auch danach gefragt, ob die Kunden aktuelle Informationen über Kultur und Unterhaltung und Value-Added Services wie Rechenbeispiele für Musterdepots und ähnliche bankfachliche Dienstleistungen begrüßen würden. Die befragten Kunden äußerten ihr generelles Interesse an solchen Angeboten und hatten nicht das Gefühl, dass die Banken mit ihren bisherigen Web-Angeboten ihr Informationsbedürfnis ausreichend berücksichtigten. Fazit: Gerade dort, wo die Banken ihre traditionellen Stärken haben, in den bankfachlichen Inhalten, fühlen sich die Kunden bisher am wenigsten verstanden. Was die Interaktivität und Akzeptanz ihrer Internet-Angebote anbetrifft, haben die Kreditinstitute also offenbar noch ein gutes Stück Weg vor sich. Die Rangfolge im Urteil der Kunden sah hier interessanterweise zwei Filialbanken auf Platz eins und zwei, die Deutsche Bank und die Hypo-Vereinsbank, während die Internetbank Bank 24 auf Platz drei rangierte.

Für den Bankkunden reicht die Skala der im Internet möglichen Anwendungen von der einfachen Textübermittlung bis hin zur multimedialen Interaktion. Die Banken auf der anderen Seite haben gute Gründe für ihre Web-

Angebote. Sie betreffen die Markenbildung so gut wie den kundennahen Service sowie die Steigerung der Erträge durch Senkung der Kosten. Alle drei Bereiche zusammen ergeben inhaltliche Gestaltungsmöglichkeiten in einem geradezu revolutionären Ausmaß. Nicht nur, dass bestehende Produkte und Dienstleistungen über Internet schneller und billiger angeboten werden können, sie lassen sich auch aufwerten und als zusätzliche Einnahmequelle erschließen, wenn man sie mit einem Zusatznutzen versieht. Und schließlich kann man mit diesem Medium auch Marketingkampagnen in Gang setzen und neue Kunden gewinnen.

Für die praktische Umsetzung solcher Strategien gibt es viele Modelle. Beispielsweise spart die elektronische Abwicklung der Kauf- und Verkauforders im Wertpapiergeschäft nicht nur Kosten, sie ermöglicht darüber hinaus auch einen verbesserten Service, indem dem Kunden individuelle Kauf- und Verkaufempfehlungen angeboten werden können.

In den neu entstehenden »Virtual Communities« bündeln sich die Interessen von Menschen, die Phantasie haben, Verbindung zu anderen aufnehmen möchten und Transaktionen ausführen wollen. Dies erhöht den Erwartungsdruck auf die Anbieter, insbesondere diejenigen im Finanzdienstleistungsbereich. Auf Seiten der betroffenen Unternehmen wächst der Ablieferungsdruck von Monat zu Monat. Sie müssen sich darüber klar werden, was sie mit ihrem Web-Angebot erreichen wollen, ob sie lediglich an einem neuen Marketinginstrument interessiert sind oder dem Kunden Produkte und Services in effizienter Form zur Verfügung stellen wollen.

Die Deutsche Bank und eine Reihe anderer Pioniere des Internet-Banking haben hier eine klare Perspektive entwickelt. Sie gehen davon aus, dass das Internet eine bisher noch nie da gewesene Chance darstellt, bestehende Kundenverbindungen zu intensivieren und neue Kunden zu gewinnen. Dabei spielt die Möglichkeit der Personalisierung von Serviceleistungen eine wichtige Rolle. Das lässt sich gut an einem Beispiel aus dem Wertpapiergeschäft demonstrieren. Ein Kunde ruft beispielsweise sein Depot auf. Eine spezielle Software bewertet seine Depotbestände und findet durch Abgleich heraus, welche Werte Gewinn gemacht haben und bei welchen Werten man den Gewinn steuerfrei realisieren kann, weil die Spekulationsfrist abgelaufen ist. Für den Verkaufserlös werden Anlagevorschläge gemacht, die zum bisherigen Anlageverhalten des Kunden passen. Der Kunde kann die Vorschläge durch einen einfachen Mausklick akzeptieren.

Eine wesentliche Voraussetzung für die Akzeptanz des Internet-Banking ist ein unkomplizierter Einstieg in das Angebot. Der Nutzer muss bequem zu den Serviceangeboten gelangen können, die für ihn von persönlichem Interesse sind. Zu den Leistungen rund um die Transaktion gehören vor allem: ein Chat-Forum sowie ein Briefkasten für Konsumenten und Anleger, das persönliche Finanzmanagement mit Anlagemodellen und Kalkulationsbeispielen, Marktberichte und -analysen, finanzielle und branchenorientierte Nachrichtenquellen, Online-Interviews mit Analysten und Experten sowie Real-Time-Informationen über Marktanteile und Ertragschancen. Wenn der Nutzer speziellere Fragen hat, muss er einen Berater entweder persönlich oder per Telefon oder Video-Conferencing erreichen können, da Bankkunden ganz offensichtlich großen Wert darauf legen, die Wahl zwischen unterschiedlichen Zugangswegen zur Bank zu haben.

Dank der höheren Trefferquote bei der Kundenansprache ist das Kaufinteresse bei den Internet-Nutzern von Finanzdiensten größer als bei anderen Kunden. Man hat hier die Chance, sehr viel gezielter auf die individuellen Möglichkeiten und Bedürfnisse des Kunden einzugehen. Wenn die Wertpapierdisposition eines Kunden beispielsweise den Schluss zulässt, er interessiere sich für den Kauf eines Hauses, dann kann die Bank ihm sowohl die Finanzierung des Hauses anbieten wie die Dienste ihrer Maklergesellschaft, um sein Traumhaus zu finden.

Vieles an der momentanen Internet-Entwicklung deutet darauf hin, dass der große wirtschaftliche Durchbruch erst noch bevorsteht. In den USA hat sich die Zahl der Haushalte mit internetfähigen PCs zwischen 1996 und 1999 von 11 auf 25 Millionen mehr als verdoppelt. Bis 2004 wird mit einem Anwachsen auf 45 Millionen Haushalte gerechnet. Das bedeutet eine Wachstumsrate von fast 100 Prozent über fünf Jahre. Da Geld ein stoffloses Gut ist und finanzielle Transaktionen sich deshalb in besonderem Maße für die Abwicklung über Internet eignen, wird sich diese Entwicklung auch positiv auf den Prozentsatz des Internet-Banking auswirken.

Während bei den großen Unternehmen, die das Internet sehr früh genutzt haben, die Nutzerzahlen weitgehend stagnieren, ist die Tendenz bei den kleinen und mittleren Unternehmen steigend. In den USA sind inzwischen etwa ein Drittel aller kleinen und die Hälfte aller mittleren Unternehmen im Internet vertreten. Man geht davon aus, dass die mittleren Unternehmen sich sehr bald alle im Internet engagieren werden und dass die kleinen mit einiger Verspätung ebenfalls auf diesen Zug aufspringen werden.

Die geschätzten Wachstumsraten für einzelne Dienstleistungsbereiche in den USA zeigen, dass den Finanzdienstleistungen insgesamt sehr große Chancen eingeräumt werden. Es wäre allerdings falsch, daraus zu schließen, der Bankkunde der Zukunft werde das Internet als Hauptzugangsweg zur Bank nutzen. Die Kunden der Deutschen Bank sind bisher in der überwiegenden Mehrheit ausgesprochene »Filialtraditionalisten«, die daneben auch Telefon, Call-Center und Internet-Banking nutzen. Der Filialbankkunde unterscheidet sich seinem Profil nach deutlich von den zehn bis 20 Prozent Kunden, die heute Direct Banking-Nutzer sind. Letztere sind mobil und viel auf Geschäftsreisen unterwegs. Sie schätzen es, rund um die Uhr – und unabhängig von Zeitverschiebungen – eine direkte Kommunikationsmöglichkeit mit ihrer Bank zu haben. Für den normalen Filialbankkunden spielt das hingegen keine große Rolle. Es ist deshalb nicht damit zu rechnen, dass sich Filialbankanhänger in großer Zahl zu Direct Banking-Anhängern wandeln werden.

Wahrscheinlicher ist – und das zeichnet sich heute schon ab –, dass parallel mehrere Zugangswege genutzt werden. Schätzungen sagen voraus, dass in Zukunft 60 bis 80 Prozent der privaten Bankkunden ein multikanales Angebot aus Filiale, Telefon und Internet nutzen werden, wobei von einem häufigen Wechsel zwischen den Medien ausgegangen werden muss.

Das bedeutet für die Banken eine große Herausforderung. Je vielfältiger und großzügiger die einzelnen Kanäle aus- und umgebaut werden, desto eher laufen die Banken Gefahr, dass einzelne Kostenblöcke sich dramatisch vergrößern. Beim Ausbau eines leistungsstarken Multikanalsystems aus neuen Filialtypen, Selbstbedienungseinrichtungen sowie Telefon- und Homebanking ist das Kostenmanagement daher eine zentrale Frage. Ebenso wichtig ist allerdings, dass die unterschiedlichen Vertriebskanäle sinnvoll ineinander greifen und auf die Kundenwünsche und -bedürfnisse abgestimmt sind. Nur wenn sich die Bank konsequent den Kundennutzen zum Maßstab all ihrer Vertriebsaktivitäten setzt, können multiple Channels zur Komfortlösung für die Kunden werden.

# VERNETZTE LOGISTIK – DIE DEUTSCHE POST AUF DEM WEG ZUM INTELLIGENTEN KOMMUNIKATIONS- UND DIENSTLEISTUNGSUNTERNEHMEN

Martin Raab

## 1. HERAUSFORDERUNGEN DER WISSENSÖKONOMIE FÜR EIN LOGISTIKUNTERNEHMEN

Die Deutsche Post ist der größte Kommunikations- und Logistikdienstleister Europas. Was hat ein Logistikdienstleister mit Wissensökonomie zu tun? Oberflächlich betrachtet wenig, da er sich fast ausschließlich mit dem physischen Transport von Gütern beschäftigt. Vor dem Hintergrund der sich globalisierenden Wirtschaft und dem damit einhergehenden Trend zum Online-Handel aber sehr viel. Der Kunde erwartet zunehmend Logistiklösungen aus einer Hand. Sie müssen international, zeitnah und zuverlässig erbracht werden und in einem angemessenen Preis-Leistungs-Verhältnis stehen. Angesichts der Tatsache, dass das Welthandelsvolumen dreimal so schnell wächst wie das Weltproduktionsvolumen, wird Logistik mehr und mehr zum entscheidenden Wettbewerbsfaktor.

Für ein Logistikunternehmen wie die Deutsche Post ist dies eine große Herausforderung, zumal dabei zwei gegenläufige Tendenzen zu beobachten sind: Zum einen nimmt der Trend zum weltweiten Einkauf von Zulieferteilen, zur Produktion an verteilten Standorten und zum Outsourcing zu, zum anderen wächst die Optimierung der gesamten Wertschöpfungs- und Vertriebskette, vom Lieferanten über den Produzenten bis zum Endabnehmer, beständig. Vor diesem Hintergrund wird ein optimal gesteuerter Informationsfluss immer entscheidender für die zeit- und kostenmäßige Optimierung der logistischen Ströme.

Bisher wurden im Wesentlichen die einzelnen Wertschöpfungsstufen verbessert. Im Rahmen von *Supply Chain Management* dagegen wird die gesamte Wertschöpfungskette über Unternehmensgrenzen hinweg optimiert. Nehmen wir beispielsweise die Lieferkette für Konsumgüter: Der Konsument kauft Ware beim Einzelhändler. Der Einzelhändler ordert nach einer gewissen Zeit, oft nur zweimal im Jahr, neue Ware. Der Hersteller produziert und lagert die Ware. Er bezieht seinerseits Vorprodukte von anderen Unternehmen. Zwischen all diesen Stufen finden Logistikprozesse statt, d. h. Waren werden transportiert und gelagert. Der Informationsfluss in diesen Prozessen ist heute noch durch Lücken und Brüche gekennzeichnet. Würde man eine ganzheitliche Sicht der Logistikprozesse einführen, könnten diese Lücken und Brüche geschlossen werden. Dies würde zu erheblichen Effizienzsteigerungen führen.

Voraussetzung ist die Abkehr vom bisherigen Push-Prinzip der Warendistribution, bei dem der Hersteller die Ware an den Einzelhandel verteilt und der Endkunde sich aus dem Vorrat des Einzelhandels bedient. Fehlbestände, verbunden mit der Gefahr enormer ökonomischer Verluste, sind die Folge dieses Systems. In der globalen Wissensökonomie tritt hingegen das Pull-Prinzip in den Vordergrund, d. h. der Kunde löst den Logistikprozess aus. Dadurch wird eine Planung und Ausführung der Logistikprozesse in Echtzeit erforderlich, und an die Stelle des bisher üblichen Schnittstellenmanagements tritt die überbetriebliche Integration der Informationssysteme. *Supply Chain Management* verringert nicht nur die Durchlaufzeiten in der Produktion um bis zu 90 Prozent und verkürzt die Zeitspanne zwischen Produktentwicklung und Markteinführung. Es hat auch eine stark beschleunigende Wirkung auf die physischen Transportströme, wodurch sich die Transportkosten deutlich reduzieren.

Die reinste Form des *Supply Chain Management* findet sich im Bereich des E-Commerce, wo der Kunde die Kaufhandlung elektronisch auslöst. Aber auch elektronisch bestellte Ware muss auf physikalischem Weg tranportiert werden. Je mehr der E-Commerce wächst, desto größer wird das Versandvolumen, das bewegt werden muss. Hier ergibt sich ein neues Geschäftsfeld für die Deutsche Post. Durch Optimierung der entstehenden Informations- und Logistikflüsse lassen sich enorme Einsparungen in diesem Bereich erzielen.

## 2. Knowledge Management in einem Logistikunternehmen

Welche wissensökonomischen Dienstleistungen deckt nun das Angebot der Deutschen Post ab? Auf der untersten Ebene gibt es die *ePost*, den elektronischen Briefservice. Er beinhaltet, dass Geschäftskunden ihre Daten in speziellen Druckzentren entweder online oder per Diskette einliefern, angefangen von Rechnungen über Mahnungen bis hin zu Mailings. Die Deutsche Post wandelt die elektronischen Daten dann in konventionelle Briefe um, wobei sie alle Aktivitäten übernimmt, vom Ausdrucken, Falzen und Kuvertieren bis hin zu Frankierung und Transport. Wenn der Kunde die Zustellung der Sendungen auf elektronischem Weg wünscht, können die Sendungen auch per Fax, E-Mail, Internet oder EDI weitergeleitet werden. Da *ePost* auf dem offenen internationalen Standard der International Data Post (IDP) Organisation basiert, ist länderübergreifende Kompatibilität gewährleistet.

Eine Ebene höher ist die Paketpost angesiedelt. Was auf den ersten Blick wie eine rein physikalische Transportleistung aussieht, enthält bei näherer Betrachtung einen beachtlichen Teil an Informationsleistung. Das beginnt mit dem *Tracking & Tracing,* also der Möglichkeit, den Weg einer Sendung von der Abholung über den Transport bis hin zur Zustellung zu verfolgen. Der Kunde kann den Status einer Sendung entweder über das Call-Center oder über das Internet bzw. über Shipment-Systeme abfragen. Letztere dienen als Schnittstelle zwischen Versanddienstleister und Logistikdienstleister.

*Track & Trace Online* bietet dem Kunden über das reine Verfolgen einer Sendung hinaus auch die Möglichkeit, statistische Daten abzufragen:

- *Sendungsverfolgung:* Durch Eingeben des Identcode der Sendung erhält der Kunde online Auskunft über Empfänger, Umschlagplätze und Auslieferungsdatum.
- *Laufzeitstatistik:* Der Kunde kann sich die Sendungsmengen und -laufzeiten absolut oder prozentual darstellen lassen. Er kann alle Auswertungen nach seinen Wünschen konfigurieren.
- *Zustellreport:* Der Kunde erhält detaillierte Zustellungsinformationen für alle gewünschten Zeiträume und Identcode-Bereiche.

Durch die zielgenaue Sendungsverfolgung via Internet oder Telefon, die das *Tracking- und Tracing*-System ermöglicht, ist die Frachtpost ein leistungsfähiger Partner von *eCommerce Services (ECS)*, dem neuen Komplettdienstleister für Online-Warenhandel. Hierbei übernimmt die Deutsche Post nicht nur den physikalischen Transport, sondern die komplette Abwicklung der Kundentransaktionen. Praktisch sieht das so aus, dass ein Kunde online bei einem bestimmten Händler bestellt, die Bestellung aber de facto über einen Server der Deutschen Post läuft. Der Online-Händler beschafft die Ware und lagert sie in einem Zwischenlager der Deutschen Post ein, die dann die gesamte Transaktion abwickelt. Das hat für den Händler den Vorteil, dass er sich ganz auf sein Kerngeschäft konzentrieren und Warenangebot und Preisgestaltung optimieren kann. Die Dienstleistungen für das Backend in der E-Commerce-Abwicklung werden in Form eines modularen Systems angeboten. Die einzelnen Module umfassen den interaktiven Vertriebsweg *eShop*, das elektronische Bestellmanagement *eOrder*, die Zahlungsabwicklung *ePayment*, die Lagerhaltung *eWarehouse*, die verbunden ist mit einem effektiven Online-Bestellmanagement, sowie das professionelle Versandmanagement *eShipment*, das auch *Tracking & Tracing* beinhaltet.

Um sich nicht nur im Backend von E-Commerce zu positionieren, sondern ihre Chancen auch im Frontend-Managementbereich wahrzunehmen, hat die Deutsche Post den Internet-Marktplatz *eVITA* (electronic vita) eingerichtet. Das Geschäftskonzept basiert auf den drei Säulen Information, Interaktion/Kommunikation und Shopping, und zwar jeweils fokussiert auf die vier großen versandhandelsaffinen Themenbereiche Familie, Gesundheit, Genuss und Beruf. Kundenbindung wird hier groß geschrieben. Der Kunde soll nicht nur Shoppingangebote, sondern auch Kommunikations- und Informationsangebote vorfinden. Der elektronische Marktplatz will eine Plattform für Informations- und Gedankenaustausch, Einkauf und praktische Lebenshilfe sein.

Eine weitere Ebene wissensökonomischer Dienstleistung hat sich die Deutsche Post mit dem Computer Based Training-Service *Clip* erschlossen. Angesichts der Tatsache, dass Wissen und Qualifikation der Mitarbeiter für den Erfolg eines Unternehmens immer wichtiger werden, während gleichzeitig die Halbwertzeit des Wissens beständig abnimmt, ist Computer Based Training (CBT) der Mitarbeiter heute unverzichtbar geworden. Computergestützte Aus- und Weiterbildungsprogramme wurden zunächst nur intern verwendet. Nachdem die CBT-Expertengruppe 1991 aber als eigenständiger Geschäftsbereich in die Deutsche Post Consult ausgegliedert wurde, hat sich mit *ClipMultimedia* ein neuer eigenständiger Geschäftsbereich entwickelt. Er umfasst mittlerweile 50 Experten aus unterschiedlichen Bereichen, die multimediale Trainingsprogramme für die Mitarbeiter großer Unternehmen wie Lufthansa, Audi, Volkswagen, BASF, Tchibo, Commerzbank u. a. herstellen. *ClipMultimedia* übernimmt dabei die gesamte Herstellung, angefangen von Konzept und Drehbuch, über Audio, Video, Grafik und Programmierung bis hin zur Vervielfältigung und Konfektionierung. Die CBT-Programme sind so konzipiert, dass sie Intranet- und Extranet-Funktionen unterstützen und auf jedem herkömmlichen PC laufen.

Der anspruchsvollste wissensökonomische Dienst ist *Logistic Solutions*. Er betrifft den Wachstumsmarkt Logistiklösungen. Durch *Danzas* ist die Deutsche Post hier einer der größten Anbieter. Das gilt für den Consumer-

und den Industriebereich ebenso wie für bestimmte Spezialbereiche. Mit *Consumer Solutions* wird Konsumgüter-Logistik angeboten, bei *Industry Solutions* werden Teile der Logistikkette von Industrieunternehmen übernommen, während sich *Specialities* auf Spezialmärkte wie Chemietransporte oder Kleiderversand konzentriert. Detailliertes Wissen über Geschäfts- und Kundenbeziehungen unterschiedlicher Industriebereiche sowie effektives Wissensmanagement im eigenen Unternehmen sind die Voraussetzung, um in diesem anspruchsvollen Logistikbereich erfolgreich zu sein. Ein entscheidender Wettbewerbsvorteil ist die Tatsache, dass dem Kunden über Danzas One-Stop-Solutions in ganz Europa angeboten werden können.

### 3. ZUKUNFTSSTRATEGIEN

Neben dem Wandel zum intelligenten Logistikdienstleister hat die Deutsche Post drei klare Stoßrichtungen für Wachstum definiert:

1. *Internationalisierung.* Der Markt für Post- und Logistikdienstleistungen ist nicht mehr der Heimatmarkt, sondern der Weltmarkt. Der weltweit agierende Kunde verlangt Produkte, die national und international einheitlich sind.
2. *Erweiterung der Produktpalette.* Die Bedürfnisse der Kunden lassen sich nicht mehr allein mit dem klassischen Brief- und Paket-Geschäft befriedigen.
3. *Value-Added Services.* Die Entwicklung zur Komplettlösung erfordert auch die Übernahme vor- und nachgelagerter Aktivitäten. Die Kunden erwarten einen internationalen Komplettservice.

Das veränderte Wettbewerbsumfeld stellt hohe Anforderungen an heutige Kommunikations- und Logistikdienstleister. Dem zunehmenden Bedürfnis der Kunden nach weltweitem One-Stop-Shopping können auf Dauer nur Komplettdienstleister und Global Players Rechnung tragen, die über ein internationales Netz von hoher Qualität verfügen.

## VISION TELEMATIK – DAS AUTO ALS BEGEHRENSWERTES STÜCK LEBENSRAUM

**Michael Krämer**

Die Entwicklungsgeschichte der meisten Technologien ist geprägt von mehr oder weniger regelmäßig wiederkehrenden Revolutionen – grundlegenden Neuerungen also, die die Entwicklung in eine gänzlich andere Richtung weitergetrieben haben. Nur beim Auto gab es keinen revolutionären Bruch. Seine Entwicklung vollzieht sich stetig als Verbesserung in kleinen Schritten.

Werfen wir einen Blick zurück auf die Geschichte der Technik unseres Jahrhunderts. Die Technik des Flugzeugs, nicht wesentlich jünger als die des Autos, erlebte in der Nachkriegszeit einen radikalen Bruch. Der Propeller, zuvor dominierender Antrieb von Luftfahrzeugen, bekam Konkurrenz durch das Düsentriebwerk, mit dem die bis dahin geltende technische Grenze, die Schallmauer, durchbrochen werden konnte. Darüber hinaus war mit der Düsenverkehrsmaschine mit einem Mal die Überquerung des Atlantik ohne Zwischenlandung möglich, was den Grundstein legte für die Fernreisen und den Massentourismus.

Die Eisenbahn, das älteste Verkehrsmittel des Industriezeitalters, erlebte gar einen zweifachen Wechsel der Antriebstechnik. Die Dampflokomotive wurde durch die Dieseltraktion und diese wiederum durch die Elektrotraktion abgelöst. Dieser Wandel erlaubt es der Bahn, sich gegen die jüngeren Konkurrenten zu behaupten. Die Hochgeschwindigkeitszüge von heute fahren mit der zweifachen Geschwindigkeit eines Autos und mit der Hälfte der Geschwindigkeit eines Flugzeugs.

Die Unterhaltungselektronik erlebte technische Revolutionen in einem nahezu festen Rhythmus und brachte in beinahe jedem Jahrzehnt eine große Innovation hervor: In den 20er Jahren nahmen die ersten Rundfunksender ihren Betrieb auf. In den 40er Jahren begann in den USA das Schwarz-Weiß-Fernsehen. In den 60er Jahren kam das Farbfernsehen auf, und der Plattenspieler wurde durch die Stereo-Anlage abgelöst. Ein Jahrzehnt später wurde der Videorecorder zum Massenprodukt, und nochmals ein Jahrzehnt später gelangte der CD-Player auf den Markt. In der letzten Dekade dieses Jahrhunderts entfachte die Unterhaltungselektronik dann mit Minidisc, digitaler Kompaktkassette, satellitengestütztem Radio, digitalem Fernsehen, CD-ROM und Bildplatte ein wahres Feuerwerk an Innovationen.

Die Geschichte der industriellen Entwicklung lehrt uns aber auch: Technologische Revolutionen sind für ihre Produzenten nicht ohne Risiko. Dies lässt sich besonders gut am Beispiel der Informationstechnik erkennen. Der Computer, gerade einmal ein halbes Jahrhundert alt, erfuhr bereits vier oder fünf einschneidende technologische Umwälzungen. Mit jeder neuen Computergeneration wuchs auch eine neue Generation von Unternehmern heran, die ihre Produkte auf dem Markt durchsetzte, während die vorhergehende Unternehmergeneration plötzlich auf veralteten Technologien saß. Nur wenigen Unternehmen gelang der Übergang von einer Technologie in die nächste.

Anders beim Auto. Hier haben krasse technologische Umbrüche wie in der Luftfahrt oder Unterhaltungselektronik bisher nicht stattgefunden. Das Auto, wie wir es heute kennen, hat sich seit etwa 70 Jahren in seinen Grundzügen so gut wie nicht verändert. Überspitzt gesagt, besteht es aus vier Rädern, dem Motor, dem Getriebe, dem Fahrwerk, der Lenkung, Sitzen und Bedienelementen für den Fahrer – alles Dinge, die sich im Prinzip bereits in der Zeit zwischen den beiden Weltkriegen herausgebildet hatten.

Natürlich gab es auch beim Auto jede Menge an faszinierenden Innovationen. Die neue S-Klasse von DaimlerChrysler ist ein gutes Beispiel dafür. Überhaupt sind viele Innovationen in der Geschichte des Automobilbaus eng mit dem Hause Daimler verbunden. Ich denke an das Antiblockiersystem, das ESP, das Automatikgetriebe, die Knautschzone und den Airbag.

Bei der neuen S-Klasse gibt es als technische Neuerung beispielsweise den Abstandsregeltempomat »Distronic«. Der Fahrer erhält durch dieses neue technische Werkzeug die Möglichkeit, permanent den Abstand zu anderen Fahrzeugen überwachen zu können, was ihn beim Kolonnenfahren oder bei schnell sich verändernden Verkehrssituationen entlastet. Die Distronic wird über die normale Tempomatfunktion aktiviert und erfasst über einen Radarsensor im Kühlergrill selbstständig das relevante Ziel. Dies geschieht übrigens witterungsunabhängig bis zu einer Entfernung von 150 Metern. Das Einregeln und Einhalten des Abstands erfolgt durch Motor-Bremseingriff und Getrieberückschaltung. Die Distronic ist kein Notbremssystem, sondern eine Technologie für komfortables Fahren, die im Geschwindigkeitsbereich von 40 bis 180 km/h funktioniert.

Nicht technologische Umbrüche sind es, die das Auto modernisiert haben, sondern stetige Verbesserungen im Detail, wie sie beispielsweise das Distronic-System darstellt. 70 Jahre lang war das Auto die ›Standard-Limousine‹, das ›Allzweck-Auto‹, auch wenn es mit dem Cabrio oder dem Kombi schon immer Variationen des Standardtyps gab. Jetzt plötzlich droht sich dieses ›Norm-Auto‹ in einer Vielfalt von Nischen-Modellen aufzulösen. Der Markt und eine neue Ausrichtung von Kundenwünschen haben hier zu tief greifenden Veränderungen geführt, sodass nun neben die Limousine der Minivan, der Pickup und das Sport-Utility getreten sind.

In welche Richtung zielen nun aber die Kundenwünsche? Dass der Minivan doppelt so viele Personen befördern kann wie ein gewöhnlicher Pkw, ist offenbar nicht ausschlaggebend für die Kaufentscheidung, da höhere Personenzahlen selten in Anspruch genommen werden. Der Minivan betont das Praktische, Wohnliche, ist fast wie ein Heim auf Rädern, aber im Gegensatz zu diesem paaren sich in ihm Chic und Life-Style.

Auch der Pick-up, mit dem sich umfangreiche Lasten transportieren lassen, wird im Gegensatz zu den USA hierzulande nicht primär aus diesem Grund gekauft.

Das vielleicht größte Rätsel des zeitgenössischen Marketings aber ist das Sport-Utility, das nur in den allerseltensten Fällen für den Zweck benutzt wird, für den es konstruiert ist: den Einsatz in schwierigem Gelände. Hingegen scheint es für seine Besitzer das Bedürfnis nach Sicherheit, Erhabenheit und selbstverständlich auch Life-Style zu erfüllen.

Der Anteil der »Light-Trucks«, der Minivans, Pick-ups und Sport-Utilitys, an den Neuzulassungen beträgt in den USA bereits 40 bis 50 Prozent. In ländlichen Gegenden des Bundesstaates Texas sind laut dem britischen Magazin *Economist* bereits sieben von zehn Neuwagen Light-Trucks.

Was sich momentan wandelt, ist also nicht die Technik, sondern die Funktion des Autos. Ähnlich wie der PC wird es Werkzeug und Spielzeug zugleich. Einerseits wird das Auto zunehmend als reiner Gebrauchsgegenstand angesehen, andererseits sehen viele Pkw-Halter das Auto vermehrt unter dem Aspekt von Lust und Lebensfreude. Das trifft insbesondere auf die Gruppe der jungen Kunden zu, die einen Roadster oder ein Sport-Utility fahren. Aber auch bei den anderen Kunden geht es nicht mehr in erster Linie nur darum, sicher und bequem von Punkt A nach Punkt B zu gelangen. Das trifft vielleicht gerade noch auf Berufsfahrer zu. Die Masse der Autofahrer sind heute hingegen eher Hedonisten als Zweckrationalisten. Die Strecke von A nach B könnten sie in vielen Fällen bequemer mit der Bahn oder dem Flugzeug zurücklegen. Dass sie die Fahrt mit dem Auto vorziehen, hat damit zu tun, dass dieses eine der wenigen Möglichkeiten darstellt, so etwas wie persönliche Freiheit zu genießen.

Wer es als lustvoll und befreiend ansieht, mit dem PKW zu fahren, wird schwerlich nach einem elektronischen Co-Piloten als Fahrerersatz verlangen, es sei denn, er steht im Stau und kann das Warten an den Co-Piloten delegieren. Der Kunde will also ganz unterschiedliche Ziele mit seinem PKW verwirklichen und pendelt zwischen nüchternem Zweckrationalismus, hedonistischer Lustoptimierung und ökologisch korrektem Verhalten. Dieser Freiheitsdrang der Konsumenten, wie er sich in unterschiedlichen Erscheinungsformen der Lust an der Bewegung zeigt (zu Fuß, per Fahrrad, Motorrad, Auto), erzeugt Verkehr. Und damit Verkehrsprobleme, mit denen wir uns auseinander setzen müssen. Die klassischen Mittel, den wachsenden Verkehr durch infrastrukturelle Maßnahmen zu bewältigen, sind in den Industrienationen ausgeschöpft, während sie in den Entwicklungsländern noch gar nicht vorhanden sind.

Das Zauberwort in diesem Zusammenhang heißt Telematik. Wie kaum etwas anderes wird die Telematik, die eine Kombination aus Telekommunikation und Informationstechnologien darstellt, als Allheilmittel für alle Unzulänglichkeiten unserer Verkehrssysteme angesehen. Kaum einem anderen Markt wird für die Zukunft ein solches Wachstumspotenzial vorhergesagt. Mit der Telematik bieten sich neue Möglichkeiten für die Verkehrssicherheit, die Verkehrslenkung, für Mobilitätsdienste, für das Business unterwegs und andere Formen der Individualisierung.

Unser Ziel ist also nicht, einfach nur die Technik zu optimieren. Wir möchten vielmehr die komfortable Mobilität des Kunden optimieren. Dazu bietet DaimlerChrysler bereits heute zukunftsweisende Lösungen an, und selbstverständlich haben wir auch Visionen für die Lösungen von morgen.

Nehmen wir beispielsweise das Tele Aid-Notrufsystem: Im Notfall werden die Signale der Fahrzeugsensoren dafür genutzt, den Airbag auszulösen und gleichzeitig über das Mobiltelefon einen Notruf zu senden. Durch das GPS-Satellitenortungssystem und andere Fahrzeugsensoren verfügt das Notrufgerät des Fahrzeugs jederzeit über aktuelle Informationen über den Standort des Fahrzeugs. Zusätzlich werden die Signale der Sensoren auch auf Informationen über Art und Schwere des Unfalls ausgewertet. Diese Informationen werden dann über das GSM-Telefon an das Service-Center des Serviceproviders TEGARON weitergeleitet, das die zuständige Einsatzzentrale der Polizei ermittelt und mit detaillierten Informationen über den Unfall versorgt. Während die Einsatzzentrale versucht, eine Sprechverbindung mit dem Unfallfahrzeug herzustellen, werden die Rettungsdienste alarmiert und zum Unfallort geschickt. Das Notrufsystem kann selbstverständlich auch manuell ausgelöst werden, um z. B. bei einem Unfall, an dem man vielleicht selbst gar nicht beteiligt ist, die Rettungsdienste über die Unfallposition zu informieren. Durch Einsatz des telematischen Notrufsystems lassen sich auf jeden Fall die Rettungszeiten drastisch verkürzen, wodurch sich die Überlebenschancen der Unfallopfer erhöhen.

Ein weiterer Service ist die nach ähnlichem Schema ablaufende Pannenhilfe. Der Pannenruf wird in diesem Fall manuell durch den Fahrer ausgelöst, der über die Pannenruftaste automatisch mit dem Call-Center der Mercedes-Benz AG in Maastricht verbunden wird. Dabei übermittelt das System Informationen zum exakten Fahrzeugstandort sowie zu Art und Schwere der Panne, damit das Center in Maastricht – das derzeit rund um die Uhr in 17 europäischen Ländern Hilfe anbietet – schnellstmöglich geeignete Hilfsmaßnahmen treffen kann.

›Intelligent Predictive Systems‹ (IPS), Systeme, die Gefahren vorhersehen können, sind eine weitere telematische Entwicklung, die wir betreiben. Ausgehend von einer digitalen Straßenkarte, dem GPS-Satellitenortungssystem und dem *Map Matching* zur genauen Bestimmung der Fahrzeugposition werden die Geometriedaten und bestimmte Attribute der Straßenkarte ausgewertet, um den Fahrer im Vorhinein auf mögliche Gefahren wie scharfe Rechts- und Linkskurven, Kreuzungen oder Spurverengungen aufmerksam zu machen. Dabei sollen aber nicht nur Geometriedaten genutzt werden – was übrigens hoch genaue Straßenkarten voraussetzt –, es sollen auch situationsangepasste Warnungen ausgesprochen werden wie z. B. ›City Area‹, ›Straßenverengung‹, ›Tunnel‹.

Der Vorläufer der Intelligent Predictive Systems, das Auto Pilot-System, befindet sich inzwischen auf dem Weg zur kostengünstigen Standardausrüstung. Auf der Basis eines auf CD-ROM gespeicherten digitalen Straßennetzes bestimmt das Navigationssystem die bestmögliche Route und gibt diese optisch und akustisch an den Fahrer weiter. Diese Entwicklung wird von uns bis zu einem kompletten Verkehrslenkungssystem fortgeführt.

Eine Weiterentwicklung ist hingegen das ›dynamische Navigations-System‹. Das erste dynamische Zielführungssystem, das ›Intelligent Traffic Guidance System‹ (ITGS), entstand 1997 in Tokio. Das Projekt basierte auf einer

Idee von Ingenieuren der Mercedes-Benz AG und wurde im Rahmen einer Kooperation zwischen der Tokyo Metropolitan Police, dem Verkehrsinformationsanbieter ATIS, dem Mobilfunkbetreiber DoCoMo und den Zulieferern Robert Bosch AG/Nippon Denso sowie der Mercedes-Benz AG in nur 18 Monaten entwickelt und auf den Markt gebracht. Auf der Basis von automatisch erhobenen Verkehrsdaten (mit ca. 14.000 Sensoren und ca. 3.000 Kameras) werden Verkehrsinformationen generiert, die auf Anfrage via Datenfunk an die Nutzer des ITGS-Systems übermittelt werden. Im Fahrzeugendgerät erscheinen die Informationen (Stau etc.) nicht nur als Displayanzeige, sondern werden auch im Routensuchalgorithmus verwendet. Der Fahrer erhält durch dieses System die Möglichkeit, immer die zeitlich kürzeste Route zu wählen, weil das System ihm bei Staus immer die zeitmäßig günstigste Alternative anbietet.

In Deutschland gibt es das System seit Mitte 1998. Es basiert auf Verkehrsdaten, die auf Bundesautobahnen durch ein privat betriebenes Sensorennetz erfasst werden. Sie werden vom Serviceprovider TEGARON genutzt und mit weiteren Verkehrsinformationen (Landesmeldestellen etc.) zu einer Gesamtverkehrsinformation verdichtet. Die gebührenpflichtigen Informationen werden auf Anfrage über GSM-Mobilfunk an die Nutzer des DynAPS übermittelt und im Fahrzeugendgerät bei der Routenberechnung und der aktiven Routenführung berücksichtigt.

Zukünftig ist daran gedacht, die Verkehrsinformationen über FCD (Floating Car Data) zu generieren. Dabei werden einzelne Verkehrsinformationen (z. B. Fahrzeiten auf bestimmten Streckenabschnitten) direkt von den Fahrzeugen abgerufen, anonymisiert und an die Verkehrsdatenzentrale übermittelt, bei der dann aus den eingehenden Einzeldaten ein Gesamtbild der Verkehrssituation generiert wird.

Die Navigations- und Verkehrsleitsysteme haben heute bereits einen hohen technischen Stand erreicht. Aber noch immer ist es der Fahrer, der eine bestimmte Verkehrssituation beurteilen muss, um sich z. B. für eine alternative Route oder eine bestimmte Stauumfahrung zu entscheiden. Die Orientierung und Beurteilung einer Situation wird ihm dann am leichtesten fallen, wenn er die Verkehrssituation möglichst weiträumig überblickt. In diesem Zusammenhang ist daran gedacht, die Naviagationssysteme mit 3D-Darstellungen der Fahrtroute, des umgebenden Geländes sowie einzelner markanter Gebäudekomplexe auszustatten.

Wie lassen sich nun telematische Konzepte auf Mobilitätsdienste wie Taxis oder Car Pools übertragen? Das Nutzungskonzept der DaimlerChrysler AG für den Potsdamer Platz in Berlin ist hier ein gutes Beispiel. Das Areal umfasst:

9.000 Büroarbeitsplätze
650 Wohneinheiten
500 Hotel- und Appartementzimmer

1 Ballsaal für 700 Personen
1 Spielbank mit 8.000 $m^2$ Grundfläche
1 Theater mit 2.500 Sitzplätzen
Kinos mit 4.000 Sitzplätzen

Eine auf der Basis dieser Zahlen erstellte Hochrechnung sieht für das Jahr 2002 täglich 250.000 Personenbewegungen am Potsdamer Platz voraus, davon alleine 20.000 auf dem Gelände der DaimlerChrysler AG. Für diese Personenbewegungen stehen aber lediglich 2.500 unterirdische und 1.500 oberirdische Parkplätze zur Verfügung. Um das Problem zu lösen, sind also innovative Konzepte gefragt.

Das von DaimlerChrysler entwickelte Konzept sieht einen Car-Pool in Form einer telematisch gestützten Fahrzeugflotte vor. Die Buchung eines Fahrzeugs erfolgt zentral über Telefon oder Internet. Die Zentrale teilt dem Kunden den Standort des Fahrzeugs mit und übermittelt gleichzeitig an den Wagen einen Datensatz, der den Kunden anhand von dessen persönlicher Chipkarte für den fraglichen Zeitraum als Besitzer ausweist. Das Fahrzeug wird dann mit der Chipkarte geöffnet, der Motor mit einem PIN-Code gestartet.

Nach Beendigung stellt der Kunde das Fahrzeug an einem der dafür vorgesehenen Plätze ab und quittiert die Rückgabe im Bordrechner, der automatisch die Fahr- und Standortdaten an die Zentrale weitermeldet.

Das Konzept, das Kosten und Stellplätze einzusparen hilft, hat sich im Pilotbetrieb am Potsdamer Platz praktisch bewährt. Ein Grund für die gute Akzeptanz liegt vermutlich in der hohen Flexibilität des Systems, die es dem Nutzer ermöglicht, sich ohne irgendwelche Vorausplanung und Vertragsausfertigung an einem der Fahrzeugstandorte spontan zu entscheiden, den Car-Pool in Anspruch zu nehmen.

Die telematische Vision für zukünftige Mobilitätsdienste sieht so aus, dass durch die Verknüpfung unterschiedlicher Verkehrsmittel die individuellen Reisewünsche des Kunden über ganze Verkehrsketten hinweg organisiert werden können. Die Planung einer Dienst- oder Urlaubsreise, die die persönlichen Mobilitätsbedürfnisse des Kunden berücksichtigt, würde dann beispielsweise so aussehen, dass der Kunde mit dem eigenen PKW zum Flughafen fährt, bei Ankunft am Zielflughafen die Weiterreise per Bahn für ihn organisiert ist und am Bahnhof des Bestimmungsortes ein Poolfahrzeug oder ein Mietwagen für ihn bereitsteht. Das Hauptproblem dabei ist die Logistik, d. h. es muss die für die Strecke am besten geeignete Kombination von Verkehrsmitteln herausgefunden und deren Bereitstellung zur richtigen Zeit am richtigen Ort sichergestellt werden. Möglicherweise werden Autohersteller in Zukunft zu Mobilitätsmaklern und verkaufen Sitzkilometer statt Fahrzeuge.

Was das Arbeiten im Auto anbetrifft, so ist es für Menschen, die wie Manager oder Außendienstmitarbeiter an unterschiedlichen Standorten tätig sind, bereits heute ein Teil des beruflichen Alltags. Die technischen Möglichkeiten sind allerdings bisher meist auf das Mobiltelefon beschränkt, während Fax und Laptop eher selten im Auto Verwendung finden. Zum Teil liegt das daran, dass die Geräte bisher nicht ›intelligent‹ miteinander verbunden sind. Das gilt sowohl für ihre Integration in das Fahrzeug wie für die Vernetzung der Geräte untereinander. Zum anderen Teil liegt es daran, dass man die bisher zur Verfügung stehenden Geräte nicht während des Fahrens bedienen kann und die Verbesserung des Human Machine Interface (HMI) durch Sprachtechnologie ein wichtiger nächster Schritt ist, um die Technik nutzerfreundlicher und damit für die Integration in das Fahrzeug geeigneter zu machen.

Wie sieht nun die telematische Zukunftsvision für das ›Büro im Auto‹ aus? Eine ganz wesentliche Voraussetzung für das effiziente, sichere Arbeiten von »unterwegs« ist der Einsatz breitbandiger Übertragungskanäle im Mobilfunk. Nur mit ihnen lässt sich das enorme Datenvolumen bewältigen, das wir täglich umschlagen. Um die Quote der Verbindungsunterbrechungen möglichst gering zu halten, sind leistungsfähige Sende- und Empfangsanlagen im Fahrzeug notwendig. Außerdem müssen auf mobile Bedürfnisse abgestimmte Übertragungsprotokolle entwickelt werden, die auch nach einer Unterbrechung der Funkverbindung wieder nahtlos an der zuvor verlassenen Stelle aufsetzen. Einige Konzepte gehen sogar so weit, dass sie zukünftige Fahrzeuge als Internet-Knoten ansehen, die vollen Zugang zu den firmeninternen

Kommunikations- und Informationssystemen gestatten. Der Umfang der derzeit angedachten Applikationen und Funktionen reicht von der einfachen Datensynchronisation zwischen Büro und Auto (E-Fax, E-Mail und Officetools) bis hin zum ›abhörsicheren‹ Datenaustausch von vertraulichen Informationen.

Was die Entwicklung eines autotauglichen Human Machine Interface anbetrifft, so geht es dabei neben der Möglichkeit, einfache Standardvorgänge durch ein vorher eingegebenes persönliches Profil steuern zu können, vor allem um die Sprachbedienung. Nur wenn sich alle benötigten Kommandos mit Sprache in den Computer eingeben lassen und wenn die Ergebnisse von Recherchen, E-Mails, Artikel und andere Nachrichten dem Fahrer in gesprochener Form zur Verfügung gestellt werden, sind die Voraussetzungen für ein sicheres Bedienen während der Fahrt gegeben.

Die Vorstellungen gehen dahin, dass Fahrzeuge in Zukunft den Fahrer anhand einer elektronischen Zugangsberechtigung erkennen und dass sie ihn entsprechend dem gespeicherten persönlichen Nutzerprofil sofort nach dem Einsteigen mit allen für ihn wichtigen Informationen versorgen. Denkbar sind hier

- Nachrichten on demand,
- Abhören von E-Mails, die inzwischen eingegangen sind,
- Änderungen des Terminplans,
- individuelle Informationen on demand (Sport, Börse, Kultur etc.),
- Verknüpfung der im Office gespeicherten Adressen mit dem Navigationssystem des Fahrzeugs.

Auch was den Themenbereich Freizeit anbetrifft, gibt es inzwischen weiter reichende telematische Konzepte. Die Ausstattung mit Radio und Kassettenteil, wie sie für viele Jahre Standardausstattung von PKWs war, wird dem hedonistischen Trend zur Individualisierung der Fahrzeugausstattung heute nicht mehr gerecht. Neuerdings kommen immer häufiger zur Grundausstattung Soundverstärker, CD-Wechsler, Navigationssysteme, Telefonanbindung oder TV-Gerät hinzu. Diese Angebote lassen sich bis zu einem gewissen Grad erweitern, etwa durch die beschriebene Call-Center-Funktion in Maastricht (s. o.) oder durch eine Navigations-CD mit zusätzlichen Informationen zu Points of Interest (POI), wie Golfplätze, Sehenswürdigkeiten, Restaurants. Da die Angebote sich durch die bisher fehlenden technischen Integrationsmöglichkeiten aber nicht automatisch aktualisieren, ist der effektive Nutzen begrenzt.

Das am weitesten gehende telematische Konzept liegt bisher mit unserer Vision *Xtainment*, einer Kombination aus den unterschiedlichen ›tainment‹-Technologien Entertainment, Infotainment und Edutainment, vor. Es geht von einem in das Fahrzeug integrierten Multimedianetzwerk aus, mit dem alle im Fahrzeug vorhandenen Medien vernetzt sind. Hierbei können Musik- und TV-Empfang durch Online-Informationen ergänzt werden, die aktualisierte Angaben zu Reiseroute, Übernachtungsmöglichkeiten, Essen & Trinken, Tanken & Rasten liefern. Das Fahrzeug verfügt über Multi Player Games und Bildungsangebote. Für eine spätere Ausbaustufe sind auch das Downloaden von Musik und Videos on demand vorgesehen. Ebenso soll ›Heimtechnologie‹, wie sie portable Endgeräte und Spielekonsolen darstellen, mit einbezogen werden. *Xtainment* bietet sich insbesondere für lange Reisen an, um sich beispielsweise über aktuelle Kulturprogramme zu informieren, dafür auch online sofort Karten zu bestellen, die Kinder zu beschäftigen oder auch einfach nur, um die Fahrt kurzweiliger zu gestalten.

Um Visionen wie *Xtainment* umsetzen zu können, benötigen wir ein modulares Endgerätekonzept. Es muss flexibel sein für Updates und sich auch während der Lebenszeit eines Fahrzeuges austauschen oder aufrüsten lassen.

DaimlerChrysler will die neuen Kommunikationstechnologien und ihre vielseitigen Nutzungsmöglichkeiten dafür einsetzen, seinen Wahlspruch »Unsere Kunden sollen keine Minute, die sie im Auto verbringen, bereuen« zu verwirklichen und das Auto zu einem begehrenswerten Stück Lebensraum zu gestalten.

# EPILOG

# DAS HAUGHTON-MARS-PROJEKT DER NASA – EIN BEISPIEL FÜR DIE VISUALISIERUNG PRAKTISCHEN WISSENS

William J. Clancey

Wenn wir von Wissen sprechen, so meinen wir damit einmal das *beschreibende Wissen*, also Fakten, Theorien und empirische Beobachtungen, die in der Regel schriftlich dokumentiert sind. Zum anderen meinen wir damit aber auch das *konzeptuelle Wissen*, das Wissen im Kopf, das mit Begreifen und Verstehen zu tun hat. In meinem Beitrag konzentriere ich mich auf den letztgenannten Aspekt, den ich als *praktisches Wissen* bezeichne. Ich möchte in meinem Beitrag zeigen, wie man dieses Wissen analysieren und für das Design von Informationstechnologie nutzen kann.

Visualisierung von Wissen darf sich nicht darauf beschränken, Theorien und Fakten zu veranschaulichen, sie muss vor allem auch versuchen, das im Alltag vorhandene *implizite praktische Wissen* auszudrücken. Alltagswissen gilt zwar als Allgemeingut, wird aber deshalb nicht unbedingt auch von jedermann verstanden. Wenn mehrere Personen zusammenarbeiten, so ist das implizite Wissen wie in einer Choreografie auf alle verteilt – etwa in der Art, wie ein Küchenchef und ein Maître d'Hôtel, die über ganz unterschiedliche Fähigkeiten verfügen, diese bei der Zusammenarbeit koordinieren (vgl. Scribner; Greenbaum, Kyng; Resnick et al.)

Implizites praktisches Wissen ist nicht-verbales Wissen und kann im Prinzip nicht durch Begriffe ausgedrückt werden. Es ist also nicht damit getan, implizites einfach in explizites Wissen umzuwandeln. Wir müssen vielmehr deutlich machen, was wir wissen und wie sich dieses Wissen im täglichen Leben zeigt. Was damit gemeint ist, lässt sich gut am Beispiel des Haughton-Mars-Projekts der NASA demonstrieren, das ich im Folgenden vorstellen werde. Hierbei wurden die Tätigkeiten einer Gruppe von Wissenschaftlern, die sich im Sommer 1997 in der kanadischen Antarktis auf eine Marsmission vorbereiteten, daraufhin untersucht, wie sich das in ihren Tätigkeiten erkennbare praktische Wissen technisch visualisieren lässt.

## 1. MARSEXPEDITION ALS HERAUSFORDERUNG AN PRAKTISCHES WISSEN

Die Planung einer Expedition zum Mars erfordert enorme technische und organisatorische Vorbereitungen. Es ist notwendig, neue Formen der Koordination zwischen den Aktivitäten der Bodenstation und des Raumschiffs zu finden sowie neue technische Werkzeuge zu entwickeln, die geeignet sind, ein solches Drei-Jahres-Raumfahrtunternehmen zu unterstützen. Da wir es beim Mars nicht wie bei bisherigen Raumfahrtexperimenten mit der Erdumlaufbahn zu tun haben, sind alle Arbeitsvorgänge vollkommen neu zu überdenken. Beispielsweise kann man für ein drei Jahre dauerndes Raumfahrtunternehmen nicht exakt jede Minute vorausplanen, und die traditionellen Rollen der Arbeitsverteilung kehren sich um: die Bodenstation wird zur Durchgangsstation, das Weltall zum Daueraufenthalt. Informationen gelangen mit durchschnittlich 40 Minuten Verzögerung von der Bodenstation zum Raumschiff und umgekehrt, sodass die Möglichkeiten der Direktassistenz seitens der Bodenstation sehr eingeschränkt sind. Bei einer Vorbereitung auf die Marsexpedition geht es deshalb vorrangig darum zu verstehen, auf welche Weise praktisches Wissen von der Besatzung erworben wird, während sie ihren Job tut. Das hat natürlich Einfluss auf die technischen Werkzeuge, die zur Unterstützung der Besatzung zur Verfügung gestellt werden. So wurde beispielsweise eine neue Form von elektronischem Handbuch entwickelt, da es für die Astronauten der Mars-Expedition wichtig ist, dass sie ihre Arbeitspläne selbst aktualisieren können.

Die Entwicklung der Softwaretechnik befindet sich gegenwärtig in etwa auf dem Stand der Architektur, bevor es die Disziplin des Bauhandwerks gab. Die meisten Systeme konzentrieren sich darauf, sich an lokale Gegebenheiten anzupassen, und wenden sich an eine ganz bestimmte Nutzerschicht. Sehr oft berücksichtigt die Software überhaupt nicht den Kontext, in dem sie benutzt werden soll. Computerarchitekturen sind so gestaltet, dass sie den Arbeitsplatz in erster Linie als Arbeitsbereich, Netzwerk und Mittel zur Kommunikation sehen. Ingenieure wissen zwar, wie man Hard- und Software integriert, sie wissen aber nicht, wie man beides an die Bedürfnisse von Menschen anpasst. Um effiziente computergestützte Arbeitssysteme zu gestalten, braucht man vor allen Dingen ein Verständnis davon, wie Menschen mit den Werkzeugen, die man ihnen zur Verfügung stellt, umgehen. Man muss ihre Tätigkeiten studieren, um entscheiden zu können, auf welche Weise neue Werkzeuge helfen können, menschliche Interaktion zu befördern.

Eines der Projekte, die wir entwickeln, um hier zu besseren Lösungen zu kommen, ist das »human-centered computing«. Der Forschungsansatz beginnt zunächst mit einer Analyse dessen, was Menschen besser können als Computer (z. B. Ideen und Konzepte entwickeln und sie miteinander in Beziehung setzen) und was umgekehrt Computer besser können als Menschen (z. B. Daten nach bestimmten Kriterien filtern und sortieren), und fragt dann danach, wie man diese unterschiedlichen Fähigkeiten so zusammenführen kann, dass sich daraus ein synergistisches System ergibt.

Der Zweck des Vorgehens ist, dass wir aus der Perspektive des praktischen Wissens heraus Leute, die in Gruppen arbeiten, dazu befähigen, sich besser aufeinander einzustellen, wobei ein wichtiger Punkt das Unterstützen von Lernprozessen ist.

Wir gehen beim Design des Human-Centered Computing von einem ganzheitlichen System (Organisation, Arbeitsprozess, Technologie, andere Einrichtungen) aus, das im Zusammenhang mit dem Kontext, in dem es benutzt wird, gestaltet wird. Dabei sind Beobachtungstechniken aus der Praxis der Ethnologen hilfreich. Sie erlauben es, sich direkt in das Environment des Arbeitsbereichs hineinzubegeben, um die spezifischen Probleme, Möglichkeiten und Vorstellungen der Menschen besser verstehen zu können. Mit dieser Methode lässt sich das Vorhandensein und die Wirkung menschlicher Interaktion, Unterhaltung, Identität und der Rhythmus des alltäglichen menschlichen Lebens sehr gut zum Vorschein bringen.

Beim Human-Centered Computing handelt es sich um eine multidisziplinäre Designmethode, in der eine Reihe unterschiedlicher Zielvorgaben zusammengeführt sind: Nutzerfreundlichkeit des Systems, Erweiterung des Wahrnehmungshorizonts, Förderung von Lernprozessen. Der ethnografische Ansatz des Human-Centered Computing soll im Folgenden mit einer Fallstudie illustriert werden.

## 2. ETHNOLOGISCHE ANALYSE DER HAUGHTON-MARS-EXPEDITION

Der Haughton-Krater befindet sich nahe der Küste von Devon Island, etwa 1.400 Kilometer südlich des Nordpols. Er entstand vor ungefähr 24 Millionen Jahren durch einen Meteoriteneinschlag und hat einen Durchmesser von etwa 20 Kilometern. Das Haughton-Mars-Projekt (HMP) war eine Expedition zu diesem Krater, die 1998 von dem NASA-Astrogeologen Pascal Lee organisiert wurde und an der 24 Experten teilnahmen. Der Krater war als Übungsgelände gewählt worden, weil seine von Dauerfrost geprägte Landschaft Formationen zeigte, die starke Analogien aufwies zu Fotos von der Marsoberfläche.

Ich führte während dieser Krater-Expedition eine zehntägige ethnografische Studie der Tätigkeiten der Gruppe durch, die auch eine umfangreiche fotografische Dokumentation einschloss.

Abb. 32
Die Zelte des Basiscamps sind kurvenförmig aufgestellt. Die Kurve stellt eine imaginäre Grenzlinie dar, entlang derer sich die einzelnen Expeditionsteilnehmer innerhalb des Camps positionieren.

Die Zelte des Basiscamps sind an einem Flussufer aufgestellt. Die drei gleichen Zelte links oben scheinen wie zufällig nebeneinander zu stehen. In Wirklichkeit sind es aber die drei Zelte der Wissenschaftler eines Roboterlabors, die zusammen reisen, arbeiten und essen und sogar um die gleiche Zeit zu Bett gehen. Sie bilden eine Untereinheit im Camp und haben sich entsprechend räumlich abgesondert. Das Beispiel zeigt, dass die Identität der Bewohner sichtbar wird an der Art, wie sie sich in ihrer physischen Umgebung niederlassen. Ich selbst errichtete beispielsweise mein Zelt neben dem des Berichterstatters von National Geographic, weil ich ihn gerne kennenlernen wollte. Mit anderen Worten erhält die Umwelt durch solche Aktionen selbst eine soziale Struktur, die die Beziehungen widerspiegelt und fördert, die Menschen sich wünschen.

*Analyse von Expeditionsaktivitäten*

Ethnologische Studien bei der wissenschaftlichen Feldarbeit durchzuführen, ist in der Anthropologie eigentlich nicht üblich. Allerdings sind die Methoden, die ich anwendete, denen von Greenbaum und Kyng (1991) ähnlich, die damit die Arbeit in Büros untersuchten und sich wiederum auf anthropologische Untersuchungsmethoden stützten, wie sie im Verlauf des 20. Jahrhunderts vor allem zur Erforschung nicht-westlicher Kulturen entwickelt wurden:

1. *Beobachtung der Beteiligten*: Studium ihres Verhaltens, während man an alltäglichen Aktivitäten partizipiert.
2. *Dokumentation der Feldforschung:* Anfertigen ausführlicher schriftlicher Notizen über die Beobachtungen der alltäglichen Aktivitäten, die, neu sortiert und reorganisiert, immer wieder neue Verhaltensmuster sichtbar machen können.
3. *Interaktionsanalyse durch Foto- und Videodokumentation:* Anfertigen bildlicher Notizen per Fotoapparat oder Videokamera, um Beziehungen zwischen Menschen, Artefakten und Umgebungen im Ablauf der Zeit zu dokumentieren.
4. *Interviews:* Gespräche mit einzelnen Mitgliedern der Expedition während oder unmittelbar nach bedeutsamen Ereignissen, um eine genauere Vorstellung davon zu bekommen, wie sie denken und mit anderen interagieren. Einbeziehen von schriftlichen und bildlichen Dokumentationen vorangegangener Ereignisse, um den Interviewpartnern die Möglichkeit zu geben, die eigenen Handlungen zu reflektieren.
5. *Identifizierung von Arbeitsmustern:* Formale Analyse und Beschreibung aller Beobachtungen, die im Zusammenhang mit praktischen Arbeitsabläufen gemacht wurden, um sie beim Design der Computersysteme zu berücksichtigen.

Meine ethnologischen Studien betrafen Aktivitäten im Camp so gut wie bei der Feldforschung. Unter anderem wurden Beobachtungen zu folgenden Aktivitäten regelmäßig notiert und analysiert:

- Vorangemeldete Funkgespräche morgens um sieben Uhr und abends um sieben Uhr, die zur Sicherheitskontrolle oder zur Abstimmung von Plänen dienten
- Küchengespräche nach den Mahlzeiten
- Unterhaltungen in den Geländefahrzeugen

- Benutzung des Satellitentelefons
- Verhalten beim Warten auf den Start des Helikopters
- Notieren von Feldforschungsergebnissen im Arbeitszelt
- Versorgung des technischen Equipments zur Aufzeichnung von Feldforschung

Bei einigen der oben genannten Aktivitäten könnte man das Verhalten der Expeditionsmitglieder vermutlich auch ohne die unmittelbare Beobachtung vor Ort voraussehen. In der Mehrzahl der Fälle zeigen sich die Interaktionsmuster aber erst durch genaues Hinsehen, und richtig deutlich werden sie oft sogar erst mit dem Abstand von ein paar Tagen oder Wochen, wenn man länger darüber nachgedacht hat und sein Aufzeichnungsmaterial neu sortiert.

*Analyse von Interaktionsorten*
Bei der Überlegung, wie Raum genutzt wird und wo der Ort für Gespräche zwischen den Teilnehmern der Expedition war, entdeckte ich, dass sie nicht nur am langen Küchentisch stattfanden, sondern dass auch die Geländefahrzeuge einen bevorzugten Ort für Gespräche darstellten. Dafür gab es mehrere Gründe. Zum einen wurden die Geländefahrzeuge notwendigerweise in der Nähe der Orte geparkt, die während des Tages am häufigsten aufgesucht wurden: neben dem Arbeits- und dem Küchenzelt. Die Fahrzeuge standen dort zum allgemeinen Gebrauch bereit und wurden nach der Rückkehr von einer Tagesexpedition auch am gleichen Ort wieder abgestellt. Diese Parkierungspraktiken waren in der Gruppe niemals explizit festgelegt worden, sondern resultierten aus dem Verhalten der Gruppe, das zur allgemeinen Gewohnheit geworden war.

Nachdem dieses Verhaltensmuster bewusst geworden war, konnte die Gruppe aktiven Gebrauch von dem neuen Wissen machen. Für ein Treffen der Expeditionsteilnehmer, für das das Küchenzelt zu klein war, wurden die Geländefahrzeuge beispielsweise wie um ein Lagerfeuer im Kreis aufgestellt. Damit wurde eine Metapher in die Realität umgesetzt, die allen vertraut war. Wenn es um ein Meeting mit offiziellerem Charakter gegangen wäre, hätte man die Fahrzeuge statt im Kreis wahrscheinlich wie in der Schule hintereinander aufgestellt.

Abb. 33
Geländefahrzeuge als Ort der Kommunikation: Aus dem gewohnheitsmäßigen Abstellen der Fahrzeuge vor dem Küchenzelt hat sich ein Treffpunkt für Gespräche entwickelt.

Das Beispiel ist nicht besonders anspruchsvoll, zeigt aber sehr deutlich, worum es geht und was beim Computerdesign von Arbeitsprozessen unbedingt berücksichtigt werden sollte: Menschen nutzen und verändern ihre Umgebung intuitiv, um besser darin kommunizieren und arbeiten zu können. Das Design von Arbeitsumgebungen sollte deshalb so flexibel sein, dass die Menschen die Möglichkeit haben, die Umgebung nach ihren Bedürfnissen umzugestalten und Gegenstände z. B. auch anders als in den ursprünglich vorgesehenen Zusammenhängen zu nutzen.

*Analyse anderer Aktivitäten*

Während meines zehntägigen Aufenthalts im Basiscamp der Expedition gab es ausreichend Gelegenheit, so etwas wie einen Rhythmus des Arbeitsalltags zu beobachten. Neben wissenschaftlichen Routinearbeiten wie dem Sammeln von Wasser- und Gesteinsproben gab es eine ganze Reihe von begleitenden Beobachtungstätigkeiten. Beispielsweise war ein Tag der Beobachtung des Kraters und der Gletscherlandschaft von Devon Island mit dem Helikopter gewidmet. Dieser Wechsel von der Mikro- auf die Makroebene ist Teil des normalen wissenschaftlichen Arbeitsrhythmus, da Datensammlungen von Gesteins- oder Wasserproben, sieht man sie losgelöst vom Kontext, in dem sie gesammelt wurden, gar nicht verstanden werden können.

Auch die Beobachtung der Kompetenzen anderer Gruppenmitglieder spielt eine wichtige Rolle bei der Vorbereitung auf eine internationale Raumstation. Zu beobachten, was andere tun, ist eine Möglichkeit, soziales Wissen zu erwerben. Bei einer Expedition zum Mars ist eine solche Form von Aufmerksamkeit lebensnotwendig. Sie erlaubt den Mitgliedern des Expeditionsteams etwa, herannahende Gefahren, die sich aus der Tätigkeit anderer ergeben, implizit wahrzunehmen und darauf zu reagieren.

*Analyse von Geländefahrten*

Viele der Aktivitäten im Camp waren zwar sehr gut durchgeplant, ließen aber dennoch auch genügend Raum für Improvisation. Ein gutes Beispiel hierfür ist die Art, wie Geländefahrten organisiert und durchgeführt wurden. Die Erkundung des Geländes mit dem Geländefahrzeug spielt bei der Vorbereitung auf eine Mars-Expedition eine enorm wichtige Rolle. Ähnlich wie das Gelände des Mondes von den Astronauten der ersten drei Apolloflüge mit dem »Roverfahrzeug« erforscht wurde, so soll auch das Gelände des Mars durch kleine Transporteinheiten und Forschergruppen erkundet werden.

Im Training im Haughton-Krater-Gebiet untersuchten die Expeditionsteilnehmer das Übungsgelände großflächig, indem sie im Verlauf einer Woche mit ihren Geländefahrzeugen etwa 12 verschiedene Traversen durch unterschiedliche Geländeformationen legten. Um die Feldarbeit des Teams in einen Kontext einordnen zu können, ist es wichtig zu verstehen, wie die Erkundung der Traversen organisiert war und welcher strukturelle Prozess ihr zu Grunde lag. Jede dieser Geländeerkundungen folgte derselben inneren Struktur:

- Planen der gesamten Aktivität
- Organisation des gemeinsamen Starts (der Geländefahrzeuge)
- Beginn der Erkundung (des Geländes)
- Herausgehobene Events (z. B. Pausen)
- Wiederzusammenführung der Gruppe (nach Erkunden der Traversen)
- Ende der Geländeerkundung
- Nachbereitung der Tagesexpedition

Im Allgemeinen kann man feststellen, dass solcherart organisierten Unternehmungen eine Mischung aus genauen Plänen und Regeln und aus Improvisation zu Grunde liegt, aus deren Zusammenspiel etwas Neues erwächst (vgl. Maue). Was die Mitglieder der Expedition auf den Geländeexkursionen an Neuem lernten, war, dass sie an der Erkundung der Geländetraversen mitarbeiten konnten, ohne für diese Tätigkeit ausgebildet zu sein oder in ein Handbuch schauen zu müssen. Sie erlernten praktisches Wissen »on the job«.

*Analyse der bei der Feldforschung eingesetzten Computertechnologie*

Ursprünglich war ich zu der Haughton-Mars-Expedition gestoßen, weil ich den praktischen Einsatz der mobilen Workstation genauer studieren wollte. Ich wollte wissen, ob sie beim Einsatz im Gelände tatsächlich die Fähigkeiten hatte, die wir ihr zuschrieben, als wir sie entwickelten, und ob unser Designkonzept sich im Kontext des praktischen Einsatzes bewährte. Der Prototyp der Workstation war ein Laptop, der auf einem Geländewagen festgebunden und mit einer dunklen Haube gegen den Lichteinfall versehen war. Was wir bei der Planung des Experiments aber nicht bedacht hatten, war, dass die Workstation möglicherweise auf einem steilen Hügel zum Einsatz kommen könnte, auf dem man den Geländewagen nicht würde parken können. Und genau dies geschah. Die Folge war, dass das Fahrzeug etliche Meter entfernt von der Grabungsstelle geparkt werden musste und die darauf montierte Videokamera so weit entfernt war, dass sie nur winzig kleine Bilder vom Ausgrabungsort lieferte.

Rückblickend kann man sagen, wir hätten, bevor wir an das Design der Workstation gingen, erfahrene Menschen befragen sollen und dann vielleicht zur Antwort bekommen, wir sollten das System am besten mit einer Handkamera ausstatten. Tatsächlich lassen sich die möglichen Interaktionen zwischen Arbeitspraxis, räumlichem Umfeld und Technologie aber nur in sehr begrenztem Umfang voraussehen. Und selbst wenn unsere technische Ausstattung raffinierter gewesen wäre, als sie es war, hätten wir immer noch nicht auf die Möglichkeit des Lernvorgangs vor Ort verzichten können, um beispielsweise am Ende zu entscheiden, dass das beste Werkzeug eine Roboterkamera wäre, die die Feldarbeit des Expeditionsteams automatisch aufzeichnen würde.

*Analyse der für die Dokumentation der Feldforschung verwendeten Medien*
Darüber hinaus gibt es ein weiteres Problem bei der Verarbeitung der bei der Feldforschung gewonnen Daten: Die verschiedenen daran beteiligten Personen verwenden unterschiedliche Medien. Die Frage ist, wie die Daten unterschiedlicher Medien miteinander in Beziehung gesetzt werden können. Abbildung 34 zeigt eine typische Ausgrabungssituation während der Erkundung einer Geländetraverse. Der Biologe auf der linken Seite benutzt Papier und Bleistift, um die vom Thermometer abgelesene Temperatur und die Bodentiefe, in der die Temperatur gemessen wurde, zu korrelieren. Der Kollege mit der Videokamera rechts nimmt Bild und Ton gleichzeitig auf. Ein weiterer Kollege dokumentiert den Vorgang mit der Fotokamera, und ein Tonband schneidet den gesamten 40-minütigen Vorgang mit. Das heißt, der gleiche Vorgang (der Bodenmessung) wird mit ganz unterschiedlichen Medien festgehalten, die nicht korrelieren. Hinzu kommt, dass diese Bodenmessung nur eine von sechs Messungen war, die während der Geländeerkundung durch dieses Fahrzeug vorgenommen wurden, und dass gleichzeitig noch andere Fahrzeuge auf anderen Traversen mit solchen Messungen befasst waren. Eine Datenbank, in der die Daten aller Beteiligten zusammengeführt und miteinander in Beziehung gesetzt wurden, um zu einem gegebenen Zeitpunkt ein wissenschaftliches Gesamtbild des Kraters zu zeichnen, gab es nicht.

Man könnte aus diesem Beispiel schließen, das Problem wäre am einfachsten dadurch zu lösen, dass man die Marsexpedition mit einem Computersystem ausstattet, das Fotografie, Audio, Video und Geräte zur Zeit- und Ortsmes-

**Abb. 34**
Die Feldforschung wird üblicherweise mit sehr unterschiedlichen Medien dokumentiert, die nicht leicht in einem Computersystem zusammenzuführen sind.

sung in sich vereint. Aber das Thermometer müsste vermutlich dennoch weiterhin separat vom Computersystem funktionieren und würde Messdaten in einem Format erbringen, das nicht ohne weiteres mit dem übrigen System zusammengeführt werden könnte. Und vorausgesetzt, es gelänge, die Daten unterschiedlicher Medien in einem einzigen Computersystem zusammenzuführen, bliebe immer noch die wichtige Frage zu klären, auf welche Weise und von wem die Daten während und nach der Expedition genutzt werden, d. h. welche Daten überhaupt Sinn machen, live vom Mars an die Ingenieure und Wissenschaftler der Bodenstation übertragen zu werden.

*Analyse der individuellen Aufzeichnungen und Datenbanken*

Auf einer weiteren Ebene unserer Untersuchungen war wichtig, die Systeme des individuellen Aufzeichnens und Speicherns der in der Feldforschung gewonnenen Daten genauer zu untersuchen. In Abbildung 35 blicken wir einem Geologen über die Schulter, der einem Mediziner bei der Dokumentation der Daten von Wasserproben hilft. Das Notizbuch, in das er schreibt, gehört nicht ihm, sondern dem Mediziner. Wie gehen wir mit dieser Datenquelle um? Wie implementieren wir sie in ein technisches System? Welcher von beiden, der Mediziner oder der Geologe, wird die Daten der Wasserproben zu welchem Zweck nutzen? Wollen sie vielleicht zusammen einen Artikel in einem wissenschaftlichen Journal veröffentlichen? Was geschieht, wenn der Prozess der Datendokumentation mit dem Computer automatisiert wird, gehen dann vielleicht wichtige Ideen verloren, die dem Geologen beispielsweise durch den Kopf gehen, während er die Daten in das Notizbuch einträgt? Und wie ist der Kontext der Wasserproben in dem Notizbuch dokumentiert?

Um diese und ähnliche Fragen zu beantworten, analysierten wir die Aufzeichnungen im Detail. Sie folgten einem regelmäßigen Muster, das sich dauernd wiederholte: Als Erstes wurde die Nummer der Wasserprobe notiert, dann folgten eine Kurzbeschreibung des Ortes, an dem die Probe genommen wurde, eine Fotografie des Ortes und die exakte Ortsbestimmung.

Bei genauerer Betrachtung einzelner Seiten des Notizbuchs ergab sich, dass der Mediziner ebenfalls Eintragungen in das Notizbuch machte: Er zog eine schnörkelige Linie unter die Eintragungen des Geologen, um diese zu unterbrechen, und trug dann seine Messdaten zu einer Wasserprobe ein. Der

Abb. 35

Das gemeinsame Notizbuch eines Arztes und eines Geologen, das für die Dokumentation der Feldforschung wertvolle Hinweise für das Design der Computertechnologie gibt.

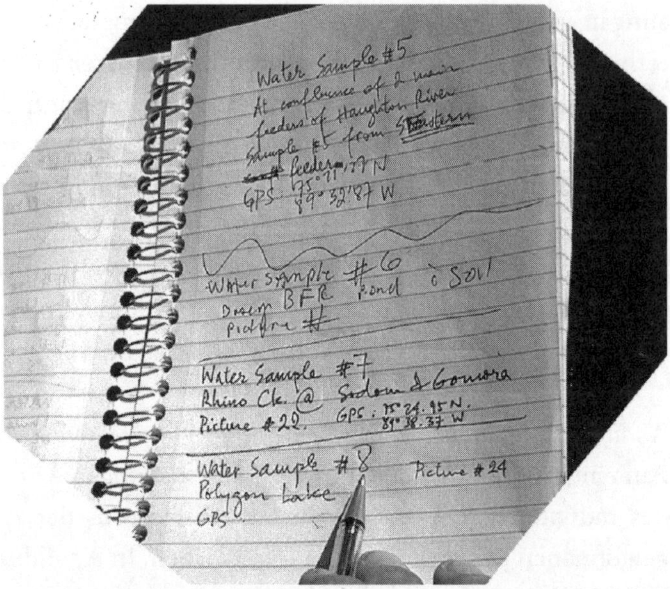


Geologe hingegen grenzte seine Eintragungen durch gerade Linien voneinander ab. Die beiden wechselten sich also ab, benutzten aber exakt das gleiche Format für die Notizen. Da der Mediziner neu im Camp war und niemals zuvor Feldforschung gemacht hatte, ist anzunehmen, dass er das Format von dem Physiker übernommen hatte und nicht umgekehrt. Aus der Tatsache, dass der Mediziner das Format so schnell adaptierte, schloss ich, dass dieses sich vermutlich gut als Template für das Design eines computerbasierten Aufzeichnungssystems eignen würde.

### 3. ARBEITSKONZEPTE UND REALE GEGEBENHEITEN DER WISSENSCHAFTLICHEN FELDFORSCHUNG

Wir haben es bei der ethnologischen Analyse von Feldforschung also sowohl mit außerordentlich spezifischen Detailproblemen wie mit dem ganzen Spektrum menschlicher Interaktionsmöglichkeiten zu tun. Ein wichtiges übergreifendes Muster ist die Art, wie die einzelnen Teilnehmer ihre Rolle bei der Expedition definieren: Warum nehmen sie teil? Welchen Beitrag leisten sie? In welchem Verhältnis steht ihre Arbeit bei der Expedition zu ihren persönlichen Zielen und ihrer Identität? Wenn man z. B. den Biologen während der Geländeerkundung fragt, was er da tut, wird er die Frage auf seine Arbeit beziehen und wahrheitsgemäß antworten, dass er den Bau der Lemminge ausgräbt, um ihre Verbindungswege zu studieren. So beschreiben wir gewöhnlich, was wir tun. Es gibt aber darüber hinaus auch immer noch andere, kontextbezogene Vorstellungen, die das, was wir sehen, tun und sagen, beeinflussen. Außer der Tatsache, dass der Biologe sich auf einer Traversenerkundung des Geländes befindet und Ausgrabungen für die Expedition macht, wird, was er denkt, sieht und tut, auch von der Vorstellung geleitet, dass er über seine Beobachtungen ein wissenschaftliches Paper schreiben wird. Er wird also seinen Tagesablauf und seine Beobachtungen so organisieren, dass er nicht nur einfach Daten sammelt, sondern sich strukturelle Überlegungen zu seinem Paper macht und über Tabellen, Karten, Theorien und Beschreibungskategorien nachdenkt. Er wird dann mit Sicherheit auch zu übergeordneten Aspekten seines Papers kommen und sich beispielsweise Gedanken über den »polaren Winter« oder die »Biologie von Meteoritenkratern« machen. Nach einer Woche hat er dann nicht nur alle Daten beisammen, sondern auch bereits den Titel für sein Paper sowie die einzelnen Bildunterschriften formuliert.

Aus der Sicht des wissenschaftlichen Laien mag die Vorgehensweise des Biologen ungewöhnlich erscheinen. Sollte er nicht seine Beobachtungen breiter und neutraler angehen, statt vom ersten Moment an seine Publikation im Auge zu haben? Auf der anderen Seite ist die Zeit der Expedition begrenzt. Der Biologe hat nur ein paar Tage zur Verfügung, um Informationen einzusammeln, und diese müssen Sinn machen. Die Vorstellung, die Informationen zu einem Paper für eine wissenschaftliche Zeitschrift zu verarbeiten, gibt dem Biologen die Möglichkeit, die wissenschaftlichen Daten in eine sinnvolle Beziehung zu setzen. Es ist eine disziplinierte Art des Denkens, die ihm die Orientierung erleichtert und aus ihm einen genauen, effizienten Beobachter macht.

Außerdem war die Feldforschung des Biologen nicht im Vorhinein streng definiert, sondern entwickelte sich in den ersten Tagen der Expedition, während er sich an die Gegebenheiten vor Ort anpasste. Der Biologe war hergekommen, weil er in den arktischen Oasen Lemminge beobachten wollte. Da er keine Lemminge zu Gesicht bekam, stellte er Fallen auf. Als keine Lemminge in die Falle gingen, verlagerte sich sein Interesse auf die Oasen selbst und er begann, das Ökosystem der arktischen Oasen zu erforschen, was ihn dann dazu brachte, die Bauten der Lemminge auszugraben, zu vermessen, Karten der Ökosysteme anzulegen etc.

Die Idee des »Learning on the job« mag für Manager, die den Tag mit Businessgesprächen im Büro verbringen, vielleicht merkwürdig klingen. Für

Wissenschaftler ist es die pure Notwendigkeit. Wenn ein Wissenschaftler keine neuen Ideen und Theorien entwickelt, arbeitet er nicht. An jedem typischen Arbeitstag geschehen für den Wissenschaftler Dinge, aus denen er lernt, und immer bewirkt das Lernen auch Veränderungen im Arbeitskonzept, das man verfolgen wollte.

Während der zwei Tage, die die Apollo-Besatzung auf dem Mond zubrachte, gab es wenig Gelegenheit, sich neue Konzepte und Pläne auszudenken, da der Zeitplan extrem straff organisiert war. Im Verlauf einer Woche am Haughton-Krater veränderten sich die Zielvorstellungen und Pläne der Wissenschaftler hingegen mehrfach, je nachdem, welche Beobachtungen gemacht worden waren, die in die Pläne der nächsten Tage einflossen. Am Ende veränderte sich dadurch manchmal auch das Verständnis ihrer Mission am Haughton-Krater.

### 4. NEUE WERKZEUGE: BRAHMS – EINE »MULTIAGENTEN-SIMULATION«

»Brahms« ist ein Werkzeug, um praktisches Wissen zu beschreiben und zu simulieren (vgl. Clancey et al., 1998). Wir haben dieses Werkzeug ursprünglich entwickelt, um praktisches Wissen in der Arbeitsumgebung von Büros zu visualisieren und die Verständigung zwischen Mitarbeitern verschiedener Unternehmensbereiche zu erleichtern (vgl. Greenbaum, Kyng). »Brahms« besteht aus einem simulierten 3D-Interface, das Menschen und ihre Umgebungen abbildet. Eine wichtige Überlegung bei der Entwicklung dieses Interface war, dass es auch für technisch ungeübte Mitarbeiter leicht zugänglich sein sollte.

Eine wichtige Frage hinter meinen ethnologischen Untersuchungen am Haughton-Krater war herauszufinden, ob das System geeignet wäre, Feldforschung auf dem Mars zu simulieren. Die Tests am Haughton-Krater bestätigten unsere Annahme, dass »Brahms« sich grundsätzlich für die Anwendung bei der Marsexpedition eignete. Allerdings war auch klar, dass einige entscheidende neue Anwendungen hinzukommen müssten, die die spezifischen Forschungsaufgaben auf dem Mars und die Frage des Klimas, des Geländes, der Interaktion mit Robotern, der Zeitverschiebung und der Auswirkung von 38 Prozent Schwerkraft berücksichtigten.

»Brahms« wird deshalb von uns als Modell genutzt werden, um in Zukunft noch weitere Studien am Haughton-Krater durchzuführen, bei denen wir die Tätigkeiten der Forscher auf dem Mars simulieren wollen. Wir hoffen, dadurch eine Reihe von Fragen beantworten zu können, wie etwa die, ob es für das Verständnis von Arbeit auf dem Mars nötig ist, Raumanzüge mit steifen Handschuhen zu tragen.

Unser Ziel ist es, durch die Weiterführung ethnologischer Studien im Bereich der wissenschaftlichen Feldforschung gute Simulationen zu entwickeln, die das Design von Robotern, automatischen Gesundheits- und Sicherheitssystemen, Kommunikationsnetzwerken etc. verbessern. Wir wollen beispielsweise verstehen lernen, wie unterschiedliche Teilnehmer Checklisten und Pläne unterschiedlich interpretieren; wie sich ein Gruppengedächtnis herausbildet; wie Telekommunikation zwischen den Zelten im Basiscamp und den Wissenschaftlern im Feld funktioniert, wenn die Teilnehmer virtuell präsent sind; oder wie die Wissenschaftler mit Robotern und Workstations interagieren.

## SCHLUSSFOLGERUNGEN

In der ethnologischen Analyse praktischen Wissens meiner Arbeit bei dem Haughton-Mars-Projekt zeigt sich beispielhaft die Unterscheidung zwischen *Praxis* (wann, wie, lokale Interaktion, subjektiver Blickwinkel) und *Prozess* (was, warum, formale Beschreibung). Die meisten Prozess-Modelle fokussieren »Dinge« (Daten, Arbeitsprodukte), die sich in einem Raum bewegen und sich in einer Zeit verändern. Praxis-Modelle haben ihren Fokus hingegen auf Interaktion und Kontext und auf dem Aspekt, wer die Arbeit tut. Darin eingeschlossen sind weiter gehende Konzepte, was Identität und Teilnahme an einer Community ausmacht und auf welche Weise beides wiederum die Qualität von Information und Arbeit beeinflusst.

Eine Expedition zum Mars verlangt einen Paradigmenwechsel in der Art, wie wir Wissen, Arbeit und Pläne verstehen. Wissen ist keine technische Kompetenz, sondern hat vor allem damit zu tun, wie wir unsere Umgebung, unsere Aktivitäten und unsere Beziehungen zu anderen Menschen strukturieren und gebrauchen.

Während einer dreijährigen Expedition wird die Gruppe von Astronauten voraussichtlich ihr Rollenverständnis und ihre Beziehung zueinander mehrfach verändern. Jeder wird genau die Fähigkeiten des anderen kennen und manchmal sein Assistent sein, manchmal sein Kollege. Das ist der positive Aspekt der menschlichen Interaktion. Studien von kleinen, isolierten Gruppen zeigen aber auch, dass manche Gruppenmitglieder den Dialog komplett einstellen. Das heißt also, dass wir diese Möglichkeit in der Planung ebenfalls berücksichtigen müssen.

Es gilt also vorab, Strategien zu erforschen, mit denen sich das Zusammenleben leichter koordinieren lässt. Die ethnologische Analyse der Haughton-Krater-Expedition diente diesem Ziel. Insbesondere interessierten uns hier:

- *Sozial-psychologische Aspekte von Arbeit:* Aktivität/Identität versus Aufgaben/Funktionen
- *Lokales Wissen:* der Arbeitende/Wissenschaftler als aktiver Entwickler von Konzepten und Zeichen- und Notationssystemen versus den passiven Nutzer von Werkzeugen
- *Lernstrategien:* die selbst-organisierende Gruppe mit neu entstehenden Rollen und Handlungspraktiken versus Gruppen mit festen, vordefinierten Rollen und Handlungspraktiken

Aktivität, Identität, Gattung sind soziale Muster, die bestimmen, wie und wohin wir schauen, was wir sehen, wie wir das Gesehene interpretieren, wie wir sprechen, uns kleiden, uns verhalten. Sie bestimmen unsere Interessen und unsere Wertvorstellungen. All das fügt unserem Leben Sinn zu, indem es Grenzen setzt, jenseits derer wir die Möglichkeit haben, wir selbst zu sein.

Die Simulation einer Mars-Expedition am Haughton-Krater zeigt, dass unser Wissen nicht nur aus zurückliegenden Erfahrungen besteht, die in unserem Gedächtnis als Fakten und Ideen kodifiziert sind, sondern dass vor allem auch eine starke, zukunftsorientierte Vorstellungskraft sowie prototypische Fähigkeiten und Methoden darin enthalten sind. Erinnern wir uns einen Moment an den Biologen am Haughton-Krater: Er beschreibt nicht einfach ein Muster, das er sieht, sondern er untersucht die Formation der Krateroase und fragt sich, wie die Formation sich über die Jahrtausende entwickelt hat. Durch Bilder gelangen wir zu neuem Wissen. Sie liefern uns ein neues Verständnis von der Beziehung zwischen Menschen, Werkzeugen und Umwelt.

Wenn wir in Zukunft nach neuen Technologien suchen, die Wissen sichtbar machen, müssen wir also – so legen die Studien am Haughton-Krater nahe – nicht nur informieren, spezifizieren und menschliches Verhalten regulieren, sondern vor allem Hilfsmittel anbieten, mit denen sich die Menschen ihre eigene Zukunft erschaffen können.

## DANKSAGUNG

Mein Dank gilt der National Geographic Society und der National Aeronautics and Space Agency, die die Arbeit am Haughton-Mars Project unterstützt haben, sowie den Teilnehmern der Haughton-Mars-Expedition von 1998. Weitere Informationen: www.marssociety.org, www.arctic-mars-org und www.arc.NASA.gov. Informationen zur Analyse der Arbeitspraxis: www.IRL.org.

## LITERATUR

William J. Clancey: *Situated Cognition: On Human Knowledge and Computer Representation*. Cambridge 1997.
William J. Clancey: *The Conceptual Nature of Knowledge, Situations and Activity*, in: Paul J. Feltovich, Robert R. Hoffmann, Kenneth M. Ford (Hg.): Expertise in Context. Menlo Park, CA 1997, S.247-291.
William J. Clancey, Patricia Sachs, Maarten Sierhuis, Ron van Hoof: *Brahms: Simulating Practice for Work System Design*, in: International Journal of Human-Computer Studies 49/1998, S.831–865.
Joan Greenbaum, Morten Kyng: *Design at Work: Cooperative Design of Computer Systems*. Hillsdale, NJ 1991.
Kenneth Maue: *Water in the Lake: Real Events for the Imagination*. New York 1979.
Llauren B. Resnick, John M. Levine, Stephanie D. Teasley (Hg.): *Perspectives on Socially Shared Cognition*. Washington, DC 1991.
Donald A. Schön: *Educating the Reflective Practitioner*. San Francisco 1987.
Sylvia Scribner: *Studying Work Intelligence*, in: Barbara Rogoff, Jean Lave (Hg.): Everyday Cognition: Its Development in Social Context. Cambridge, MA 1984, S.9–40.

## DIE ZUKUNFT HAT SCHON BEGONNEN – VISUALISIERUNGSSOFTWARE IN DER PRAKTISCHEN ANWENDUNG

Tom Sperlich

## 1. UNSICHTBARES SICHTBAR MACHEN

Technik und Wissenschaft stellen dem Menschen immer größere Datenmengen zur Verfügung. Diese können ohne geeignete, computergestützte Werkzeuge schon längst nicht mehr effizient ausgewertet werden. Zwar lassen sich viele Datenanalysen inzwischen automatisieren. Doch insbesondere dann, wenn es darum geht, Daten unter neuen Gesichtspunkten zu betrachten, stehen weiterhin die konzeptuellen Fähigkeiten des Menschen im Vordergrund. Dabei gibt es allerdings die Schwierigkeit, dass komplexe Datenmengen die Verarbeitungsmöglichkeiten, die biologisch in unserem Gehirn angelegt sind, überfordern. Hier setzen die neuen visuellen Darstellungstechniken an. Mit ihrer Hilfe lassen sich auch sehr große und komplexe Datenbestände sinnlich erfassbar und damit analysierbar und interpretierbar machen.

Die Datenvisualisierung hat sich in den 90er Jahren als eigenständiges Teilgebiet der Informatik etabliert. Ihr Ziel ist es, einen intuitiven Zugang zur Information zu entwickeln. Zwar kann auch eine so genannte numerische Computersimulation, also eine Nachahmung wissenschaftlicher oder technischer Vorgänge auf der Basis riesiger Mengen von Zahlen und Daten, überwacht und interaktiv gesteuert werden. Doch führt erst die Kombination von numerischen Simulationen und leistungsfähigen Visualisierungsverfahren zu wirklich wirkungsvollen Werkzeugen, die beispielsweise dem Naturwissenschaftler und dem Ingenieur die Möglichkeit geben, ihre Daten interaktiv zu untersuchen und dadurch zu qualitativ anderen Ergebnissen zu kommen. Einen zusätzlichen Effekt können hier auch Virtual Reality-Techniken bringen, die es dem Anwender erlauben, in die Daten ›förmlich einzutauchen‹.

### KOLLISION SCHWARZER LÖCHER UND NEUTRONENSTERNE

Bis vor kurzem war nicht daran zu denken, hoch komplexe Naturphänome, wie sie beispielsweise die Kollision von Neutronensternen oder Schwarzen Löchern darstellen, mit dem Computer zu simulieren. Die hierzu erforderlichen numerischen Simulationen erfordern Rechenleistungen, wie sie nur von den neuen Supercomputern erbracht werden können, die Tausende von schnellen Prozessoren miteinander koppeln. Eine noch größere Rechenleistung entsteht, wenn man zwei solcher Supercomputer über ein leistungsfähiges Datennetz wie das neue Gigabit-Netz des Deutschen Forschungsnetzes zusammenschaltet. Durch Verbindung der Hochleistungsrechner des Konrad-

Zuse-Zentrums Berlin und der Max-Planck-Gesellschaft in Garching entstand auf die Weise ein ›Metacomputer‹, der genügend Rechnerkapazität besitzt, um darauf auch extrem aufwendige Simulationen herzustellen. Mit den in einer weltweiten wissenschaftlichen Kooperation eigens dafür entwickelten Programmen Cactus und Amira lassen sich jetzt beipielsweise Probleme der Numerischen Relativität, etwa die Kollision von Schwarzen Löchern oder Neutronensternen, und die daraus resultierende Ausbreitung von Gravitationswellen berechnen und darstellen. Die Technik unterstützt die Wissenschaftler also dabei, komplexe Phänomene von Naturvorgängen besser zu verstehen.

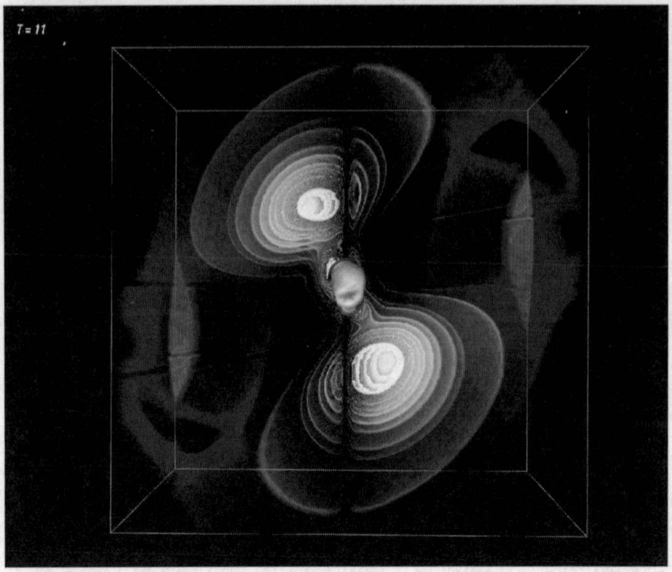


**Abb. 36**

Komplexe Phänomene von Naturvorgängen wie die Kollision Schwarzer Löcher werden durch Computersimulation besser verstehbar.

*Konrad-Zuse-Zentrum für Informationstechnik* (ZIB), *Abteilung Wissenschaftliche Visualisierung, Hans-Christian Hege, Werner Benger;* www.zib.de *und* www.AmiraVis.de

## VIRTUELLER WINDKANAL

3D-Simulationen haben die Produktionsabläufe in der Autoherstellung mindestens ebenso gründlich verändert wie Montageband und Roboter. Statt aufwendige, lebensgroße Modelle in den verschiedenen Phasen einer Modellentwicklung zu bauen, führt man diese Arbeiten heute an virtuellen Automodellen durch.

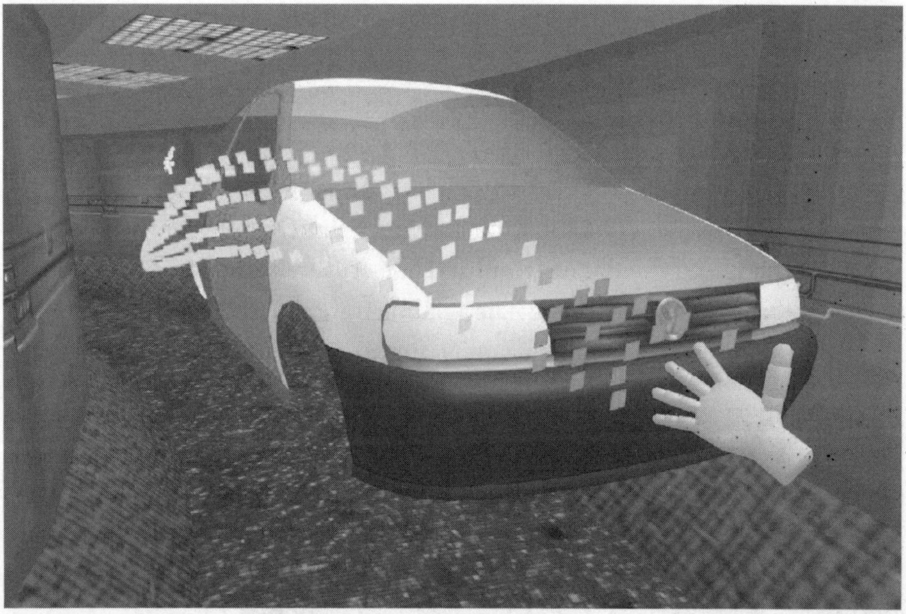

**Abb. 37**

Im ›Virtuellen Windkanal‹ der Volkswagenwerke wird das aerodynamische Verhalten einer Autokarosserie (hier eines VW-Polos) in Echtzeit überprüft.

Durch leistungsstärkere Computer und bessere Visualisierungsprogramme ist es sogar möglich geworden, dynamische Prozesse wie das aerodynamische Verhalten von Karosserien in Echtzeit im Computer zu simulieren. Ein vom Fraunhofer-Institut in Darmstadt entwickeltes Programm zur Visualisierung von Strömungsdynamik (Computational Fluid Dynamics) in Echtzeit ermöglicht den Autoingenieuren, Wirbelbildungen und Druckverhältnisse zu untersuchen und durch Manipulation der Windströme die ideale Aerodynamik für die Karosserie herauszufinden, ohne dass sie diese zuvor an Testfahrzeugen erproben müssen.

*Fraunhofer-Institut für Graphische Datenverarbeitung (IGD, Darmstadt); Dr. Stefan Müller;* www.igd.fhg.de

### VERSCHLOSSENE WELT DER MOLEKÜLE

Interaktive 3D-Technologien haben das Bemühen der Wissenschaft, die unsichtbare Welt der Moleküle in Chemie und Biologie mit Hilfe von computergestütztem Design (Computer-Aided Molecular Design, CAMD) sichtbar zu machen, einen entscheidenden Schritt vorangebracht. Die den Simulationen zu Grunde liegenden Modelle beschreiben entweder die Oberflächen von Molekülen oder sie reduzieren diese auf Strukturen. Durch Interaktion mit den simulierten Modellen lassen sich dann beispielsweise Strukturen, Oberflächen und Wechselwirkungen zwischen einzelnen Molekülen untersuchen oder virtuelle Experimente durchführen.

In der pharmazeutischen und agrochemischen Forschung sowie in den Polymer- und Material-Wissenschaften ist CAMD deshalb inzwischen zum unverzichtbaren Bestandteil der Forschungspraxis geworden.

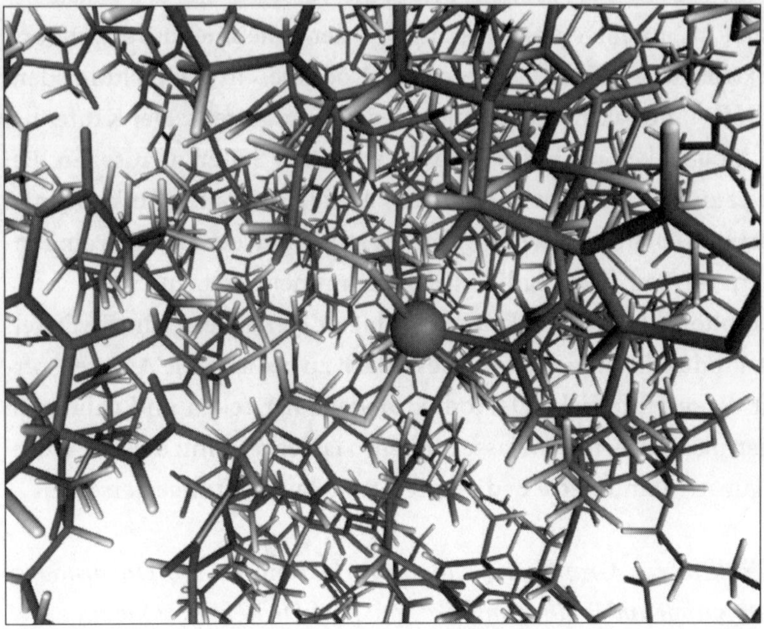

Abb. 38

3D-Simulationen von Molekülen gehören für Wissenschaft und Pharma- und Agroindustrie schon jetzt zum unverzichtbaren Handwerkszeug (hier die Zinkbindungsstelle des p53-Proteins).

*Fachbereich Chemie der Technischen Universität Darmstadt, Physikalische Chemie I; Prof. Dr. Jürgen Brickmann; www.pc.chemie.tu-darmstadt.de/*

## 2. MIT 3D-DARSTELLUNGEN BESSER VERKAUFEN

Der Electronic Commerce entwickelt sich hierzulande nur langsam, obwohl ihm in vielen Bereichen große Chancen eingeräumt werden. Zu einem nicht unwesentlichen Teil hat das auch damit zu tun, dass die Produktdarstellungen derjenigen Firmen, die ihre Ware schon online anbieten, wenig anschaulich sind. Anders als beim Kauf im Laden, wo der Käufer das Produkt direkt begutachten kann, ist er beim Online-Verkauf von Produkten aber auf die möglichst anschauliche Produktdarstellung angewiesen. Hier sind also dringend effizientere Lösungen gefragt, die die Möglichkeiten der neuen Technologien nutzen, den Kunden durch intelligente Produktbeschreibung und interaktive Bedienungsanweisungen genau und anschaulich zu informieren.

### INTELLIGENTE 3D-KATALOGE

Eine technische Lösung des Problems bringt die Verbesserung der Visualisierungssoftware. Im ›intelligenten 3D-Katalog‹, der zunehmend Verwendung findet im elektronischen Handel, werden die Produkte – in 3D-Technik oder/und VR-Technik – interaktiv und dreidimensional dargestellt. Der Käufer hat dadurch die Möglichkeit, sich das Produkt von allen Seiten anzusehen. Bei Geräten, die er zu kaufen beabsichtigt, kann er die Bedienungsfunktionen in einer animierten Gebrauchsanweisung online studieren, oder er kann ein Produkt aus einem 3D-Baukasten online selbst zusammenzusetzen.

Das Fraunhofer-Institut in Darmstadt bietet Herstellern für die Erstellung von 3D-Produktkatalogen jetzt eine einfach zu bedienende Autorensoftware an, mit deren Hilfe sich 3D-Produktmodelle herstellen und nahtlos in eine Katalogstruktur überführen lassen. Ebenso lassen sich mit diesem Werkzeug kostengünstige, animierte Bedienungs- und Bauanleitungen erstellen.

*Fraunhofer-Institut für Graphische Datenverarbeitung (IGD), Darmstadt – Abteilung Animation und Bildkommunikation; Prof. Dr. Reinhard Klein;*
www.igd.fhg.de/igd-a3/

### WOHNUNGSBESICHTIGUNG IM CYBERSPACE

Die ›begehbare Wohnungsanzeige‹ macht's möglich: Wer eine Wohnung kaufen will, kann sich in Zukunft den Gang zum Makler ersparen, und kann die Immobilienangebote als 3D-Simulationen zu Hause studieren. Er kann durch mausgesteuertes Verschieben der Zimmerwände den jeweiligen Grundriss seinen Raumbedürfnissen anpassen und genau sehen, ob die Wohnung sich seinen Ansprüchen entsprechend aufteilen lässt. Interaktiv erkunden lässt sich auch die Infrastruktur des Gebäudes, und selbst noch der Ausblick auf die Umgebung lässt sich virtuell genießen. Unser Beispiel zeigt eine Wohnung im Apartmentturm ›Am Donaupark‹, die auf der Website der Mischek Bau AG in Wien angeboten wird. Entwickelt wurde die ›begehbare Wohnungsanzeige‹ von der Firma virtual real-estate in Wien.

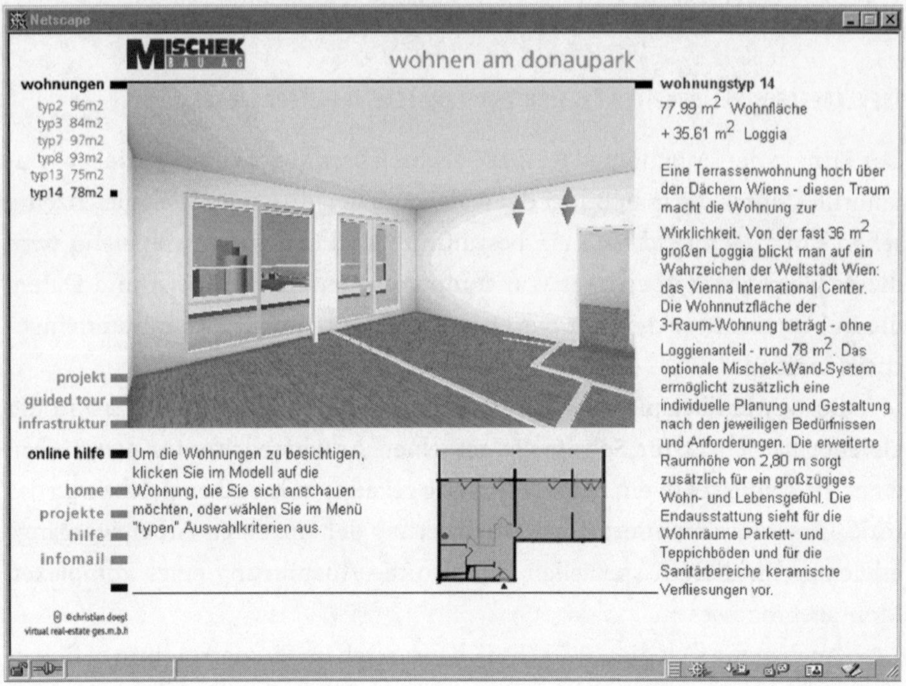


**Abb. 39**

**Durch mausgesteuertes Verschieben der Zimmerwände lässt sich der Grundriss den Wünschen des Kunden entsprechend umgestalten.**

*virtual real-estate, Breite Gasse 3/2, 1070 Wien; Claudia Cavallar;*
www.virtualrealestate.at

## 3. MIXED REALITIES

Die Möglichkeiten für den Einsatz von Virtual Reality (VR), d.h. von Computern erzeugten und gesteuerten Umgebungen, sind um eine interessante Komponente erweitert worden. Mussten sich die Benutzer in den Anfängen der VR-Technik mit unpraktischen Cyberhelmen und Datenhandschuhen ausstatten oder sich in einem Projektionsraum ohne Kontakt zur realen Außenwelt aufhalten, so gibt es mit der Weiterentwicklung von VR zur ›erweiterten Realität‹ (Augmented Reality, AR) die Möglichkeit, dass sich die künstliche Welt des Cyberspace und die reale Welt der Außenwelt nahtlos überlagern.

### ÜBERLAGERTE WIRKLICHKEITEN ERLEICHTERN KOMPLEXE ARBEITSPROZESSE

Das Prinzip der ›Augmented Reality‹-Technik beruht auf einer speziellen ›Datenbrille‹, durch die man Bilder der realen und der virtuellen Welt gleichzeitig sehen kann. Während man ein bestimmtes Bild der Außenwelt sieht, wird dieses gleichzeitig überlagert von computergenerierten Bildern und Daten, die in Echtzeit über den mit der Datenbrille verbundenen Computer eingespeist werden.

So werden beispielsweise dem Automonteur auf Abbildung 40 in der Datenbrille Schritt für Schritt die einzelnen Arbeitsschritte für den Einbau eines Türschlosses in ein BMW-Fahrzeug gezeigt, während er gleichzeitig das reale Türschloss montiert. Die Visualisierung der einzelnen Arbeitsvorgänge erleichtert in diesem speziellen Fall also die Ausführung eines komplexen Montageprozesses.

Auch wenn sich die AR-Technik heute noch im Pionierstadium befindet, ist abzusehen, dass sie eine sehr leistungsfähige Technik ist, um komplexe Arbeitsprozesse in Entwicklung, Produktion und Service in vielen Bereichen zu unterstützen. Man denke nur an den Automobil- und Flugzeugbau oder die Wartung komplexer Maschinen.

Auf Initiative des Bundesministeriums für Bildung und Forschung hat sich deshalb im Sommer 1999 ein Konsortium aus großen und mittelständischen Unternehmen verschiedener Branchen sowie aus wissenschaftlichen Institutionen gebildet, um die Anwendungsmöglichkeiten von AR in unterschiedlichen Bereichen zu untersuchen und die Entwicklung insgesamt voranzutreiben.

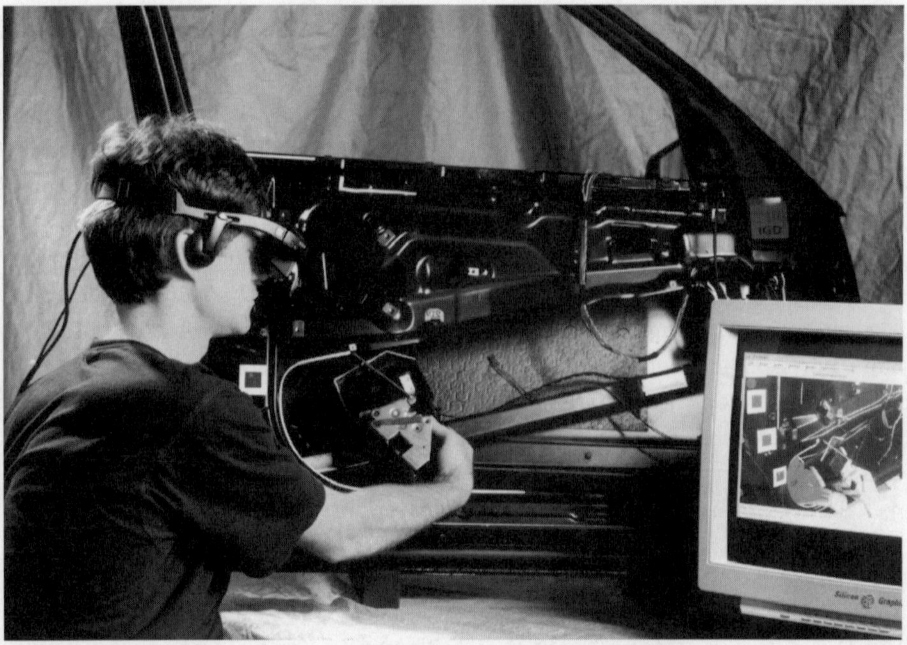

Abb. 40

Die ›Augmented Reality‹-Technik unterstützt den Monteur bei der Ausführung des komplexen Montageprozesses eines BMW-Türschlosses.

*Fraunhofer-Institut für Grafische Datenverarbeitung (IGD), Darmstadt; Dr. Stefan Müller; www.igd.fhg.de*

## 4. INFORMATIONSTECHNIK HILFT HEILEN

Die Fortschritte in der Computertechnologie treiben die Entwicklung der ›virtuellen‹ Medizin voran. Der Einsatz von immer genaueren bildgebenden Verfahren, Roboterassistenten und 3D- und Virtual Reality-Simulationstechniken hat bestimmte Bereiche in der Medizin bereits heute revolutioniert.

Aus der Aus- und Weiterbildung von Medizinern sind virtuelle Techniken schon heute nicht mehr wegzudenken. Studenten können Operationen heute beispielsweise an Trainingssimulatoren üben. Als Beispiel sei hier ein Arthroskopie-Simulator genannt, den das Fraunhofer-Institut in Darmstadt entwickelt hat. Er ermöglicht Orthopädiestudenten, eine Operation an einem virtuellen Knie mit wirklichen Instrumenten durchzuführen und dabei die Instrumentenführung beobachten und korrigieren zu können.

In der Chirurgie werden die Simulationsverfahren sowohl für die Operationsvorbereitung wie für die Operationsdurchführung eingesetzt. Bei Hüftoperationen ist der Einsatz des sog. ›RoboDoc‹ inzwischen klinischer Alltag. In der Neurochirurgie ermöglichen Präzisions-Roboter dem Chirurgen, in mikroskopische Bereiche vorzudringen, die er von Hand gar nicht erreichen könnte. Ein anderer Bereich für die Anwendung von VR-Technik ist die Tele-Operation, bei der der Chirurg gar nicht mehr unmittelbar im OP-Raum anwesend sein muss.

In der Gesichts- und Knochenchirurgie ist der Einsatz von 3D-Computersimulationen bereits Standard, ebenso in der Planung der Strahlentherapie, wo er zu einer deutlichen Verbesserung bei der Bestimmung des Zielvolumens und der Strahlendosierung geführt hat. Die Technologie ist hier ein wichtiges Werkzeug, um den Patienten zu schonen.

### 3D-MODELLE IN DER MUND-KIEFER-CHIRURGIE

Operationen von komplexen Fehlbildungen und Defekten des Gesichtsschädels erfordern eine hohe Präzision in der Diagnostik, eine sehr genaue und individuelle Operationsplanung und für das funktionelle und ästhetische Ergebnis eine sorgfältige Umsetzung der präoperativen Planung in das reale Operationsgeschehen.

Als wesentliche diagnostische und therapeutische Hilfe haben sich hier medizinische Rapid Prototyping-Modelle erwiesen, die eine präzise dreidimensionale Simulation der beabsichtigten Korrektur der Schädelfehlbildung ermöglichen. Unter Rapid Prototyping versteht man im Allgemeinen das computergestützte Herstellen von exakten Modellen für die Produktentwicklung. Die Klinik und Poliklinik für Mund-Kiefer-Gesichtschirurgie der Technischen

Universität München hat diese Technik für die Entwicklung einer Software verwendet, mit deren Hilfe die Operationsplanung und -durchführung bei Schädelfehlbildungen dreidimensional simuliert werden kann. Diese Technik, seit 1991 eingesetzt, hat dazu geführt, dass sich die Operationszeiten erheblich verkürzt und die Qualität der operativen Ergebnisse verbessert haben.

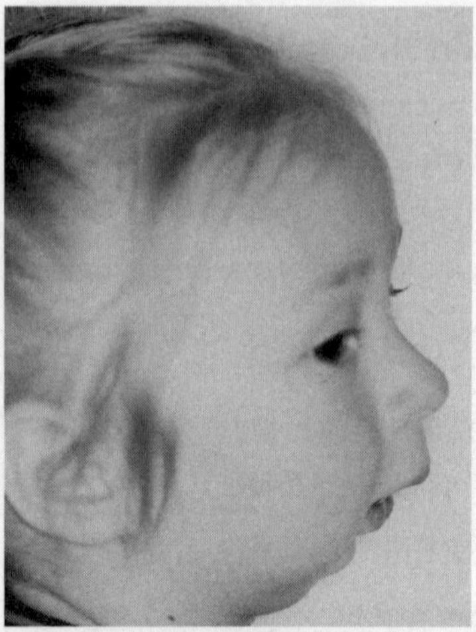

**Abb. 41**

**Die Seitenansicht der Patientin zeigt das Ausmaß der Fehlbildung des Unterkiefers.**

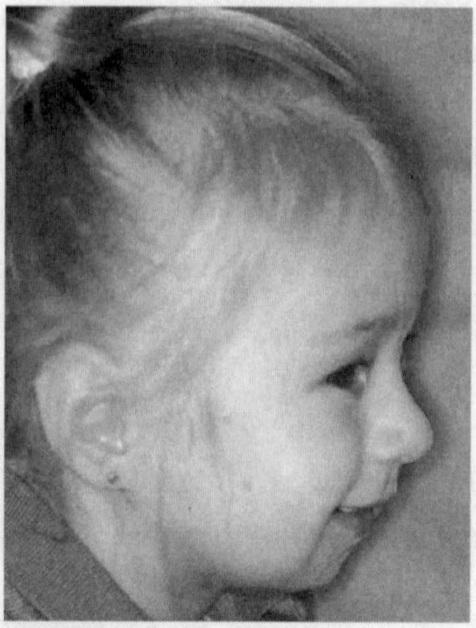

**Abb. 42**

**Der Unterkiefer der Patientin hat nach der Operation eine normale Kontur.**

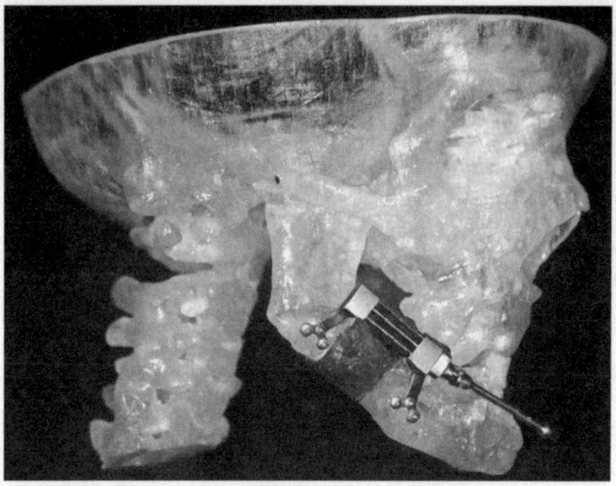

**Abb. 43**

**Am 3D-Modell des Unterkiefers simuliert der Chirurg die Technik des Eingriffs.**

*Klinik und Poliklinik für Mund-Kiefer-Gesichtschirurgie der Technischen Universität München, Klinikum rechts der Isar; Dr. Hans Florian Zeilhofer;* www.mkg.med.tu-muenchen.de

### MIT MAUSKLICK DURCHS GEHIRN

Auch das Studium der Medizin wird durch die neuen Techniken revolutioniert. So lässt sich etwa der trockene Stoff von Anatomie-Atlanten, wie er zum Basiswissen jedes Medizinstudenten gehört, mit Hilfe interaktiver 3D-Visualisierung sehr viel anschaulicher und nachvollziehbarer darstellen, als das mit Lehrbüchern möglich ist.

Ein gelungenes Beispiel für einen solchen dreidimensionalen Anatomie-Atlas ist der von der Universität Hamburg entwickelte Voxel Man. Das Programm ermöglicht perspektivische Ansichten von Körperteilen und Organen aus unterschiedlichen Blickwinkeln und erlaubt auch endoskopische Einblicke in die Organe. Die zugehörige Datenbank liefert Informationen in fünf verschiedenen Sprachen.

*Institut für Mathematik und Datenverarbeitung in der Medizin (IMDM), Universitätskrankenhaus Eppendorf; Prof. Dr. Karl Heinz Höhne;*
www.uke.unihamburg.de/institute/imdm/idv/index.de.html

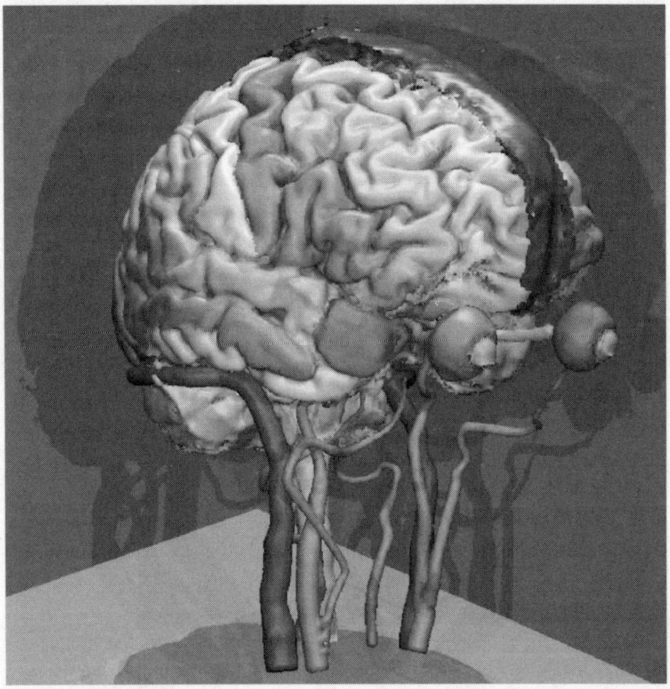

**Abb. 44**
Mit dem Anatomie-Atlas Voxel Man können sich Medizinstudenten durch ein virtuelles Gehirn klicken.

## 5. INFORMATIONEN FINDEN – KOMPLEXES VERSTEHEN

Die Datenflut im World Wide Web wächst exponentiell und ungeordnet. Und auch in den Unternehmen häufen sich immer komplexere Datenberge an, in denen sich Wissen verbirgt, das es zu entdecken und zu nutzen gilt. Da geeignete Werkzeuge zum Aufspüren relevanter Daten aber bisher weitgehend fehlen, gleicht die Suche nach Information oftmals der sprichwörtlichen Suche nach der Nadel im Heuhaufen.

Inzwischen wird weltweit an technischen Konzepten für die Lösung dieses Problems gearbeitet. Eine anschaulichere, benutzerfreundlichere Variante der Suchmaschine stellt die räumliche Organisation von Daten und Informationsschnittpunkten dar. Es gibt inzwischen eine ganze Reihe digitaler Werkzeuge, die auf diesem Prinzip aufgebaut sind (vgl. auch den Beitrag »Hyperbolic Tree« in diesem Buch). Sie arbeiten mit 3D-Technologie, mit deren Hilfe sie große Datenmengen räumlich strukturieren und Suchergebnisse anschaulich darstellen können.

### INFORMATIONSFUNDSTELLEN IN 3D-ÜBERSICHT

›NAMEisBOND‹ (NiB) nennt sich eine neuartige 3D-Suchmaschine, die von der Firma *virtual real-estate* in Wien entwickelt wurde. Eine Variante dieses Werkzeugs hat das österreichische Bundesministerium für wirtschaftliche Angelegenheiten eingesetzt, um die unüberschaubare Flut von Information aus dem Technologie-, Forschungs- und Innovationsbereich für Benutzer überschaubarer zu machen. Ein dreidimensionales Interface unterstützt den Benutzer bei der Spezifikation seiner Suchanfrage. Beispielsweise muss er Fragen zu seinem Arbeitsbereich, seiner Tätigkeit, dem geplanten geschäftlichen Vorhaben und den Serviceangeboten, die er in Anspruch nehmen möchte, beantworten. Die Suchmaschine trägt dann die passenden Dokumente von verschiedenen Servern zusammen und stellt sie in einer 3D-Übersicht dar. Die dreidimensionale Darstellung der Informationsfundstellen erreicht im Vergleich zu den herkömmlichen, auf Listen basierenden Suchmaschinen eine größere Übersichtlichkeit und erleichtert so das Auffinden von Information.

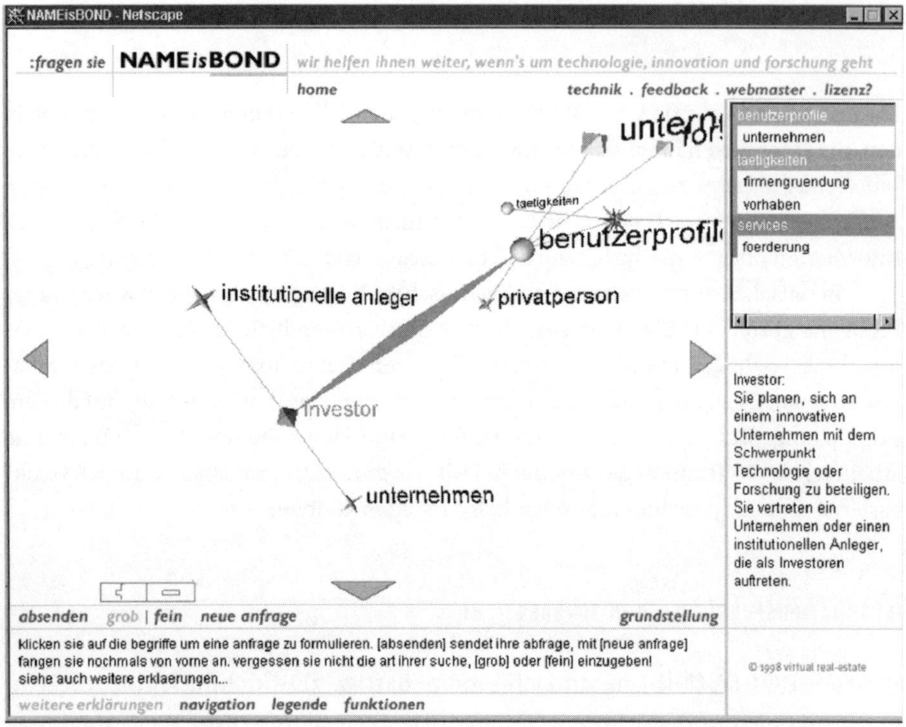


**Abb. 45**

**Ein dreidimensionales Interface gibt dem Benutzer die Möglichkeit, seine Suchanfrage zu spezifizieren und die Recherche damit effektiver zu machen.**

*virtual real-estate, Wien;* www.dc.co.at *und* www.inna.at

## AUS ROHDATEN WISSEN GENERIEREN

Ein Verfahren zum Aufspüren verborgener Information ist das Data-Mining, was nichts anderes heißt, als dass mit dieser Technik Information, die bis dahin nicht gesehen werden konnte, zu Tage gefördert wird. Das funktioniert so, dass über die Definition von Parametern verschiedene Merkmalstrukturen aus dem Datenberg herausgefiltert und in 3D-Mustern veranschaulicht werden. Auf diese Weise ist es dann beispielsweise möglich, aus der Kundendatenbank eines Unternehmens Daten zu identifizieren, die über ein bestimmtes Verhalten der Kunden Auskunft geben. Mit dem neu entdeckten Wissen lässt sich dann entweder allgemein die Kundenansprache verbessern, oder dem Kunden können gezielt individualisierte Produkte und Dienstleistungen angeboten werden. Da für alle Unternehmen gilt, dass sich durch Aufspüren von verborgenem Kundenwissen neue Produkte generieren lassen, kommt dem Data-Mining in der Wissensgesellschaft eine wichtige Funktion zu.

Intelligentere Data-Mining-Programme wie das Programm *sphinxVision* der Firma ASOC in Heidelberg veranschaulichen solches implizites Wissen in bis zu zehn Dimensionen.

Abb. 46

Data-Mining-Programme filtern gemeinsame Merkmale aus komplexen Daten und fördern verborgenes Wissen zu Tage.

*ASOC GmbH, Heidelberg;* www.asoc.de

## 6. INFORMATIONSLANDSCHAFTEN – KARTEN

»Die Arbeit der Menschen wird im 21. Jahrhundert hauptsächlich in der Erzeugung von Information durch Forschung und Wissenschaft, im Sammeln, Aufbewahren, Auswerten, Verbreiten von Information und in der Organisierung des Wissens bestehen.« Ein großer Teil der Tätigkeiten, die der damalige Bundesaußenminister Dietrich Genscher in seiner Eröffnungsrede auf dem ›Zukunftstag '91‹ als Aufgaben für das 21. Jahrhundert beschrieb, sind bereits heute Arbeitswirklichkeit geworden. Sie haben eine neue Dienstleistungsbranche und eine ganze Reihe neuer Berufsbilder kreiert. Wir sind auf dem besten Wege, zu einer Gesellschaft von ›Wissensarbeitern‹ zu werden, deren Produktivität in der Hauptsache darin besteht, Information intelligent zu sammeln, zu strukturieren, zu bewerten und zu verteilen. Je stärker dieser Umschichtungsprozess voranschreitet, desto wichtiger wird es, attraktive und leicht handhabbare Schnittstellen zu den technischen Systemen zu schaffen. Bei der Entwicklung der nächsten Generation von Informationssystemen wird diese Frage eine zentrale Rolle spielen. Eine zunehmend wichtigere Funktion kommt dabei den grafischen Visualisierungswerkzeugen zu, mit deren Hilfe sich komplexe Phänomene und Beziehungen auch für Laien anschaulich und verständlich darstellen lassen.

### BEZIEHUNGSGEFLECHTE SICHTBAR MACHEN

Ob wirtschaftliche oder soziale Beziehungen, mit dem Software-Tool NetVis lassen sich die Zusammenhänge in netzwerkartigen Beziehungsgeflechten instruktiv und ästhetisch anspruchsvoll visualisieren. Das vom Max-Planck-Institut für Gesellschaftsforschung in Köln entwickelte Werkzeug kombiniert numerische Analysetools mit grafischen Visualisierungswerkzeugen. Die komplexen Phänomene der untersuchten Strukturen werden mit NetVis auch für den Laien verständlich.

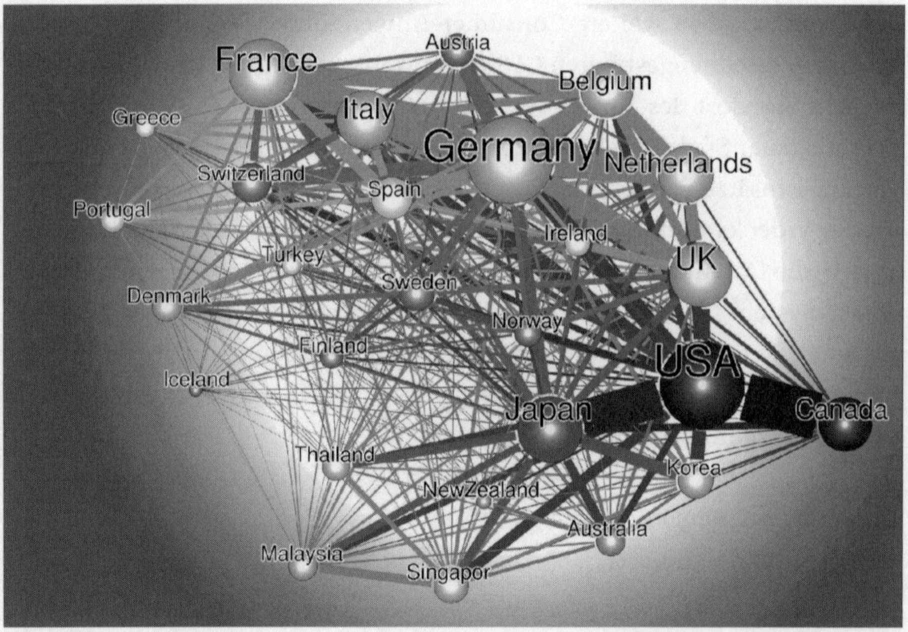


**Abb. 47**

Die Abbildung veranschaulicht die Daten des Welthandels zwischen 28 OECD-Ländern für das Jahr 1992. Die Stärke der Verbindungslinien steht für das jeweilige Handelsvolumen, die Größe der Knoten für die Menge des Geldes, das durch Import und Export bewegt wurde.

*Max-Planck-Institut für Gesellschaftsforschung, Köln; Dr. Lothar Krempel;* www.mpi-fg-koeln.mpg.de/~lk/netvis.html

## MOBILES MULTIMEDIA IM ›JUNGLE OUT THERE‹

Die neue Computerplattform Urban Jungle Pack (UJP) ist in der Lage, mit allen wichtigen elektronischen Medien zu kommunizieren, d. h. Bilder, Texte, Audio und Video zu erfassen, zu speichern und zu übertragen. Darüber hinaus ist UJP tragbar und damit mobil einsetzbar. Ursprünglich für die Live-Berichterstattung im Internet entwickelt, eignet sich das System aber auch gut für andere Anwendungen, die Mobilität und die Kombination unterschiedlicher Medien benötigen. Vorstellen lässt sich hier beispielsweise der Einsatz bei aktuellen digitalen Rundfunk- und Fernsehreportagen.

Mit einem von der Berliner Firma ART+COM entwickelten Prototyp werden inzwischen weitere Consumer-Anwendungen erprobt. Da das UJP mit einem satellitengestützten GPS-System ausgestattet ist, kann es auch den genauen Standort des Anwenders ermitteln. Damit lässt es sich sowohl als multimedialer Stadtführer für Touristen wie als Koordinationswerkzeug für Rettungseinsätze verwenden. Das UJP besteht aus einem Headset mit integrierter Videokamera und Display, einer modular aufgebauten Übertragungseinheit, die Daten mit einer hohen Bandbreite überträgt, sowie einem Miniatur-PC-System. Zusätzlich ist in das Headset ein elektronischer Kompass integriert, der ständig Informationen über Blickrichtung und die Kopfbewegungen des Users überträgt. Somit kann der exakte Standort für jede vom UJP erfasste Einzelinformation ermittelt werden.

*ART+COM AG, Benjamin Pannier; Berlin;*
www.artcom.de/projects/UJP/UJPdt/index.html

### FUSS-SPUREN IM REISEBERICHT VON HUMBOLDT

h|u|m|b|o|t ist ein künstlerisches Internet-Projekt, das das neue Erlebnis des virtuellen Reisens mit der Erfahrung des traditionellen Reisens verbindet. Ausgangspunkt ist der Reisebericht von Alexander von Humboldt von 1811 (»Personal Narrative of Travels to the Equinoctial Regions of America«). Etwa zwanzig junge Autoren haben diesen Text weiterentwickelt und vernetzt und neue Teile hinzugefügt. Zu zwei Hauptzielen der explorativen Reisen Humboldts unternahmen zwei Autorenteams Reisen und trugen dabei Material für die Internet-Ausstellung zusammen. Die Fotos, Videos, Töne, Texte und Zeichnungen wurden dann in die Datenbank des Projekts eingespeist. Erstmals wurde auch das Reisetagebuch Humboldts für das Internet aufbereitet. Sowohl das von den Künstlern gesammelte Material wie das Reisetagebuch Humboldts wurden in Paragraphen und Tausende von Schlüsselwörtern zerlegt und dann nach inhaltlichen Zusammenhängen in einer Landkarte angeordnet. Der Benutzer ruft sich Inhalte aus der Karte mit Hilfe von Wörtern oder Sätzen auf, die er eingibt und die das System mit den aus den Texten von Humboldt herausgefilterten Schlüsselwörtern vergleicht. Wenn der Benutzer einen Text liest oder sich ein Video ansieht, bewegt er sich dabei durch die Landschaft auf der Karte, wobei er Fußspuren in Form von Linien hinterlässt. Die Karte verändert sich dynamisch mit jedem neuen Input von Besuchern in die Datenbank. h|u|m|b|o|t ist der Versuch, einen historischen Text durch Einbettung in komplexe zeitgenössische Zusammenhänge neu lesbar und erfahrbar zu machen.

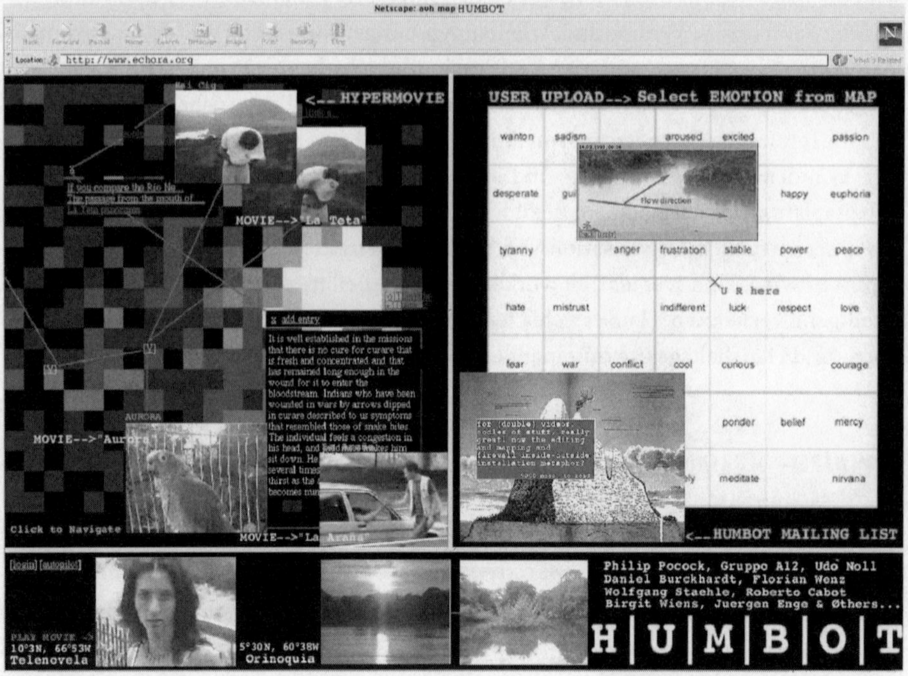


**Abb. 48**

**Der historische Reisebericht von Humboldt wird durch digitale Einbettung in komplexe Gegenwartszusammenhänge überraschend modern.**

*humbot ist ein Projekt der gruppo a 12/Zentrum für Kunst- und Medientechnologie (ZKM), Karlsruhe;* www.humbot.org

## 7. ARBEITEN UND WOHNEN IN DER INFO-ZUKUNFT

Wenn in wenigen Jahren die Bereiche Arbeit, Wohnen und Freizeit durch die unterschiedlichsten Kommunikationswerkzeuge interaktiv miteinander vernetzt sind, wie werden dann unsere Wohn- und Arbeitsumgebungen aussehen? Werden traditionelle Büroräume überflüssig, weil man im Prinzip überall arbeiten kann? Wird es ein neuartiges Ambiente für vernetztes Arbeiten in wechselnden Teams geben? Und wie wird sich die interaktive Vernetzung von Arbeit und Wohnen auf das Leben in den eigenen vier Wänden auswirken? Einig sind sich die Experten nur in einem Punkt: Unser Arbeitsplatz wird sich zu einem flexiblen Ort wandeln, der sich ständig den Bedürfnissen einer virtuellen Organisation von räumlich verteilten und mobilen Mitarbeitern anpassen wird. Und wer als Teleworker daheim arbeitet, wird bald die Vorzüge eines intelligent vernetzten Hauses schätzen lernen, das alle erdenklichen Kommunikations- und Haushaltsgeräte miteinander und mit der Außenwelt verbindet.

### ROOMWARE – DENKENDE MÖBEL

Das Büro der Zukunft könnte ein ›kooperatives Gebäude‹ mit Büros sein, in denen virtuelle Teams in einer dynamisch konfigurierbaren Arbeitsumgebung zusammenarbeiten. Für diese Vision vom flexiblen neuen Arbeiten hat das Institut für integrierte Publikations- und Informationssysteme der GMD in Darmstadt die »interaktive Landschaft für kreatives und innovatives Arbeiten« i-LAND entwickelt.

Das Konzept der sogenannten Roomware basiert auf der Vernetzung neuartiger Informationswerkzeuge (elektronischer Wände, Tische, Stühle) in einer realen Umgebung, die flexibles Arbeiten in wechselnden Teamzusammensetzungen unterstützt. Bisher umfasst die vernetzte Arbeitslandschaft eine interaktive elektronische Wand (DynaWall), einen interaktiven Tisch (InteracTable), computergestützte Stühle (CommChairs) und den sogenannten Passage-Mechanismus, mit dessen Hilfe digitale Informationen zwischen diesen Informationsmöbeln ausgetauscht werden können. Bei der Entwicklung des Konzeptes wurde auch daran gedacht, die Interaktion mit den computergestützten Wänden, Stühlen und Tischen zu erleichtern. Die Displayflächen sind berührungsempfindlich, und man kann mit ihnen per Geste oder Stift interagieren. Mit der Rückprojektionsfläche DynaWall und dem Display des Stehtisches InteracTable können mehrere Personen gleichzeitig interagieren. Beim Stuhl CommChair hat der Benutzer die

Möglichkeit, sowohl allein auf dem Display des Stuhls zu arbeiten wie von dort aus, ohne aufzustehen, mit der Projektionswand zu interagieren. Das Konzept der Roomware baut auf Modularität, Mobilität und Konfigurierbarkeit.

Abb. 49
Interaktive Informationsmöbel unterstützen flexibles Arbeiten in wechselnden Teamzusammensetzungen. Hier der Stehtisch InteracTable, mit dem sich gestisch interagieren lässt.

*GMD, Institut für Integrierte Publikations- und Informationssysteme (IPSI), Darmstadt; Dr. Dr. Norbert Streitz;* www.darmstadt.gmd.de/ambiente, www.future-office.de

## MIKROCHIPS KOMMUNIZIEREN IM NETZ

Ein Kühlschrank, der weiß, welche Waren das Verbrauchsdatum überschritten haben, der selbstständig über Internet beim Supermarkt Nachschub bestellt und seinem Besitzer über Handy verkündet, dass ein Wartungsservice fällig ist – kein Zukunftsnebel mehr, sondern greifbare Wirklichkeit. Mit neuen Techniken wie Jini von Sun Microsystems und Bluetooth, das von einem internationalen Konsortium entwickelt wurde, sollen künftig alle mit Mikrochips ausgestatteten Geräte auf einfache Weise untereinander und mit der Außenwelt kommunizieren können. Jini ist eine Art Schaltzentrale, an der sich alle Geräte in einem Haus automatisch anmelden, die sich in Reichweite des kabellosen Bluetooth-Netzes befinden. Die Geräte verständigen sich automatisch untereinander, und der Benutzer muss keinerlei Installationseinstellungen mehr vornehmen. Auch das Installieren von Gerätetreibern auf dem PC wird sich in Zukunft vermutlich erübrigen. Über den Bluetooth-Chip sind die Geräte intern via Radiowellen vernetzt. Nach außen zum Internet findet die Vernetzung über ein Service-Gateway statt. Ein Beispiel dafür ist die E-Box von Ericsson. Solche E-Services werden demnächst auch von anderen Dienstleistern angeboten. Damit ist es möglich, alle über Jini/Bluetooth vernetzten Hausgeräte von außen zu steuern. Eltern können von unterwegs per Baby-Cam einen Blick ins Kinderzimmer werfen und kontrol-

Abb. 50

Der intelligente Kühlschrank überwacht die Vorräte und bestellt online beim Supermarkt Waren nach.

lieren, ob die Kinder schlafen, ein Arzt kann den medizinischen Status von Patienten, die zu Hause liegen, vom Krankenhaus aus überwachen etc. Die Bandbreite möglicher Anwendungen ist nahezu unbegrenzt.

Abb. 51

Das Gerät macht sogar Vorschläge, welches Menü sich mit den vorhandenen Vorräten zubereiten lässt.

*E-Services, Ericsson GmbH; Elmar Pritsch, Düsseldorf;* www.e2-home.com
*Jini, Sun Microsystems, Thomas Puslednik, München;* www.jini.org
*Kühlschrank ›Screenfridge‹ von Electrolux, Nürnberg;* www.bluetooth.com

## VIRTUELLE MEETINGS

Ein Problem, mit dem wir es bei verteilt arbeitenden Organisationen zunehmend zu tun haben, betrifft die Unmöglichkeit, alle wichtigen Termine rund um den Globus selbst wahrnehmen zu können. Auf der anderen Seite lässt sich das, was uns ein persönliches Gespräch von Angesicht zu Angesicht über unseren Gesprächspartner vermittelt, nicht ohne weiteres durch Telefon- oder Video-Conferencing ersetzen. Im ersten Fall fehlen so gut wie alle Indikatoren, die uns bei der Beurteilung eines Menschen helfen. Im zweiten Fall können wir zwar die Mimik unseres Gegenübers studieren, haben aber wenig Möglichkeiten zur Beobachtung der Körpersprache, die uns oft leichter über die wahren Absichten eines Gesprächspartners ins Bild setzt als das gesprochene Worte. Was also tun, wenn ein reales Meeting zwischen zwei Gesprächspartnern zwar wünschenswert wäre, sich aber nicht so ohne weiteres realisieren lässt?

Eine innovative technische Lösung des Problems bietet das Teleport-Projekt des Forschungszentrums Informationstechnik (GMD) in St. Augustin. Es

Abb. 52

Real-virtuelles Meeting in Echtzeit: Der vordere Mann, Tisch, Stuhl und Raum sind echt, beim rückwärtigen Raum inklusive des Mannes am Tisch handelt es sich um eine Projektion in VR-Technik.

kombiniert einen realen mit einem virtuellen Raum und projiziert den abwesenden Gesprächspartner in die virtuelle Verlängerung des eigenen Raumes hinein. Der Trick dabei ist, dass mit Hilfe von Virtual Reality-Technologien der jeweils andere Raum inklusive dem darin sitzenden Gesprächspartner auf eine derart raffinierte Weise in den eigenen Raum eingeblendet wird, dass die virtuelle und die wirkliche Realität sich nahtlos überlagern. Das verblüffende Ergebnis: Man hat das Gefühl, der Gesprächspartner sitze am anderen Ende des Tisches, im gleichen Raum wie man selbst.

*Forschungszentrum Informationstechnik (GMD/IMK), St. Augustin; Dr. Martin Göbel;* viswiz.gmd.de/projects/cwall.html

## 8. NEUES LERNEN IN DER INFO-WELT

Erwachsenenlernen, Entlernen, Neulernen, Telelernen, und all das möglichst ein ganzes Leben lang – nie zuvor wurde dem Lernen eine derart große Bedeutung beigemessen. Die dynamische Informationsgesellschaft fordert von Jung und Alt fundierte Kompetenzen, die in unserem Bildungsalltag bisher nicht vorgesehen waren und von manchen nur mit Mühe erbracht werden können. Vor allem der Umgang mit den neuen Medien, mit Informationstechnik, Daten und Wissensmanagement, muss gelernt werden, weil diese Kompetenzen die Schlüsselqualifikation für die Wissensökonomie darstellen. Dabei helfen multimediale Werkzeuge und das Internet den Studierenden, sich komplexen Lerninhalten intuitiv zu nähern und gleichzeitig auch noch interaktiv neue Formen des Lernens und Arbeitens auszuprobieren.

### PHASE X – EIN EVOLUTIONÄRES LERN-ENVIRONMENT

Architekturstudenten der ETH Zürich durchlaufen, wenn sie die Prinzipien des geometrischen Modellierens mit Computer Aided Architectural Design (CAAD) erlernen, eine kollektive Lernphase.

Die dafür entwickelte Software Phase X ist ein evolutionäres Lern-Environment, in dem die Studenten für eine bestimmte Phase ihrer Arbeit mit CAAD online als Autorenkollektiv zusammenarbeiten und gegenseitig ihre Arbeiten kritisieren. Jedes CAAD-Modell, das in dieser Phase entsteht, ist also das Ergebnis einer kollektiven Diskussion. Dabei werden die Erfolge, die die einzelnen Mitglieder innerhalb des Kollkektivs erzielen, auf einer Zeitskala sichtbar gemacht. Da die Studenten jeweils selbst entscheiden können, welche der Kollektivarbeiten sie weiterverfolgen und verbessern wollen, könnte man davon sprechen, dass hier ein evolutionäres Prinzip praktiziert wird: Die CAAD-Arbeiten der Studenten bilden den Organismus, in dem immer nur das jeweils ›fitteste‹ Projekt überlebt.

Bemerkenswert ist auch, dass in Phase X eine kollektive Autorenschaft praktiziert wird, bei der der Anteil am Urheberrecht von der erfolgreichen Mit- und Zusammenarbeit abhängt. Hier wird vorexerziert, wie verteiltes Arbeiten in der vernetzten Gesellschaft aussehen könnte. Das Lern-Environment wurde 1999 als wegweisendes Projekt mit dem Prix Ars Electronica ausgezeichnet.

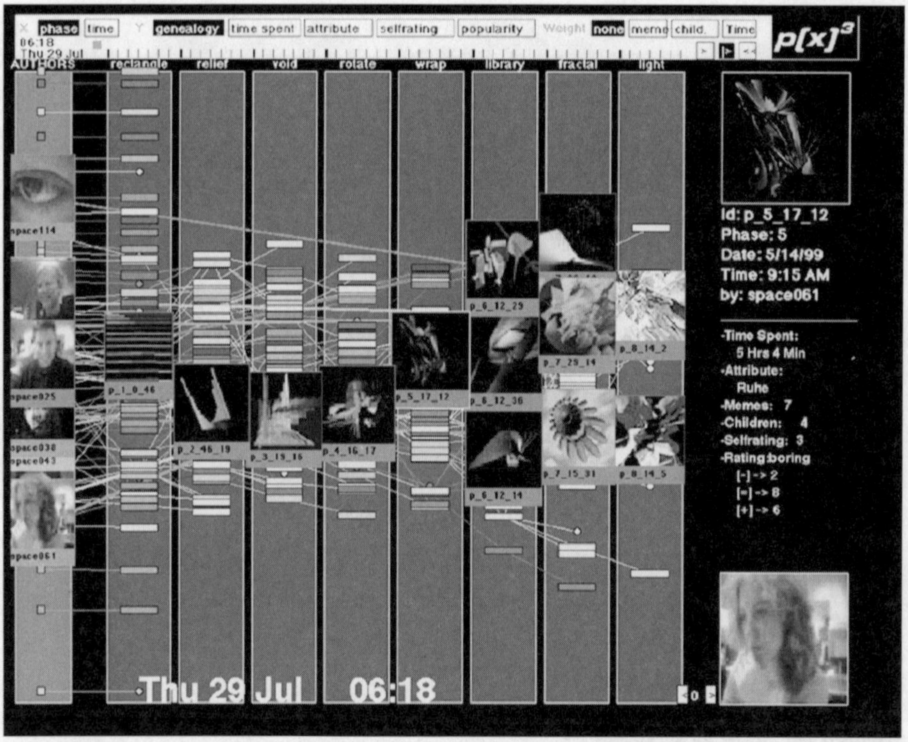


Abb. 53

Projektarbeit im virtuellen Team: Das evolutionäre Lern-Environment der Architekturstudenten der ETH Zürich ermöglicht die Bewertung der Arbeit des Einzelnen wie der Gruppe.

*ETH Zürich, Architektur und CAAD; Prof. Maia Engeli, Urs Hirschberg und Phase(X) Team; www.space.arch.ethz.ch*

## EIN VIRTUELLES TIERLABOR

Das Quälen lebender Frösche beim Studium der Biologie ist out. Mit Softwareprogrammen aus der Reihe ›Virtual Physiology‹ können Tierversuche auf hohem wissenschaftlichen Niveau weitgehend durch multimediale Simulationen ersetzt werden. Kernstück aller Programme sind die virtuellen Labore, in denen alle Versuche durchführbar sind, die im universitären Ausbildungsalltag benötigt werden. Beispielsweise kann der klassische Froschnerven-Versuch jetzt an einem mathematisch und physiologisch exakten Froschnerven-Präparat simuliert werden. Per Video erhält der Student die korrekte Präparation des Nervus Ischiadicus des Krallenfroschs. Mit der grafisch gestalteten Software SimNerv kann er dann den virtuellen Frosch enthaupten, den Nerv entnehmen und in verschiedenen Versuchssettings die wichtigsten Experimente zur Nervenerregung durchführen.

Weitere Programme in der Reihe ›Virtual Physiology‹ sind SimMuscle, SimVessel, SimHeart und SimPatch. Die Programme werden von der Firma

Abb. 54

Kernstück von SimNerv ist das virtuelle Labor. Komplexe mathematische Simulationen des Froschnervs garantieren korrekte Messergebnisse der virtuellen Versuche.

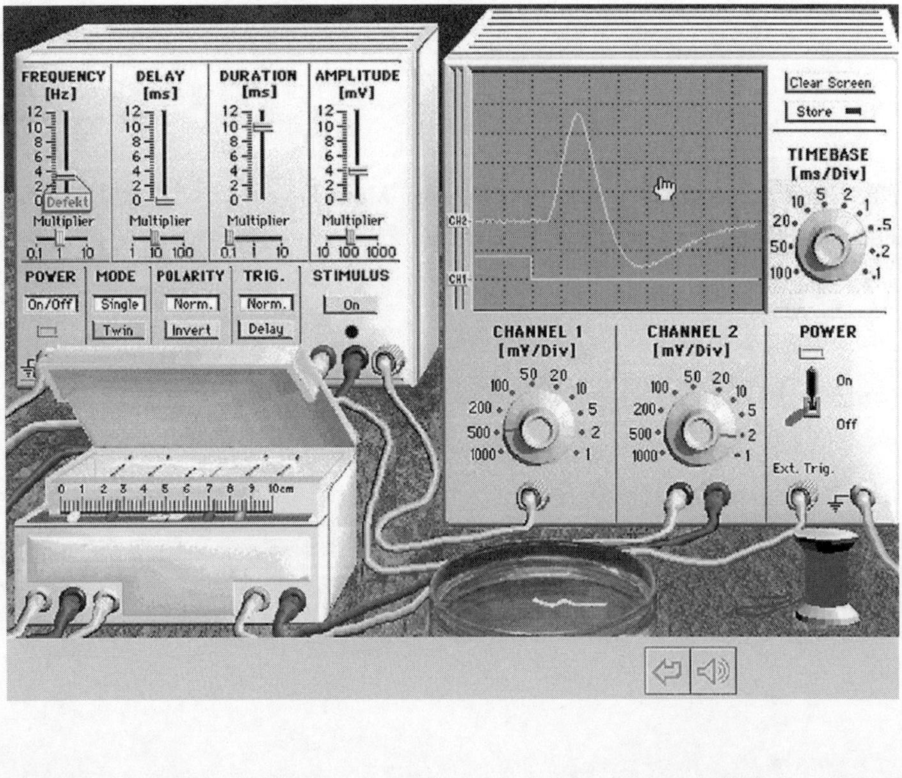

interActive Systems in Marburg in Zusammenarbeit mit der Universität Marburg für den Thieme-Verlag entwickelt.

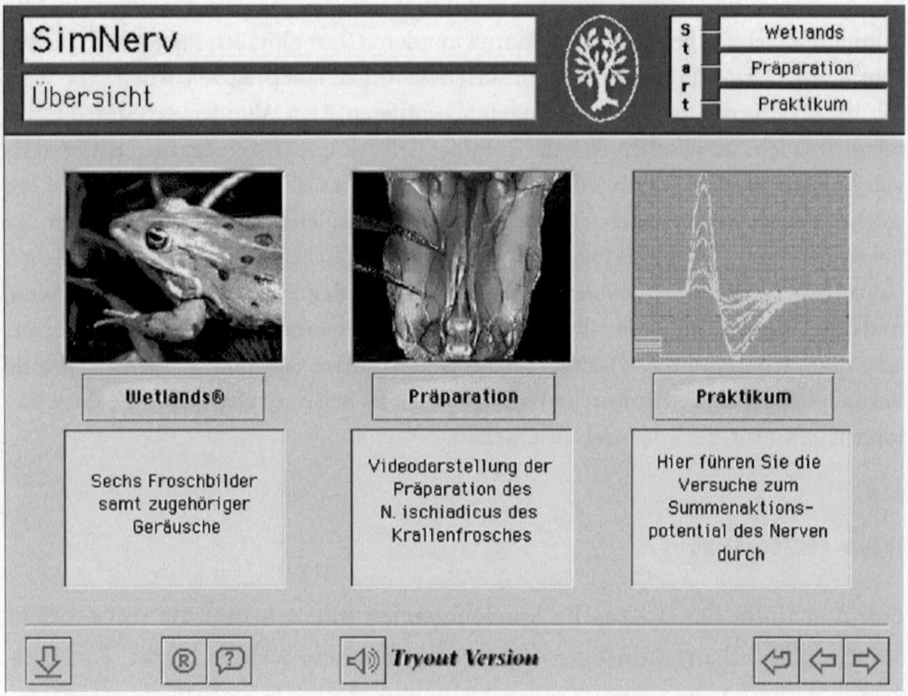


**Abb. 55**

Am virtuellen Froschnerven-Präparat können alle für das Studium benötigten Versuche virtuell vorgenommen werden.

*interActive Systems, Marburg, für Georg Thieme Verlag, Stuttgart;*
www. thieme.de/elm/sim/nerv.html; www.brainmedia.de

## 9. COMPUTERSPIELE ALS TECHNOLOGIE-AVANTGARDE

Mit einem hin- und herflitzenden weißen Punkt zwischen zwei Balken fing es an: Das Computerspiel war geboren, man konnte mit dem Gerät plötzlich Ping-Pong spielen. Heute, ein Vierteljahrhundert später, surfen wir durch fantastische virtuelle 3D-Welten, die sich in Fotoqualität und Echtzeit präsentieren. Kein Wunder, dass die Computerspielbranche inzwischen eine der kommerziell erfolgreichsten der neuen interaktiven Medien ist. Der Traum jedes Softwareentwicklers ist es, wenigstens einmal ein solches Spiel zu entwickeln, das diejenigen, die es spielen und vergeblich nach der Lösung suchen – wie bei Erfolgsspielen wie ›Myst‹ geschehen –, um den nächtlichen Schlaf bringt. Die innovativsten Kreativen sind bei den Spieleherstellern zu finden, und die Computerindustrie selbst betrachtet den Spielmarkt als Testmarkt auch für andere innovative Produkte. Darüber hinaus gelten die den Computerspielen zu Grunde liegenden sozialen und kulturellen Modelle auch als Seismografen künftiger Entwicklungen in Kultur, Technik und Gesellschaft.

### TRAUM-BROADCASTING

Sommer 1999: der japanische Spielehersteller SEGA bringt die mit großem Werbeaufwand angekündigte ›Dreamcast‹-Konsole auf den Markt. Der Umsatz in den USA am ersten Tag: 97 Millionen Dollar. Innerhalb weniger Wochen wandern in den USA eine Million Geräte über den Ladentisch. Es war die erfolgreichste Entertainment-Premiere aller Zeiten. Als die Konsole dann im Oktober auch in Europa auf den Markt kam, hatten Hunderte von Läden bereits um Mitternacht ihre Türen geöffnet und feierten ›Launch-Partys‹. In den ersten vier Tagen der Markteinführung wurden in Europa mehr als 185.000 Stück abgesetzt – ein Umsatz von mehr als 156 Millionen DM.

Was ist nun das Besondere an Dreamcast (der Kunstname setzt sich aus »Dream« und »Broadcasting« zusammen, kann also wörtlich mit »Ausstrahlen von Träumen« übersetzt werden)? Es handelt sich um eine neue Generation von Spielkonsolen, die sehr einfach am TV-Gerät angeschlossen werden können und gegenüber der vorigen Generation sehr viel schnellere und realistischere Bildwelten bieten.

Eine breite Palette von Zubehör ermöglicht auch eine über reines Spielen hinausgehende Nutzung. So ist im ›DC‹, wie der Dreamcast von seinen Benutzern genannt wird, beipielsweise bereits ein schnelles Modem integriert. Mit einer externen Tastatur kann man sich ans Internet anschließen und E-Mails verschicken. Die echten Fans von ›DC‹ nutzen das Gerät natürlich vorwiegend für vernetzte Actionspiele.

*SEGA Deutschland, Düsseldorf; Tina Sakowski, PR;*
www.sega-europe.com

#### INTERAKTIVE MUSIK

Obwohl später als die Konkurrenten Sega und Nintendo in den Markt der Spielkonsolen eingetreten, hatte Sony diese mit seiner Spielkonsole Play Station bald eingeholt. Sechzig Millionen Stück wurden davon bisher verkauft, zusammen mit der unvorstellbaren Anzahl von vierhundertsechzig Millionen Spielen. Der Umsatz in diesem Geschäftsbereich erwirtschaftete im Jahre 1998 40 Prozent des Unternehmensgewinns.

Doch inzwischen ist die PlayStation gegenüber Segas Dreamcast (DC) auf Platz zwei zurückgefallen. Abhilfe schaffen soll hier das Nachfolgemodell PlayStation2, das wie der DC auf einer 128-bit-Architektur basiert und sich auch gegenüber PC-basierten Spielen behaupten kann. Überhaupt könnte die PlayStation2 einmal den PC überflüssig machen, überlegt man bei Sony, denn grundsätzlich bietet, bei deutlich geringerem Preis, eine PlayStation mindestens die Möglichkeiten eines PC. Und dass man sich auch bei den Programmen für die PlayStation mehr Gedanken gemacht hat, als den Kunden nur Action- und Ballerspiele anzubieten, zeigt die beliebte Software Music 2000.

Sie ist ein ausgefeiltes Programm der englischen Firma Codemasters, mit dem der Nutzer aktuelle Dance Music kreieren und mit selbst zusammengestellten Video-Clips kombinieren kann. Im Programm enthalten ist eine riesige Bibliothek von Grundmelodien. Dazu kommen Bassläufe, Drums, Gesang und Soundeffekte. Dies alles lässt sich nach Belieben mischen und auf Wunsch zusätzlich mit Videoeffekten versehen, für die man 3D-Text, Dynamic Cameras, Texturing, Lichteffekte und anderes zur Verfügung hat.

*Sony Computer Entertainment Deutschland GmbH, Frankfurt; Codemasters GmbH, München, Raoul Birkhold;*
www.playstation.com; www.codemasters.com

## 10. MULTIMEDIALE KUNST

Netzkunst eröffnet für Künstler und Rezipienten neue Dimensionen: Sie ist prozesshaft, interaktiv und teamfähig. Der Rezipient kann darin entweder ›eintauchen‹ oder sich via Internet mit Gleichgesinnten in der ganzen Welt vernetzen. Vor allem für viele junge Künstler ist das World Wide Web zum Hoffnungsträger eines neuen kommunikativen Kunstbetriebs geworden, der abseits der etablierten, unbeweglichen Wege der bestehenden Institutionen neue Wege für die Verbreitung von Kunst findet. Noch ist die ›Net-Art‹ eine anarchische Spielwiese, doch hat der traditionelle Kunstbetrieb dennoch bereits seine Fühler nach den neuen Begabungen ausgestreckt, mit denen, wie man annimmt, auch neue Käuferschichten für die Kunst gewonnen werden. Sichtbarer Beweis ist, dass sich einige Projekte bereits im Besitz öffentlicher Sammlungen befinden und eine Reihe von Net-Art-Projekten auch an der Documenta X in Kassel beteiligt waren.

Noch lassen sich längst nicht alle Ideen der Netzkünstler mit der vorhandenen Technik umsetzen. Denn noch immer ist die vorhandene Bandbreite zu schmal für die Übertragung komplexer Bilder und Szenarien, sodass der Kreativität schon von daher Grenzen gesetzt sind. Ein Programm wie die Digitale Tanzschule, dessen komplexe Bilder mit herkömmlicher Bandbreite sehr lange Übertragungszeiten benötigen, lässt sich deshalb bisher nur auf CD-ROM studieren, obwohl es wie viele andere Produkte, die den Sprung ins Internet bisher aus solchen Gründen nicht gewagt haben, für einen sehr viel breiteren Benutzerkreis angelegt ist.

### MIXED-MEDIA ENVIRONMENTS

Der anarchische Wildwuchs der Netzkunst bringt Projekte von sehr unterschiedlicher Qualität hervor, für die es keine einheitlichen Bewertungsmaßstäbe gibt. Umso verdienstvoller ist es, wenn diejenigen Institutionen, die bevorzugt mit neuen Medien arbeiten, versuchen, das Publikum durch qualitätvolle Netzevents zumindest mit einem repräsentativen Teil dieser neuen Kunstrichtung bekannt zu machen. Das Zentrum für Kunst und Medientechnologie (ZKM) in Karlsruhe hat zusammen mit dem Steirischen Herbst in Graz, dem Intercommunication Center (ICC) in Tokio und dem Media Centre d'Art i Disseny (MECAD) in Barcelona im Herbst 1999 das Netzkunstevent net_conditions durchgeführt. Das Ereignis fand gleichzeitig in den realen Räumen der Institute und im Netz statt. Die Veranstalter versuchten, einen möglichst breiten Überblick über den derzeitigen Entwicklungsstand der Netzkunst zu geben.

Abb. 56

In der Distributed Legible City von Jeffrey Shaw erkundet der Benutzer die Stadt interaktiv, indem er über ein ans Internet angeschlossenes Fitnessfahrrad seine Positions- und Audiodaten mit anderen Besuchern austauscht.

Ein Prinzip des Events war die Durchdringung von realem und virtuellem Raum. In der Lounge, einem ›Mixed-Media-Environment‹ für Künstler und Öffentlichkeit, konnten Besucher Informationen abrufen, sich an Diskussionen in virtuellen Räumen beteiligen, mit Web-Cams entlegene Orte aufsuchen oder durch das Musikarchiv browsen, in das durch eine Kompositionssoftware täglich neue Audiodaten eingespeist wurden, die ein Softwareagent zuvor aus dem Netz gefischt hatte.

Das ZKM hatte für das Event vor Ort Arbeiten ausgewählt, die das Internet als allgegenwärtigen Informationsraum thematisierten und versuchten, die Schnittstelle zwischen realer und virtueller Welt neu zu definieren und zu gestalten. Typisch dafür ist etwa Jeffrey Shaws Projekt Distributed Legible City, das zwei weit voneinander entfernten Radfahrern ermöglicht, sich in einem virtuellen Ambiente in Echtzeit zu treffen und miteinander zu sprechen.

*Jeffrey Shaw, ZKM|Zentrum für Kunst und Medientechnologie, Karlsruhe;* www.zkm.de

#### DIGITALE TANZSCHULE

Ein virtuelles Lernexperiment der besonderen Art stellt die vom ZKM in Karlsruhe produzierte CD-ROM Improvisation Technologies dar. Der Choreograf William Forsythe, weltberühmter Leiter des Balletts der Städtischen Bühnen in Frankfurt, erklärt darin die seiner Improvisationsarbeit zu Grunde liegenden Prinzipien.

Das Besondere an dieser CD ist, dass die virtuellen Möglichkeiten des Mediums fantasievoll dazu eingesetzt werden, Details des choreografischen

**Abb. 57**

**Durch die Nachzeichnung virtueller Bewegungslinien im Raum werden unsichtbare Bewegungsabläufe sichtbar.**

Konzepts sichtbar zu machen, die der Zuschauer normalerweise weder in Realtime noch in Slow Motion sehen kann. Die Bewegungsabläufe werden von hellen, virtuellen Linien begleitet, die der Tänzer während des Ausführens der Bewegungen im virtuellen Raum beschreibt. Die so entstehenden weißen Kurven, Kreise, Quadrate und anderen geometrischen Formen führen uns deutlich vor Augen, dass den scheinbar improvisierten Bewegungsmustern so etwas wie ein exaktes mathematisches Gerüst zu Grunde liegt.

*Improvisation Technologies, CD-ROM von William Forsythe, Nik Haffner, Volker Kuchlmeister, Yvonne Mohr, Astrid Sommer und Christian Ziegler, 1999. Erschienen in der Reihe ›digital arts edition‹, Hg. ZKM/Institut für Bildmedien, Karlsruhe, und Deutsches Tanzarchiv, Köln/SK Stiftung Kultur.*

# DIE AUTOREN

**Anthony W. Bates** ist Direktor des Instituts für Distance Education and Technology an der University of British Columbia in Vancouver. Er war Gründungsmitglied der Open University in Großbritannien sowie von 1990 bis 1995 Executive Director für Strategieplanung, Forschung und Informationstechnologie an der Open Learning Agency in British Columbia. Seit 1995 ist er verantwortlich für die Campus-Lehrangebote und die Fernstudien-Programme der University of British Columbia. Im Auftrag des Canadian National Centre of Excellence-Programm erstellte er eine Kosten-Nutzen-Analyse für Telelearning.

Veröffentlichungen: *Restructuring Universities and Colleges for Technological Change,* San Francisco 1999; *Technology, Open Learning and Distance Education,* London 1995; *The Role of Technology in Distance Education*, London 1984.
www.cstudies.ubc.ca

**John Bock** ist Performance-Künstler und lebt in Berlin. Er hat Wirtschaftswissenschaften studiert.

**Hubert Burda** ist Verleger in München. Er promovierte 1965 mit einer Arbeit über »Die Ruinen in den Bildern Hubert Roberts«. Im Jahre 1993 startete er die Zeitschrift FOCUS.

**Luyen Chou** ist Mitbegründer, Präsident und CEO des Softwareunternehmens Learn Technologies Interactive/Voyager in New York. Studium der Philosophie an der Harvard University. Anschließend übernahm er die Leitung des New Laboratory for Teaching and Learning an der Dalton School in Manhattan und das Projektmanagement bei der Stiftung Dalton Technology Plan, die sich dafür einsetzt, dass die Schule der Zukunft in ein multimediales Netzwerk eingebettet wird.

CD-ROM-Produktionen von Learn Technologies Interactive: *Quin, Tomb of the Middle Kingdom*, 1997 (nominiert für den Codie Award 1997); *National Museum of American Art,* 1997 (Award Milia d'Or 1997 »Best Art and Culture Title«); *Body Voyage,* 1997 (Award ID Magazine 1997 »Best of Category«).
www.learntech.com

**William J. Clancey** ist Senior Research Scientist for Human-Centered Computing am Institute for Human and Machine Cognition der University of West Florida in Pensacola. Zur Zeit ist er in der Computational Sciences Division des NASA/Ames Research Center in Moffett Field, Kalifornien, tätig. Studium der Mathematik und Informatik an der Stanford University. 1987–97 Senior Research Scientist am Institute for Research and Learning in Menlo Park, Kalifornien.

Veröffentlichungen: *Conceptual Coordination: How the Mind Orders Experience*

*in Time,* Mahwah/NJ 1999; *Situated Cognition: On Human Knowledge and Computer Representations,* Cambridge 1997; *Contemplated Minds* (mit S.W. Smoliar und M.J. Stefik), Cambridge 1997; *Artificial Intelligence and Learning Environments* (mit E. Soloway), Cambridge 1990.
www.arc.nasa.gov

**Michael Conrad** ist Vice Chairman und Chief Creative Officer der weltweit operierenden Agentur Leo Burnett Inc. in Chicago. Er ist für den kreativen Teil des gesamten Advertisingbereichs der Agentur zuständig und ist Vorsitzender des Global Product Committee, das die Qualität der kreativen Arbeit in den nationalen und internationalen Niederlassungen bewertet. Seit 29 Jahren im Geschäft, ist er einer der erfolgreichsten Kreativen, der für viele berühmt gewordene internationale Werbekampagnen verantwortlich zeichnet. Mitglied des Board of Governors der Film Center School am Art Institute von Chicago. 1996 Jurypräsident des International Advertising Festivals in Cannes.

1999 Ernennung zum Ehrenmitglied des deutschen Art Directors Club.
www.leoburnett.com

**Karl-Hans Englmeier** ist Professor für Medizinische Informatik an der Ludwig-Maximilians-Universität in München. Studium der Medizinischen Informatik in Heidelberg. Seit 1993 Leiter der Arbeitsgruppe »Wissensbasierte Bildverarbeitung« am Institut für Medizinische Informations- und Systemforschung am Forschungszentrum für Umwelt und Gesundheit (GSF) in Neuherberg. Vielfache Auszeichnungen, u.a. Taittinger Award 1997, Göran Selvik Prize 1997, Medinfo-Prize 1986, Wilhelm-Carl-Röntgen-Preis 1986. Eine Vielzahl von Originalbeiträgen in wissenschaftlichen Fachzeitschriften und Sammelbänden.
www.gsf.de

**Bob Greenberg** ist Gründer, Chairman und CEO von R/GA Digital Studio in New York, einer der führenden Agenturen für multimediale PR- und Werbeauftritte. Die 1977 gegründete Firma hat sich durch die kreative Integration von Film, Video, Computergrafik und -animation einen internationalen Namen gemacht. Zahlreiche Auszeichnungen, darunter Academy Award, Clio Trophy, Cannes Lion, Fuji Medal, New York City Mayor's Chrystal Apple Award, Chrysler Award für innovatives Design. Ehrendoktor der University of the Arts des Philadelphia College of Art.
www.rga.com

**Joseph Grigely** ist ein international bekannter Künstler, dessen Werke in zahlreichen Einzel- und Gruppenausstellungen gezeigt werden. Er lebt und arbeitet in Jersey City, New Jersey, und Ann Arbor, Michigan. Seit dem elften Lebensjahr taub, macht er seine speziellen Kommunikationserfahrungen als Gehörloser zum Gegenstand seiner Kunst.

Nach dem Besuch des National Technical Institute for the Deaf Studium in Oxford. Lehrtätigkeit an der Gallaudet University in Washington D. C. und an der Stanford University. Einzelausstellungen u. a.: *The Pleasure of Conversing*, Wadsworth Atheneum, Hartford 1999; *Barbican Conversations*, The Barbican Center, London 1998; *The Pleasure of Conversing*, Anthony D'Offay Gallery, London 1996; *Ordinary Conversations*, MIT List Center for the Visual Arts, Cambridge 1996; *Conversations with the Hearing*, White Columns, New York 1994.

Veröffentlichungen u. a.: *Addenda to Freud's Psychopathology of Everyday Life: Portraits of Conversations*, in: Der Standard Januar–Mai/1999; *Barbican Conversations*, London 1998; *Postcards to Sophie Calle*, in: Michigan Quarterly Review 37.2/1998, S. 206–233; *Textualterity: Art, Theory, and Textual Criticism*, Ann Arbor 1995.

**Thomas Hettche** ist Schriftsteller und lebt in Frankfurt/M. Studium der Germanistik und Philosophie. Preise: Robert-Walser-Preis und Ernst-Robert-Curtius-Förderpreis für Essayistik. Stipendien: Akademie Schloss Solitude in Stuttgart und Villa Massimo in Rom. Von 1995 bis 1999 Mitglied der Jury des Ingeborg-Bachmann-Wettbewerbs.

Veröffentlichungen: *Null. Literatur im Netz, Online-Literatur-Anthologie für deutschsprachige Literatur im Internet* (zus. mit Jana Hensel), Köln 2000; *Animationen*, Köln 1999; *Inkubation*, Frankfurt 1992; *Ludwig muß sterben*, Frankfurt 1989; *Nox*, Frankfurt 1995.
www.dumontverlag.de/null

**Volker Jung** ist seit 1992 Mitglied des Zentralvorstands der Siemens AG in München und zuständig für die Bereiche Öffentliche Kommunikationsnetze, Private Kommunikationssysteme, Sicherungstechnik und Halbleiter, zu denen seit 1997 noch die Bereiche Elektromechanische Komponenten, Passive Bauelemente und Röhren hinzukamen. Studium der Elektrotechnik an der Technischen Hochschule in München. 1964 Eintritt in die Siemens AG. 1996 Präsident des Zentralverbandes Elektrotechnik und Elektroindustrie.
www.siemens.de

**Derrick de Kerckhove** ist Professor für französische Literatur und Direktor des McLuhan Program in Culture and Technology an der Universität von Toronto. Studium der französischen Sprach- und Literaturwissenschaften an der Universität von Toronto; Studium der Kunstsoziologie an der Universität von Tours, Frankreich. Ab 1972 Zusammenarbeit mit Marshall McLuhan an der Universität von Toronto, Tätigkeit als Kurator für Medienkunst. Beratungstätigkeit für Wirtschaftsorganisationen, z. B. Origin Technology in Business, KPMG, Lord Cultural Resources und SMO. Aufbau der International Academy of Network Arts and Technology (INAT) in Madeira, Portugal.

Veröffentlichungen u.a.: *Connected Intelligence,* Toronto 1997; *The Skin of Culture,* Toronto 1995; *Brainframes, Technology, Mind, and Business,* Utrecht 1991; *La Civilisation Vidéo-Chrétienne,* Paris 1990.
www.mcluhan.utoronto.ca.

**Josh Kimberg** ist Web-Designer und einer der jüngsten Firmengründer im Multimediabereich. Er hat die Firma Bullseyeart in New York, deren Präsident und CEO er ist, 1996 im Alter von 20 Jahren zusammen mit einem Freund ins Leben gerufen. Kunst- und Skulpturstudium an der New York University. Gründungsmitglied der Nomadic Art Group, TripleXXX. Mitglied der United Digital Artists, New York. Dozent für Web-Animation an der Parsons School of Design. Ausgezeichnet mit der Silver Medal des I.D. Magazine Interactive Design Review,1998, und dem Young Guns II Award des Art Directors Club.
www.bullseyeart.com

**Michael Krämer** ist Mitglied des Direktoriums der DaimlerChrysler AG in Stuttgart. Seit 1996 Leiter des Bereichs PKW-Vorentwicklung und Fahrwerk. Studium der Ingenieurswissenschaften an der Technischen Universität in Aachen. 1976 Eintritt in die Daimler Benz AG. 1988 Ernennung zum Leiter der Hauptabteilung Motor-Vorentwicklung. Seit 1991 Mitglied des Direktoriums und Leiter des Forschungsbereichs 1 sowie des Mercedes-Benz-Forschungsinstituts.
www.daimlerchrysler.de

**Christa Maar** ist Präsidentin der 1994 begründeten Akademie zum Dritten Jahrtausend des Burda-Verlags in München und Mitglied des Vorstands der neu gegründeten Hubert Burda Stiftung. Studium der Kunstgeschichte, danach Arbeit als Drehbuchautorin und Regisseurin von Fernsehspielfilmen. Bis 1992 Chefredakteurin der Kunstzeitschrift PAN. 1993/94 Gründung der Akademie zum Dritten Jahrtausend, eines interdisziplinären Netzwerks von Persönlichkeiten aus Wissenschaft, Wirtschaft, Kunst, Politik und Medien, das sich mit wichtigen Zukunftsfragen befasst. Konzeption und Durchführung von Workshops, Symposien und internationalen Kongressen, u.a. *Mind Revolution – Schnittstelle Gehirn/Computer* (1995), *Telepolis – Die Zukunft der Stadt im Zeichen des Cyberspace* (1995), *Internet & Politik – Die Modernisierung der Demokratie durch die neuen Medien* (1997), *Envisioning Knowledge – Die Wissensgesellschaft und die neuen Medien* (1999).

Veröffentlichungen: *Internet & Politik. Von der Zuschauer- zur Beteiligungsdemokratie* (Hg. mit Claus Leggewie), Köln 1998; *Virtual Cities. Die Neuerfindung der Stadt im Zeitalter der globalen Vernetzung* (Hg. mit Florian Rötzer), Basel 1997; *Die Technik auf dem Weg zur Seele. Forschungen an der Schnittstelle Gehirn/Computer* (Hg. mit Ernst Pöppel und Thomas Christaller), Reinbek bei Hamburg 1996.
www.akademie3000.de

**Heinz Mandl** ist Professor für Empirische Pädagogik und Pädagogische Psychologie an der Fakultät für Psychologie und Pädagogik der Ludwig-Maximilians-Universität in München mit Arbeitsschwerpunkt Wissensmanagement, multimediale Lernumgebungen und selbstgesteuertes, kooperatives Lernen.

Veröffentlichungen u. a.: *Die Kluft zwischen Wissen und Handeln* (Hg. mit Gerstenmaier), Göttingen 2000; *Wissen sichtbar machen* (Hg. mit Fischer), Göttingen 2000; *Wissensmanagement* (Hg. mit Reinmann-Rothmeier), München 2000; *Individuelles Wissensmanagement* (Hg. mit Reinmann-Rothmeier), Bern 2000; *Wissensmanagement in der Weiterbildung* (zus. mit Reinmann-Rothmeier und Erlach), in: *Handbuch Erwachsenenbildung/Weiterbildung* (Hg. Tippelt), Opladen 1999; *Multimediale Lernumgebungen in der betrieblichen Weiterbildung* (Hg. mit Friedrich, Eigler, Schnotz u. a.), Neuwied 1997; *Psychologie der Erwachsenenbildung. Enzyklopädie der Psychologie D/I/4* (Hg. mit Weinert), Göttingen 1997; *International Perspectives on the Design of Technology Supported Learning Environments* (Hg. mit Vosniadou, de Corte, Glaser), Mahwah/ NJ 1996.
www.lsmandl.emp.paed.uni-muenchen.de/

**Bruce Mau** hat am Ontario College of Art and Design studiert. Präsident und Creative Director der 1985 von ihm gegründeten Firma Bruce Mau Design Inc. Creative Director des *I. D. Magazine* und Design Director von *Zone Books* sowie Mitherausgeber von *Swerve Editions.* Gemeinsam mit Rem Koolhaas Gründung von *S, M, L, XL*, einer Arbeitsgemeinschaft von Künstlern und Architekten, zu denen u. a. Frank Gehry, Claes Oldenburg, Coosje van Bruggen, Michael Snow, Douglas Gordon und Meg Stewart/Damaged Goods gehören. 1998 Auszeichnung mit dem Chrysler Award for Design Innovation. 1999 Toronto Arts Award for Architecture and Design. Diverse Lehrtätigkeiten, z. Zt. Associate Cullinan Professor an der Rice University School of Architecture in Houston, Texas.

**William J. T. Mitchell** ist Professor für Anglistik und Kunstgeschichte an der University of Chicago mit den Schwerpunkten Medientheorie, Visual Culture und Ikonologie. Prägte den Begriff »*Pictorial Turn*«, der weltweit zur Bezeichnung des Paradigmenwechsels in der Wissensgenerierung und -verbreitung gebraucht wird. Seit 1978 Herausgeber des interdisziplinären Wissenschaftsmagazins *Critical Inquiry*. Auszeichnung seines Buches *Picture Theory* mit dem Gordon E. Laing-Preis 1997. Ausgezeichnet mit dem Charles Rufus Morey-Preis der College Art Association 1996.

Veröffentlichungen u. a.: *The Last Dinosaur Book: The Life and Times of a Cultural Icon*, Chicago 1998; *What do Pictures Really Want?*, in: October 77/1996; *Picture Theory*, Chicago 1994; *Landscape and Power*, Chicago 1992; *The Pictorial Turn*, in: *Privileg Blick: Kritik der visuellen Kulturen* (Hg. Chr. Kravagna), Berlin 1997, S. 15–40; *Iconology: Image, Text, Ideology*, Chicago 1986; *The Language of Images*, Chicago 1980.
www.uchicago.edu

**M/M Paris,** das Namenskürzel der Design-Agentur in Paris, steht für die Namen der beiden jungen CEOs, welche die Firma 1991 gründeten. Michael Amzalag studierte an der Pariser Ecole Nationale Supérieure des Arts Décoratifs, Mathias Augustyniak am Royal College of Art in London. In ihrem unkonventionellen Design kombinieren sie unterschiedliche Genres mit Einflüssen aus der Independent-Szene. Kataloge und Kampagnen u. a. für Jil Sander Frankreich, Martine Sitbon, Yohji Yamamoto sowie Platten- und CD-Cover-Gestaltung für Pierre Henry Remix Project u. a.

1998/99 Kunstprojekt *Envisioning Knowledge* für die Akademie zum Dritten Jahrtausend in München, einem Museum im Westentaschenformat, das sie zusammen mit dem britischen Designer Cornel Windlin konzipiert und mit den Studenten einer Design-Klasse der Ecole Cantonale d'Art de Lausanne realisiert haben.
www.multimania.com/mmparis

**Marney Morris** ist Präsidentin von Animatrix, einer Firma für innovatives, interaktives Design in San Francisco. Studium an der University of California in Davis und an der University of California in Santa Cruz. Teilnahme an einem Kurs des Komponisten John Cage, dem sie nach eigenen Angaben die entscheidenden Impulse für die eigene Arbeit verdankt. Morris gilt als eine der herausragenden Begabungen im Bereich Multimedia Design. 1984 Gründung der eigenen Firma Animatrix, die selbst erklärende Benutzeroberflächen als Hauptaufgabe betrachtet. Lehrt Interaktives Design an der Stanford University. Multimedia-Projekte für zahlreiche große Unternehmen wie AT&T, Kodak, The Walt Disney Company. Außerdem konzipierte sie die erste *Guided Tour of the Macintosh* sowie die neuartige Lernsoftware *SprocketWorks*, die 1999 nach einer Entwicklungszeit von drei Jahren auf den Markt gebracht wurde.
www.animatrix.com und www.sprocketworks.com

**Albrecht A. C. von Müller** ist Gründer und Geschäftsführer der Think Tools AG, Zürich. Er hat Philosophie, Physik und Sozialwissenschaften studiert. Lehr- und Forschungstätigkeiten am Max-Planck-Institut für Physik und am Institut für Philosophie der Ludwig-Maximilians-Universität in München. Gastaufenthalte an der Harvard University und am MIT, Cambridge, Mass. Er ist Erfinder der Think Tools-Methode zur Unterstützung komplexer Denk- und Entscheidungsprozesse in Wirtschaft und Politik. Beratungstätigkeit für zahlreiche Regierungen und Unternehmen im In- und Ausland.
www.thinktools.com

**Mihai Nadin** ist Leiter des Programms für Computational Design an der Gesamthochschule Wuppertal und Präsident der Firma MINDesign. Interdisziplinäre Ausbildung an der Universität von Bukarest mit Abschlüssen in Elektronik, Computerwissenschaft, Ästhetik und Philosophie. Habilitation in Philosphie an der Ludwig-Maximilians-Universität in München. Lehrtätigkeit am Computer Science Department der

Brown University und an der G. W. C. Whiting School of Engineering der John Hopkins University in Baltimore. Er gehört zahlreichen wissenschaftlichen Beiräten und Organisationen an, u. a. der International Society for Computational Modeling of Creative Processes und der American Association for Artificial Intelligence.

Veröffentlichungen u. a.: *Jenseits der Schriftkultur*, Dresden 1999; *A Training Manual for Advanced Modeling, Rendering and Animation* (zus. mit S. Lehmann und T. Overberg), Wuppertal 1998; *The Civilization of Illiteracy*, Dresden 1997; *Creative Effective Advertising* (zus. mit R. Zakia), New York 1994.
www.code.uni-wuppertal.de

**Armin Nassehi** ist Professor für Soziologie an der Ludwig-Maximilians-Universität, München, mit Forschungsschwerpunkt Wissenssoziologie. Studium der Erziehungswissenschaften, Philosophie und Soziologie an den Universitäten von Münster und Hagen.

Veröffentlichungen u. a.: *Differenzierungsfolgen. Beiträge zur Gesellschaftsanalyse,* Opladen 1999; *Nation – Ethnie – Minderheit. Beiträge zur Aktualität ethnischer Konflikte*, Köln/Wien/Weimar 1997.
www.soziologie.uni-muenchen.de

**Helga Nowotny** ist Professorin für Wissenschaftsphilosophie und -forschung an der Eidgenössischen Technischen Hochschule (ETH), Zürich, und Leiterin des Collegium Helveticum an der ETH. Studium der Rechtswissenschaften an der Universität in Wien. Promotion in Soziologie an der Columbia University in New York. 1974–1986 Gründungsdirektorin des Europäischen Zentrums in Wien. 1987–1997 Professorin am Institut für Wissenschaftstheorie und Wissenschaftsforschung der Universität Wien. Sie ist ständiges Mitglied des Collegium Budapest, Vorsitzende der External Advisory Group für das fünfte Rahmenprogramm der EU *Improving the Socio-Economic Knowledge Base*, Gründungsmitglied der Stiftung *Science et Cité* sowie Mitglied zahlreicher Wissenschaftsbeiräte an europäischen Forschungsinstituten.

Veröffentlichungen u. a.: *Es ist so. Es könnte auch anders sein,* Frankfurt/M. 1999; *After the Breakthrough: the Emergence of High-Temperature Superconductivity as a Research Field* ( zus. mit U. Felt), Cambridge 1997; *The Sociology of the Sciences. A Reader* (2 Bde., zus. mit K. Taschwer), Cheltenham 1996; *Wissenschaftsforschung. Eine Einführung* (zus. mit U. Felt und K. Taschwer), Frankfurt/M. 1995; *The New Production of Knowledge* (zus. mit M. Gibbons u. a.), London 1994.

**Hans Ulrich Obrist,** geboren in Zürich, lebt und arbeitet als Kurator in Paris (Hauptwohnsitz), London, Wien, Berlin, Antwerpen, Rotterdam, New York, diversen südostasiatischen Großstädten und anderen globalen Orten. Kreativer Ausstellungsmacher mit Bewusstsein für die Notwendigkeit der Vernetzung von Kunst, Wissenschaft und Gesellschaft. Kontinuierliche Mitarbeit am Musée d'Art Moderne de la Ville de Paris seit 1993, verantwortlicher Kurator für die Ausstellungsreihe *Migrateurs* in diesem Museum. Ausstellungen: *Do it* (Videoclip-Produktion für den ORF unter Beteiligung der internationalen Künstleravantgarde; bisher 30 Clips), 1997–2001; *Le Jardin, La Ville, La Mémoire* (mit L. Bossé und C. Christov-Bakargiev), Villa Medici, Rom 1998–2000; *Laboratorium* (mit B. Vanderlinden), Antwerpen 1999; *Sogni/Dreams* (mit F. Bonami), Fondazione Rebaudengo 1999; *Cities on the Move* (mit Hou Hanrou), Ausstellung zum 100-jährigen Jubiläum der Wiener Sezession (die Ausstellung tourt seit 1997 um die Welt und war u. a. zu sehen im CAPC Bordeaux, der Hayward Gallery in London, dem Kiasma-Museum in Helsinki und einem Museum in Bangkok; *Life/Live* (mit L. Bossé), Paris und Lissabon 1996; *Der zerbrochene Spiegel* (mit Kasper König), Wien 1993; *Gerhard Richter*, Sils Maria 1992/Paris 1993; *The Kitchen Show*, St. Gallen 1991. Herausgeber zahlreicher Kunstbücher und Kataloge.

**Hubert Österle** ist Professor für Wirtschaftsinformatik und geschäftsführender Direktor des Instituts für Wirtschaftsinformatik an der Hochschule St. Gallen. Studium der Betriebswirtschaftslehre an den Universitäten Innsbruck und Linz. War vor seiner Berufung nach St. Gallen als Systemspezialist bei IBM in Stuttgart tätig.

Veröffentlichungen u. a.: *Enabling Systematic Business Change. Integrated Methods and Software Tools for Business Process Redesign* (zus. mit V. Bach, L. Brecht und T. Hess), Wiesbaden 1996; *Middleware. Grundlagen, Produkte und Anwendungsbeispiele für die Integration heterogener Welten* (zus. mit R. Riehm und P. Vogler), Wiesbaden 1996; *Praxis des Workflow Managements. Grundlagen, Vorgehen, Beispiele* (zus. mit P. Vogler), Wiesbaden 1996; *Business in the Information Age. Heading for new Processes,* Heidelberg 1995; *Business Engineering. Prozess- und Systementwicklung.* Bd. 1: *Entwurfstechniken,* Heidelberg 1994; Bd. 2: *Fallbeispiel* (zus. mit C. Brenner, C. Gassner, T. Gutzwiller und T. Hess), Heidelberg 1995.
www.iwi.unisg.ch

**Burkhardt Pauluhn** ist Bereichsvorstand Unternehmensbereich Privat- und Geschäftskunden bei der Deutsche Bank AG, Frankfurt/Main. Er studierte Betriebswirtschaftslehre und Rechtswissenschaften an der Universität Hamburg. 1987–1989 war er Direktionsmitglied in der Stuttgarter Filiale der Deutsche Bank AG und anschließend von 1989–1996 Direktor mit Generalvollmacht Privatkundengeschäft in der Deutsche Bank AG, Zentrale. Seit 1996 ist er Vorstandsmitglied bei der Deutsche Bank AG.
www.public.deutsche-bank.de

**Uli Pecher** ist freier Journalist (ehemals FOCUS), lebt und arbeitet in Santa Monica, Kalifornien.

**Ernst Pöppel** ist Professor für Hirnforschung, Leiter des Instituts für Medizinische Psychologie der Universität München und Vorstand des Humanwissenschaftlichen

Zentrums dieser Universität. Studium der Psychologie und Zoopsychologie in Freiburg, München und Innsbruck. Wissenschaftliche Arbeit am Max-Planck-Institut für Verhaltenspsychologie in Seewiesen, am Max-Planck-Institut für Psychiatrie in München sowie am Department of Brain Science and Psychology am MIT in Cambridge, Mass. 1992–97 Mitglied des Vorstands des Forschungszentrums Jülich. 1997 Gründung des interdisziplinären Humanwissenschaftlichen Zentrums der Universität München.

Veröffentlichungen u. a.: *A Hierarchical Model of Temporal Perception*, in: *Trends in Cognitive Sciences* 1/1997, S. 56–61 ; *Grenzen des Bewusstseins. Wie kommen wir zur Zeit, und wie entsteht Wirklichkeit?*, 3. überarb. Aufl., Frankfurt 1997; *Lust und Schmerz. Über den Ursprung der Welt im Gehirn*, 2. Aufl., Berlin 1993.
www.med.uni-muenchen.de/medpsy

**Martin Raab** ist Direktor für Konzernentwicklung bei der Deutsche Post AG in Bonn und u. a. verantwortlich für das Post-Merger-Management, die Weiterentwicklung von Wissensmanagementstrategien und die Entwicklung neuer Geschäftsfelder im Bereich E-Commerce. Vorher Projektleiter von McKinsey für den Bereich E-Commerce-Lösungen bei Finanzdienstleistungs-, Konsumgüter- und Transportunternehmen.
www.deutsche-post.de

**Ramana Rao** ist Chief Technology Officer des Softwareentwicklungsunternehmens Inxight in Palo Alto, Kalifornien. Studium der Computer- und Ingenieurswissenschaften am MIT in Cambridge, Mass. Mitglied der Forschungsgruppe Next Generation User Interface bei Xerox PARC in Palo Alto. Gründung von Inxight Software Inc., einem Spin-off von Xerox PARC in Palo Alto. Inxight hat das Ziel, die Ergebnisse der Xerox-Interface-Forschungsgruppe in sinnvolle Anwendungen und Produkte umzusetzen. Ramana Rao hält mehr als 20 Patente und ist Miterfinder der dreidimensionalen Interfaces Hyperbolic Tree und Table Lens, die den Umgang mit großen Datenmengen erleichtern. Autor zahlreicher Artikel in Fachzeitschriften zu Themen wie Corporate Innovation, User Interfaces, Knowledge Management und neue Technologien.
www.inxight.com

**Gabi Reinmann-Rothmeier** ist wissenschaftliche Assistentin an der Fakultät für Psychologie und Pädagogik der Ludwig-Maximilians-Universität in München mit Schwerpunkt Wissensmanagement, Lernen mit neuen Medien, selbstgesteuertes und kooperatives Lernen. Studium der Psychologie.

Veröffentlichungen u. a.: *Wissensmanagement* (zus. mit Mandl), München 2000; *Wissensmanagement in der Weiterbildung* (zus. mit Mandl und Erlach), in: *Handbuch Erwachsenenbildung/Weiterbildung* (Hg. Tippelt), Opladen 1999; *Lehren im Erwach-*

*senenalter* (zus. mit Mandl), in: *Enzyklopädie der Psychologie D/I/4* (Hg. Weinert und Mandl), Göttingen 1997; *Problemorientiertes Lernen mit Multimedia* (zus. mit Mandl) und *Selbststeuerung des Lernprozesses mit Multimedia* (zus. mit Mandl), in: *Handbuch Personalentwicklung und Training* (Hg. v. Geißler/von Landsberg/Reinartz), Neuwied 1997.

**Israel Rosenfield** ist Professor für Geschichte am Institut für Geschichtswissenschaft der City University in New York mit dem Forschungsschwerpunkt Medizingeschichte und Hirnforschung, Theorie des Bewusstseins, des Gedächtnisses und der Subjektivität. Studium der Medizin, Mathematik und Wissenschaftsgeschichte an der New York City University und in Princeton. Zahlreiche Artikel in Fachzeitschriften in den USA, Europa und Asien.

Buchveröffentlichungen: *Freud's Megalomania,* New York 2000; *The Strange, Familiar and Forgotten. An Anatomy of Consciousness*, New York 1992 (dt. Fassung: *Das Fremde, das Vertraute und das Vergessene.* Frankfurt/M. 1992); *The Invention of Memory: A New View of the Brain,* New York 1988.
web.jjay.cuny.edu/~history/fac.htm

**Stefan Ruzas** ist Journalist. Redakteur im Medienressort der Zeitschrift FOCUS. Studium der Kommunikationswissenschaft, Romanistik und Psychologie in München. Freie Mitarbeit u. a. bei der Süddeutschen Zeitung, ProSieben und New Media Report.

**Annette Schipprack** ist Journalistin und arbeitet seit 1994 als USA-Korrespondentin der Zeitschrift FOCUS in New York. Studium an der Axel Springer-Journalistenschule. Von 1992 bis 1994 freie Korrespondentin für den Springer-Auslandsdienst und SAT 1 in New York.

**Elisabeth Schweeger** ist Künstlerische Leiterin des Marstall/Bayerisches Staatsschauspiel, das durch sie ein internationales, interdisziplinäres Profil erhielt. Studium der vergleichenden Literaturwissenschaft, Philosophie, Romanistik und Germanistik in Wien. Dramaturgin am Theater Bremen und Lehrtätigkeit an der Hochschule für Angewandte Kunst in Wien. 1985–1993 Lehrbeauftragte für Dramaturgie, Theatergeschichte, Geschichte der Bühnen- und Festgestaltung und Kulturmanagement an der Akademie der bildenden Künste in Wien.

Veröffentlichungen u. a.: *Illusion und Simulation* (mit Beiträgen von Baudrillard, Druckrey, Schlosser, Rötzer, Weibel, Greenaway, Christaller, Kramer, Bijl, Maturana), Ostfildern 1995; *Wiener Architekturgespräche,* Berlin 1991; *Raum-Szenen/Szenen-Raum. Über den Bühnenbildner Erich Wonder,* Stuttgart 1986.
staatstheater.bayern.de/schauspiel/staatsth.htm

**Wolf Singer** ist Professor für Neurophysiologie und seit 1982 Direktor des Max-Planck-Instituts für Hirnforschung in Frankfurt/M. Arbeitsschwerpunkt: Visueller Cortex und neuronale Synchronisation. Studium der Medizin in München. Mitglied des Editorial Board zahlreicher Fachzeitschriften, u.a. European Journal of Neuroscience, Neuronal Networks, Concepts in Neuroscience, Annual Review of Neuroscience, Journal of Neurophysiology. Mitglied vieler neurowissenschaftlicher Vereinigungen, u.a. der European Neuroscience Association und der American Neuroscience Society. Mitglied der Päpstlichen Akademie der Wissenschaften und der Bayerischen Akademie der Wissenschaften. Zahlreiche Auszeichnungen, u.a. Hessischer Kulturpreis 1998, Ernst Jung-Preis für Wissenschaft und Forschung 1994, Preis der IPSEN Foundation 1991 (zus. mit Thorsten Wiesel und Ursula Bellugi).

Stellvertretend für die große Anzahl von Beiträgen in internationalen Fachzeitschriften seien nur einige genannt: *Phenomenal Awareness and Consciousness from a Neurobiological perspective*, in: *Neural Correlates of Consciousness – Empirical and Conceptual Questions* (Hg. T. Menzinger), Cambridge 2000; *Neuronal Synchrony: A Versatile Code for the Definition of Relations?*, in: Neuron 24/1999, S. 49–65; *The formation of Cooperative Cell Assemblies in the Visual Cortex*, in: J. exp. Biol. 155/1990, S. 177–197.
www.mpih-frankfurt.mpg.de

**Tom Sperlich** ist Journalist, lebt und arbeitet in München und Zürich. 1978 ›Mitarbeiter der ersten Stunde‹ als Layouter, Producer und Autor bei der alternativen *Tageszeitung* (taz) in Berlin. 1988 Geschäftsführer von ›Relax Berlin‹, dem ersten europäischen Studio für elektronische Entspannungstechniken (»Mind Machines«). 1991 Partner bei ›Megabrain‹, Hamburg/Düsseldorf, dem ersten deutschen Vertrieb für Virtual Reality-Entwicklungssysteme. Seit 1992/93 als freier Journalist sowie als Consultant und Veranstalter/Kurator im Bereich Neue Medien tätig.
www.digitalmirror.de/autoren/sperlich.htm)

**Luc Steels** ist Professor für »Künstliche Intelligenz«-Forschung am Artificial Intelligence Laboratory der Universität Brüssel und Leiter des Sony Computer Science Laboratory in Paris, das sich mit der Entwicklung autonomer Roboter und lernfähiger Sprachsysteme befasst. Studium der Linguistik, Informatik und Elektronik. Mitglied der Academy of Sciences in New York, Mitglied des wissenschaftlichen Vorstands des Deutschen Nationalen Computerinstituts und Mitglied des Flämischen FWO-Kommittees für Informatik.

Veröffentlichungen u.a.: *The Origins of Syntax in Visually Grounded Agents*, in: Artificial Intelligence 103/1998; *The Origins of Ontologies and Communication Conventions in Multi-Agent Systems*, in: Journal of Autonomous Agents and Multi-Agent Systems 1/1998; *Synthetic Modeling of Language Origins*, in: Evolution of Communication Journal 1/1997.
arti.vub.ac.be

**Francisco J. Varela** ist Professor für Hirnforschung, Forschungsdirektor am Centre Nationale de la Recherche Scientifique (CNRS) der Ecole Polytechnique in Paris und Leiter der Abteilung Neurodynamik am Laboratory of Cognitive Neurosciences and Brain Imaging (LENA) des Hôpital de la Salpetrière in Paris. Studium der Medizin an der Universität von Santiago in Chile und der Biologie an der Harvard University. Zusammenarbeit mit Humberto Maturana an der Universität von Santiago in Chile, die 1970 zur Neuformulierung der biologischen Phänomenologie führte. Lehrtätigkeit an der Harvard University, der New York University und dem Max-Planck-Institut für Hirnforschung in Frankfurt. Redaktionsmitglied verschiedener wissenschaftlicher Magazine.

Zahllose Buchbeiträge und Veröffentlichungen in internationalen Fachzeitschriften, u. a.:

*Why the Mind is not in the Head* (zus. mit E. Thompson), Boston 2000; *On Becoming Aware: Steps to a Phenomenological Pragmatics* (zus. mit N. Depraz und P. Vermersch), Amsterdam 2000; *Naturalizing Phenomenology: Contemporary Issues in Phenomenology and Cognitive Science,* San Francisco 1999; *Sleeping, Dreaming and Dying: Dialogues between the Sciences and the Buddhist Tradition,* Boston 1997; *The Embodied Mind. Cognitive Science and Human Experience,* Cambridge 1991.
www.ccr.jussieu.fr/varela/welcome.html

**Peter Weibel** ist Polyartist, Kunst- und Medientheoretiker, Ausstellungskurator und Autor. Studium der Literatur, Medizin, Logik, Philosophie und des Films in Paris und Wien. Seit 1999 Vorstand des ZKM (Zentrum für Kunst und Medientechnologie) in Karlsruhe. Seit 1993 Österreich-Kommissar der Biennale von Venedig und Chefkurator der Neuen Galerie am Landesmuseum Joanneum in Graz. Zahlreiche nationale und internationale Ausstellungen. Veröffentlichungen u. a.: *Jean Baudrillard,* Ostfildern 1999; *Offene Handlungsfelder/Open Practices,* Köln 1999; *Giulio Paolini,* Ostfildern 1998; *Jenseits von Kunst,* Passagen 1997; *Inklusion: Exklusion. Kunst im Zeitalter von Postkolonialismus und globaler Migration* (Ausstellungskatalog), Köln 1997; *Die Wiener Gruppe. Österreichs Beitrag zur Biennale von Venedig 1997,* Wien/New York 1997.
www.zkm.de

**Cornel Windlin** arbeitet und lehrt als Designer in Zürich. Fünfjährige Zusammenarbeit mit Neville Brody in London, Mitarbeit am Avantgardemagazin THE FACE. Gegenwärtig eigenes Designbüro in Zürich und Zusammenarbeit mit den Architekten Herzog & De Meuron sowie Marcel Meili und Roger Diener, mit denen er an einer Publikation über die urbanen Strukturen der Schweiz arbeitet. Gestaltungsaufträge im In- und Ausland, u. a. Guggenheim Museum in New York, Parco Department Stores in Tokyo sowie das Museum für Gestaltung, das Schauspielhaus und die Rote Fabrik in Zürich. Lehrtätigkeit für Design in England, Deutschland und der Schweiz. Zahlreiche

Auszeichnungen für innovatives Poster- und Buch-Design. Veröffentlichung seiner Designkonzepte in internationalen Publikationen. Experimentelles Webprojekt zur Typographie unter: www.lineto.com.

**Semir Zeki** ist Professor für Neurobiologie und Co-Direktor des Wellcome Department of Cognitive Neurology der Universität London. Seit 1990 Mitglied der Royal Society. Außerdem Mitglied der American Philosophical Society, der European Academy of Sciences and Arts. Mitglied des Board of Scientific Governors und des Scripps Scientific Research Institute in La Jolla, Kalifornien. Zeki gilt als einer der weltbesten Forscher im Bereich des visuellen Cortex. Seine Forschungsarbeiten haben entscheidend zur Erklärung der Vorgänge beigetragen, wie ein Bild auf der Netzhaut vom Gehirn verarbeitet wird, bevor es zu einer bewussten Wahrnehmung kommt.
Zahlreiche Veröffentlichungen von Originalbeiträgen in internationalen Fachzeitschriften. Buchveröffentlichungen: *Inner Vision: An Exploration of Art, Vision, and The Brain,* Oxford 1999; *La Quête de l'Essentiel* (zus. mit Balthus, Archimbaud), Paris 1995; *A Vision of the Brain,* Oxford 1993.
www.ucl.ac.uk

Redaktion: Birgit Wiens
Mitarbeit: Bettina Theisen, Barbara Kastner, Petra Ritzinger
Übersetzungen: Gerhard Beckmann, Döring Übersetzerdienst, Claudia Gottschling, Christoph Hollender, Martina Leeker, Joachim Rossbroich, Kerstin Vogt, Birgit Wiens

## ABBILDUNGSVERZEICHNIS